Ela Beater

ZUM Ü~~BE~~RLEBEN GEBOREN!

Eine Liebeserklärung an meine so unterschiedlichen Kinder

geschrieben
im Herbst/Winter 2010/2011

Die Autorin

Ela Beater, Jahrgang 1943, geb. in Allenstein/Ostpreußen, wurde nach der Schullaufbahn zunächst Kindergärtnerin, adoptierte gemeinsam mit ihrem Ehemann Dietmar 1974 und 1976 zwei ältere Kinder mit einigen Entwicklungsverzögerungen und Handikaps.
Sie begleiteten sie neben zwei weiteren leiblichen Kindern, die später geboren wurden, bis zu ihrem Erwachsenwerden in die heutige Zeit.
1993 begann Ela Beater in Göttingen ihr Psychologiestudium, das sie im Jahre 2001 abschloss. Bis zu ihrem Ruhestand im Jahre 2010 arbeitete sie in der Heimerziehung als Kinderpsychologin.
Danach fand sie Zeit, ihre Erinnerungen an diese herausfordernde Zeit der Entwicklung der Adoptivkinder niederzuschreiben.

Namen und Ortschaften sind zum Schutz der handelnden Personen frei erfunden.
Jede Ähnlichkeit mit realen Personen oder Ortsnamen ist rein zufällig und von der Autorin nicht beabsichtigt.

Für meine vier Kinder

Insbesondere für

Erika Sabine

und

Paul

Bibliografische Information der Deutschen Nationalbibliothek:
Die Deutsche Nationalbibliothek verzeichnet diese Publikation
in der Deutschen Nationalbibliografie, detaillierte bibliografische
Daten sind im Internet über http://dnb.dnb.de abrufbar.

Impressum

Herstellung und Verlag: BoD – Books on Demand, Norderstedt
Gestaltung: Winfried Drope • mail@drope.de
Motiv: Ela Beater
Fotos: Ela Beater
Copyright: © Ela Beater • *elabeater@gmx.de*
Erscheinungsjahr 2014
Printed in Germany
Alle Rechte vorbehalten

ISBN 978-3-7347-3419-9

Vorwort

In den Wäldern Schwedens, in zurückgezogener Einsamkeit, habe ich im Winter 2010/2011 diese Zeilen mit Hilfe ein paar alter Notizen geschrieben, immer in der Hoffung, dass die Erinnerungen wieder wach werden und die Gefühle sich regen, damit die richtigen Worte gefunden werden, diese aufregende Zeit wieder aufleben zu lassen.

Neben der Freude mit und an Euch war nicht immer „alles gut", wie man heute sagt. Damals stand Verzweiflung sehr häufig im Vordergrund.

Dennoch, „An Eure Stärken zu glauben, hat sich gelohnt!", kann ich heute sagen. Auf dem langen Weg zur Erfüllung, war das nicht immer zu erkennen.

Aus dieser Erfahrung heraus möchte ich ein Wort von Hermann Hesse voranstellen.

„Verzweiflung schickt uns Gott nicht, um uns zu töten, er schickt sie uns, um neues Leben in uns zu wecken."

**Und wie dieses neue Leben ganz allmählich entstand,
das ist mein Anliegen,
Euch aufzuzeigen.**

Inhaltsverzeichnis

1966-1975   11
Kinderwunsch und Bürokratie

1975   16
Erika Sabine, wo bis Du gelandet?
Erste Eingewöhnungszeit und frühe Kindheit als Puzzlespiel

1976   30
Kindergarten, weitere Puzzleteile, Transitreisen und fachliche Irrwege,
Umzug nach Husthausen,
ein kleiner Bruder Paul und wieder eine Eingewöhnungszeit

1977   55
Nachtgespenster und Schlafrituale, Verbündete, Sauberwerden, Salzsäure,
knappe Finanzen, Schulkindergarten und Nachbarskinder,
Kindergarten und Vertrauensaufbau

1978   75
Endgültige Adoption, eine Hochzeit und Babys

1979   84
Kindergeschichten, Christian, ein Lampenschwelbrand,
Erziehungsberatung und erste Hilfsangebote

1980   92
Ritalin, Einschulungsuntersuchung, Besuch in Berlin,
Lehrerwechsel, intakte Dorfgemeinschaft, Suche nach Gesprächspartnern,
wieder Erziehungsberatung und mehr als nur Angstträume

1981   110
„Mama, schließ ab!", Hirnleistungsschwäche, das vierte Kind: Markus,
Matthias aus der Nachbarschaft, „Mama, Du musst ihn lieb haben!

1982 122
Kraft durch Kinder, zwei Schulwechsel und unerwarteter Besuch steht vor der Tür

1983 134
Peldau und eine Operation, Freunde, Sammelticks und immer wieder Geldprobleme, Gedanken zu: „Wenn es keine Realität gäbe..."

1984 154
Polenreise, Identitätsprobleme und viele offene Fragen

1985 161
Konfirmation, Großmutti, Hyperaktivität, Zahnspange, Dermatomyositis, schöne Geschichten, Urlaub im Haus Silberbach und wieder Schulwechsel

1986 174
Kinderheimat in Naos, „Ein neues Kapitel für mein Buch!", die letzten Monate mit Großmutti, die besondere Gabe „Gedankenübertragung" und Abgrenzung

1987 185
Lichtblicke und auf der Suche nach der leiblichen Verwandtschaft

1988 191
Viel Freude an einer guten Weiterentwicklung, Führerschein und Pflegevorschule, Katzen und Kaninchen

1989 200
Schonzeit, Lernen macht Spaß und Fragen „Wer bin ich und wo gehöre ich hin?"

1990 211
Ein schöner Sommer, wieder eine Kontaktaufnahme mit leiblichen Eltern, ein neuer Bruder und eine neue Tante?

1991 222
Beginn eines selbständigen Lebens, Tobias, Umarmung aus Liebe?, negative Veränderungen, Silberhochzeit, Angeltour, Volljährigkeit und erste Selbstverletzungen, Kritik und ein Luxusweibchen

1992   231
Suche nach neuen Wegen, kein Vertrauen, immer wieder Weglaufen,
erster Förderlehrgang, Versteck im Oldtimer,
erste Anzeichen einer juvenilen Psychose, keine Betreuung und Belästigungen

1993   260
Tischlerei Ackerdorn, Fahrschule, Geld, Spielsucht und Gaunereien,
ein weiterer Besuch bei Meißners in Berlin,
Wechselbäder der Gefühle und der Förderlehrgang in Stolpe

1994   269
Karstadt, weitere Enttäuschungen, eine junge Frau wird schlank, Bernsberg,
Krankheit und immer wieder Krankheit

1995   279
Tablettensucht?, Psychiatrie Waberstein und Radeborn,
Christian fliegt nach Amerika und in Schweden wird ein Haus gekauft

1996   289
Betreutes Wohnen, Mani, eine Eigentumswohnung und der Tod von unserem Opa

1997 bis heute   293
Erika Sabine

1997 bis heute   299
Paul

Ein Nachwort an meine Kinder   312
Erika Sabine, Paul, Christian und Markus

Danksagung   317

Nachwort der Autorin *im Jahre 2014*   318

20. Oktober 2010

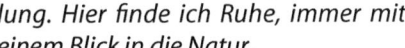

Behagliche Wärme strömt aus dem Kaminofen, draußen regnet es, der Schnee letzter Woche ist weggetaut. Ein trauriger Schneemann steht ausgedünnt wie eine vergessene Marmorfigur im Garten. Die Laubbäume sind inzwischen kahl, die Fichten treten nun groß und mächtig hervor. Mein lang gehegter Wunsch, über Eure Adoptionen und unser Leben miteinander zu schreiben, geht in Erfüllung. Hier finde ich Ruhe, immer mit einem Blick in die Natur.

Bei der Durchsicht meiner Unterlagen stelle ich fest, dass ich 1978 schon einmal begonnen habe, zu schreiben, zu schreiben an Euch, Sabine und Paul. Ihr ward damals sieben und fünf Jahre alt, und ich hatte zu der Zeit vor, alle Ungerechtigkeiten, die Ihr auf dieser Welt bereits erfahren hattet, aufzuschreiben.
Leider habe ich nur einen kleinen Anfang gefunden und aus der nachfolgenden Zeit gibt es noch ein paar Tagebuchnotizen.

Alles andere muss ich aus der Erinnerung holen. Einige Briefkopien an Frau Heider (Adoptionsvermittlung), und an andere liebe Menschen, mit denen ich damals in Kontakt stand, Menschen, die Ähnliches unternommen hatten, wie wir es getan haben, habe ich noch gefunden.

Damals schrieb ich schon, es sei so unheimlich viel, was ich mit Euch in den wenigen Jahren erlebt habe.

In Euch werden sich tausend Fragen regen, über Eure Herkunft, über das "Warum"! "Warum ist das alles so passiert?" "Warum verhalten sich die Leute so?" "Warum bin ich so?"

Die Warum-Fragen lassen sich im Laufe der Jahre leichter klären, würde ich heute sagen, obwohl Vieles unerklärt bleibt. Das Ungeklärte gehört zu Euch und auch zu uns, so wie Ihr zu uns gehört. Ihr müsst damit leben. Wir müssen damit leben. Aus heutiger Sicht drängen sich zusätzliche Fragen auf: "Wer bin ich, Sabine?", "Wer bin ich, Paul?" und "Wer seid Ihr, meine Eltern und Geschwister?" Waren diese Themen nicht Eure Lebensfragen?

Ich hoffe sehr, Euch mit dieser Niederschrift eine Lebenshilfe geben zu können, wenigstens einen Teil Eurer Lebensfragen beantworten zu können, damit - wie ich damals schrieb -:

" ... Ihr selbstbewusst und sicher durchs Leben gehen könnt."

Fange ich also an mit einigen Zeilen aus dem Jahre 1978.

Negativbescheinigungen, jemals psychische Erkrankungen noch jemals Geschlechtskrankheiten gehabt zu haben, bekamen wir endlich die vorläufige Pflegehalteerlaubnis.

Das alles reichten wir bei Frau Heider, Diakonisches Werk, ein. Es waren einige Monate vergangen.

1975

Erika Sabine, wo bist Du gelandet?
Erste Eingewöhnungszeit und frühe Kindheit als Puzzlespiel

Nun sollte es tatsächlich los gehen!
Es begann eine der aufregendsten Zeiten meines Lebens!

Frau Heider lud uns zum 4. 6. 1975 zu einem Gespräch ein. Es war ein Donnerstag. Ich war so angespannt, dass ich nichts essen konnte. Das war damals bei mir so.
Heute esse ich gerade viel und habe immer Hunger, wenn ich Stress habe. Aber damals ernährte ich mich einige Tage nur von Getränken und Traubenzucker!

Frau Heider war eine freundliche, entgegenkommende Frau, die sich lange mit uns über unsere Vorstellungen und Ziele unterhielt. Die Unterhaltung war angenehm und ausgesprochen offen, und ich merkte gar nicht, wie schnell die Zeit verging. Wir beide, Dietmar und ich, fühlten uns angenommen.
Zum Schluss sagte sie dann: „Wenn Sie ein kleineres Kind annehmen möchten, dann setze ich Sie auf die Warteliste, wenn Sie aber bereit sind, ein etwas größeres Kind zu nehmen, dann hätte ich da eventuell ein Mädchen für Sie."
Sie zeigte uns ein Foto und sagte uns gleich, dass dieses Kind aber ein Handikap habe, es sei schon viereinhalb Jahre alt und spreche nicht. Über ihre Vorgeschichte sei wenig bekannt, die Mutter sei nur schwer erreichbar und habe sich seit einem halben Jahr nicht bei dem Kind gemeldet.
Zuletzt habe das Kind bei der Urgroßmutter gelebt, unter unhaltbaren Zuständen, und ein Onkel habe da auch noch eine nicht ganz durchsichtige Rolle gespielt.

Das Foto berührte mich. Ein Mädchen, das ängstlich in den Fotoautomaten blickte, das Foto so schlecht, dass man denken könnte, das Kind bestehe nur aus „Angst und Spucke".
Frau Heider riet uns, Bedenkzeit zu nehmen. Wir fanden das eine gute Lösung, denn wir hatten vor, am darauffolgenden Wochenende nach Husthausen zu fahren, unserem künftigen Wohnhaus, das neben dem meiner Eltern lag. Uns war es wichtig, von Anfang an, die Großeltern mit einzubeziehen. Sie hatten uns früher schon dazu geraten, ein Kind zu adoptieren, waren also schon vorgewarnt; und wir wollten, dass unser Kind auch gleich

zu den Großeltern eine gute Beziehung aufbauen können sollte, zumal diese gleich im Nebenhaus wohnten und uns noch so manches mal hilfreich zur Seite stehen sollten.
So waren wir sehr schnell entschlossen, dieses Kind kennen zu lernen. Und was konnten die künftigen Großeltern anderes tun, als uns zuzuraten!

Sonntag fuhren wir zurück, Montag riefen wir bei Frau Heider an: „Ja, wir wollen!". Dienstag durften wir Dich, liebe Erika, zum ersten Mal im Kinderheim „Hasenhöhle" in Berlin besuchen.

Als wir kamen, saßt Du gerade auf der Schaukel im Garten und lächeltest uns an. Der erste Bann war gebrochen. Du wusstest zwar nichts von der Bedeutung dieses Tages, aber Du legtest mit diesem wunderbaren Lächeln den Grundstein für ein neues Leben und eine wunderschöne Beziehung zwischen uns.
Wir blieben eine kleine Weile bei Dir, schenkten Dir einen kleinen Teddy und fragten, ob wir wieder kommen dürften. Du lächeltest.

Einen Tag später war ich wieder da. Dietmar musste arbeiten, also besuchte ich Dich alleine. Es war gerade Mittagsruhe vorbei. Ich kam in den Gemeinschaftsraum, in dem gegessen und gespielt wurde, und in dem es noch nach Essen roch. Von diesem Raum gingen in mehrere Richtungen die Schlafzimmer der Kinder ab. Ich sah in den Raum, in dem mir gestern Dein Bett gezeigt worden war. Die Wände waren kahl und ich glaube mich zu erinnern, dass noch nicht einmal ein Nachtschränkchen Dein eigen war. – Kuschelecken kamen wohl erst viel später in die Heime. - Den kleinen Teddy hattest Du, als wir uns am Tag vorher verabschiedeten, in Deinem Bett versteckt. Heute lag ein anderes Kind in Deinem Bett. Dein Teddy war weg. Das war nicht zu ändern, aber dass ein anderes Kind in Deinem Bett lag, sprach nicht unbedingt für eine gute Führung dieses Hauses.

Wichtig war an diesem Tag viel mehr, dass ich Dich aus dem Heim nehmen durfte, mit Dir spazieren gehen durfte, sogar für kurze Zeit mit nach Hause nehmen konnte.

Kaum waren wir außerhalb des Hauses und des Gartens und hatten das hölzerne Gartentor hinter uns geschlossen, sagtest Du: „Ich auch Onkel Konrad."
Und ein paar Schritte weiter: „Eine Mama hab ich auch."
Aha, Du konntest also doch sprechen! Wie schön! Nur dort im Heim tatest Du es nicht.

Fröhlich gingst Du mit mir mit. Fröhlich konnten wir beide unsere Wohnung und unseren Garten besichtigen. Viel mehr hast Du noch nicht geredet, aber Du hattest Dich mir mit Deinem wichtigsten Anliegen mitgeteilt, nämlich, dass Du eine Familie hattest! Später hast Du nie wieder davon gesprochen.

Am Donnerstag, den 11. 6. durfte ich Dich wieder besuchen und abholen. Wir fuhren in die Straße, in der wir wohnten. Dietmar war bereits dort. Wir räumten gemeinsam ein Zimmer um. Du wolltest schon bei uns bleiben, wir mussten Dich aber wieder zurückbringen.

Am Freitag, den 12. 6. hatten wir bereits einige Möbel für Dein Zimmer, die wir gemeinsam hineinstellten. Das Zimmer wurde eingerichtet. Du halfst mit!

Diesmal hatten wir Dich vor dem Eintreffen bei uns darauf vorbereitet, dass wir Dich wieder zurückbringen müssen, damit der Abschied Dir nicht so schwer werden sollte.

Wir wollten die Übernahme so schnell wie möglich, denn jegliches Hinauszögern schien uns für Dich und auch für uns eine Qual zu werden.

Das Wochenende stand bevor.

Die Heimleitung machte Schwierigkeiten. Sie wollte die Übernahme davon abhängig machen, ob Du am Sonntagabend, wenn wir Dich zurückbringen würden, schreien solltest. Wenn dieses der Fall sei, dann könne sie der Übergabe nicht zustimmen, denn Erika sei zu Weihnachten von ihrem Onkel abgeholt worden und habe danach ganz fürchterlich in der Nacht geschrien. Das wollten sie nicht wieder durchmachen. (Warum das Kind geschrien hatte und was es selbst durchgemacht hatte, danach fragte wohl keiner.)

Am Sonnabend holten wir Dich morgens mit eingepacktem Schlafanzug ab. Du durftest also bei uns schlafen. Wir waren glücklich und merkten durch Dein Strahlen in Deinen Augen, dass auch Du das wolltest. Es wurde ein wunderschönes Wochenende mit Dir und Du sagtest uns mit Blicken, aber auch mit wenigen Worten, dass Du bei uns bleiben möchtest.

Es ging aber noch nicht, und wir hatten Befürchtungen, dass Du vielleicht im Heim weinen könntest, weil wir Dich wieder abgeben mussten. Du weintest aber nicht, Du hülltest Dich nur wieder in Dein geübtes Schweigen.

Aber etwas anderes erwartete uns.

Es sollte jetzt ein psychologisches Gutachten erstellt werden, ob wir denn überhaupt als Familie für Dich geeignet seien und miteinander auskommen könnten....

Zum Glück hatte eine Psychologin des Bezirksamtes am Montag Zeit und offenbar auch die Dringlichkeit der Sache für Dich erkannt. Wir durften kommen. Dietmar hatte sich inzwischen frei genommen. Eine nette junge Frau erwartete uns, die sich mit uns befasste, unser Anliegen, das Kind so schnell wie möglich zu übernehmen, verstand und sich anschließend noch einige Zeit mit Dir, Erika, alleine beschäftigte.

Zum Schluss machte sie den Vorschlag, sich doch mit dem Kinderheim das Pflegegeld zu teilen.
Wir waren überrascht. Bei Adoptionspflege stand uns doch gar kein Pflegegeld zu!
Das war es also, das Heim hatte mit dem Pflegesatz für das Mädchen gerechnet, vielleicht das Geld schon für den Monat bekommen, und wollte deshalb das Kind nicht so schnell wieder herausgeben. Jeder Tag brachte also Geld für die „Hasenhöhle".

Die Psychologin schrieb noch am gleichen Tag das Gutachten (das wir später über Frau Heider auch erhielten) und telefonierte mit allen zuständigen Stellen, so dass wir Dich, liebe Erika, bereits am Dienstag, den 16. 6. 1975 zu uns nehmen durften!

Du bekamst ein paar Kleidungsstücke mit, unter anderem ein niedliches rotes Mäntelchen. Aber von allen Sachen wurde gesagt, dass sie vom Heim seien. Als wenn Dir in den sechs Monaten von Amts wegen kein Kleidergeld zugestanden hätte! Du selbst seist ohne ausreichende Bekleidung von Deiner Urgroßmutter gekommen und von einer Dame des Jugendamtes eingeliefert worden.

Es bleibt die Frage offen, ob Du bei Deiner Urgroßmutter nichts anzuziehen hattest, oder ob Dich „das Jugendamt" so schnell dort herausgeholt hatte, dass sie vergessen hatten, Deine Sachen mitzunehmen. Außerdem wäre die Kleidung nach einem halben Jahr doch sicher ausgewachsen gewesen, was sollte also das Theater?

Jedenfalls haben wir beide später erfahren, dass Deine Urgroßmutter im Obergeschoss eines kleinen bürgerlichen Siedlungshäuschens bei Tante Waltraud wohnte. Und Deine Tante Waltraud damals dem Jugendamt gemeldet hatte, dass es der Urgroßmutter nicht mehr möglich sei, sich um Dich zu kümmern und die Zustände unerträglich würden. Solltest Du dort nackt herum gelaufen sein?

Und nun warst Du also unser Kind! Wie schnell das alles ging! Die Freude war groß und die Anspannung wich.
Langsam konnte ich auch wieder essen.

Es war für uns zunächst selbstverständlich – da Adoptivkinder alle Rechte und Pflichten leiblicher Kinder erhalten sollten – dass wir Dir auch einen Vornamen geben durften.

Du hießt zwar schon Erika, aber dieser Name war mir für ein Kind so ungeläufig, dass es mir schwer fiel, Dich so zu rufen. Wir dachten, „Sabine" könnte zu Dir passen und wollten Dir diesen Namen zusätzlich anbieten, um Dich dann so rufen zu können. Also fragten wir Dich, ob Du unsere Sabine sein möchtest. Du bejahtest dieses.

Erst viel später kam eine öffentliche Diskussion über die Erschwerung der Vornamensänderung auf. Es wurde von Ichfindung und Identität gesprochen. Ich konnte die angeführten Gründe noch nicht nachvollziehen, viel mehr war ich der Meinung, dass zu Beginn eines neuen Lebens – und das war eine Übernahme in eine Familie zur Adoption – auch ein neuer Name stehen durfte, der den Neuanfang erleichtern sollte und einen Bezug zur Adoptivfamilie aufzeigen konnte.

Ich war auch damals noch davon überzeugt, dass es wichtig für Dich war, das Vergangene erst einmal wegzuschieben. Alle schrecklichen Erfahrungen, die Du bis dahin hattest machen müssen, sollten vergessen werden. Dein Neuanfang sollte ein Leben in Annahme, Liebe und Zuverlässigkeit sein. Das wollten wir Dir geben.
Von Deinem früheren Leben wussten wir außerdem kaum etwas.

Du selbst hattest den Namen „Erika" nie erwähnt, aber vielleicht nicht aus einer möglichen früheren Belastung heraus, die mit dem Namen verbunden sein konnte, sondern weil Du Angst hattest, uns zu verlieren? Vielleicht war es auch einfach nur schön für Dich, „Sabine" gerufen zu werden?

Dass das Wegschieben nicht so einfach ging, sondern Deine Vergangenheit – auch ohne Erinnerungsvermögen vor dem 4. Lebensjahr - ein unverzichtbarer Teil von Dir war, sollte ich erst viel später erkennen. Hatte ich doch meine eigene Vergangenheit (Krieg, Flucht und Nachkriegszeit) noch längst nicht verarbeitet, noch eine etwaige Aufarbeitung bis dahin zulassen können. Das waren erst viel spätere Erfahrungen und Einsichten in meinem Leben.

Außerdem fragten wir Dich, wie Du uns nennen wolltest. Du wusstest bereits, dass wir Ela und Dietmar hießen, wir boten Dir zu diesem Zeitpunkt aber auch an, dass Du Mama und Papa sagen dürftest. Du entschiedst Dich spontan für Mama und Papa.

Nun gehörtest Du also zu uns und wir zu Dir. Wir stellten Dich mit einer kleinen Anzeige allen unseren Verwandten, Freunden und Bekannten vor. Eine Fülle von liebevollen Gratulationen, Briefen und Geschenken kamen auf uns als junge Familie zu.

Natürlich wollten Dich die Großeltern auch recht bald kennen lernen. Wir planten also unsere nächste Reise nach Husthausen, die immer mit Spannung verbunden war, da wir von Berlin aus durch die damalige DDR reisen mussten und uns kontrollieren lassen mussten. Aber die Kontrollen waren es diesmal nicht, die uns beschäftigen sollten.

Du musstest offenbar die Spannung gemerkt haben, die immer mit solch einer Transitreise verbunden war und das Einpacken – auch von Deinen Sachen – sprach offenbar für sich....
Kaum waren wir im Auto, fingst Du fürchterlich an zu schreien! Was war los? „Ich will nicht zu den Kindern! Ich will nicht zu den Kindern!" kam es aus Deinem Mund. Oh, je! Wir hatten Dir also ein bedrohendes Gefühl vermittelt, so dass Du denken musstest, wir brächten Dich wieder zurück ins Heim. Es war schwer, Dich zu beruhigen und es brauchte eine ganze Weile, bis Du ganz zögerlich Deine Befürchtungen zurücknehmen konntest. So ganz trauen wolltest Du uns aber noch nicht.
In Husthausen wurdest Du auf das herzlichste Willkommen geheißen von Deinen neuen Großeltern und der Großmutti aus Hannover, die extra für Dich nach Husthausen gekommen war, um Dich zu begrüßen. Da waren alle „ZurückinsHeimbringsorgen" vergessen und du warst wieder so fröhlich wie bisher.
Wir hatten in Husthausen schon gebaut, ehe wir ganz dorthin ziehen konnten. Der endgültige Umzug war für 1976 geplant, mit Ablauf des Arbeitsvertrages von Dietmar an der TU Berlin. So nutzten wir das Haus bis dahin noch als Wochenendhaus mit Ruhe und herrlicher Umgebung und zum Spielen und Toben für Dich.
Und beide Großeltern nahmen Dich in Beschlag, wenn wir da waren, so dass Du dort genug Abwechslung hattest. In der Nachbarschaft gab es viele gleichaltrige Kinder, die neugierig auf Dich waren und zum Spielen zu uns kamen.

Etwa alle vier Wochen fuhren wir damals „nach drüben" und meinten in die Bundesrepublik.
Dein Leben spielte sich im ersten Jahr aber noch in Berlin ab.

Auch für mich war es eine große Umstellung, zu Hause zu sein und ein Kind zu versorgen. Hatte ich doch bis Mai 1975 beim EJF gearbeitet und erfüllte Tage gehabt, wurde diese Umstellung erst einmal anstrengend, denn wir mussten uns beide aneinander gewöhnen und unsere Grenzen erfahren.

Du warst ein sehr fröhliches und lustiges Kind. Jeden Tag dachtest Du Dir etwas Neues aus, worüber Du lachen konntest. So schlepptest Du mir den Wäschekorb weg, wenn ich draußen die Wäsche auf die Leine hängen wollte. Du verstecktest gerne Sachen und kichertest vor Freude, wenn ich sie suchte, Du versuchtest mit allen Mitteln, mich am Kochen zu hindern, denn Du wusstest nicht, was das sollte, wenn ich da am Herd hantierte. So etwas kanntest Du offenbar nicht.

Allein der Kühlschrank hatte für Dich eine besondere Bedeutung, da konnte man nämlich Joghurts rausholen, die kanntest Du schon. Und so hatte ich mir meine Hausarbeit zu erkämpfen, manches sogar zweimal zu machen. Alles nahm ich mit Lachen oder Gelassenheit hin, was sollte ich deshalb schimpfen?

Du triebst es aber immer weiter!
Wir wohnten in einem Hinterhaus, dass heißt, bis zu unserem Haus führte von der Straße abgehend mit eigenem Tor ein ca. 30 m langer Plattenweg, der dann an unserem Garteneingang endete. Es war ja Sommer, und ich konnte Dich aufgrund der günstigen Lage des Hauses in Ruhe ums Haus herum spielen lassen.
Wie so häufig in den ersten Wochen bei uns, hattest Du offenbar Lust, wieder etwas Neues auszuprobieren. So hattest Du Dir überlegt, diesmal nicht im Haus die Toilette zu benutzen, sondern Dein Geschäft auf andere Art und Weise zu erledigen. Als ich raus ging, fand ich Dich mit abgestreifter Hose vor, Du lachtest und kichertest wie immer, wenn Du eine Deiner Überraschungen für mich vorbereitet hattest und zeigtest auf den Weg. Die letzten fünf Meter dieses Weges waren mit lauter kleinen Häufchen von Dir verziert. Eine großartige Leistung, es muss Dir wirklich Mühe gemacht haben, Dein Geschäft so gleichmäßig zu verteilen!
Aber nun dachte ich: Es muss endlich Schluss sein mit Deinen Überraschungen. Und ich schimpfte mit Dir: So etwas ginge nicht. Du reagiertest nur

mit Kichern und sahst mich dabei an, als wolltest Du es gleich noch einmal machen, das Schimpfen berührte Dich nicht.
Dann kam mir in den Sinn, dass Du vielleicht einen Klaps auf den Po haben wolltest, damit Du endlich wissen solltest, dass auch bei mir einmal Schluss sein musste mit Deinem Schabernack, über den man sich nicht immer freuen konnte. Ich kündigte Dir also diesen Klaps auf den Po an. Du strecktest mir brav den Po hin und bekamst von mir einen Klaps auf dieses Körperteil.
Das schlechte Gewissen bei mir und die Sorge, Dir weh getan zu haben, versuchte ich zu verbergen. Du aber schienst zufrieden zu sein, hörtest mit dem Kichern auf und ließest fortan an auch die nervigen Neckspielchen, als wenn Du auf solch eine Grenzsetzung gewartet hättest.
Ich durfte nun wieder Wäsche aufhängen, ohne dass der Korb im ganzen Garten herumgezogen wurde, die einzelnen Wäschestücke versteckt wurden, und ich durfte kochen und backen, und Du halfst mir mit viel Mühe dabei, ohne meine Arbeit bewusst zu behindern.

Deine Sprachfähigkeit entwickelte sich zusehends. Deine Sprache kam, als wenn sie nur verschüttet gewesen wäre und sich jetzt durch einen Berg Unrat hindurch gearbeitet hatte. „Hier bin ich und will Euch was mitteilen". Innerhalb eines halben Jahres war der Rückstand Deines Wortschatzes aufgeholt. Du redetest zwar undeutlich und einige Konsonanten kamen nicht durch, das wurde jedoch später von Husthausen aus mit Sprachheilunterricht ausgeglichen.

Deine Fröhlichkeit erhielt sich, Du strahltest von innen heraus, trautest Dir immer mehr zu und Deine Entwicklungsschritte waren mit Siebenmeilenstiefeln zu messen.

Etwas schwierig war es mit Deinen langen Haaren. Das Waschen machte Dir Spaß, Du konntest nicht genug im und mit Wasser spielen, aber das Trocknen war immer schwierig. Und Haare waschen musste regelmäßig sein, denn Deine Haare nahmen schnell unangenehme Küchengerüche an. Damit das lästige Föhnen nicht so lange dauern musste, ließen wir sie abschneiden. Etwas mit schlechtem Gewissen, denn ich dachte, Du hättest sie schon immer lang getragen, und das sei ein Eingriff in Deine Persönlichkeit. Ich befürchtete, ich nähme Dir etwas, was Dir gehörte.
Selbst fandest Du das Abschneiden interessant und hattest noch keine große Meinung zu einer eigenen Frisur.
Erst viel später, als mir Dein Onkel Konrad sagte, Deine Haare seien früher immer kurz gewesen, hatte ich diese Bedenken nicht mehr.

23. Oktober 2010

Nun bin ich drei Tage hier in Barydet allein.

„Hast Du keine Angst?" fragte eine Freundin, „So alleine im Wald?"
„Wovor?" „Na, vor..." Sie wusste auf Anhieb nicht, wovor ich Angst haben sollte, sicher meinte sie, vor allem Unbekanntem oder vor der Einsamkeit.
Vor der Einsamkeit habe ich keine Angst. Aus Erfahrung weiß ich, dass ich sie genießen kann, so lange ich ein volles Programm habe, gefüllt mit Dingen, die ich erledigen kann. Außerdem habe ich so viele Erinnerungen und Gedanken in mir, die zu Papier gebracht werden wollen.
Wie lange ich es genieße, weiß ich allerdings noch nicht.

Vor allem Unbekannten? Das kann ich nicht beantworten. Keiner weiß vorher, was auf einen zukommt. Und es ist gut so, dass wir es nicht wissen.

Nun, Angst ist auch eine notwendige Eigenschaft, sonst würden wir uns vor Gefahren nicht schützen. Auf vieles bin ich vorbereitet, z. B. auf einen etwas längeren Stromausfall.
Einbrecher sind bisher am Tage gekommen und gehen in unbewohnte Häuser. Hier steht ein Auto auf dem Gelände und Rauch kommt aus dem Schornstein! Das Haus ist bewohnt.
Angst davor, als Frau hilflos alleine zu sein? Wer soll wissen, dass ich hier alleine bin? Die Nachbarn wissen es, die 700 m entfernt hinter einem Wald wohnen und mir sehr herzlich jegliche Unterstützung angeboten haben.

Außerdem glaube ich immer noch, „manns" genug zu sein, um Menschen mit eventuellen „schrägen" Absichten, gegenübertreten zu können. Früher habe ich es vor mir selber beweisen können, darauf vertraue ich. Es ist nur ein wenig Bargeld zu holen, die Einrichtung ist von „Erikshjälpen & Co", einem secondhand-Laden.

Angst vor Krankheit oder Unfall? Ja, dagegen muss man sich selber schützen und aufpassen. Mein Rheuma macht mir durchaus schon zu schaffen. Wie gut, dass es gerade hier in Värnamo bei Lidl Angoraunterwäsche gab, die hatte ich zu Hause vergessen. Jetzt leistet sie mir gute Dienste, gerade das Schmuddelwetter heute ist nicht so gut.
Sicherlich ist es für mich in den letzten Jahren beschwerlicher geworden, das Holz zum Heizen aus dem 60 m entfernten Schuppen zu holen, aber noch kann ich es. Meine Hände sind zwar schon etwas ungeschickt durch die leichten Verformungen, aber das wirkt sich erst bei Feinarbeiten aus.
Für Medikamente habe ich vorgesorgt, so gut man es kann.

Vorräte sind genug im Haus. Auch wenn ich aus unvorhersehbaren Gründen nicht zum Einkaufen kommen sollte, werde ich nicht verhungern.

Das Haus mit seinen eigenen Geräuschen kenne ich. Es gehört Dietmar und mir seit 15 Jahren. Wir haben nicht nur im Sommer, sondern zu allen Jahreszeiten hier einige Zeit verbracht. Immer mit Freude und einem Gefühl von unendlicher Freiheit.
Trotzdem erschrecke ich noch immer, wenn unter dem Dachgebälk die Mäuse toben, aber Angst habe ich nicht davor. Man hört es nur im Dachgeschoss, z. B, wenn ich dort am Computer sitze und schreibe. Unten in meinem Schlafraum ist in der Regel Ruhe. Auch sollte unsere Katze die Mäuse vertreiben. Das anhängliche Tier ist meistens in meiner Nähe. Aber gestern, als sie es sich in einem Karton mit meinen Unterlagen neben meinem Schreibtisch gemütlich gemacht hatte, rührte sie sich überhaupt nicht, als es im Gebälk tobte.

Aber vor allen Dingen habe ich ein gesundes Gottvertrauen und baue darauf, dass diese Zeit hier alleine im Moment richtig für mich ist, so werde ich sie mit Gottes Hilfe auch bestehen.

Bei dem Stichwort „Angst" fällt mir von Dir wieder etwas ein, liebe Sabine. Es nervte Dich im Garten unseres Wohnhauses in Berlin eine Biene, die immer um Dich herum flog und Dich verfolgte. Sie hatte Dich nicht gestochen, aber Dich so verrückt gemacht, dass Du geschrien und geweint hast. Ich nahm Dich in meine Arme und Du hast geweint und geweint, über eine Stunde lang hast Du Deinen ganzen Kummer ausgeheult. Es war längst nicht mehr die Biene, sondern da kam so viel Lebenskummer heraus, dessen Ausmaß man sich gar nicht vorstellen konnte. Gern hätte ich diesen Lebenskummer damals erfahren, um Dich auch mit Worten trösten zu können, so konnte ich Dir nur meine Arme und meinen warmen Körper geben, an dem Du Dich anschmiegen konntest und Dir mein T-shirt lassen, zum Tränen abwischen. Du glaubst gar nicht, wie ich dieses Vertrauen genossen habe, das Du mir entgegengebracht hast.

Wie ging es mit der Adoption weiter?

Eine Mutter, die ein Kind zur Adoption frei gibt, muss zwei mal eine Unterschrift leisten. Das erste mal muss sie ihre Bereitschaft und ihren Willen bekunden, dass eine Adoptivfamilie für ihr Kind gesucht wird. Das hatte Deine Mutter Barbara bereits getan. Sie war aber schwer aufzufinden gewesen und hatte sich erst nach mehreren Anschreiben des Jugendamtes gemeldet. Nun stand eine zweite Unterschrift vor einem Notar an, die endgültig sein sollte. Bis dahin hatte sie jederzeit die Möglichkeit, die erste Einwilligung wieder zurückzuziehen.

Dieses mal war Frau Heider vom Diakonischen Werk an der Reihe, sie ausfindig zu machen. Nach einigen Anschreiben gelang es ihr. Barbara meldete sich telefonisch. Eigentlich sollte zunächst gemeinsam ein Termin beim Notar ausgemacht werden, aber aufgrund ihrer Vorerfahrungen handelte die Adoptionsvermittlerin ganz schnell und unkonventionell. Sie fragte Deine Mutter, wo sie gerade sei. Diese antwortete, sie telefoniere von einer bestimmten Telefonzelle aus, die sie beschreiben konnte. Frau Heider bat Deine Mutter dort zu bleiben, bis sie hinkomme. Dann setzte sich Frau Heider in ihr Auto und fuhr zu der angegebenen Telefonzelle und traf dort auch tatsächlich Barbara Heilsberg an. Sie erklärte ihr noch einmal, dass es um den zweiten Notartermin ginge, bei dem eine endgültige Unterschrift gegeben werden solle und fuhr mit ihr gleich zu einem ihr bekannten Notar, der diese Angelegenheit zeitlich einschob, so dass Barbara nicht noch einmal kommen musste.

Barbara gab auch an, weiterhin an der Vermittlung mitzuarbeiten, damit es Dir gut gehen solle. So gab sie Frau Heider eine neue Anschrift, unter der sie zu dem Zeitpunkt erreichbar war. Sie sagte, sie habe noch Unterlagen von Dir und sei bereit, Fragen zu beantworten, die wir als Adoptiveltern noch hätten.

Wir bekamen daher noch Dein Impfbuch und erfuhren, dass Du evangelisch getauft warst. So konnten wir daraufhin über Deine frühere Kirchengemeinde Deinen Taufschein bekommen, aus dem wir entnehmen konnten, dass Konrad, Dein Onkel, und Elfriede, Deine Urgroßmutter, sowie eine Freundin der Familie Deine Paten waren.

Ich hatte bei Dir auf dem Po Narben entdeckt. In einem Halbkreis angeordnet, waren noch vernarbte Wunden, jeweils ca. 5 mm groß, davon ca. 5 – 6 Stück zu sehen, von denen ich mir zu dem Zeitpunkt nicht erklären konnte, wie sie entstanden sein konnten. Nach diesen Narben fragte ich über Frau Heider Deine Mutter. Sie antwortete, dass sie von Narben auf dem Po bei Dir nichts wusste. Sie hatte Dich seit dem Herbst letzten Jahres, also über 9 Monate nicht mehr gesehen.
Die Narben sahen frischer aus, verblassten im Laufe der Zeit und verschwanden später ganz.

Zu Deinem Vater hatten wir noch Fragen. Dazu gab Deine Mutter an, dass sie eine Weile mit ihm befreundet gewesen war. Als sie aber schwanger wurde, wollte er von ihr nichts mehr wissen und habe dann auch für Dich keinen Unterhalt gezahlt, so dass sie finanziell mit Dir in Nöten war. Auch die Vaterschaftsanerkennung hatte er schon nicht unterschrieben, dieses hatte seine Mutter für ihn getan, mit der sich Barbara gut verstanden hatte.

Dein Vater, 1951 geboren, war, als Barbara mit Dir schwanger wurde, gut 18 Jahre alt, damals noch nicht volljährig.
Wir erfuhren ebenso, dass Deine Oma Erika Heilsberg am 12. 3. 1974 gestorben ist.
Danach war Barbara alleine für Dich zuständig. Die Zeit war für sie sehr schwierig, da sie einerseits keine Versorgung für Dich hatte, wenn sie arbeiten wollte und andererseits in Geldnöten war, wenn sie keine Arbeit fand. Das waren schon einmal die ersten Puzzleteile Deiner frühen Kindheit, die wir erfahren konnten.

Bei uns geschah Einiges, was mich nachdenklich machte.

In das erste Jahr Deines Aufenthaltes fiel der Tod und die Beerdigung meiner Großmutter väterlicherseits. Wir fuhren nach Ebertal. Während der Trauerfeier warst Du das erste mal eine Stunde lang nicht bei uns. Wir ließen Dich gemeinsam mit Nicole, meiner kleinen Nichte, bei Freunden meiner Eltern. Abends, längst warst Du wieder bei uns, weintest Du unendlich lange. „Zieh das schwarze Zeug aus!" war das einzige, was Du sagen konntest. Mehr brachtest Du neben Deinem Weinen nicht heraus. Es war sicherlich nicht allein das Versorgen durch für Dich fremde Menschen, es war bestimmt auch die traurige Stimmung, die unter uns herrschte und die Dich an eigene Verluste erinnerte.

In diesen Tagen lerntest Du auch meine Brüder kennen. Wolfram wohnte mit seiner jungen Familie in Ebertal, und wir besuchten ihn gemeinsam. Harald war auch da. Beide trugen damals einen Bart. Du wolltest sie nicht sehen. Du schriest und weintest und sagtest, Harald sei böse. Eine ganze Weile saßt Du auf dem Schoß von Dietmar und drehtest Dich von den beiden weg, wolltest sie nicht angucken. Wir redeten Dir gut zu, aber das nützte nichts. Erst als ich sagte: „Du verwechselst ihn. Das ist nicht der Mann, den Du kennst!" beruhigtest Du Dich und versuchtest Dich vorsichtig nach ihm um zu drehen. Du sahst den Harald lange an und hörtest allmählich auf zu weinen. Dann war alles wieder gut. Waren das Bilder aus der Vergangenheit, die Dich belastet hatten, die Du nun wieder abschütteln konntest?

Unser erstes Weihnachten mit Dir feierten wir in Husthausen.

Unsere Schränke hatten zwar alle Schlüssel, aber sie waren immer zu öffnen gewesen, und Du konntest zu jeder Zeit in alle hineinsehen, um Deine Neugierde zu befriedigen und um Dich zu vergewissern, dass nichts Unheimliches darinnen war.
Nun war ein Schrank abgeschlossen, der mit den Weihnachtsgeschenken.
Oh, wie war das beunruhigend für Dich. Du weintest und bekamst Angst, da könne etwas Schreckliches darin sein. Es blieb uns nichts anderes übrig, als den Schrank wieder zu öffnen und Dich hineinschauen zu lassen. Die Geschenke waren interessant und Du vergaßest voll und ganz Dein Weinen. Weihnachten war diesmal ohne Überraschungen und große Geheimnisse. Das musste auch nicht sein. Du freutest Dich genau so mit uns über die Weihnachtsgeschenke und hattest vorher voller Vorfreude gelernt zu warten.

Schon im Herbst 1975 sprach uns Frau Heider an, doch daran zu denken, dass Du, Erika Sabine, auch unter Kindern aufwachsen solltest, um bereits vor der Schulzeit zu lernen, Dich mit gleichaltrigen Kindern auseinander zu setzen. Wir hatten für das letzte Jahr vor der Schule ebenfalls an einen Kindergarten gedacht und Dich schon bei drei verschiedenen Kindertagesstätten für das Vorschuljahr angemeldet.
Es war damals sehr schwirig, einen geeigneten Platz zu bekommen. Du standest nun zwar auf mehreren Wartelisten, trotzdem ging ich auf der Suche nach solch einem Platz jedem Hinweis nach.

In unserer Nähe sollte es eine Einrichtung geben, die nur aus einer Gruppe bestand, klein und übersichtlich, ein sogenannter Miniclub.
Zu einem vereinbarten Termin stellten wir uns dort vor.
Es war fürchterlich. In einem viel zu engen Raum waren viel zu viele Kinder beieinander. Uns empfing ein Gestank nach „ungelüftet". Die Kinder waren fröhlich, aber machten einen enormen Krach. Du warst sprachlos und ich auch. Ich brachte unser Anliegen zwar noch halbherzig vor, war dann aber sehr froh, als die Leiterin der Gruppe sagte, es müsse erst wieder ein Platz frei werden, ehe sie jemand neues aufnehmen könnten.
Die anderen Kinder mögen dort glücklich gewesen sein, für Dich war es aber sicher nicht der richtige Platz.

1976

Kindergarten, weitere Puzzleteile, Transitreisen und fachliche Irrwege

Unsere Kirchengemeinde hatte einen neuen Kindergarten gebaut. Auch dort wurden wir vorstellig. Und welch ein Glück, dort wurde als erstes ein Platz für Dich frei. Helle große Räume, gepflegt, sauber und mit ansprechenden Materialien hübsch dekoriert, das machte schon einen anderen Eindruck. Eine freundliche Leiterin begrüßte uns. Ich schilderte Deine Ängste und Probleme, betonte aber auch die Notwendigkeit, Dich in eine Kindergruppe zu integrieren. Die Leiterin zeigte sehr viel Verständnis für Dich und sagte uns sehr frei, sie sei auch adoptiert. Das tat gut, sie würde Dich mit all Deinen Ängsten nicht nur akzeptieren, sondern auch verstehen.
Sie stellte uns die Gruppe vor, in die Du nach kurzer Wartezeit aufgenommen werden konntest und machte Dich mit der Gruppenleiterin bekannt. So hatte ich es mir vorgestellt. Wir konnten Dich noch ein paar Tage vorbereiten, eine Kindergartentasche kaufen und was sonst noch nötig war, und ich durfte Dich hinbringen. Es war nur ein Vormittagsaufenthalt vorgesehen, das reichte. Die tägliche Abwesenheit von zu Hause sollte für Dich nicht zu lang werden.
Anfangs noch etwas ängstlich, dann, als Du sicher warst, dass ich auch jeden Tag wieder kam, um Dich abzuholen, fuhrst Du mit mir gerne dorthin. Für mein Fahrrad hatten wir einen Vorderkorb gekauft, und Du durftest dort aufsitzen. Das machte außerdem noch Spaß.

Einmal fragte mich auf dem Weg zurück eine andere Mutter, die ihr Kind jeden Tag auf gleiche Art und Weise transportierte, was ich denn sagen würde, was der Unterschied zwischen einem Adoptivkind und einem eigenen sei. Ich wusste darauf nichts zu sagen.

Erstens war ich glücklich mit Dir und zweitens hatte ich doch gar keinen Vergleich und drittens fand ich die Frage blöd, auch noch in Anwesenheit der beiden Kinder. Ich sagte damals aus Verlegenheit, ich sähe da keinen Unterschied, obwohl ich wusste, dass es Unterschiede geben müsste, aber welche? Was sollte solch ein Diskussion?

Die andere Mutter antwortete daraufhin, das könne doch nicht sein, sonst könnte man die Kinder doch austauschen, außerdem sei ihre Tochter viel

weiter fortgeschritten in ihrer Entwicklung als meine. Ich suchte nie wieder das Gespräch mit dieser Frau, obwohl auch für mich Kontakte notwendig gewesen wären.
Die Kindergartenmonate habe ich in guter Erinnerung. Ob Du Dich an die Zeit schon zurück besinnen kannst?

Schwierigkeiten hattest Du beim Schlafen. Du bekamst nicht richtig Luft und atmetest sehr schwer. Und da Entwicklungsrückstände auch durch zu wenig Sauerstoff ausgelöst werden können, suchten wir einen Hals-Nasen-Ohren-Arzt auf. Das fandest Du hoch interessant. Dieser Arzt war sehr nett zu Dir und empfahl zunächst eine Polypenentfernung, damit Du etwas freier atmen könntest. Außerdem bemerkte er, Du hättest sehr große Mandeln, die auch im Weg seien, besonders wenn Du liegst, hättest Du Luftnot. Auf dem Rückweg zeigtest Du Deine Begeisterung über den Arztbesuch und sprachst davon, wenn Du groß seist, würdest Du auch Hals-Nasen-Ohren-Arzt werden wollen. „Oh," sagte ich, „ da wirst Du aber viel lernen müssen!" „Wenn das nicht geht, dann werde ich eben Zahnarzt!" kam aus Deinem Munde. Du siehst, schon damals zeigte sich Dein medizinisches Interesse. Fortan gaben wir Dir unser Gesundheitslexikon zur Hand. Du konntest zwar noch nicht lesen, aber die Bilder mit schrecklich aussehenden Krankheiten faszinierten Dich.

Einige Zeit später gingen wir zu Fuß zu der ambulanten OP, die beim Hals-Nasen-Ohren-Arzt vorgesehen war. Du hattest ein mildes Beruhigungsmittel bekommen, dass ich Dir vorher geben sollte. Aber dieses Mittel bewirkte das Gegenteil, Du warst albern und kichertest wieder wie früher und wirktest aufgeputscht, so dass wir beide zwar Mühe hatten, den Arzt zu erreichen, aber doch schließlich ankamen. Trotz der entgegengesetzten Wirkung des Medikaments verlief alles gut, denn Du warst ja willig, weil alles so interessant und spannend für Dich war. Eine Narkose hast Du auch bekommen. Für die Nachhausefahrt nahmen wir uns dann vorsichtshalber ein Taxi.

In dem ersten Jahr mit Dir erlebten wir auch auf unseren Transitreisen, die nach wie vor immer mit Spannung verbunden waren, einige Überraschungen. So ließ uns einmal der Motor unseres VW-Variants im Stich. Wir waren voll bepackt, nicht nur Du warst mit im Auto, außerdem noch Purzel, unser damaliger Kater, und Möbel, denn wir hatten ja vor, im Laufe des Jahres 1976 ganz nach Husthausen zu ziehen. Und so wurde schon immer eingepackt, was in Berlin nicht mehr benötigt wurde. Auf das Dach hatten wir einen

alten Eichentisch geschnallt. Wir waren also voll bis übers Dach und standen nun verbotenerweise am Straßenrand auf der Transitautobahn. Wir hatten großes Glück, ein PKW-Fahrer, auch aus dem Westen, hielt ebenso unerlaubterweise an, holte sein Abschleppseil heraus und zog uns über die Grenze bis in ein kleines Dorf in der Nähe von Helmstedt. Als wir dort ankamen war es schon 23.00 Uhr. Trotzdem wies er uns zu einer Pension und vermittelte uns eine Werkstatt, die nachts angerufen wurde, damit sie uns am nächsten Morgen einen gebrauchten Ersatzmotor einbaue.
Wir übernachteten mit Dir in einem Doppelbett, Du lagst in der Mitte. Unser Purzel musste in den Keller und hat dort fürchterlich miauzt.

Am nächsten Vormittag hatten wir einen neuen gebrauchten Motor in unserem Auto und fuhren damit weiter in Richtung Husthausen. Auch weitere Fahrten hat er durchgehalten, aber er verbrauchte 18 l Benzin auf 100 km, so dass wir uns von dem Auto bald trennen mussten.

Ein andermal fuhr ich mit Dir alleine. Als wir uns in die Warteschlange vor der ersten Transitgrenze Babelsberg vor Potsdam einreihten, suchte ich unsere Ausweise. Oh, da fiel mir auf, dass ich unsere Pässe vertauscht hatte. Dietmar wollte am gleichen Tag ebenfalls mit einigen seiner Studenten verreisen und hatte seinen Pass auch herausgelegt. Ich musste also so schnell wie möglich zurück, um die Verwechslung wieder in Ordnung zu bringen.
Das ging aber nicht, man konnte aus der Schlange nicht wieder heraus. Also mussten wir in der Autoschlange bleiben, bis zur ersten Kontrolle. Es schien mir unendlich zu sein. Beim ersten Kontrollposten konnte ich erst mein Missgeschick berichten. Es wurde telefoniert und verhandelt, was man mit uns machen sollte. (Das war aber geheim, ich wusste nicht, was man über uns verhandelte.) Nach einiger Zeit durfte ich auf dem großen Kontrollgelände umdrehen, mich wieder in die aus der DDR herausfahrende Kontrollschlange auf der anderen Autobahnseite einreihen und mich erneut kontrollieren lassen. Die Grenzer waren freundlich, und ich glaube, das hatte ich Dir zu verdanken, denn gegenüber Kindern war man meistens freundlich. Es ging also gut, und wir kamen wieder zurück über die Grenze, und ich konnte so schnell wie möglich wieder nach Hause fahren, um die Pässe auszuwechseln. Dietmar war zum Glück noch nicht losgefahren. Ob er die Verwechslung überhaupt vor Antritt seiner Fahrt bemerkt hätte?

Jedenfalls ging es mit uns zweien erneut los, wieder in die Warteschlange bei Babelsberg, diesmal ohne irgendwelche Schwierigkeiten, und irgendwann kamen wir auch glücklich in Husthausen an.

Im Sommer 1976 – Du warst nun ein Jahr bei uns – besuchte uns Dein Amtsvormund, Frau Dittmann, in unserer Wohnung in Berlin.
Ein Amtsvormund eines Bezirksamtes hatte damals 360 Mündel zu betreuen, das war so viel, dass man sich wirklich kaum um jedes einzelne Kind kümmern konnte, geschweige denn, dass man die Kinder persönlich kannte. Die Dame sagte damals, sie habe schon viele ihrer zu betreuenden Kinder zur Adoption frei gegeben, aber noch nie ein so großes Kind, wie Dich, und ihr sei bei dem Entschluss etwas unheimlich zu Mute gewesen und wolle sich gern persönlich davon überzeugen, dass es Dir auch gut ginge.
Das konnte sie, und wir luden sie ein. Ich glaube, sie kam sogar in ihrer Freizeit und schenkte Dir zwei Schallplatten mit irgendwelchen sprechenden Tieren. „Quak, quak" hörte ich immer nur von den Platten, aber Du hörtest sie mit Interesse.
Der Nachmittag wurde im Garten verbracht, wir unterhielten uns, ich weiß nicht mehr worüber und dabei erwähnten wir auch, dass wir daran dächten, noch ein zweites Kind zu adoptieren, damit Du mit Geschwistern aufwachsen könntest. Das nahm sie zunächst hin.

Als sie sich verabschiedete, sagte sie. „Übrigens, ich würde Ihnen kein zweites Kind mehr vermitteln." Das blieb im Raum stehen ohne weitere Erklärung. Entweder hielt sie uns nicht für geeignet, oder sie fand, Du solltest uns ganz für Dich allein haben, um alles aufholen zu können, was entwicklungsbedingt noch möglich war. Auf jeden Fall war diese Bemerkung ohne weitere Erklärungen für uns nicht unbedingt ermutigend.

Eines hatte ich vorher noch erreicht. Sie hatte mir erlaubt, auf dem Jugendamt Akteneinsicht in Deine Akte zu nehmen. Das war gut, denn ich hoffte dort, einige Puzzleteile mehr aus Deiner früheren Kindheit zu erfahren und zusammenfügen zu können. Wir verabredeten uns.

Die Akteneinsicht sah folgendermaßen aus. Frau Dittmann hielt die Akte so vor sich hin, dass ich nicht hineingucken konnte, sondern blätterte darin herum, um nach irgendwelchen Angaben zu suchen, die für uns und später auch für Dich wichtig sein könnten. Trotz dieser „Geheimhaltung" erfuhr ich einiges Neues.

Laut Amtsbericht bist Du die ersten drei Lebensjahre in der Wohnung Deiner Großmutter, Erika Heilsberg, aufgewachsen. Deine Großmutter hatte eine Drei-Zimmer-Wohnung. Und bei ihr wohnten noch Dein Onkel Konrad und Deine Mutter Barbara. Mit Dir teilte sie sich ein Zimmer.

Irgend jemand in Deiner Familie muss die Säuglingsfürsorge darauf aufmerksam gemacht haben, dass bei Euch vielleicht ein wenig mehr Hilfe notwendig gewesen wäre. Es war gemeldet worden, die Mutter, also Barbara, komme zeitweise nicht nach Hause, sie wohne dann wahrscheinlich bei einer Schulfreundin und überlasse ihr Kind der Großmutter. Die Großmutter trinke. Im Februar 1972, also als Du gerade ein Jahr alt warst, versuchte daraufhin die zuständige Säuglingsfürsorge bei Euch einen Hausbesuch zu machen. Es gelang aber nicht, es war offenbar mehrmals niemand zu Hause. Erst im August des gleichen Jahres, als Du schon ein Jahr und sieben Monate alt warst, wurdest Du der Säuglingsfürsorge vorgestellt. Du warst damals 79 cm lang, wogst 11,1 kg und hattest bereits 12 Zähne. Deine Mutter gab an, Du hättest mit 12 Monaten zu laufen begonnen und auch zu sprechen. Du seist nicht gestillt worden. Deine weitere Entwicklung sei normal verlaufen. Bei einem weiteren Hausbesuch sei die Wohnung als ausreichend sauber vorgefunden worden.
Von Alkohol stand nichts im Bericht, das blieb also offen. Bei so einer Anzeige bleibt etwas im Raum stehen. Sie konnte berechtigt sein, aber auch unberechtigt. War sie aus Sorge um Dich gemacht worden oder aus anderen eventuell niederträchtigen Gründen?

Tatsächlich ist Deine leibliche Großmutter am 12. März 1974 gestorben. Von Deinem Onkel haben wir später erfahren, dass sie Krebs hatte. Es ist zu vermuten, dass Du bis zum Tode Deiner Großmutter bei ihr gelebt hast. Deine Mutter war damals, als sie Dich bekommen hatte, auch noch sehr jung, nämlich erst 18 Jahre alt.
In den Jahren vor Deiner Geburt hat sie Verkäuferin gelernt, die Lehre aber nicht abgeschlossen, denn sie habe, laut eigener Angaben, die Prüfung in Warenkunde nicht bestanden. Im Herbst 1970 habe sie aushilfsweise als Bürohilfe arbeiten können, damals war sie aber schon schwanger, das kann also nur kurze Zeit gewesen sein.
Nach dem Tode Deiner Oma war Deine Mutter nun ganz alleine verantwortlich für Dich. Das war sehr schwer für sie, denn sie hatte auch finanziell keine Absicherung. Dein Vater zahlte keinen Unterhalt. Irgendwie hat sie sich mit Dir ein paar Monate durchgeschlagen. Während sie eine Arbeit als Serviererin im Theatercafé angenommen hatte, hat sie Dich in einer Tagespflegestelle untergebracht, das war im Oktober 1974, Dich aber dort nicht wieder abgeholt. Ein Grund war nicht angegeben. Was dann passierte, ist unbekannt. Ob sie Dich gleich zur Urgroßmutter gebracht haben, ist möglich. Am 10. 12. 74 soll sich dann eine Tante der Mutter beim Jugendamt gemeldet haben und angezeigt haben, dass Du seit Wochen bei der über 80 jährigen Urgroßmut-

ter wohntest und Deine Mutter keinen Unterhalt zahlen würde. Auch habe Barbara Dich ohne ausreichende Kleidung der Urgroßmutter überlassen. Die Mutter melde sich nicht, und keiner wisse, wo sie erreichbar sei.
Hierdurch ist es dann zum sofortigen Personensorgerechtsentzug gekommen. Du bekamst als Amtsvormund Frau Dittmann. Sie habe Dich dann in das Kinderheim „Hasenhöhle" eingewiesen. Du seist unzureichend bekleidet gewesen, hättest erhebliche Rückstände in der Sprache gezeigt, seist distanzlos gewesen und zeigtest Ängste gegenüber anderen Kindern.

Dein Onkel Konrad hatte davon erfahren und Dich in Pflege nehmen wollen. Er wohnte damals in einer Ein-Zimmer-Wohnung und war verlobt mit Helga, die 20 Jahre alt war, keinen Beruf gelernt hatte, aber 3 Stunden täglich in einer Reinigung arbeitete. Helga wohnte im gleichen Haus wie Dein Onkel, aber bei ihrer Mutter. Alle drei wollten sie für Dich sorgen. Dein Onkel arbeitete damals als Fernfahrer. Dein Amtsvormund hatte allen von dieser in Pflegenahme abgeraten. Konrad soll damals auf dem Jugendamt sehr laut und ausfallend geworden sein.

Konrad habe auch den Verdacht geäußert, Deine Mutter ginge auf den Strich. Ich vermute, das war eine Unterstellung, die nicht der Wahrheit entsprach. Viel später hat er uns mal gesagt, er habe die Barbara an einem bestimmten Platz, an dem diese Damen standen, gesehen. Das hat er gern und überall weiter gegeben, auch bei der weiteren Verwandtschaft. Solche Mutmaßungen können ziemlich viel Beziehungen kaputt machen!

Onkel Konrad hatte Dich dann im Kinderheim besucht und auch über Weihnachten mit nach Hause genommen. Nach Angaben der Heimleiterin hattest Du nach dem Weihnachtsbesuch im Heim ein „fürchterliches Theater" gemacht.
Auf Anraten Deines Amtsvormundes seist Du danach von Deinem Onkel nicht mehr besucht worden.

Zu Deinem Vater bekam ich nur wenig Auskunft. Er habe nur über Pfändungen Alimente gezahlt und sei dadurch immer im Rückstand gewesen.
Das war es, was ich erfahren konnte. Immer mehr Teile fügten sich vom Puzzlespiel „Erikas früheres Leben" zusammen.

Eines Tages schickte uns Frau Heider dann noch Deinen Geburtsbericht aus dem Krankenhaus. Wie war sie daran gekommen? Kommissar Zufall war am Werke. Sie hatte einem der Ärzte dieses Krankenhauses ein Kind vermittelt.

Bei dieser Gelegenheit erzählte sie ihm, sie habe bereits mehrere Kinder vermittelt, die in seinem Krankenhaus geboren wurden, und meistens seien keine Aussagen zum Geburtsverlauf zu bekommen. Dabei sei das doch so wichtig, weil man heute weiß, dass z. B. Sauerstoffmangel unter der Geburt auch einige Schäden anrichten könne, damals sprach man von MCD, einer minimalen cerebralen Dysfunktion. Wenn man das wüsste, könne man doch geeignete therapeutische Schritte unternehmen. Der Arzt erklärte sich bereit, in die Akten zu sehen und die Geburtsberichte an Frau Heider weiter zu geben. So bekam ich später von Dir und auch von Deinem Bruder diese Epikrisen. Auch bei Dir waren Auffälligkeiten, Du gerietst während des Geburtsverlaufs tatsächlich unter Sauerstoffmangel, daraufhin wurde bei Deiner Mutter ein Kaiserschnitt gemacht.

Alles aus Deiner Vergangenheit war sehr traurig, aber in Jugendamtsakten stehen meistens nur schlechte Dinge über die Verantwortlichen für Kinder, denn gegenüber der örtlichen Kostenstelle muss es immer Begründungen geben, warum für die Kinder außerhalb der Familien gesorgt werden muss. Die guten Eigenschaften von den Angehörigen, die das Leben - aus welchen Gründen auch immer - nicht bewältigen konnten, bleiben verborgen. So viel Liebe, wie Du sie geben konntest, musstest Du auch vorher von anderen Menschen bekommen haben, darüber war ich mir sicher.

Ein besonderes Verhältnis hattest Du zu Deinen neuen Großmüttern, die Du liebtest. Das kann nur durch früher erhaltene Liebe von Deiner leiblichen Großmutter und Deiner Urgroßmutter entstanden sein.
Ich habe nie verstanden, wie man Dich so einfach weggeben konnte. Offenbar müssen die Sorgen und Nöte Deiner leiblichen Mutter unvorstellbar groß gewesen sein.

Wo lagen die Schwierigkeiten? Wir waren glücklich mit Dir und nahmen Dich so, wie Du warst. Aber würdest Du später in der Schule unter anderen Kindern bestehen können?

Das war der Grund, weshalb wir im Frühjahr des Jahres 1976 die Erziehungsberatungsstelle unseres Bezirksamtes aufsuchten. Wir wollten Dich einmal richtig durchchecken lassen, um eventuelle Handikaps und noch vorhandene Entwicklungsrückstände gezielt therapeutisch bearbeiten zu können. Es dauerte einige Monate bis wir an solch ein Gutachten für Dich herankamen.

Aus meinem Brief Anfang 1978 an eine Bekannte, die ähnliche Erfahrungen mit der gleichen Erziehungsberatungsstelle gemacht hatte und sich nicht scheute, Missstände aufzudecken und diese an die Öffentlichkeit zu bringen, entnehme ich über den Verlauf der Beratungen folgende Zeilen:

> *„Nach zwei psychologischen Tests, bei denen sich Sabine geweigert hatte, mitzuarbeiten, wurde Sabine als vermutlich geistig behindert eingestuft, sie habe einen unterdurchschnittlichen IQ, der emotionale Bereich sei überhaupt nicht entwickelt, es fehle ihr jegliche Spontaneität, sie sei nicht in der Lage, soziale Kontakte einzugehen, somit sei damit zu rechnen, dass sie die Sonderschule besuchen müsse, evtl. könne ihre geistige Entwicklung auch rückläufig verlaufen. Sie müsse außerdem dringend neurologisch untersucht werden.*
>
> *Man riet uns damit gleichzeitig von der Adoption ab. Kein Mensch fragte nach den inzwischen zu uns entstandenen Bindungen und keiner fragte nach den enormen Entwicklungsschritten, die sie innerhalb eines Jahres bei uns vollzogen hat.*
>
> *Ich lief ein paar Tage mit einem Brett vor dem Kopf herum. An so ein Ergebnis hatten wir nicht im entferntesten gedacht.*
>
> *Mein Mann zweifelte die Untersuchungen und damit das Ergebnis von vornherein an, und das half mir, dazu bald wieder den nötigen Abstand zu finden."*

Die neurologische Untersuchung sollte in der FU Berlin gemacht werden, in der psychiatrischen und neurologischen Klinik.
Alle Untersuchungstermine zogen sich bis kurz vor unseren Umzug hin, kamen aber noch zum Abschluss. Ein Gespräch fand ebenfalls noch statt. Mit uns redete ein junger Arzt, der meinte, Du habest eine minimale cerebrale Dysfunktion (MCD), Dein Intelligenzquotient sei gerade noch durchschnittlich, wobei man nicht vorhersagen könne, was Du noch aufholen würdest. (Wenn die wüssten, was Du tatsächlich aufgeholt hast und was Du aus Dir gemacht hast!), Bedenklich fand er, dass Du keinerlei Phantasie zeigtest. Wie soll ein traumatisiertes kleines Mädchen Phantasie zulassen können, wenn doch schon so Unglaubliches in ihrem Leben passierte und Realität geworden war? Da musste man doch Angst vor phantastischen Geschichten bekommen!

Jedenfalls wollte auch er uns von einer endgültigen Adoption abraten. Es bestünde die Gefahr, dass wir Dich überfordern würden und mit Deinen Dir

eigenen Eigenschaften nicht umgehen könnten. Wir führten ja schließlich einen Akademikerhaushalt. Ansonsten empfahlen sie Dir wegen uns aufgefallener und bei den Untersuchungen sich bestätigenden Gleichgewichtsstörungen eine Bobath-Gymnastik auf neurologischer Basis.
Auch auf Drängen erhielt ich keine Kopie dieses Gutachtens, man versagte sie mir.
Grund: Erstens würden wir die Fachsprache nicht verstehen und zweitens wäre es nicht gut, wenn so ein Papier zu Hause rumliegen würde, es könnte schließlich mal in Deine Hände geraten und Dich verunsichern.

Das war's! Ich war empört! War das alles? Wo war die eigentliche Hilfe? Unser Ersuchen nach Erziehungsberatung und Diagnostik bestand darin, die Adoption abzulehnen? War das denn möglich, ein Kind so einfach wieder abzugeben, an das man sich ein Jahr lang gewöhnt hatte, das man lieb gewonnen hatte, das Vertrauen aufgebaut hatte, und das vor allen Dingen selbst neue verlässliche Beziehungen eingegangen war? Eine Weggabe hätte ich mir nie vorstellen können!

An meine vorgenannte Bekannte schrieb ich damals noch:

*„Die Beratung der Erziehungsberatungsstelle bestand darin, dass ich immer wieder gefragt wurde, wie ich auf die Mitteilung reagiert habe, dass unsere Tochter behindert sei. Ich habe darauf nicht geantwortet. Als ich dann zu verstehen gab, dass wir inzwischen den Antrag auf ein zweites Kind laufen hätten, und auch bereit wären, wieder ein älteres Kind (passend altersgemäß zu Sabine) mit Entwicklungsrückständen zu nehmen, merkte ich, dass mir die Gesprächspartnerin entrückte und meinen Gedanken nicht mehr folgen konnte oder wollte. Ich habe mich gefragt, ob wir so anormal waren. Gerade von Mitarbeitern einer Erziehungsberatungsstelle hätte ich Unterstützung und Hilfe erwartet. Was sollte das für eine Hilfe sein? „Machen Sie so weiter, dieses Kind braucht Sie..." wäre hilfreich gewesen.
Zur endgültigen Adoption und zu dem Entschluss, noch ein weiteres Kind zu adoptieren, haben wir uns davon in keiner Weise beeinflussen lassen.*

Ich könne einen Arzt meines Vertrauens angeben, der, wenn wir Dich, Sabine, behalten sollten, auch für Dich zuständig werden sollte.
Dem würden sie das Gutachten zukommen lassen. Wir gaben unseren zukünftigen Hausarzt in der Nähe von Husthausen an, einen Kinderarzt hat-

ten wir noch nicht. Und dieser sehr freundliche ältere Landarzt gab mir bei meinem ersten Besuch bei ihm das Gutachten im Original in die Hand, sagte, er könne damit nur wenig anfangen. Es wäre bei mir besser aufgehoben, denn ich müsste mich ja um die gesunde Weiterentwicklung des Mädchens kümmern.
Danke, lieber Doktor!
Später habe ich Dir das Gutachten mit all Deinen weiteren Unterlagen übergeben. Es war schließlich Dein Leben, um das es ging!

Deine Adoption wurde übrigens unsererseits am 12. August 1976 notariell unterschrieben und endgültig gerichtlich bestätigt am 22. 11. 1976.
Ich selber suchte Kontakte zu Menschen, die in ähnlicher Lebenslage waren, wie wir. So besuchte ich Adoptions- und Pflegeelternkreise in Berlin und später auch in unserer neuen Wohngegend. Die Erfahrungen anderer Mütter waren mir wichtig, denn Du warst wirklich nicht mit anderen Kindern so einfach zu vergleichen. Du warst ein ganz besonderes Mädchen. Ich wollte wissen, wie andere Eltern mit dem Aufholbedarf von Entwicklung und mit Beziehungsproblemen der Kinder umgingen. Zwar lernte ich über diesen Kreis einige nette Leute kennen, mit manchen blieb ich sogar in Kontakt. Meine Fragen kamen aber kaum auf den Tisch.

Pflegeeltern hatten vordringlich andere Sorgen. Es ging um Bezahlung, Besuchskontakte zu den leiblichen Eltern und andere Rechtsfragen. Fragen, die bei einer Adoption ganz anders geregelt waren. Folglich fühlte ich mich in diesen Kreisen auch fremd, weil sie meine Anliegen nicht vertraten.

Die Zeit wurde langsam reif für ein Geschwisterkind.

Mir ging es gesundheitlich den ganzen Sommer 1976 nicht so gut, ich hustete ständig und bekam diese Bronchitis nicht in den Griff. Daraufhin suchte ich in Berlin einen Arzt auf, der sich auf solche Krankheiten spezialisiert hatte und ließ mich gründlich untersuchen. Ich hatte ihm gesagt, dass wir vor hatten, ein zweites Kind zu adoptieren, ich selber sicher sein wollte, auch gesund genug zu sein, um diese neue Aufgabe zu bewältigen.
Der Arzt fand keine organische Ursache für den Husten. (Später fand ich selber heraus, dass ich auf den Staub des gelben Isoliermaterials, mit dem wir beim Dachausbau unseres Hauses in Husthausen ständig hantierten, allergisch reagierte.)
Aber als er hörte, „Adoption eines Kindes", meinte er mir einen guten Rat geben zu müssen: Wenn ich wirklich ein Kind adoptieren wolle, dann doch

wohl das einer Studentin! So als befasse man sich in gut bürgerlichen Kreisen nicht mit anderen Menschen. Was gab es doch für Vorurteile und Arroganz in unserer Welt!
Das war mein erster Schritt zu einem Bruder für Dich, liebe Sabine.

Als nächstes brauchte ich wieder eine neue vorläufige Pflegehalteerlaubnis vom Bezirksamt. Ich wurde also wieder vorstellig. Herr Wegener hatte diese zu bearbeiten. „Frau Beater, ich kann Sie ja verstehen, dass sie das möchten. Aber ich bin Ihnen gegenüber ganz ehrlich. Ich lasse Ihren Antrag hier in meiner Schublade liegen, sie bekommen doch kein zweites Kind!" Ich wusste nicht, was ich dazu sagen sollte. Herr Wegener war dabei sehr freundlich. Mir fiel ein, dass ich das Kind ja von der Konkurrenz vermittelt haben wollte, nicht vom Senat Berlin. Also sagte ich ihm, dass ich es beim Diakonischen Werk beantragen wollte, wie schon das erste. Das zog also wieder und die Angelegenheit sah schon wieder anders aus. „Ja, wenn das so ist, das ist dann nicht mehr meine Sache, dann gebe ich den Antrag weiter." Es lief doch nichts so einfach von selbst....
Alle Untersuchungen mussten aufs Neue getätigt werden, alle Papiere mussten aufs Neue erstellt werden. Wir bekamen die zweite vorläufige Pflegehalteerlaubnis.

Nicht alles war negativ während dieser Vermittlungszeit, doch die positiven Dinge sollten selbstverständlich sein, hatten wir es behördlich doch immer mit Menschen zu tun, die beruflich und daher auch fachlich Hilfe leisten sollten. Die positiven Erfahrungen waren aber leider Ausnahmen, und da sie so selten waren, will ich doch hier erwähnen, dass es beim Jugendamt unseres Bezirks eine sehr nette junge Sozialarbeiterin gab, die für die Kontrollbesuche zu Hause zuständig war, die sich immer unterstützend für uns eingesetzt hatte.
Wir brauchten nun wieder nicht lange zu warten, da wurden wir durch Frau Heider auf einen kleinen 3 jährigen Jungen aufmerksam gemacht. Er sah Dir sehr ähnlich, Sabine, und hätte rein äußerlich gut zu Dir gepasst. Zu mir fand er nicht so schnell eine Beziehung, das hätte sicher ein wenig länger gedauert. Aber die Vermittlung sollte nicht sein. Die Eltern, die eigentlich nur als Grund für die Weggabe angaben, sie könnten nicht mit ihrem Kind umgehen, zogen nach offenbar hilfreicher Beratung ihre erste Einwilligung wieder zurück und versuchten erneut, ihr Kind selbst zu betreuen, jetzt mit fachlicher Unterstützung. Das war sicher besser so.
Wir wollten erst einmal vollständig nach Husthausen umziehen, um dann in Ruhe auf ein weiteres Kind zu warten.

30. Oktober 2010

„Mal sehen, was Du so erlebst!" sagte eine Freundin, bevor ich losfuhr. „Ich bin gespannt was Du berichten kannst!"
Berichten kann ich viel, in mir lebt die vergangene Zeit wieder auf! Aber das meinte sie wohl nicht. Vielmehr die kleinen Überraschungen des zurückgezogenen Lebens hier in der schwedischen Einsamkeit.
Vorgestern, als ich kurzen Besuch hatte von einer deutschen Familie, bringt Tigerchen eine Maus ins Schlafzimmer. Das Schlafzimmerfenster ist im Erdgeschoss und so niedrig, dass die Katze dort raus und wieder reinspringen kann, wenn das Fenster geöffnet ist. Im Sommer steht es den ganzen Tag offen, jetzt aber nur, wenn gelüftet wird. Sie hat schon so manches mal ein kleines possierliches Mäuschen mit ins Haus gebracht. Jetzt also wieder! Ich erschrecke schon noch davor, aber Angst habe ich zum Glück nicht vor solchen Tieren. Ich schließe also die beiden Türen zum Schlafzimmer und das Fenster und hoffe, dass sich ohne mein Zugucken, die Angelegenheit von allein erledigt. Schließlich haben die Mäuse unserer Katze im Sommer noch gut geschmeckt. Nach einer Weile sehe ich nach.
Vor den Betten haben wir jeweils Schafsfelle liegen, damit unsere Füße warm bleiben, wenn wir aus dem Bett steigen.
Unter dem Fell vor Dietmars Bett hat sich die verängstigte Maus versteckt. Die Katze sitzt davor und spielt mit ihr. Ab und zu bekommt die kleine Maus mit der Katzentatze eins gewischt. Dann bewegt sie sich wieder und die Katze nimmt eine neue Stellung ein, um ihr bei nächster Gelegenheit wieder eins auszuwischen. Wie grausam! Wenn sie den Happen doch gleich verspeisen würde, dann wäre alles vorbei!
Ich lasse die beiden alleine. Mit den Besuchern besichtige ich derweil das weitere Haus und gehe auch noch über das Grundstück, in der Hoffnung, dass nach dem Spaziergang alles vorüber sei. Als wir wieder ins Haus kommen, hat Tigerchen die Küchentür geöffnet und hat es sich inzwischen im Wohnzimmer gemütlich gemacht. Ich gehe ins Schlafzimmer, um etwaige Mäusereste, wie z. B. den Schwanz, zu entfernen.
Quietsch vergnügt sitzt das Mäuschen auf meinem Fell und spielt mit seinen kleinen Pfötchen in den Wollhaaren. Schnurstracks öffne ich das Fenster, nehme das Fell an zwei Enden zusammen, das Mäuschen verharrt darin und schüttele es aus dem Fenster. Das entzückende kleine Tier sieht sich verdutzt um, „Nanu, allen Gefahren entronnen?" und läuft erleichtert weiter, munter in Richtung Garten.

*Heute wird es noch bunter.
Tigerchen bringt eine Kohlmeise im Maul mit in mein Schlafzimmer. Die Meise lebt noch! Ab und zu lässt die Katze den Vogel los, um dann dem aufgeregten, flatternden Tier wieder hinter her zu jagen. Ich schließe wieder die beiden Türen, lasse aber das Fenster auf. „Nur Ruhe, Ela, versuch Dein Frühstück weiterhin zu genießen" und hoffe wieder, dass sich die Angelegenheit schon von alleine regeln wird, schlimmstenfalls werde ich die Betten neu beziehen müssen....*

Nach meinem Frühstück wird es ruhig nebenan. Ich sehe nach. Die Kohlmeise sitzt starr und verängstigt ganz in eine Ecke gequetscht und unsere Katze sitzt davor und bewacht sie. Was soll ich tun? Ich beschließe, nichts zu unternehmen, ich würde den Vogel nur noch mehr verängstigen. Ich gehe also raus und fange an, mein Pensum an Holz zu sägen, das ich mir für diesen Tag vorgenommen habe.

Nach einer halben Stunde kommt unsere Katze heraus zu mir, wie sie es gerne tut, wenn ich draußen etwas zu tun habe. Sie unterhält sich mit mir, aber ich kann nicht verstehen, ob der Vogel gut geschmeckt hat, oder ob sie ihn frei gelassen hat. Erst als ich mit dem Sägen fertig bin, inspiziere ich das Schlafzimmer.

Ich finde zwei Schwanzfedern vor. Na, sollen die von dem Festmahl übrig geblieben sein?

Dann sehe ich mir alles genauer an. Alles, was beweglich ist, nehme ich hoch. In einer Ecke unter Dietmars Arbeitshose sitzt ein ganz verschrecktes Vögelchen. Es flattert, nach dem ich es aufgeschreckt habe, aufgeregt im Zimmer herum, um sich dann wieder in eine andere Ecke zu kauern. Ich beschließe, einen Besen zu holen, um dem Tier damit vorsichtig den Weg zum Fenster zu weisen. Als ich zurück komme, ist der Vogel wieder verschwunden. Ist er zum Fenster raus oder spielt er wieder Versteck mit mir?

Diesmal finde ich ihn in meiner Nachttischecke. Sofort flattert er wieder hoch und verschwindet wieder in irgend einem Versteck. Aber es hat sich nicht angehört, als sei er zum Fenster rausgeflogen. Ich gehe erneut auf Suche. Alle Betten nehme ich hoch. Sehe wieder in jede Ecke. Da sitzt er hinter den Telefonbüchern unterm Tisch. Das offene Fenster ist jetzt genau über ihm. Ich ziehe den Tisch etwas vor, so dass die Kohlmeise noch mehr frischen Wind riechen kann. Das nimmt sie offenbar wahr und flattert in Richtung Fenster los und raus.

Froh, die unverhoffte Freiheit wieder erlangt zu haben, fliegt sie - um zwei Schwanzfedern leichter - in den Sonnenschein davon.

Der alten Katze scheint der entgangene Leckerbissen inzwischen gleichgültig geworden zu sein.

noch 1976

Umzug nach Husthausen, ein kleiner Bruder Paul und wieder eine Eingewöhnungszeit

Ja, nun zogen wir also um nach Husthausen.

Unser Dachgeschoss war inzwischen weiter ausgebaut worden, so dass wir ein eigenes Zimmer für Dich hatten, Sabine. Dietmars Arbeitsvertrag lief in Berlin zwar noch ein paar Monate weiter, aber wir hätten unseren Mietvertrag für die alte Wohnung verlängern müssen, und das war uns zu teuer. Auch hatten wir für ein zweites Kind in Husthausen wesentlich mehr Platz. So mieteten wir für Dietmar in Charlottenburg noch eine kleine Ein-Zimmer-Wohnung, die nicht viel kostete und zogen ansonsten mit Sack und Pack in unser Häuschen nach Husthausen. Du bekamst einen Platz im Kindergarten in der Stadt Düker, die für uns zuständig war und in die auch die anderen Kinder des Dorfes mit dem Kleinbus gebracht wurden. Alles klappte gut.

Und dann war es soweit.

Frau Heider schrieb uns, sie habe einen passenden Jungen für uns, am 16. 10. 1973 geboren, Frühgeburt, wieder mit einigem Bedarf, Entwicklung aufzuholen. Wir könnten ihn am 9. 12. 1976 in dem Kinderdorf, in dem er lebte, besuchen.
Für Dich, liebe Sabine, hatten wir gleich zwei Großmütter, die in der Zeit unserer Abwesenheit für Dich sorgen wollten. Wir fuhren also allein dorthin.

Auch dieses mal konnte ich vor innerer Spannung nichts essen und besann mich auf die bewährte Traubenzuckermethode.

Jetzt beginnt eine Schilderung für Dich, Paul, über Deinen Beginn in unserer Familie und über Deinen Werdegang. Ich schreibe nun für Euch beide, an Dich, lieber Paul, und an Dich, liebe Sabine, und hoffe, mich immer so klar ausdrücken zu können, dass jeder von Euch versteht, wer gemeint ist.
Euch beiden teile ich mit diesem Erinnerungsbuch meine innersten Gedanken und Gefühle mit.
Vieles der kommenden Zeit habe ich selbst erst viel später einordnen können, manches bis heute nicht. Aber vielleicht kannst Du, Paul, mir eines Tages dabei helfen, Dein Handeln zu verstehen.

Möge dieser Bericht auch Dir helfen, Dich selber besser verstehen zu lernen, Dich besser annehmen zu können, und möge er Dir auch helfen, Dich für die Sichtweisen Deiner Mitmenschen zu interessieren und diese in Dein Lebensbild aufzunehmen.
Das wünsche ich mir.

Ob das Kinderdorf aus mehreren Häusern bestand, das weiß ich nicht mehr. Ich besinne mich nur auf das eine. Ein freundliches, helles, kindgerecht eingerichtetes Haus ließ uns eintreten. Hier wohnten Kinder, bunt gemischt, jede Altersgruppe vertreten in einer großen Familie. Das Haus strahlte Wärme und Geborgenheit aus. Gemeinsam mit Frau Heider durften wir im großen Aufenthaltsraum Platz nehmen. Ich erinnere mich noch, wir saßen an einem der Tische und uns wurde Kaffee angeboten. Du, Paul, damals noch Elvis, durftest mithelfen, uns zu bedienen. Und sehr vorsichtig trugst Du die Zuckerdose herein und stelltest sie auf unseren Tisch.

Warst Du genau so gespannt wie wir? Nein, sicher ahntest Du gar nicht, was das mit dem Besuch auf sich haben sollte, was das für ein ereignisreicher Tag für Dich werden sollte!

Wir unterhielten uns eine Weile mit Frau Reichling, der Hausmutter. Frau Reichling gab an, Dich schon von früher her zu kennen, weil sie Dich als Säugling schon einmal betreut hatte. Damals sei ihr Mann Pfarrer in der Kirchengemeinde gewesen, in der Du mit Deinen Eltern gewohnt hattest. Vorübergehend wurde eine Pflegefamilie für Dich gesucht, weil Deine ältere Schwester, in Abwesenheit Deiner Eltern gestorben war. Bis die Todesursache geklärt war, warst Du erst einmal fremd untergebracht, wie man das in der Amtssprache nannte. Frau Reichling erzählte viel von Deiner Mutter, die geistig leider so schwach gewesen war, dass es ihr nicht möglich war, Euch beide gut zu versorgen. Sie war der Sozialstation der Gemeinde schon bekannt, da sie öfters Babynahrung abholte, diese aber nicht für Euch verwendete, sondern die Gläschen bei anderen Leuten in Alkohol umtauschte. Frau Reichling hätte Dich damals schon gerne behalten, damit Du überhaupt eine Chance erhalten könntest, Dich gut zu entwickeln, um dann im Leben einigermaßen bestehen zu können, aber das ging nicht, aus Gründen, die wir nicht wissen.

Zum Tode von Deiner älteren Schwester wurde dann festgestellt, dass sie an erbrochenem Speisebrei erstickt sei, das könne auch passieren, wenn die Eltern sich im Nebenzimmer aufhielten. Es träfe sie folglich keine Schuld an dem Schicksal ihrer Tochter. So sei es auch nicht möglich gewesen, ihnen das Sorgerecht zu entziehen, damit Du in anderen Verhältnissen aufwachsen könntest. Frau Reichling sagte, sie sei froh, Dich bei sich gehabt zu haben.

Wie es dann tatsächlich später zum Sorgerechtsentzug Deiner Eltern gekommen ist, kannst Du in Deiner Jugendamtsakte, die wir später kopiert von Deinem Amtsvormund bekommen haben, nachlesen. Es gibt viele Berichte dazu, unter anderem auch einen von Frau Reichling, die ihre Beobachtungen und ihre Sorgen um Dich dem Amt mitgeteilt hatte.

Jedenfalls warst Du nach der notwendig gewordenen Herausnahme aus Deiner Familie gemeinsam mit Deiner jüngeren Schwester Annemarie zunächst im Hauptkinderheim der Stadt Berlin untergebracht. Als Frau Reichling davon hörte, hatte sie sich bemüht, Dich in ihr Kinderhaus zu bekommen, für das sie inzwischen Hausmutter war.

Deine Eltern wurden noch aufgefordert, Ordnung in ihr Leben zu bringen, aber sie fühlten sich nicht in der Lage, Euch beide wieder in ihre Wohnung zurückzunehmen. So schlug das Jugendamt vor - dort war inzwischen auch ein Amtsvormund für Euch eingesetzt - Euch beide, Annemarie und Dich, zur Adoption frei zu geben. Ihr solltet Euer Leben nicht in Heimen verbringen müssen und Chancen bekommen, feste Bindungen zu Euch liebenden Menschen eingehen zu können.

Außerdem – und das wird gerne verschwiegen – hat jedes Amt auch einen eigenen finanziellen Haushalt, mit dem es wirtschaften muss. Ein Adoptivkind kostet das Amt in dem Moment nichts mehr, in dem es einer Familie in Adoptionspflege vermittelt ist. Jede Heimunterbringung, das ist auch ein Kinderdorf oder die Unterbringung in einer Pflegefamilie, kostet das Amt und damit dem Staat viel Geld (Steuergelder). Geld ist meistens nur knapp vorhanden und wird besser für Kinder, die nicht vermittelt werden können, ausgegeben.
Da Dein Amtsvormund offenbar bei anderen Vermittlungen erlebt hatte, dass Frau Heider vom Diakonischen Werk sehr mit Bedacht passende neue Eltern für die Kinder aussuchte, hatte er sich an sie gewandt, um jetzt neue Eltern für Euch beide zu suchen.

Und so sind wir zusammen gekommen. Du, lieber Elvis, und wir, Dietmar und Ela, Deine neuen Eltern. Am 9. Dezember 1976 solltest Du uns und wir Dich kennen lernen.

Du spieltest gleich mit Dietmar, und er machte bei allem Spaß mit. So zogst Du ihm die Uhr vom Arm, untersuchtest diese, bis sie in Deiner großen Spielkasse landete und sich dort verklemmte, denn Du versuchtest sie wie Geldmünzen zu behandeln. Es war ein wenig mühsam, sie wieder heraus zu bekommen, um sie ihrer Bestimmung als Armbanduhr wieder zuzuführen, aber es gelang dann doch gemeinsam.

Dietmar war der erste von uns beiden, der sich nach kurzer Spielzeit mit Dir entschloss, Dich zu uns zu nehmen. Ich schloss mich seiner Meinung an, fest in dem Glauben, Du könntest in unsere kleine Familie passen und sie vervollständigen.

So wie Deine neue Schwester Sabine bei der Übernahme in unsere Familie, konntest Du ebenfalls noch nicht sprechen. Das störte uns nicht, denn wir waren damals durchaus der Meinung, die Sprache werde sich schnell entwickeln, wenn Du erst einmal bei uns seist.

Du warst ein sehr fröhliches Kind, dabei sehr munter und lebhaft. Du lachtest und freutest Dich, aber Du sahst mir nicht in die Augen. Ob Dietmar das auch bemerkt hatte, weiß ich nicht. Aber so viel Gedanken machte ich mir damals nicht darüber. Ich dachte, das würde schon noch kommen, wenn wir länger zusammen sind.

An diesem Tag verabschiedeten wir uns von Dir. Du zeigtest uns noch Dein tolles Hochbett, in dem Du schliefst, und wir ließen Dich mit einer kleinen Stoffschildkröte zurück.

Da wir uns entschlossen hatten, Dich in unsere Familie aufzunehmen, verabredeten wir, Dich gleich am nächsten Tag abzuholen. Wir wollten von Husthausen aus nicht noch einmal nach Berlin fahren. Außerdem wollten wir Dir und uns eine längere Wartezeit ersparen.

Frau Reichling hatte nun abends eine Menge zu tun, Deine Sachen zu packen, Deine Kleidung, Dein Spielzeug und Deine Papiere aus Deiner Akte zusammen zu stellen. Sie machte eine große Liste mit allen Dingen, die Dir gehörten und die wir mitbekamen.

Du hattest abends im Bett die Schildkröte näher erkunden wollen. Was war das für ein Ding? Weich und anschmiegsam war sie. Aber da war offenbar ein Faden locker, an dem man ziehen konnte, und dann öffnete sich der Bauch

der Schildkröte. Du warst wahrscheinlich selber überrascht, was da herauskam. Eine ganze Ladung kleiner Plastiklinsen verstreute sich in Deinem Bett. Mit denen schliefst Du ein.
Wir holten Dich am nächsten Tag, den 10. Dezember 1976, ab. Unser Auto füllte sich mit Deinen Sachen. Die Schildkröte musste die Fahrt nach Husthausen mit leerem Magen antreten.
Du bekamst noch einige Babyflaschen mit, denn Du trankst noch aus der Flasche. Einen Becher konntest Du zwar schon halten und daraus trinken, aber Frau Reichling meinte, Du solltest mit Hilfe des Saugens noch ein wenig Deine Säuglingszeit nachholen können. Auch eine Menge Windeln gab sie uns noch mit, denn Dein „Sauberwerden" war noch nicht ganz abgeschlossen.

Deine neue Großfamilie wartete auf Dich, Oma und Opa aus Husthausen, Großmutti aus Hannover und natürlich Sabine, die Dich als erstes mit offenen Armen empfing!

Hurra, nun warst Du also da, wo Du hingehören solltest!

Auch bei Dir suchten wir nach einem neuen Vornamen. Der Name Elvis gefiel uns nicht, da wir auch zu Deinem Namensvetter, Elvis Presley kein Verhältnis hatten, wir mochten seine Musik nicht. Außerdem waren wir - wie bei Sabine - der Meinung, dass wir als Adoptiveltern das Recht hatten, Dir auch einen Vornamen zu geben, so wie bei einem eigenen Kind, denn Du solltest ja wie ein solches eine Familienstellung bekommen. Alles Schreckliche, was Dir vorher passiert war, sollte zunächst einmal vergessen werden können. So gaben wir Dir den Namen „Paul" und Du nahmst ihn erstaunlicherweise wie selbstverständlich an.
Wir nahmen an, dass Du wenig mit Deinem alten Namen gerufen worden warst, denn auch Frau Reichling sagte uns, ihr sei der Name „Elvis" nur sehr schwer über die Lippen gekommen.
Ob wir mit Euren Vornamensänderungen den Grundstein für eine Identitätsstörung gelegt haben, wage ich zu bezweifeln. Damals wussten wir überhaupt noch nicht, was Identität eigentlich bedeutet. Im Lexikon steht „Einssein" mit der eigenen Person. Hatte das Einssein mit der eigenen Person allein mit einem kontinuierlichen Vornamen zu tun? Wenn, dann war die Änderung nur ein winziger Baustein zu einer Identitätskrise, wie Ihr sie später durchlebt habt. Eure Adoptionen und Vorgeschichten haben wir nie verleugnet, haben versucht, sie in Euer Leben mit uns einzubeziehen, so wie wir als Laien es vermochten.

Außenstehende sollten nicht sofort erkennen können, dass es sich bei uns um eine besondere Familie handelte, das war der damalige Grund. Wir wollten Euch als unsere Kinder vorstellen.
Trotzdem habe ich später sehr viel darüber nachgedacht, ob es so richtig war.

2. November 2010

Oh, großartig, ich habe noch Aufzeichnungen aus den ersten Monaten mit Dir, Paul, gefunden. Ich hatte schon Sorge, ich sollte alles aus der Erinnerung heraus schreiben müssen. Dann wäre viel Vergessenes unter den Tisch gefallen. Und da die Erinnerung meistens die Dinge ins gute Licht rückt, wäre auch manches beschönigt worden, was nicht beschönigt werden darf.
Ich möchte mit dem Bericht an meine damalige Sichtweise kommen, so wie ich die Zeit wahrgenommen habe und damals verarbeiten konnte. Heute sehe ich vieles anders, das zählt nicht. Heute habe ich ein anderes Wissen, andere Fähigkeiten und durch mein Alter viel weniger Kräfte.

Ein Ausspruch von Jean Duché sagt es noch deutlicher:

> *Mangel an Erfahrung veranlasst die Jugend zu Leistungen, die ein erfahrener Mensch niemals vollbringen würde.*

In den ersten Tagen warst Du sehr ruhig bei uns, Paul. Du erkundetes alles Neue und hattest damit viel zu tun, denn Haus und Garten, sowie das Nachbarhaus und der Garten von Oma und Opa waren groß. Außerdem gab es noch den angrenzenden Wald, die Straße, die Nachbarskinder und vieles andere, was Du sicher zum ersten Mal in Deinem Leben gesehen hattest. Sabine freute sich jeden Tag auf Dich, wenn sie aus dem Kindergarten kam, und spielte mit Dir am Nachmittag.

Unseren Freunden, Verwandten und Bekannten hatten wir wieder – wie bei Sabine – eine Anzeige mit Bild von Dir geschickt, damit alle wissen sollten, dass Du nun, ab dem 10. 12. 76, zu uns gehörtest. Ein schönes Foto von Dir zierte diese Anzeige, damit alle sehen konnten, wie Du aussahst und wie alt Du schon warst.
Viele liebe Glückwünsche und Geschenke kamen wieder aus ganz Deutschland, wo diese Menschen, die wir mit einem Gruß von Dir bedacht hatten, gewohnt haben. Es war für uns sehr schön, von allen so viel Anteilnahme an unserer Freude zu bekommen.
Dietmar musste wieder nach Berlin, um dort zu arbeiten und konnte erst zu Weihnachten wieder nach Husthausen kommen. So war ich mit Euch beiden alleine, aber natürlich waren da noch die Großeltern da, die mir gerne Arbeit abnehmen wollten.

Vier Tage verlief alles äußerlich ruhig und wunderbar (Warst Du innerlich angespannt?). Danach fühltest Du Dich offenbar sicherer bei uns zu Hause und konntest Dich lockerer zeigen. Als ich später mal Frau Reichling von diesen vier Tagen erzählte, staunte sie und sagte, „Immerhin hat er das schon vier Tage geschafft!" Denn sie kannte Dich ja und wusste, dass Du auch Probleme mit Dir hattest.

Ganz einfach gesagt, Du fingst nach diesen vier Tagen an – wie Kinder im Trotzalter von 3 Jahren (Du warst ja drei!) – zu trotzen! Und das sah so aus: Das Wort „NEIN" konntest Du offenbar schon, denn es wurde erst einmal zu Deinem Lieblingswort. Denk Dir nichts dabei, wenn ich das jetzt berichte, mir wird nachgesagt, es sei auch mein erstes Lieblingswort gewesen.
Du unterstütztes Dein „Nein" weiter mit kräftigem Schreien und Brüllen. Solche Trotzanfälle kamen bis zu fünfzehn mal am Tage vor.

Das war heftig, zumal ja keiner vorher wusste, wann dieser Widerstand von Dir aus angebracht war. So konnten wir uns auch nicht vorher darauf einstellen. Die Trotzanfälle kamen überall, auch beim Einkaufen....
Ich war sehr verunsichert, ob das so normal sei und las in einem Buch zur Kinderentwicklung aus meiner Kindergärtnerinnenzeit nach. Da war aufgeführt, dass bis zu 18 Trotzanfälle am Tag bei Kindern im Alter von drei Jahren noch normal seien. Ich war also beruhigt, obwohl ich es ganz schön anstrengend

fand. Ich wertete Dein Verhalten damals als ein Verhalten dreijähriger Kinder, aber war es nicht viel mehr oder etwas anderes als die Einforderung Deiner Selbständigkeit, wogegen Du protestiertest. Warst Du nicht überfordert mit all den neuen Eindrücken, den neuen Menschen, den neuen Anforderungen, mit neuen Regeln? Was hattest Du vorher erlebt? Zu gern hätte ich mehr von Dir gewusst.

Nach einiger Zeit stand ein Besuch bei einem Kinderarzt an. Die Untersuchungen in Berlin vor der Adoption waren noch nicht ganz abgeschlossen gewesen. Mir war es auch wichtig, Dich einem Fachmann vorzustellen, damit ich nichts versäumte, was für Deine Gesundheit und Deine Entwicklung gut sein könnte.

Da ich noch nicht wusste, zu welchem Arzt ich mit Dir gehen sollte, fragte ich in der Nachbarschaft eine Kinderkrankenschwester. Die empfahl mir Herrn Dr. Feldhausen, Chefarzt der Kinderabteilung im nahegelegenen Krankenhaus. Dieser habe eine ambulante Sprechstunde und sei ein guter Arzt.

Nun stellte ich Dich dort vor. Er unterhielt sich mit Dir und merkte natürlich, dass Deine Sprache noch nicht entwickelt war. Merkte natürlich auch, dass Du Deinen Speichel noch nicht immer bei Dir behalten konntest. Er lief Dir aus dem Mund, vielleicht deshalb, weil Du aufgeregt warst, aber das konnte ich nicht genau zuordnen. „Was ist das für einer?" fragte er. „Entweder ist es ein ganz großer, oder er ist geistig behindert. (Auch Hochbegabte können sich manchmal hinter Entwicklungsverzögerungen verstecken, wenn sie in Nöten sind.)
Ich erzählte ihm von Deiner Vorgeschichte, soweit ich sie wusste. Deine Lebensgeschichte sollte er kennen, um Dir im richtigen Moment auch richtig helfen zu können.

„So ein Kind können Sie doch nicht adoptieren!" Rutschte ihm heraus. Ich sagte ganz ruhig und mit etwas Stolz: „Wir haben noch so eines, dieser Junge ist schon unser zweites Kind!" Ich glaubte, er verstand mich nicht, denn er reagierte darauf nicht. Jedenfalls schien für den Arzt erst mal alles in Ordnung zu sein, denn er ließ keine weiteren Bemerkungen mehr fallen.
Falls Du zu unruhig seist, solltest Du Truxalettensaft nehmen, für den er mir ein Rezept ausstellte. Wir sollten in Ruhe abwarten, wie Du Dich weiter entwickeltest. Mit neuen Chancen könne sich noch eine ganze Menge Positives ergeben. Und im März des nächsten Jahres sollten wir Dich wieder vorstellen. Das war der erste Besuch beim Arzt.

Es waren noch viele Dinge, die mir in den ersten Wochen auffielen. Wir hatten schon etwas Schnee, denn es war ja Dezember. Du hattest Spaß, draußen zu spielen. Eines Tages zogst Du Dich im Schnee nackend aus. Du frorst nicht und hattest mit dem kalten Schnee auf Deinem Körper einen Heidenspaß. Ich machte mir aber Sorgen, Du könntest Dich erkälten, ja sogar eine Lungenentzündung holen, und steckte Dich sogleich in die warme Badewanne. Auch die Badewanne war noch immer faszinierend und neu für Dich, denn nach einer Weile legtest Du Dich auf den Bauch und zogst den Stöpsel heraus, um zu sehen, wie und wohin das Wasser läuft, eine spannende Angelegenheit.
Die Kälte im Schnee hatte Dir überhaupt nichts ausgemacht.

Das Essen am Tisch war Dir noch ungewohnt. Wir mussten alles mögliche abdecken, damit Dein Platz auch hinterher wieder sauber zu machen war. Außerdem waren unsere Essenszeiten für Dich ungünstig. Du bekamst mittags schon sehr früh Hunger und warst einen frühen Mittagsschlaf gewöhnt. Auch abends passte Dein Hungergefühl mit dem Abendessen der übrigen Familie nicht überein. Deshalb beschloss ich, das Essen für Dich alleine zu Deinen bisher gewohnten Zeiten zu zubereiten. Auch das war nicht ganz einfach, weil Du so vieles nicht kanntest, und es nicht essen wolltest. Aber bald fand ich heraus, dass Du liebend gerne Bratkartoffeln aßest. Also bekamst Du in den ersten Wochen fast jeden Tag Bratkartoffeln mit etwas Leckerem dazu, und Du warst zufrieden.

Auch Nachspeisen liebtest Du. Als ich eines Tages eine Quarkspeise mit Sauerkirschen gemacht hatte, verzogst Du Dein Gesicht, wie „drei Tage saure Gurken" und schobst die Speise von Dir weg. Da ich diesen Nachtisch so gerne aß, wollte ich ihn aufessen. Ich hatte Dich so verstanden, dass Du ihn nicht mehr wolltest. Das war aber falsch. Du fingst ganz fürchterlich an zu schreien und nahmst ihn mir wieder weg. Von neuem versuchtest Du ihn zu essen. Wieder das gleiche Gesicht, er schmeckte Dir nicht. Ich aß daraufhin wieder von dem Schälchen und Du schriest wieder: „Nein" und nahmst von neuem einen Löffel davon, auch der schmeckte nicht. Ich glaube, ich hätte das Spielchen mit Dir noch eine ganze Weile weiter treiben können, Du hättest immer in gleicher Weise reagiert, nämlich wieder zu essen versucht und dann die Speise angewidert wieder weggeschoben. Ich habe das Schälchen dann gut sichtbar für Dich in die Küche gestellt, weil ich es ja nicht essen durfte. Das konntest Du Dir ansehen und warst damit zufrieden.
Hattest Du mir mit Deinem Protest vielleicht Angst vor dem Verhungern gezeigt. Was musst Du früher erlebt haben?

Über Deine Beine bist Du noch recht häufig gestolpert. Du fielst sehr oft und hattest entsprechend viele Wunden an Deinem Körper. Aber die nahmst Du mit Gelassenheit, Schmerzen schienst Du nicht zu kennen.
In den Fingern hattest Du noch kein richtiges Tastgefühl, denn Du nahmst die meisten Gegenstände noch in den Mund, um sie mit Zunge und Lippen zu erfühlen.

Trotzdem hattest Du sechs Hände gleichzeitig, die alles anfassen und erkunden mussten. Das ging so schnell bei Dir, dass Du schon drei Dinge in den Händen hattest, ehe wir eines bemerkten. Und da Du noch alles in den Mund stecktest, war das auch gefährlich. Für mich und uns alle, die wir für Dich da waren, hieß es, Dich immer im Blickfeld zu haben. Ich nahm Dich sogar mit auf die Toilette, weil ich es nicht verantworten konnte, Dich für diesen Moment alleine zu lassen. Ich ließ Dich derweil am Wasser spielen, und das war interessant genug für Dich, um eine Weile dabei zu bleiben.

Gerne ließest Du Dich mit Krachmachern beschäftigen, egal was es war. Dann hatte ich für einige Minuten Ruhe, um etwas Dringendes zu erledigen, wie z. B. Kochen, Braten oder Backen, wo Du mit Deinen Händen nicht dazwischen kommen durftest.

In meinen Notizen von früher fand ich, dass es Dir Spaß gemacht haben muss, unsere Bausteine einzeln die Treppe herunter fallen zu lassen. Das konntest Du 10 Minuten lang, und ich nutzte Deine Beschäftigung für wichtige Arbeiten, die ich schnell besorgen konnte. Wenn ich Dich dabei auch nicht sehen konnte, so konnte ich doch hören, wann Du damit fertig warst.

Unser Leben verlief, seit dem Du bei uns warst, dramatischer, als ich es aus heutiger Sicht schildern kann. Vieles ist dabei in Vergessenheit geraten. Das Alltägliche war es, was jeden Tag neu ein Drama zu werden schien, unvorhersehbar, ein täglicher Lebenskampf mit Euch und für Euch, liebe Sabine und vor allen Dingen für Dich, lieber Paul.
Ich habe daraus gelernt, nur noch das Wesentliche im Leben zu sehen. Das Dringlichste, was erledigt werden musste, das wurde gemacht, alles andere blieb entweder liegen oder erledigte sich von selbst, wie man so schön sagt. Wesentlich war mir, dass es Euch beiden gut ging, dass Ihr verstanden wurdet, dass Ihr angenommen wurdet, so wie Ihr ward.
Meine ethischen Vorstellungen, die mir sehr wichtig waren, sie Euch für Euer eigenes Leben mitzugeben, standen vor dem täglichen häuslichem Kleinkram.

Gerechtigkeit sollte Euch widerfahren. Alle Menschen – besonders aber die Kinder – sollten die gleichen Chancen haben, sich entwickeln zu können, alle mit ihren unterschiedlichen Anlagen. Und Ihr ward diejenigen, für die ich diese Chancen zu erkämpfen hatte! Alle Kinder hatten ein Recht auf Liebe, auf Akzeptanz und Anerkennung.
Verlässlichkeit wollten wir Eltern Euch mitgeben, und ehrlich wollte ich vor Euch sein, so dass Ihr einmal ehrlich vor Euch selber sein könntet.
Ordnung und Sauberkeit waren mir nachrangig und so sah es so manchmal bei uns richtig chaotisch aus.

Weihnachten kam.
Nach einem mit Geschenken gefüllten Heiligabend, der zwar harmonisch, aber doch in freudiger Anspannung verlief, zeigten sich am nächsten Tag Eure Probleme.
Sabine, Du fingst plötzlich an zu weinen und äußertest, dass Du Dich von Großmutti nicht beachtet gefühlt hast. Von uns fühltest Du Dich sicher auch zurückgesetzt, sagtest das aber nicht.

Oh, liebe Sabine, das musste ja kommen, dass Du über die neuen Gegebenheiten in der Familie enttäuscht warst. Du hattest Dich so sehr über Deinen jüngeren Bruder gefreut, und nun stand er ständig im Mittelpunkt. Ganz einfach deshalb, weil er noch so viele Probleme mit sich hatte und so viel Fürsorge und Aufmerksamkeit brauchte. Das war sicher sehr schwer für Dich, dass Du nun von heute auf morgen in den Hintergrund treten musstet. Da sollten wir aufpassen, dass Du nicht übersehen wirst. An dem Weihnachtstag durftest Du deshalb auf Deinen Wunsch hin zwischen uns in den Ehebetten schlafen.
Ob Du wirklich in Paul einen Spielpartner hattest, war auch sehr fraglich, denn er war ja noch längst nicht so weit in seiner Entwicklung, dass er Dir ein Partner sein konnte.

Auch Du, Paul, hattest am zweiten Weihnachtstag Deine Probleme. Du bekamst gegen 20.00 Uhr, nach dem Du schon einmal eingeschlafen warst, einen fürchterlichen Schreikrampf. Ich musste Dir von dem Truxalettensaft geben, damit Du Dich überhaupt beruhigen konntest. Du schliefst nach einiger Zeit wieder ein, wachtest aber morgens sehr früh auf, gingst ins Badezimmer, nahmst Dir die Penatencreme und schmiertest damit Wände und Türen ein. Dann konnte ich hören, dass verschiedene Dinge die Toilette heruntergespült wurden. Sicher waren es unwesentliche Dinge gewesen, denn ich konnte später nicht mehr nachvollziehen, was verschwunden war.

Im Laufe dieses Vormittags polterten nicht nur der Wäschekorb, sondern auch Spielzeug und Wäscheklammern mehrmals die Treppe herunter. Die Mittagsruhe wurde nicht angenommen. Ich ließ Dich, Paul, trotzdem in Deinem Bett alleine, Du schliefst dann später doch ein, aber vorher hattest Du Dein kleines Geschäft im Spielkorb erledigt und Dein großes im Holzbollerwagen. Offenbar konntest Du Deine Geschäfte doch schon kontrollieren, sonst hättest Du sie nicht so gezielt eingesetzt. Ich versuchte seit diesem Tag Deine Windeln ab und zu wegzulassen - zunächst noch mit wenig Erfolg.

Du schliefst nachts häufig sehr unruhig und warst morgens dann auch sehr missgelaunt. Manchmal schien mir Dein Körper heiß zu sein, Du hattest aber kein Fieber, dann wieder normal. Du hattest viel Durst, trankst viel und hastig. Gleichzeitig lief Dir das Getränk oder auch Deine Spucke wieder aus dem Mund heraus.

In diesen Tagen nach Weihnachten hattest Du einmal das Bedürfnis, mich zu beißen und mir dann die Haare auszureißen. Natürlich ließ ich das nicht zu, und so nahmst Du statt meiner Haare Deine neuen Wachsmalstifte und zerbrachst sie in viele kleine Teile.

Auch Du, Sabine, hattest Deine ersten eigenen Wachsmalstifte mutwillig zerbrochen, aber das war nun schon ein und ein halbes Jahr her.

1977

Nachtgespenster und Schlafrituale, Verbündete, Sauberwerden, Salzsäure,
knappe Finanzen, Schulkindergarten und Nachbarskinder,
Kindergarten und Vertrauensaufbau

Zu Beginn des neuen Jahres, Paul, – Dietmar war schon wieder nach Berlin gefahren, um dort zu arbeiten, ich war also wieder mit Euch alleine – kam Dein Schlafrhythmus wieder durcheinander. An diesem Tag konntest Du mittags schon nicht schlafen und warst daher den ganzen Nachmittag unruhig und mürrisch und schlecht zu leiten.
Abends schliefst Du auch nur mühsam ein, um dann nach kurzer Zeit, Schweiß gebadet, wieder aufzuwachen. Du schriest: „Nein, nicht" und wiederholtest die Worte während des Schreiens immer wieder. Ich nahm an, dass Du schlecht geträumt hattest und nahm Dich hoch, um Dich zu beruhigen. Das gelang mir aber nicht. Du schriest weiter, als ob Du die ganze Welt zusammenrufen wolltest. Ich streichelte Dich, redete Dir gut zu, nahm Dich auf den Arm und trug Dich herum, so wie man es mit kleinen Kindern tut, wenn sie unruhig sind. Du warst schon ganz schön schwer, aber damals konnte ich Dich noch tragen. Du hörtest nicht auf zu schreien. Ich gab Dir zunächst einen Löffel von dem verordneten Truxalettensaft. Der half aber gar nicht. Nach einer weiteren ¾ Stunde Schreien, gab ich Dir wieder einen Löffel Saft. Auch der half nicht. Ich war mit Dir nach unten ins Wohnzimmer gegangen, um Dich mit Bildern aus dem Fernseher abzulenken. Aber auch damit hatte ich keinen Erfolg.

Was sollte ich machen? Ich überlegte, ob ein Arzt vielleicht helfen könnte, Dich aus Deinem Schreikrampf zu befreien? Aber was sollte der machen, Dir etwa eine Beruhigungsspritze geben? Das war auch keine Lösung.
Jegliche liebevolle Berührung nahmst Du gar nicht wahr.

Dann hatte ich eine Idee und versuchte es anders. Ich gab Dir einen Klaps auf den Po. Und wie, als wenn Du darauf gewartet hättest, hörtest Du auf zu schreien. War das die Art und Weise, wie Deine Eltern Dich zur Ruhe bekommen hatten? Eigentlich hätte der Klaps Dir weh tun müssen, aber das war nicht der Fall, du warst zufrieden mit Dir und der Welt.

Inzwischen waren zwei Stunden vergangen. Zwei Stunden ohrenbetäubendes Geschrei war für alle Beteiligten sehr anstrengend. Auch Dich hatte dieser Schreikrampf einige Kraft gekostet, deshalb warst Du danach sehr erschöpft. Ich konnte Dich in Ruhe wieder ins Bett legen, Du schliefst schnell ein und lagst die weitere Nacht ruhig atmend im Bett, als wenn nichts gewesen wäre.

Viel später las ich einmal einen Zeitungsartikel über Eingewöhnungszeiten von Pflege- oder Adoptivkindern in ihren neuen Familien. Darin wurde darüber berichtet, dass diese Kinder zunächst nur mit den Mitteln, die sie in ihren Ursprungsfamilien erlebt hätten, erreichbar seien. Grenzen wurden in den Ursprungsfamilien häufig nur durch harte Strafen, wie z. B. Schläge gesetzt. Um als Autorität überhaupt erst einmal von den Kindern anerkannt zu werden, müsse man zunächst in den alten Mustern mit den Kindern umgehen, also Mitteln, die sie kennen. Jegliches Reden, Verständniszeigen und vieles andere, kennen sie nicht und verstehen sie daher auch nicht.

Auch wenn ich damals überlegt habe, ob es nicht doch andere Möglichkeiten gibt, Euch zu erreichen, so erinnerte mich der Artikel sehr an die Anfangszeiten mit Euch beiden.

Und richtig, am 5. Januar 1977 stand in meinen Aufzeichnungen:

> *„Seit zwei Tagen habe ich das Gefühl, es besteht eine enge Verbindung zwischen Dir, Paul, und mir – so wie es zwischen Sabine und mir vom ersten Begegnungstag an war. – Du siehst mich an, wenn ich mit Dir rede, ich habe das Gefühl, dass ich Dich erreiche und Du zeigst mir, dass Du mich brauchst. Die Tage werden ruhiger, Du bist viel ausgeglichener geworden."*

Ein kleines Pflänzchen Hoffnung und Vertrauen war gewachsen, Vertrauen in eine aufbauende Beziehung mit Dir, aber konnte sie gedeihen?

Gemeinsam konntet Ihr Euch nun gegen die Übermacht der Erwachsenen verbünden. So auch eines Abends, wir hatten warmes Essen, weil es mittags nur eine Kleinigkeit gegeben hatte. Sabine, Du hattest die spaßige Idee, mit den Händen zu essen. Ehe wir etwas dazu sagen konnten, ward Ihr auch schon dabei und manschtet in den Kartoffeln, im Gemüse und im Ei herum. Und weil Ihr nicht zu bremsen ward, landete die bunte Mischung im Gesicht, in den Haaren und in den Ohren. Oh, wie fein saht Ihr aus, reif für die Badewanne und gemeinsam wurde gebadet und Haare gewaschen. Wir machten den Spaß mit und lachten mit Euch darüber.

Aber dabei blieb es nicht. Zwei Tage später schmiertest Du, Paul, Dir Joghurt in die Haare und versuchtest außerdem löffelweise, Dir mit dem Joghurt die Ohren zu füllen. Du lachtest und dachtest offenbar, wir würden wieder alle den gleichen Spaß haben, aber dem war leider nicht so, und ich musste Deinem ganzen Unsinn Einhalt gebieten. Für Dich tat es mir leid, auf Dauer konnten wir so etwas wirklich nicht dulden.

Die Nuckelflasche hatten wir mit Deinem Einverständnis jetzt weggelassen. Du konntest aus dem Becher trinken und dadurch selbständig werden. Das war etwas Großartiges.
Nur wolltest Du natürlich auch gleich den Becher alleine eingießen. Dies gelang erst nach vielen fehlgeschlagenen Versuchen, Du merktest nicht, wann der Becher voll war und gossest den Saft immer weiter ein. Wahrscheinlich machte das Laufenlassen der Flüssigkeit so einen Spaß. Oder warst Du in Gedanken schon bei der nächsten Tätigkeit?

Im Laufe des Januar wurdest Du, Paul, etwas ruhiger. Ab und zu bekamst Du noch einen „Rappel", ließest Dich aber davon entweder ablenken oder beruhigtest Dich, wenn wir uns nicht darum kümmerten.
Bei vielen Gelegenheiten ließt Du Dich inzwischen von mir trösten. Dass Du diesen Trost annehmen konntest, das war auch wieder eine wunderbare Erfahrung für mich.

Mit dem Sauberwerden beginnt man ein Gefühl für den Drang zur Toilette und für die Betätigung der Schließmuskeln zu bekommen. Das begann bei Dir so:
Vor dem Zubettgehen, mittags und abends gabst Du drei bis vier mal an, Dein großes Geschäft erledigen zu müssen, genauer gesagt, drei mal meldetest Du Dich, ohne Erfolg, aber das vierte mal klappte es dann.

Nun wollte ich Dir an einem Tag nur zwei Toilettengänge zugestehen, weil ich dachte, es sei alles nur ein Spielchen von Dir, um nicht gleich schlafen zu müssen. Ich bin aus dem Zimmer gegangen, in der Hoffnung, dass Du nicht allzu viel anstellen würdest. Als ich später nachsah, lagst Du nackend im Bett. Ein Würstchen lag im Topf mit Papier. Also hattest Du Dir sogar den Po abgewischt. Zwei saubere Windeln flogen zerfleddert herum. Ich hatte Dir inzwischen freigestellt, ob Du sie noch tragen wolltest. Das war nun eindeutig! Dein dringender Wunsch war zu erkennen, Dein Geschäft selbständig zu erledigen.

Auch einkaufen konnte man mit Dir nun, Du konntest schon bis zu zwei Stunden durchhalten, ohne einen Trotzanfall zu bekommen oder einen Toilettengang zu brauchen.
Und damit der Hunger und die Quengeleien nicht vor der Kasse bei den Süßigkeiten losgingen, gab ich Dir vorher immer etwas zu essen, wie z. B. eine Banane, damit Du satt genug warst, die Strapazen durchzuhalten. Das klappte wunderbar.

Täglich sprachst Du mehr Worte oder probiertest sie zu sprechen. Deine Sätze hatten nun schon meistens drei Wörter. Deine Entwicklung war mit Freude zu beobachten.

Dein beginnendes Vertrauen in unsere Familie hatte Dir schon in diesen ersten Wochen geholfen, Dich ein wenig auf uns einlassen zu können. Aber es sollte nicht so positiv weitergehen, denn leider bekam Deine Vertrauensentwicklung einen herben Rückstoß.
Es passierte etwas Schreckliches.

Dietmar war aus Berlin gekommen und wollte in der nächsten Woche mit ein paar seiner Studenten eine Exkursion ins Gelände unternehmen. Da es zu seinen Erkundungen auch gehörte, Steine zu analysieren, hatte er sich in der Apotheke ein kleines Fläschchen Salzsäure gekauft, das eingepackt auf seinem Schreibtisch stand. Er hatte mir noch nicht sagen können, was in der Flasche war, ich wusste deshalb nichts von der Gefährlichkeit des Inhaltes.

Paul, Du warst im Wohnzimmer. Meine Mutter, also die Oma, kam mich besuchen, weil sie mit mir etwas besprechen wollte.
Immer haben wir versucht, Dich und Dein Handeln im Blick zu haben. Aber jetzt waren wir beide, die Oma und ich, durch unser Gespräch abgelenkt. Beide standen wir ganz in Deiner Nähe, aber trotzdem - es ging alles so schnell, dass wir es kaum zurückverfolgen konnten - hattest Du die Flasche aus dem Papier gewickelt, aufgeschraubt und an den Mund gesetzt. Kindersicherungen auf solchen Flaschen kamen erst mit der Zeit auf, hier war noch keine eingesetzt worden.

Du schriest, denn es tat weh. Was tun? Es war Wochenende. Unser Hausarzt hatte keinen Dienst. Der Arzt vom Notdienst riet mir, die Verätzungen mit Milch und Öl zu behandeln. Wenn das Kind dann aufhören sollte, zu schreien, dann brauchten wir nicht in die Sprechstunde zu kommen. Meine Frage, ob solche Verätzungen auch lebensgefährlich sein könnten, bejahte er. Hatten wir nun schon nicht richtig auf Dich aufgepasst, wollten wir jetzt wenigstens sicher sein, alles für Dich zu tun, was in solch einem Fall richtig schien.

Eine weitere Ärztin von der Giftzentrale riet uns, mit Dir in die Notaufnahme eines Krankenhauses zu fahren, um den Schaden ansehen zu lassen, um ausschließen zu können, dass nichts in den Magen gekommen war.

Ja, das wollten wir tun. Für uns kam nur die Notaufnahme im nahegelegenen Krankenhaus in Frage, zumal Du dort ja schon einmal vorgestellt worden warst. Zufällig hatte Dr. Feldhausen auf der Kinderstation Dienst.
Dietmar und ich schilderten, was passiert war und saßen ansonsten schuldbewusst da, wie auf einer Anklagebank.
Der Arzt sah Dir in den Mund, war sich aber offenbar nicht ganz sicher bei der Diagnose und holte einen jungen Assistenzarzt hinzu, der sich den Mund und den Rachen noch einmal gründlich ansah. Der junge Arzt meinte, es sei wohl nichts in den Rachen gekommen. Verletzungen waren an der Lippe und an der Mundschleimhaut zu sehen gewesen.
Dann folgte dieses Gespräch: Dr. Feldhausen: „Wir müssen überlegen, in welches Zimmer wir ihn aufnehmen." „Sie wollen den Jungen doch nicht hier lassen?" entgegnete der junge Arzt entsetzt. Daraufhin Dr. Feldhaussen. „Der hat schon so viel erlebt und durchgemacht, da macht ihm das auch nichts mehr aus." Wir wussten nicht, was „das" war und willigten ein, glaubten wir doch, für Dich alles tun zu müssen, was Ärzte für richtig hielten, nicht zu vergessen, dass wir uns ungeheuer schuldig fühlten. Es sollte eine Blutgasanalyse gemacht werden, dazu solltest Du stationär aufgenommen werden. Es könnte ja doch etwas in den Magen gekommen sein, wurde von Dr. Feldhausen angeführt.
Was diese weiteren Untersuchungen für Dich bedeuteten, ahnten wir nicht.

Wir durften Dir noch ein paar Sachen bringen, ansonsten sollten wir Dich nach drei Tagen wieder abholen können. Einmal durften wir Dich besuchen. Du lagst festgeschnallt an Händen und Füßen im Bett, konntest Dich nicht regen und warst über Kanülen verbunden mit irgendwelchen Tropfgeräten und anderer Technik. Uns sahst Du nicht an. Auch eine Windel hatten sie Dir wieder umgelegt, warst Du doch gerade so stolz darauf gewesen, endlich sauber zu sein.
Die Krankenschwester sah uns vorwurfsvoll an, wir hätten nicht angegeben, dass Du noch nicht sauber seist. Konnte sich denn keiner vorstellen, das so ein Junge auch aus Angst wieder ins Bett macht?

Ich stellte mir vor, dass Du offenbar ordentlich eingekotet haben musstest, sonst kämen nicht solche Beschwerden. Auf den Schwestern blieb natürlich die ganze Arbeit hängen. Böse Gedanken trieben sich in mir um: „...nur schade, dass der Chefarzt das nicht selber sauber machen musste..."

Als wir Dich abholten, sagten die Schwestern uns, dass alles in Ordnung sei, sie hätten nichts gefunden. Die Salzsäure sei weder in die Speiseröhre noch in den Magen gekommen. An Deiner Lippe hatte sich ein wenig Schorf gebildet, das war der Rest von dem Unfall. Du warst als geheilt entlassen.
Als wenn nun alles in Ordnung gewesen wäre! Vorsorglich hattest Du noch ein Antibiotikum bekommen. Das sollte aber Herr Dr. Feldhausen gewusst haben, dass Du allergisch auf verschiedene Antibiotika reagieren würdest, denn das stand in Deinem Impfbuch, aus dem er sich wichtige Daten in seine Akte übertragen hatte!

Erst 24 Stunden später, nach dem wir wieder zu Hause waren, trautest Du Dich, uns wieder zaghaft anzulächeln. Deine Unruhe stieg wieder an und hielt Dich in Bann, so wie während der ersten Wochen bei uns. Außerdem hingst Du mir ständig am Hosenbein (Röcke habe ich nicht getragen, daher gab es auch keine Rockzipfel, an denen Du Dich festhalten konntest.). Es schien mir ungeheure Angst dahinter zu stecken. War es Angst vor erneuter Weggabe, Angst vor weiterer Quälerei oder einfach Angst vor allem Unbekannten?
Du plagtest Dich auch mit Deiner Gesundheit weiter herum. Wieder am Wochenende, bekamst Du einen fieberhaften Infekt. Da das Fieber sehr hoch war, rief ich den diensthabenden Arzt. Dieser meinte, es sei nichts Schlimmes, das würde von alleine wieder besser. Einen weiteren Tag später hattest Du rote Punkte über den ganzen Körper verteilt. Wir fuhren zu unserem Hausarzt. „Das sind keine Masern", meinte der erfahrene Arzt, „das sieht aus, wie eine Penizillinallergie, und das vergeht wieder."
Es verging auch. Ich war froh darüber, denn ich wollte auf keinen Fall wieder mit Dir zu Dr. Feldhausen.

Aber was war passiert mit Deiner nach Geborgenheit suchenden Seele?
Ich spürte, dass das kleine Pflänzchen Hoffnung und Vertrauen, das gerade erst seine ersten grünen Keime aus der Erde gestreckt hatte, zertreten war. Zertreten aus einer Notwendigkeit heraus?

Später hörte ich von anderen Müttern, dass der Arzt Kinder gerne stationär aufnahm und sie möglichst lange zur Sicherheit im Krankenhaus behielt.

Sein Assistenzarzt hatte gesehen, dass Dein Rachen bereits nicht mehr von der Verätzung betroffen war. Aber gemacht wurde selbstverständlich, was der erfahrene Chefarzt sagte.
Es schien mir wie ein Verbrechen an einer kleinen Kinderseele, die gerade begonnen hatte, sich zu erholen.

Trotz dieses schweren Zwischenfalls finde ich in meinem Tagebuch stetige Weiterentwicklungen von Dir: Bei einem Nachbarskind konntest Du schon eine Stunde bei der Geburtstagsfeier dabei sein.
Als Dietmar von seiner Exkursion zurück kam, holten wir ihn vom Bahnhof ab. Wir hatten nicht gesehen, aus welcher Zugtür er ausgestiegen war. Auf einmal stand er vor uns und nahm Dich in die Arme. Du schriest herzzerreißend. „Papa hier, Papa hier!" Das sollte heißen, Papa soll hier bleiben und nicht wieder abfahren. Es dauerte eine ganze Weile, bis wir Dich beruhigt hatten und Du uns glaubtest, dass der Papa nun wirklich hier blieb. Du halfst dann beim Tragen des Gepäcks, und wir konnten anschließend zum Auto stiefeln.
Danach folgte jeden Morgen als erstes ein Blick in Papas Bett, ob denn der Vater auch noch da sei.

Es war Frühjahr geworden und Dietmar war jetzt zu Hause. Sein Arbeitsvertrag in Berlin war ausgelaufen. Er war arbeitslos und hatte jetzt endlich Zeit, seine Doktorarbeit zu Ende zu bringen. Wir hatten im Haus zum Glück so viel Platz, dass er sich zum Arbeiten zurückziehen konnte.

Mit dem Schlafen klappte es in dem Rhythmus nicht mehr, wie wir es in den ersten Wochen von Frau Reichling übernommen hatten. Du, Paul, wurdest ja auch größer und älter.
Und noch etwas war mir häufiger aufgefallen. Du zeigtest kein Gefühl für Kälte und Wärme und kein Gefühl für Schmerz, als wenn bestimmte Hautsensoren nicht entwickelt waren.
Ich wusste, dass Babys und Kleinkinder viel angefasst und gestreichelt werden sollten, da sie über die Haut Anregungen aufnehmen. Nur so konnten diese Empfindungen, die Dir fehlten, entwickelt werden.
Da wir außerdem andere Regelungen für Deine Schlafzeiten finden mussten, beschlossen Dietmar und ich folgendes:
Dein Mittagsschlaf sollte verkürzt werden oder ganz ausfallen. Du warst dann am Nachmittag zwar nicht immer gut zu gebrauchen, weil Du müde warst, aber das wollten wir durchstehen.

Recht bald warst Du dann so erschöpft, dass Du früh ins Bett gehen konntest. Gegen 18.00 Uhr bekamst Du folglich Dein Abendbrot. In dieser Zeit kümmerte sich Dietmar um Dich, liebe Sabine. Ich hatte also von dem Zeitpunkt an alleine Zeit für Dich, Paul.
Nach dem Essen brachte ich Dich ins Bett und legte mich eine Weile daneben. Das liebtest Du. Ich streichelte und massierte Deine Arme, Beine und Deinen Körper. Dein Körper war immer unruhig. Nach der Massage schmiegte ich mich fest an Dich und hielt Deine Arme fest und legte mein Bein über Deine Beine. So blieben wir eine Weile liegen bis Du ruhiger und ruhiger wurdest. Es tat Dir gut und Du fandest mit meiner Körperwärme und ausstrahlender Ruhe zum Schlaf.
Wenn ich manchmal dachte, Du seist schon eingeschlafen und ich Dich allein lassen wollte, sagtest Du plötzlich: „Noch nicht, Mama" oder „Halt mich noch Mama." So wusste ich, dass Du es gerne hattest, wenn ich Dich festhielt. Gegen 19 – 19.30 Uhr warst Du dann meistens eingeschlafen, schliefst mehr und mehr ruhig durch bis zum nächsten Morgen.
Auch für mich war das ein wunderbares Gefühl. Ich hatte Dich mit meinem Körper zur Ruhe bekommen. Du konntest meine Wärme übernehmen. Es gab mir ein Gefühl von seelischem Glück, Erfolg und Zufriedenheit und die Gewissheit, es wird alles gut werden.

Wir beide, Dietmar und ich, hatten nachdem auch Sabine ins Bett gegangen war, noch einen ruhigen Abend, an dem wir uns wieder erholen konnten, um den nächsten Tag wieder bestehen zu können. Und auch Du, Sabine, kamst zu Deinem Recht, denn Du hattest Deinen Vater nun jeden Tag mehr als eine ganze Stunde für Dich alleine.
Das hielten wir bis zum sechsten Geburtstag von Paul durch.

Im Frühsommer kam die zuständige Jugendamtsmitarbeiterin unserer Kreisstadt unangemeldet. Sie sagte, sie solle einen Zwischenbericht schreiben und komme deshalb, um zu sehen, ob alles in Ordnung sei.
Paul, Du hattest sie schon draußen empfangen mit den Worten: „Du auch Mama?" Aus diesen Worten schloss sie, Du müsstest offensichtlich geistig behindert sein, und ich solle Dich doch einmal auf Deinen Geisteszustand untersuchen lassen. Ich empfand ihre Worte damals als nicht ganz angebracht, denn Du warst im allgemeinen so aufgeweckt und neugierig, und Du hattest schon so viel bei uns gelernt, dass wir diesen Gedanken noch völlig von uns wegschoben. Die Schulzeit war noch weit weg und bis dahin gab es noch viele Möglichkeiten, Entwicklungsrückstände aufzuholen.

In den gleichen Tagen entdecktest Du das Wort „mein". So betontest Du: „Meine Mama, mein Papa, meine Oma, meine Cole (Besuch von Nicole und Familie), meine Heile!" Das war Deine Tante Heike, die Du besonders ins Herz geschlossen hattest.
.

Ihr beide, Sabine und Paul, schlieft noch im gleichen, recht großen Zimmer. Jeder von Euch hatte seine Seite, die er sich mit seinen persönlichen Habseligkeiten gestalten konnte. Wir hatten aber noch zwei Räume, die darauf warteten, ausgebaut zu werden. Den kleineren Raum entdecktest Du, Paul, für Dich und wolltest ihn als Deine Höhle behalten. Das nahmen wir zum Anlass, ihn für Dich auszubauen, auch wenn dieser Raum nur 7qm groß war mit schrägen Wänden. Damit Du auch noch Platz zum Spielen haben konntest, hat Dietmar Dir ein Hochbett gebaut, so, wie Du es schon aus dem Kinderdorf kanntest. Den Umzug in dieses Zimmer nahmst Du gerne an, es wurde ja Dein eigenes!

Und Sabine, Du hattest nun einen großen Raum, in den Du auch einmal andere Freundinnen aus der Nachbarschaft einladen konntest.

Ja, die Nachbarskinder!
Die Nachbarskinder kamen zu uns! So brauchte ich nicht lange nach gleichaltrigen Kontakten für Euch zu suchen.
Zunächst hatte die Oma auf ihrem Grundstück einen Sandkasten gebaut, für ihre Enkelkinder. Natürlich konntet Ihr dort spielen, aber als dann ständig die Nachbarskinder da waren, wurde ihr das doch zu viel und sie bat Dietmar, den Sandkasten auf unser Grundstück zu verlegen. Das hat er auch getan. Es war gleichzeitig der Anfang eines „öffentlichen Spielplatzes" für alle Kinder der Nachbarschaft in unserem Garten.
Ich fand das großartig, hatte ich doch meine eigenen Kinder so immer im Blickfeld und konnte die fremden nach Hause schicken, wenn es mir zu bunt wurde. Und unser Rasen war doch zum Spielen da. Bei Malers durfte kein Kind den Rasen betreten, geschweige denn mal mit in die Wohnung kommen. Bei Henkels war das möglich, aber es passierte nicht so häufig, weil alles so exklusiv ausgestattet und eingerichtet war. Bei uns ging es einfacher zu, und vieles, was ausrangiert worden war, durfte noch zum Spielen benutzt werden, deshalb ward Ihr wohl lieber zu Hause.

Natürlich gab es unter Euch Kindern auch des öfteren Streit. Meistens ging es um irgendwelches Spielzeug. Und als ich den Eindruck hatte, dass es immer Ursula war, die alles von Dir, Sabine, haben wollte, was Du gerade zum Spielen hattest, sprach ich einmal mit ihr, sie könne sich doch auch mal Spielzeug – es ging um irgendwelche Plastikschälchen, die normalerweise in den Müll geworfen werden – mitbringen, damit sie sich nicht immer streiten müsse. Sie brachte tatsächlich auch am nächsten Tag etwas mit, fand es aber langweilig, damit zu spielen. Das was die anderen Kinder hatten, war immer interessanter, und so blieb es bei den kleinen Streitereien.

Es war im Frühjahr, Sabine, weil schlechtes Wetter war, durftest Du Ursula mit in Dein Zimmer nehmen. Ihr spieltet dort eine ganze Weile miteinander. Paul war schon in sein eigenes Zimmer gezogen und hatte irgendwo anders gespielt. Zur Abendbrotzeit ging Ursula ordentlich wieder nach Hause. Ich ging danach in Dein Zimmer, um zu sehen, ob Du noch Platz hattest, in Dein Bett zu steigen oder ob noch aufgeräumt werden musste. Dein Zimmer war gar nicht so unordentlich, aber ich entdeckte, dass Dein Schreibtisch angekokelt war. Wie konnte das passieren? Nun Streichhölzer konnte man sich mit 6 Jahren schon überall herholen. Ich stellte Dich zur Rede und fragte, wie dieser Schaden entstehen konnte.
Du sagtest – und ich habe Dir das geglaubt – dass es Ursula gewesen sei, die gemeint habe, wissen zu wollen, ob der Schreibtisch brennen könne. Dir hätte ich das nicht zugetraut, dafür warst Du schon zu vernünftig mit Deinen sechs Jahren. Aber Du trautest Dich auch nicht, Dich zu wehren. Du glaubtest wohl, es sei richtig, was andere Kinder tun, weil sie sich viel selbstsicherer gaben, als Du es konntest. Vielleicht hattest Du auch die Befürchtung, diese Freundin als Spielkameradin zu verlieren?

Als ich später mit Ursula darüber sprach, dass es bei uns verboten sei, mit Feuer zu spielen, konterte das Mädchen: „Bei Euch ist doch alles erlaubt". Wir hatten tatsächlich draußen mit den Kindern schon Lagerfeuer gemacht. Wir hatten sogar im Garten eine Feuerstelle vorgesehen. Ursula konnte unsere Freiheit wohl nicht einordnen. Bei Malers war grundsätzlich alles verboten, was nicht ausdrücklich erlaubt war.

Ich sprach später noch einmal mit ihrer Mutter, Frau Maler, darüber, die meinte nur, woher Ursula solch ein Verbot denn kennen solle, da doch bei uns alles erlaubt sei. Und die Streichhölzer hätte sie ganz bestimmt nicht von zu Hause mitgenommen, die hätten sicher bei uns rumgelegen. Wo die Streichhölzer tatsächlich herkamen, ließ sich nicht mehr klären.

Einen Schutzengel hattet Ihr und wir auch!

Ja, bei uns lag viel rum, mit dem Aufräumen kam ich häufig nicht nach. Ich versuchte wenigstens das Wohnzimmer in Ordnung zu halten, aber auch das gelang nicht immer. Auch draußen wuchs viel Unkraut. Ich pflegte damals zu sagen: „Wen das stört, der darf gerne kommen und mir helfen." Es kam keiner.
Aber Ordnung machen war nicht gerade meine Stärke, zum Glück hatte ich einen Mann, der viel auf Ordnung hielt und es verstand, immer wieder das Chaos zu beseitigen.
Als später einmal die Leiterin des Kinderschutzbundes mich überraschend besuchen kam (ich war Mitglied dort), war gerade der ganze Fußboden im Wohnzimmer mit frisch gemalten Bildern von Euch belegt und man wusste wirklich - im wahrsten Sinne des Wortes - nicht, wo man treten sollte.
Mir war es im ersten Moment peinlich, sie aber sagte mit Freude: „Oh, wie schön, hier dürfen Kinder noch Kinder sein! Wie selten habe ich das erlebt!" Das tat gut, denn es war auch meine Grundeinstellung. Das Ausleben Eures Kindseins war mir wirklich wichtiger als Ordnung.

Für Dich, liebe Sabine, war in diesem Jahr die erste Schuluntersuchung fällig. Wir stellten einen Antrag auf Rückstellung und damit auf Aufnahme in den Schulkindergarten. Deine Freundinnen aus der Nachbarschaft wurden zwar in die erste Klasse aufgenommen, würden also fortan nicht mehr täglich mit Dir zusammen sein können, aber im nächsten Schuljahr gab es auch wieder Kinder in Husthausen, mit denen man sich anfreunden konnte.
Bei der Schuluntersuchung hatte ich Gelegenheit auf Deine sprachlichen Hemmnisse hinzuweisen. Du hattest noch Schwierigkeiten bei den Zischlauten, außerdem fingst Du an zu stottern, wenn Du schnell etwas erzählen wolltest und die Worte nicht so herauskamen, wie sie Dir schon in Gedanken zur Verfügung standen. Das konnte behoben werden. Du wurdest also gleichzeitig zum Sprachheilunterricht angemeldet, der später in Einzelstunden durchgeführt wurde.

Dietmar konnte endlich seine Doktorarbeit zu Ende schreiben. Sein Leben bei uns zu Hause tat der ganzen Familie gut, auch wenn er selber unter dieser Zeit in Unsicherheit litt, denn wer wusste schon, wann und wie es arbeitsmäßig und finanziell weitergehen sollte. Er bewarb sich sehr viel, hatte es aber immer mit sehr vielen Mitbewerbern zu tun, einmal so gar mit 800. Für einige Monate hatten wir mit Ersparnissen vorgesorgt. Aber auch die würden einmal zu Ende gehen, für die Dauer war Arbeitslosigkeit kein Zustand.

Wie wir das gemeistert haben, wollt Ihr wissen?

Nun, natürlich fuhren wir dieses Jahr nicht in den Urlaub, wir wohnten ja selbst in einer so schönen Gegend. Das brauchten wir nicht. Und Essengehen kam auch nicht in Frage, alleine schon deshalb nicht, weil Du, lieber Paul, noch tüchtig üben musstest, bis es etwas sauberer um Deinen Tisch herum blieb. Aber wir hatten auch überhaupt kein Geld dafür. Wir litten nicht darunter, ich konnte doch kochen.
Ich vermied alle teuren Fertigprodukte, die es damals schon gab und machte alles selber.
Aus dem Garten holte ich heraus, was nur möglich war und verwendete alles, was essbar war. Auf meine gefüllten Einmachgläser war ich stolz. Die Natur schenkte uns auch außerhalb unseres Gartens noch so allerhand. Es gab Brombeeren, Hagebutten, Schlehen und vieles andere, wie z. B. Pilze. Es machte nicht nur Freude, zu sammeln, sondern auch Freude, das alles zu Leckereien zu verarbeiten.
Im Herbst wurde geschlachtet. Das Schwein kauften wir vom Bauern Kleber, auch unsere Kartoffeln und unsere Milch bekamen wir von dort. Die war lecker! Da wir selber anfangs noch nicht genug Äpfel im Garten hatten, suchte ich Fallobst von den Streuobstwiesen der Bauern, das durfte ich. Auch Lageräpfel konnten wir von anderen bekommen. Die Eier kamen vom Bauern Schütte, dessen Frau sie jede Woche zum Verkauf ausfuhr.
Wir hatten sehr bald eine große Gefriertruhe, die sich jedes Jahr bis an den Rand füllte. Folglich brauchten wir uns um das Essen keine Sorgen zu machen.

Außerdem konnte ich nähen. Wir bekamen von Freunden aus Münster, deren Kinder ein wenig älter waren als Ihr beide, säckeweise gebrauchte Sachen. Die sah ich durch und machte sie für Euch passend. Auch ich selber und auch Dietmar trugen noch einiges auf, was dort aussortiert worden war. Solch eine Kleiderspende war immer ein Fest, denn Ihr spieltet erst einmal Verkleiden mit den Überraschungen.

Unser Wohnhaus kostete jeden Monat 800 DM Rückzahlung und Zinsen, und dazu kamen noch die Unterhaltskosten für unser kleines Paradies (Steuern, Strom, Gas, Telefon, Schornsteinfeger, Müll und Straßenreinigung, Wasser und Abwasser, und was noch alles), so dass 1300 DM jeden Monat ebenso da sein mussten. Und ein Auto brauchten wir immer, es war lebensnotwendig. Dort auf dem Lande gab es nur wenige Busverbindungen in die nächstgelegenen Städte.
So drehte ich jeden Pfennig, wie man so schön sagt, erst einmal um, bevor ich ihn ausgegeben habe. Ich war stolz darauf, dass ich so gut wirtschaften

konnte. Meine Schwester sagte einmal: „Du verstehst es, aus dem Schiet der anderen Gold zu machen." Auch sie sorgte in ihrem Bekanntenkreis für ausrangierte Sachen, aus denen ich noch etwas machen konnte.
Gelernt hatte ich das von unserer Mutter, Eurer Oma, die in den Notzeiten, die wir erleben mussten, genauso erfinderisch war, wie ich es wurde.

Großmutti kam uns sehr oft besuchen. Sie hatte in unserem Haus im Untergeschoss eine eigene kleine Wohnung. Am schönsten war für mich, dass sie mit Euch spielte, mit Euch spazieren ging und sich auch immer etwas Neues ausdachte, was sie mit Euch machen konnte. Das war mir eine große Hilfe!

Nach den Sommerferien kamst Du, liebe Sabine, in den Schulkindergarten. Ihr ward nur eine kleine Gruppe von sieben Kindern. Der Unterricht fand in der Grundschule statt. Ein Kleinbus der Stadt kam morgens ins Dorf und holte Dich ab und brachte Dich mittags wieder nach Hause.
Du fühltest Dich dort sehr wohl. Was Deine Lehrerin (Schulkindergärtnerin) sagte, war Dir heilig! Wir hatten den Eindruck, dass Du im Vergleich zu den anderen Kindern Deiner Klasse schon einiges leisten konntest. Du wurdest jedenfalls immer selbstbewusster, was uns ebenso Freude machte wie Dir und mit Stolz erfüllte, so wie Dich.

Auch für Dich, Paul, begann ein neuer Lebensabschnitt.
Du kamst in den Kindergarten, auch in unsere zuständige Kleinstadt. Du konntest mit einem Kleinbus der Stadt mitfahren. Im Nachhinein weiß ich, dass Du in dem Kindergarten sehr gut aufgehoben warst, Du hattest sehr einfühlsame Kindergärtnerinnen, die Dich dort betreuen durften.
Aber Du hattest in solch einer Gemeinschaft noch große Schwierigkeiten, Dich anzupassen. Natürlich fuhrst Du dort anfangs gern hin. Aber schon im Bus hättest Du einen Betreuer gebraucht. Deine Unruhe und Deine ständige Aktivität waren nicht vorbei. Bei uns zu Hause hatten wir Wege und Mittel gefunden, wie wir damit umgingen. Alleine dadurch, dass so viele Erwachsene da waren, hattest Du immer Ansprechpartner, und alle passten auf Dich auf. Jetzt gab es nur den Fahrer im Bus, die Kinder mussten auf sich selbst aufpassen. Und das gelang Dir nicht immer. Auch wenn Du Dir vorgenommen hattest, still zu sitzen, vor allen Dingen sitzen zu bleiben und nicht im Bus herum zu laufen, so ließest Du Dich von Deinen guten Vorsätzen allzu leicht ablenken. Die anderen Kinder meckerten dann: „Paul, setz Dich hin!"
Der Fahrer schimpfte. Er konnte doch nicht während des Fahrens nach hinten kommen und für Ruhe sorgen, denn er musste Euch wohlbehalten im Kindergarten abliefern und später wieder nach Hause fahren.

So gab es fast jeden Tag Ärger. Auch wenn die anderen Kinder ebenfalls Unsinn machten, warst Du doch für alle der Auslöser, weil Du am unruhigsten warst. Das war eine schwierige Angelegenheit für alle. Der Busfahrer hatte das sehr lange gemeistert.

Im Kindergarten lief es auch nicht so, wie es sein sollte. Einmal entschuldigte sich Deine Kindergärtnerin bei mir, sie habe Dir den Stuhl wegziehen müssen und Du seist dabei ganz schön auf den Boden gefallen. Sie habe das gemacht, weil Du Deinen Spaß daran hattest, den anderen Kindern ebenso den Stuhl wegzuziehen. Die hatten sich weh getan. Du aber hattest den Schmerz gar nicht nachempfinden können, sondern Du fandest es weiterhin sehr lustig. Und da Du die Erklärungen der Kindergärtnerin nicht annehmen konntest, musste sie das einmal mit Dir machen, damit Du ein Gefühl dafür bekamst, wie das war. Du hast es danach seltener getan. Auch wenn Du keinen Schmerz empfunden haben solltest, so hattest Du doch einen Schrecken bekommen. Das war notwendig gewesen, um etwas in Deinem Verhalten zu ändern.

So war es bei vielen Dingen im Kindergarten. Du verstandest die Erklärungen nicht, die Du bekamst, und machtest solche Dummheiten dann immer wieder. Das mochten die anderen Kinder nicht so gerne und fingen an, Dich zu ärgern. Auch das verstandest Du nicht, wundertest Dich, dass Du immer nur geärgert wurdest und konntest dann auch manchmal ganz schön böse werden. Du warst aber im Kindergarten, um zu lernen, mit anderen Kindern auszukommen, deshalb ließen wir Dich dort. Das Verständnis und die Geduld Deiner Kindergärtnerinnen waren sehr groß.

Diese liebevollen Betreuerinnen machten sich auch Sorgen um Deine Unruhe, Deinen extremen Tätigkeitsdrang und Deine hohe Ablenkungsbereitschaft. Ehe Du eine Sache fertig gestellt hattest, warst Du schon bei der nächsten, so konntest Du aus Deinen Tätigkeiten auch weniger für Dich lernen, als die anderen Kinder.

Unruhige Kinder an sich waren keine Ausnahme, deshalb überlegten die Erzieherinnen, was sie dagegen tun könnten. In unserer Kreisstadt gab es einen Kinderarzt, der sich speziell um diese Schwierigkeiten der Kinder kümmerte. Deshalb hatten Deine Kindergärtnerinnen gemeinsam mit dem Arzt einen Elternabend gestaltet, die Probleme der Kinder aufgezeigt und Hilfen angeboten. Uns wurde empfohlen, Dich in der Kinderarztpraxis einmal vorzustellen.

Zu Herrn Dr. Feldhausen hätten wir nie wieder mit Dir fahren dürfen, Du hättest Dich mit Händen und Füßen dagegen gewehrt. Hier warst Du aber bereit, mitzufahren.
Der Arzt war sehr nett zu Dir, Du hattest keine Angst vor ihm. Wir wären auch dort in Behandlung geblieben, aber dieser Mann ist damals ganz plötzlich gestorben.

Auch zu Hause lief nicht immer alles nach Plan. Auch wenn ich Eure Zankereien heute vergessen habe, fand ich in meinem Brief an eine Bekannte, die auch zwei Kinder angenommen hatte, und sich über die Geschwisterzankereien beklagt hatte, folgende Zeilen:

> *„Ich war froh, wenn ich eines der Kinder für ein paar Stunden bei meinen Eltern oder meiner Schwiegermutter lassen konnte. So hörte jedenfalls das Dröhnen in meinem Kopf etwas auf, denn die Geschwisterliebe beschränkte sich in den ersten Monaten mehr auf lautstarkes Zanken, als auf ein fröhliches Miteinander."*

Das hatte ich längst vergessen.

Paul, Du warst zwar sauber, konntest also Deinen Schließmuskel kontrollieren, aber Deine Unruhe und Ablenkbarkeit machten es Dir auch im Kindergarten manchmal unmöglich, in Ruhe aufs Klo zu gehen. Auch zu Hause suchtest Du nicht immer die Toilette auf. Ich fand im Haus hier und da kleine Hinterlassenschaften, die in Eile abgegeben waren. Es war schwer, Dir beizubringen, dass Du Dir die Ruhe nehmen musstest, Dein Geschäft auf der Toilette zu erledigen. Aber auch das haben wir eines Tages geschafft.

Wenn Du mit mehr als einem anderen Kind zusammen warst, fühltest Du dich schnell unterlegen. Du überspieltest dieses unangenehme Gefühl mit Provokation. Du machtest dann irgend eine Dummheit, von der Du annahmst, dass die anderen darüber lachen.
Die anderen sollten Dich originell finden. Das klappte aber meistens nicht so, wie Du es Dir vorgestellt hattest. Dummheiten machten zwar alle Kinder gerne mit, aber ausbaden durftest Du alles. Dir gab man anschließend die Schuld für etwas, was gemeinsam kaputt gemacht wurde, Dich lachte man zum Schluss aus oder Dich ließ man einfach stehen, während die anderen etwas neues Schöneres spielen gingen. Es war sehr schwer für Dich, Anschluss zu finden.

Immer noch glaubten wir, Deine Begabungen könnten wir noch wecken, und Du seist ein normalbegabtes Kind. Es tat mir weh, wenn jemand andere Anzeichen sah und sie mir mitteilte.

Wir waren so voller Hoffnung, dass wir dieses auch unseren Freunden und vor allen Dingen Frau Heider immer mitgeteilt haben. Über die Belastungen haben wir anderen gegenüber wenig gesprochen. Es gab sie aber und Dietmar und ich haben beide so manches mal unsere Grenzen erreicht. Wenn einer von uns glaubte, er sei zu erschöpft, um weitere Schwierigkeiten durchstehen zu können, dann sprang der andere ein und konnte helfen.
Es war für mich eine gute Erfahrung, dass wir uns so aufeinander verlassen konnten. Wir glaubten an das Gute in Euch, und das half uns über viele Sorgen hinweg.

„Paul forscht viel nach seiner Vergangenheit."

schrieb ich in einem Brief an Frau Heider.

„Er will alles wissen, weiß aber meine Antworten nicht recht zuzuordnen. Es ist für uns sehr schwer, einfache, aber nicht die leiblichen Eltern belastende Erklärungen zu finden, die er verstehen kann. Sabine hilft ihm dabei. Es ist gut, dass die beiden annähernd das gleiche Schicksal haben. Das stärkt sie gegenseitig, und sie fühlen sich mit ihren eigensten Problemen, an die wir nicht herankommen, nicht allein.

Sabine hat von Anfang an unheimlich viel Verständnis für Pauls Probleme gezeigt und fest zu ihm gehalten, so dass wir manchmal den Kopf geschüttelt haben, wie so etwas möglich ist, zumal er seine Aggressivität auch gegen sie und ihre Sachen richtete.

Jetzt, da die Anfangsschwierigkeiten überwunden scheinen, fängt Sabine stärker an, sich abzusetzen. Sie hat im Moment eine Phase, in der sie ein größeres Selbstbewusstsein entwickelt. Paul eifert ihr in allem nach und entscheidet sich dann so, wie Sabine es tut. Spielideen hat Paul viele, er kann sie aber – durch seine innere Unruhe bedingt – nicht ausführen. Wir haben schon häufiger erlebt, dass Sabine seine Ideen aufgreift, dann das Spiel in die Hand nimmt und mit ihm zusammen weiterspielt. Die beiden sind zwar sehr unterschiedlich, streiten auch häufig, finden sich aber immer wieder zusammen."

Vom August bis Ende Oktober gingst Du, Paul, noch mit Begeisterung in den Kindergarten. Anschließend hast Du acht Wochen lang unter Mordsprotest jeglichen Besuch dieser Einrichtung verweigert. Wir behielten Dich deshalb erst mal wieder zu Hause.
Zwei Tage vor den Weihnachtsferien warst Du wieder bereit und behieltest diese beiden Tage über die Feiertage in so guter Erinnerung, dass wir Dich im Januar wieder frohgemut und regelmäßig hinschicken konnten.

Und Weihnachten wurde viel geschenkt. Die Verwandtschaft und der Freundeskreis von uns war groß, und jeder wollte Euch eine Freude machen. Es wurde ausgepackt und ausgepackt und alles nahm kein Ende. Und dann hattet Ihr Unmengen neues Spielzeug und wusstet gar nicht, was man damit anfangen sollte.

Ich finde in meinem Tagebuch dazu:

> *„ Paul macht sein neues Polizeiauto kaputt mit den Bemerkungen, das sei seines, und er könne damit machen, was er wolle. Es tut weh, das mit anzusehen, aber mein Reden nützt nichts. Als dann beide, Paul und Sabine, auf den neuen Spielbus losgehen und ihn zertreten wollen, ist bei mir die Grenze erreicht. Ich gebe Paul einen Klaps auf den Po und schimpfe ganz fürchterlich.*
> *Es ist bei uns schon ganz asozial, alles wollen die Kinder haben, bekommen viel zu viel geschenkt und wissen nichts damit anzufangen und zerstören es deshalb."*

Es wird sicher andere Gründe für diese Zerstörungswut gegeben haben (undefinierbare Wut auf etwas in der Vergangenheit?), aber das war meine damalige Erklärung.

Sabine, Du bekamst über Weihnachten 1977 Deinen ersten Wackelzahn! Oh, wie ging es Dir schlecht! Es muss Dir vermutlich sehr unheimlich gewesen sein, dass sich plötzlich etwas veränderte, sich sogar etwas löste, was zu Dir gehörte. Gewiss hatte dieser erste wackelnde Zahn Dir weh getan, wenn Du in etwas hinein gebissen hattest. Dein Leiden hielt mehrere Tage an. Am 27. Dezember war er dann endlich raus! Alle weiteren Wackelzähne waren später weniger besorgniserregend und brachten Dir geringeren Kummer.

In den Weihnachtsferien hatten wir viel Schnee. Es reichte sogar zum Schlittenfahren. Sabine, Du konntest schon sehr gut selbständig fahren. Bei Dir, Paul, klappte das noch nicht. Ich fuhr deshalb mit Dir. Du saßest vorne, ich hinten und wir fuhren gemeinsam den Berg oberhalb unseres Hauses hinunter. Das gab richtig Schwung, denn er war steil! Ich glaubte, es würde Dir genau so Spaß machen, wie mir. Ich führte den Schlitten und fühlte mich in meine Kinderzeit versetzt. Du musst aber große Angst bekommen haben, Du sagtest zwar nichts, aber ich spürte, dass sich Dein Körper verspannte. Dann nahmst Du Deine Füße von den Kufen und stecktest sie zum Bremsen vorne in den Schlitten. Dass Du Dir die Beine dabei nicht gebrochen hattest, war ein Wunder.

Den Schrecken darüber habe ich noch lange in Erinnerung behalten. Es war mir damals klar geworden, dass Du in dieser, Deiner Notsituation, kein Vertrauen in meine Führung hattest. Du musstest Dich auf Dich selber verlassen und sahst in Deiner Handlung die einzige Möglichkeit, der gefährlichen Situation zu entkommen. Das waren frühe Erfahrungen, die sich fest verankert hatten und nur sehr spät in Deinem Leben aufgeweicht werden konnten.

Immer noch gab es viel Widersprüchliches in Deinem Verhalten, Paul.
Einerseits hattest Du es so unheimlich schwer, Dich an uns und Kindergruppen anzupassen. Da war so vieles neu zu lernen für Dich, und so viel Verwahrlosung aufzugeben.
Deine äußere und innere Unruhe, Deine Widerspenstigkeiten und Aggressionen, auch gegen Menschen, die Dich lieb hatten, behieltest Du noch immer bei.
Ich wusste häufig nicht, warst Du in der Lage meine Anforderungen gedanklich aufzunehmen? Was verarbeitetest Du?
Andererseits überraschtest Du uns wieder mit einem hellen, klaren Kopf:
Du konntest eine Fernsehsendung genau wiedererzählen, hattest aufgepasst und sie voll aufgenommen.
Dann wusstest Du, wo im Laden unseres Kaufmanns bestimmte Süßigkeiten lagen und konntest die Stelle sehr genau beschreiben.

In den Nachrichten hattest Du einen Mann gesehen, den Du am nächsten Tag in der Zeitung wieder erkannt hast.
Du wusstest im Wohnzimmer sehr schnell, welcher von den drei Lichtschaltern, die an der gleichen Stelle einzuschalten waren, zu welcher Lampe gehörte.

Du kanntest sehr viele Tiere aus dem Wald. Ich könnte noch vieles aufzählen, was uns immer wieder verblüffte.

All das sagte uns, Du konntest nicht geistig behindert sein, denn Du warst aufgeweckt und neugierig. Du hattest sehr gute Fähigkeiten, aber irgend etwas fehlte trotzdem. Etwas, was ich nicht definieren konnte.

Einmal saß ich an der Nähmaschine und nähte abgerissene Aufhänger wieder an unsere Handtücher. Du kamst dazu und wolltest auch nähen. Ich ließ Dich vor die Maschine und führte Deine Hände, während Du auf meinem Schoß saßt. Das war zu mühsam, deshalb stelltest Du Dich daneben und schautest zu. Dann fragtest Du: „Mama, macht Dir das Spaß?" Ich habe immer gerne genäht und das Flicken und Reparieren gehörte auch dazu. Also sagte ich „Ja!" Daraufhin gingst Du ins Badezimmer, suchtest die anderen Handtücher im Schrank, rissest die Aufhänger ab und brachtest sie mir, damit ich sie wieder annähen könnte. Du wolltest mir eine Freude machen, über die ich mich aber leider doch nicht so freuen konnte, wie Du es Dir gewünscht hattest.
Diesen Vorfall konnte ich nicht zuordnen. Eine Erklärung, dass dies ein Anzeichen einer geistigen Behinderung war, wie sie mir später unser Kinderarzt im Gespräch gab, konnte ich noch nicht annehmen.

Zeitweise fielst Du wieder zurück in die vergangenen Monate, in denen Du alles mit schnellsten Reaktionen anfassen musstest. Wenn Du dann wütend warst, reagiertest Du Deine Gefühle ab, in dem Du so schnell Sachen vom Tisch zogst, dass ich nicht nachkommen konnte. Du warst in allem schneller als ich. Neuerdings hattest Du das „AufdenBodenschmeißen" für Dich entdeckt, verbunden mit Schmollen oder Jammern, oder Du dachtest Dir weitere Dinge aus, um auf Dich aufmerksam zu machen.
Verlief ein Tag schlecht für Dich, warst Du anderntags wieder der liebste Junge, dem man solches überhaupt nicht zutrauen würde.
Du warst ein wunderschönes Kind, Paul, hattest blonde Haare und dazu leuchtende braune Augen. Du sahst ansprechend aus und jeder Bekannte oder Fremde glaubte auf Dich eingehen zu müssen. Das tat Dir nicht gut, denn woher solltest Du wissen, welche Menschen und welche Aussagen für Deine neuen Bindungen wesentlich waren und welche nicht.

In Zeiten, in denen Du, Paul, mit Deinen Problemen arg im Mittelpunkt standest, fand ich über Dein Verhalten, Sabine, ebenso Notizen. Du musstest darunter sehr gelitten haben. Mehrere Wochen lang machtest Du auf Dich

aufmerksam, in dem Du „doof" spieltest. Du schobst Deine Lippe nach vorn und liefst so durch die Gegend. Das hieß wohl, „Ich bin auch noch da, achtet mal ein wenig mehr auf mich!"
Trotz der nicht beabsichtigten aber vorhandenen Unausgewogenheit in der Zuwendung hieltest Du gleichzeitig fest zu Deinem Bruder. Von Deinem Taschengeld gabst Du etwas ab, damit ich für Paul neue Batterien für seine Taschenlampe kaufen sollte, ein liebevoller Zug von Dir.

1978

Endgültige Adoption, eine Hochzeit und Babys

Dietmar bekam zum 1. 1. 1978 eine Arbeitsstelle, die nur 35 Min. Autofahrt von uns entfernt war, also gut erreichbar. Hurra! Die Familie konnte aufatmen.

Deine endgültige Adoption, Paul, hatten wir Ende des Jahres 1977 schon notariell besiegelt und im Jahre 1978 wurde sie am 1. 6. rechtskräftig.
Trotzdem diskutierten wir noch einmal über das Für und Wider. Damals schrieb mir eine Bekannte, die selbst Pflege- und Adoptivkinder hatte, ich solle mir doch noch einmal überlegen, Dich nicht doch lieber in Pflege zu nehmen. Eine Adoption könne später immer noch nachgeholt werden. Ich würde vom Staat finanziell unterstützt werden, und diese Unterstützung könnten wir doch wirklich gebrauchen.
Wir hatten uns aber anders entschlossen, und ich schrieb ihr zurück, dass es viele Gründe für eine Adoption gäbe.
Unsere Adoption war eine Inkognitoadoption, d. h. keiner, der es nicht wissen sollte, brauchte zu erfahren, dass Du, Paul, nicht unser leiblicher Sohn warst. Auch Deine leiblichen Eltern sollten nicht wissen, an wen und in welchen Ort Du vermittelt worden warst.

Bei einer Inpflegenahme wäre solch eine Chance, ein ganz neues Leben zu beginnen, für Dich verpasst. Deine Eltern blieben für Dich unterhaltsverpflichtet und Du für Deine leiblichen Eltern auch. Aus Erzählungen anderer wusste ich, dass sich manche leiblichen Eltern über ihr Besuchsrecht derart in die Betreuung der Pflegefamilie eingemischt hatten, dass von einem Neubeginn nicht mehr die Rede sein konnte. Du hattest es schon schwer genug, zu lernen, was gut und richtig war. Mit Kontakt zu Deinen leiblichen Eltern wärst Du überhaupt nicht zur Ruhe gekommen, weil Du nicht gewusst hättest, welche Spielregeln gelten sollten, die der alten Familie oder die der neuen Familie.

Es hätte auch keine Sicherheit gegeben, für Dich, Paul, und auch für Dich, Sabine. Wie solltet Ihr neue Wurzeln schlagen können, während die alten noch in der Luft hingen und nach Wasser und Nahrung begehrten? Teilen wollten wir Euch nicht mit Euren leiblichen Eltern. Wir wollten Euch ganz, so wie Ihr damals gewesen seid, mit allen Seiten, die ihr damals zeigen konntet und mit allem, was noch kommen sollte. Wir wollten Euer Leben mit Euch gemeinsam erleben und durchstehen.

Und es war nicht immer alles Sonnenschein. Auch meine Kräfte waren menschlich begrenzt. Im Bus, der Euch Kindergartenkinder in die Stadt fuhr, gab es wieder Schwierigkeiten. Was nun wirklich immer los war, konnte ich nicht zurückverfolgen. Eines Tages, im Frühjahr 1978, weigerte sich der immer sehr nette Busfahrer, Dich, Paul, weiterhin mitzunehmen.

An diesem Tag habe ich das erste mal geweint, darüber, dass alle Welt angeblich so wenig Verständnis für Dich hatte. Der Busfahrer hatte mit Sicherheit keine Schuld, aber ich fühlte mich allein gelassen von allen Menschen außerhalb meiner Familie.
Zum Glück konnte Dietmar auf dem Weg zu seiner neuen Arbeit beim Kindergarten vorbei fahren und Dich deshalb täglich selbst dort hinbringen. Ich brauchte Dich nur noch vor dem Essen wieder abzuholen.

Aber Sonnenscheintage gab es ebenso!
Erinnert Ihr Euch noch an unseren Urlaub in St. Peter-Ording? Vorher war ich mir gar nicht so sicher, ob Du, Paul, dem Leben in einer neuen Umgebung schon standhalten konntest und hatte mir ein wenig Sorgen gemacht, ob wir vielleicht Ärger kriegen würden, wenn Du Deine Unruhephasen bekommen würdest.
Kein Mensch wusste ja vorher, wann und in welcher Form diese auftraten. Also rief ich sicherheitshalber die Vermieterin der Ferienwohnung an und schilderte ihr Deine Probleme. Sie hatte überhaupt nichts gegen Kinder mit derartigem Verhalten, im Gegenteil, sie freute sich sogar auf Dich!

Als wir dort waren, erzählte sie dann, dass sie mit ihren Geschwistern gemeinsam mit Pflegekindern in der Familie aufgewachsen war, die sehr große Probleme in die Gemeinschaft brachten, und ihrer Mutter viel Sorgen gemacht hatten. Letztendlich sei aus allen etwas geworden! Jeder von ihnen war später in der Lage, sein Leben aktiv in die Hand zu nehmen und konnte im Alltag bestehen. Dafür hätten sich alle Sorgen und Mühen gelohnt. Was habe ich mich damals über solche Reaktionen gefreut!

Im Jahre 1978 passierte natürlich noch viel mehr. Dazu fand ich die Durchschrift eines Briefes an Frau Heider vom 13. Oktober 1978. Dieser Brief fasste alles zusammen, was ich Euch heute nicht besser erzählen kann.

....Endlich möchten wir uns bedanken für Ihren netten Brief vom Juni, über den wir uns sehr gefreut haben. Seit Sie von uns hörten, ist fast schon wieder ein Jahr vergangen....
Jedenfalls sollen Sie wissen, dass wir mit beiden Kindern sehr glücklich sind.

Sabine ist im August eingeschult worden. Sie geht sehr gerne zur Schule, und es macht ihr dort viel Spaß. Ihr Lehrer sagte uns neulich – nach den ersten sechs Wochen – wir brauchten uns wohl für die nächsten zwei Jahre keine Sorgen um sie zu machen. Den gleichen Eindruck haben wir auch und glauben sagen zu können, dass Sabine sich heute so gibt, wie sie ist, ohne besondere Probleme oder Ängste, mal rotzfrech und ruppig und andererseits wiederum sehr liebevoll und hilfsbereit.

Paul macht sich auch ganz prächtig. Er hat zwar immer noch besondere Unruhephasen, aber die werden weniger. Die Zeiten, in denen er uns Freude macht, überwiegen inzwischen, und wenn er mal wieder mit sich nicht im Reinen ist, ist er selbst ganz unglücklich darüber und hat den dringenden Wunsch, das zu überwinden. Er hat es unheimlich schwer, sich zu steuern und braucht sehr viel Lob und Anerkennung für seine Mühe. Glücklich ist er, wenn man seine Anstrengungen anerkennt. Häufig genug gehen seine Spontaneität und auch seine Phantasie mit ihm durch. Eigentlich bin ich sehr froh darüber, dass er so viel von beidem besitzt, auch wenn er durch seine spontanen Handlungen mehr in für ihn nicht einzuschätzende Gefahren gerät, als andere Kinder seines Alters. So haben wir uns angewöhnt, eher fest an seinen Schutzengel zu glauben, als ständig in Ängsten zu leben. Damit geht es beiden Seiten gut.
Noch bis vor kurzer Zeit wurde er immer unruhiger, je müder er wurde. Als ob er Angst hätte, sich der Müdigkeit hinzugeben. Angst davor, seine Umwelt nicht mehr zu erfassen und zu kontrollieren...
Seit vierzehn Tagen etwa machen wir nun die Erfahrung, dass er auch sehr ruhig vor sich hin spielen kann und für kurze Zeit seine Umwelt ausschalten kann. Wir staunen über diese ausgeglichenen Momente und lernen ihn völlig neu kennen. Früher forderte er im übermüdeten Zustand unsere volle Aufmerksamkeit, weil er steuerungsunfähig und damit unberechenbar wurde. Das hat sich geändert.
Dass er uns voll angenommen hat und sich offenbar auch bei uns wohlfühlt, schildert folgendes Beispiel:

Günter, ein Landwirtssohn, der Paul schon mehrmals auf seinem Trecker mitgenommen hatte, feierte Hochzeit. Den Kindern wurde Bescheid gesagt, dass sie sich vor der Kirche nach der Trauung Bonbons holen könnten. Paul ging alleine hinunter zur Kirche, nachdem er mir vorher zu verstehen gegeben hatte, das wäre nichts für Erwachsene. Folgender Ablauf wurde uns nachher geschildert: Paul war nicht fix genug, so dass er von den geworfenen Bonbons keine erwischte. Deshalb schenkte ihm Günter zum Schluss eine große Tüte mit dem ganzen Rest.

Als die Hochzeitsgesellschaft abgefahren war, luchsten ihm die großen Kinder alle Bonbons ab und verschwanden. Dazu muss gesagt werden, dass Paul selbst ein großes Schleckermaul ist und sonst auf keinen Bonbon verzichtet. Paul sammelte nun die verstreuten Blumen in seine große Tüte und kam singend nach Hause mit den Worten: „Für die Eltern eine Überraschung!" Als er merkte, dass wir uns über die Blumen gefreut haben, musste er sie immer wieder von neuem einpacken, und wir mussten unsere Freude immer wieder zeigen.

Zu meinem Geburtstag bastelte er zunächst gemeinsam mit meinem Mann einen Igel aus einer Kastanienschale, und mein Mann legte den Igel weg in den Geschenkeschrank. Irgendetwas wurmte ihn daran. Dann bastelte er schnell noch einen Igel alleine – ohne das Wissen und die Mithilfe meines Mannes -, und dieser zweite Igel war später das eigentliche Geschenk für mich, denn den hatte er alleine hergestellt, ohne Hilfe. Auf den waren er und ich besonders stolz.

Eigentlich machen uns beide Kinder jeden Tag Freuden. Vieles vergisst man leider wieder, obwohl man das alles festhalten sollte, denn es ist nicht selbstverständlich.

Seit einiger Zeit kommt Paul morgens in mein Bett und fragt, ob er mein Baby sein darf. Dann krabbelt er unter die Decke und spielt „aus dem Bauch rauskommen". Wir haben dann die Rolle, der sich freuenden Eltern, die sich gegenseitig darauf aufmerksam machen, dass da ein Junge angekommen ist, den sie Paul nennen wollen und den sie sich schon lange gewünscht haben.
Dieses Spiel hat er schon an die 50 mal gespielt, manchmal fünf mal hintereinander an einem Morgen. Allmählich genügt es ihm, wenn er einmal morgens geboren wird ...

Wie magst Du selbst geboren worden sein, Paul? Mit Freude? Wir haben Deine Jugendamtsakte, darin wird vom Feuerwehreinsatz nach Deiner Geburt berichtet. Deine leibliche Mutter habe Dich als unerwartete Frühgeburt in der Wohnung selbst entbunden, Dich in ein paar Tücher gewickelt und sei dann verschwunden. Erst als Dein Vater nach Hause kam und Dich kleinen Kerl sah, konnte er die Feuerwehr rufen, damit Du so schnell wie möglich in einem Krankenhaus versorgt werden konntest. Es wird noch beschrieben, dass Du bei der Einlieferung nur noch 26 Grad Körpertemperatur hattest.

Und weiter schrieb ich:

> *... In unserer Familie ist einiges geschehen, was alle Gedanken auf ein drittes Kind richten lässt.*
> *Im Frühjahr wurde ich unerwarteter Weise schwanger. Sie können sich vorstellen, dass das Ereignis alleine schon bei uns allen eine große Freude auslöste. Als Sabine davon erfuhr, zählte sie sofort auf, was ich nun alles brauchen würde, aber auch, was ich nicht mehr tun dürfe und bestand gleich darauf, dass das Baby dann auch in ihrem Zimmer schlafen dürfe, damit sie bei der Versorgung helfen könne.*
> *Ich muss dazu sagen, dass sie häufig in der Nachbarschaft dabei gewesen ist, wenn Säuglinge versorgt wurden. Sie ist ein richtiger Babynarr.*
> *Angesteckt davon, sagte Paul, dass wir uns zwei Babys anschaffen sollten, damit er auch eines bekäme.*
> *In aller Vorfreude darauf passierte im dritten Monat das Unglück, dass ich das Kind wieder verlor und nachts, als die Kinder schliefen, ins Krankenhaus fahren musste. Das war für sie genauso ein Schock, wie für uns Eltern.*
> *Nach meinem Krankenhausaufenthalt kam Sabine jede Nacht in unser Schlafzimmer, um zu gucken, ob ich noch da sei. Das hielt gute vierzehn Tage an.*
> *Sechs Wochen später besuchten wir alle vier eine Tagung für junge Adoptiveltern vom Caritasverband in Schwerte. Dort waren viele Eltern mit Kleinkindern und Babys, und unsere beiden Großen rückten den Kleinen nicht von der Pelle, ganz vernarrt waren sie. Als wir am Sonntagabend wieder zu Hause waren, kam der große Jammer: „Alle haben sie ein Baby, nur wir nicht!" Wir versprachen ihnen, das wir uns noch ein Baby wünschen. Die prompte Antwort von beiden war: „Und wenn das wieder tot ist? Holen wir uns doch lieber gleich eines aus*

dem Kinderheim." Wir konnten den Kindern noch keine Stellungnahme abgeben, war alles doch noch zu frisch gewesen.

Nun sind einige Monate vergangen. Wir haben eine schönen Urlaub mit den Kindern an der Nordsee verbracht und mir ging es inzwischen gesundheitlich so gut, wie nie zuvor. Und wie es so kommt – auch dank eines sehr guten Arztes, den ich hier habe – bin ich inzwischen wieder im zweiten Monat schwanger. Wenn dieses mal wirklich alles gut gehen sollte, werden wir zu Pfingsten nächsten Jahres unseren Nachwuchs bekommen. Als wir dieses den Kindern gesagt haben, können Sie sich kaum vorstellen, wie die beiden sich gefreut haben.

Wenn es dieses mal allerdings wieder nicht klappen sollte, haben wir den Kindern versprochen, dass wir uns dann doch um ein weiteres Adoptivkind bemühen werden. Das hilft ihnen und auch uns, der Zukunft gelassener ins Auge zu sehen und uns nicht unnötig Sorgen zu machen. Und wenn Sie uns dann keinen Säugling mehr vermitteln können, weil ich inzwischen 35 Jahre alt geworden bin, kann das Kind auch ruhig ein oder eineinhalb Jahre alt sein. Ich glaube wir vier sind inzwischen alle so stark, dass wir auch wieder ein wenig belastende Vorgeschichte verkraften können. Wenn Paul allerdings alle Phasen eines Säuglings miterleben könnte, hätte er mehr Möglichkeiten, seine eigenen nicht durchlebten Entwicklungsschritte nachzuholen.

Ja, so steht es um uns. Mein Mann hat sich in seiner Arbeit sehr gut eingelebt, auch wenn er mehr als ausgelastet ist. Die Kinder verkraften die häufige Abwesenheit inzwischen ganz gut.

Am 22. Oktober feiern wir Taufe für Paul und gleichzeitig Patenfeier für Sabine. Wir haben damit lange gewartet, und nun ein Fest für beide in Angriff genommen. Wir erwarten 30 Gäste, Verwandtschaft und Freunde und deren Kinder, liebe Menschen, die in den letzten Jahren intensiv an der Eingliederung unserer beiden teilgenommen haben ...

Für Euch möchte ich allerdings noch einiges ergänzen.
Ich musste nach der Fehlgeburt 12 Tage im Krankenhaus bleiben und war sehr traurig. Aber als Ihr beide mich mit Dietmar besuchen kamt, wusste ich, dass ich auch ohne das Baby wieder glücklich sein konnte. Ihr habt mir also geholfen, aus dieser Traurigkeit wieder heraus zu finden. Danke dafür!

Und nun etwa wichtiges zu Dir, Sabine. Der Lehrer, den Du in den ersten Jahren der Grundschule hattest, das war Herr Albert. Der hatte gesehen, was in Dir steckte. Er hatte Deine guten bis sehr guten Leistungen im Rechnen erkannt, gleichzeitig gesehen, dass Du sehr gut logisch denken konntest. Er hatte Dich mit Deinen Sprachschwierigkeiten verstanden und diese Schwierigkeiten – wie manch anderer Lehrer später – nicht überbewertet, sondern Dir geholfen, sie zu überwinden.

Ja, und zur Patenfeier und Taufe war noch etwas zu erzählen. Als wir alles planten, rief ich bei unserem Pfarramt an und trug mein Anliegen vor. „Ach, Sie wollen das doch alles nur wegen der Feierlichkeiten." Das war der erste Satz von der Frau unseres Pastors. „Wenn ich nicht meinen Glauben hätte, würde ich die Probleme in unserer Familie gar nicht bewältigen." erwiderte ich. Es war für mich ungewohnt über meinen Glauben an Gott zu sprechen. Aber hier musste ich mich verteidigen. Es war eigentlich ungeheuerlich, dass sie mich so abwimmeln wollte.

Als ich dann noch vorsichtig anfragte, ob ich den Pastor, der Dietmar und mich getraut hatte, bitten dürfte, in der hiesigen Kirche die Taufe mit uns zu feiern, war es ganz aus. „Was soll die Gemeinde denken, wenn da plötzlich ein anderer Pfarrer in der Kirche steht." Das ging also nicht, es ist das Recht des Hausherren, darüber zu entscheiden. Außerdem wollten wir die Tauffeier gerne am Sonnabend gestalten, denn wir hatten viele auswärtige Gäste, die am Sonntag wieder nach Hause fahren mussten. Zudem hatten wir vor, ein Kinderfest zu feiern, das würde am Sonntagnachmittag wegen der weiten Rückfahrwege Eurer Paten auch zu kurz kommen. Auf diese Bitte ließ sie sich ein. Es schien, als ob sie entschied, was ihr Mann, der Pastor, gestatten konnte. An ein eigentliches Taufgespräch mit unserem Pfarrer, das mir vielleicht gut getan hätte, kann ich mich nicht mehr erinnern.

10. November 2010

Spuren im Schnee,
Von Fuchs und Reh,
Auch ein Hase kam gehopst,
Hat sich keinen Pfifferling gemopst.

(Ela im November 2010)

Ja, es hat geschneit. Gestern den ganzen Tag und heute in der Nacht. Alle Sträucher und Bäume hängen dick voll Schnee und geben ein herrliches Winterbild ab. Und ich weiß endlich, wer mich des Nachts hier besucht...
Wie gut, dass ich schon am Montag die Fahrkarten für Dietmar geholt habe und Großeinkauf gemacht habe. So brauche ich nicht los. Ich habe zwar dubbdäckor (Spikes), aber etwas unheimlich ist mir bei Schmierseife auf den Straßen doch. Das Fernsehen brachte die ersten Rutschunfälle.

Und Schnee schieben ist angesagt. Es liegt zwar erst wenig, und man könnte hindurchstiefeln, bis er wieder taut, aber weiß ich, wann das der Fall sein wird? Jetzt ist er noch leicht zu schieben. Also wird geschoben – vom Kücheneingang bis zum Holzschuppen und von dort bis zur Werkstatt. Noch schaffe ich das.

Heute Nacht habe ich das erste mal von meiner Reise in die Vergangenheit geträumt.

Die leibliche Mutter von Paul, Marianne, Jahrgang 1955, blickt stumpf auf einen Scherbenhaufen. Da waren sechs Kinder, die sie von Werner (geb. 1951) auf die Welt gebracht hat. Sechs Kinder und keines ist ihr geblieben. 1972, damals war sie 17 Jahre alt, gebar sie Sandy. Ein Jahr später wurde Elvis geboren. 1975 kam Annemarie zur Welt. 1977 war der Werner da und 1981 Tobias. Außerdem soll es noch ein Kind gegeben haben, wir wissen aber nur von einem Foto, dass es existiert hat.
Sandy ist sehr früh gestorben, für Elvis und Annemarie wurde nach schwerer Verwahrlosung und nach Misshandlungen den Eltern das Sorgerecht entzogen. Beide wurden zur Adoption frei gegeben. Werner lebte am längsten bei den Eltern, aber irgendwann kam er auch ins Heim und machte später eine kriminelle Karriere. Tobias wurde nach schwersten Misshandlungen (mehrere Monate Krankenhausaufenthalt wegen innerer Verletzungen) und nach Sorgerechtsentzug der Eltern in Pflegschaft gegeben und mit Volljährigkeit adoptiert.
In meinem Traum blickte Marianne sehr betrübt und bedrückt drein. Zu schwach, um sich um ihre Kinder kümmern zu können. Sie sah nicht so aus, wie auf einem der letzten Fotos, das sich heute in Pauls Besitz befindet, sondern sie hatte in meinem Traum sehr viel mehr Züge von Paul.
Marianne und auch der Vater Werner sind vor einigen Jahren gestorben, beide sind nur gut vierzig Jahre alt geworden.
Ja, traurig war die Familiengeschichte. Eine dicke Akte mit allerlei dramatischen Berichten liegt uns vor. Unterlagen nur bis zu dem Zeitpunkt, bis Elvis und Annemarie aus der Familie genommen wurden. Das reichte schon. Was danach kam, weiß Tobias.

Aber nun will ich wieder in die Vergangenheit abtauchen, in die Vergangenheit meiner eigenen Familie.

1979

Kindergeschichten, Christian, ein Lampenschwelbrand,
Erziehungsberatung und erste Hilfsangebote

Sabine, Du warst acht Jahre alt und berichtetest immer wieder von Alpträumen. So haben Dich einmal im Traum fürchterlich viele Rehe zertrampelt. Rehe? Solche scheuen Tiere? Wie lange würdest Du noch brauchen, bis Vergangenes verarbeitet ist?

Paul, Du sahst ein Bild eines weinenden Kindes und sagtest. „Mama, das bin ich, das ist Paul." Wie viel Trauer musstest Du noch in Dir haben, die nicht herauskam?

Zu Deinem achten Geburtstag, Sabine, erhieltest Du Skier. Es dauerte nicht lange, Du schnalltest sie an und fuhrst damit den ganzen Tag lang durch den Schnee, selbst kleine Abhänge probiertest Du schon aus. Du warst selig!

Du, Paul, wolltest die Skier auch ausprobieren, mit Sabines Schuhen. Du verhaktest Dich aber beim Fallen, so dass Du aus den Schuhen rutschtest. „Ich will mir kein Bein brechen, so wie Onkel Udo." äußertest Du und verlangtest nicht mehr nach den Skiern. Onkel Udo hatte ein Bein durch einen Motorradunfall verloren.

Als Dein erster Zahn anfing zu wackeln, batest Du mich, das störende Ding einfach herauszuholen. Ohne mit der Wimper zu zucken, ließt Du ihn Dir einfach nach vorne rausbrechen. Erst als es blutete, warst Du entsetzt. Ein Eis hatte Dich aber sehr schnell wieder beruhigt.

In der weiteren Nachbarschaft lag eines Tages ein Haufen Kalk im Vorgarten. Paul, Du und Dein Nachbarsfreund Matthias spieltet damit. Das hat zunächst keiner beobachtet.
hr hattet dann wohl Freude daran, Spaziergänger damit zu bewerfen und traft auf Herrn Maler. Er kam sich bitter bei mir beschweren und zeigte mir nicht nur seine beschmutzte Kleidung, sondern hatte auch einigen Kalk im Gesicht und auf der Brille. Das war ganz schön gefährlich.
Und als ich nachsehen ging, um das riskante Spiel zu unterbrechen, ward Ihr längst über alle Berge. Ich weiß noch, dass ich mich damals sehr aufgeregt habe.

Des öfteren warst Du allein oder mit anderen Kindern im Dorf. Das Dorf gab einen gewissen Schutzraum, da man sich kannte, auch wusste, wo Du hingehörtest. So kamen manchmal Anrufe von Leuten, die mir mitteilten, Du spieltest an irgendwelchen gefährlichen Dingen. Nicht immer konnte ich Dich gleich abholen. Ein schlechtes Gewissen zeigtest Du nie, wenn Du nach Hause kamst. Du klingeltest an der Haustür, obwohl die Kellertür immer für Dich offen stand, und strahltest: „Mama, hier bin ich!" Erleichtert war ich, dass Du wohlbehalten wieder da warst. Manchmal gab es mir auch Glücksgefühle, Dich so fröhlich und gesund vor der Tür stehen zu sehen. Wieder ein anderes Mal wurdest Du völlig durchnässt von einem lieben Mitmenschen gebracht. Du warst in einen Teich gestiegen. Ein warmes Bad wurde deshalb notwendig.

Einmal zur Mittagszeit trieb sich Hansi auf dem Nachbargrundstück herum. (Eigentlich hieß er Manfred, war geistig behindert und galt allgemein als gefährlich im Dorf. Er war schon 17 oder 18 Jahre alt und hatte enorme Kräfte, die er nicht immer steuern konnte. Während der Schulzeiten lebte er in einer betreuten Wohngruppe in unserer Kreisstadt und besuchte dort auch die Schule der Lebenshilfe. In den Ferien war er aber immer zu Hause und strolchte im Dorf herum.) Paul, Du necktest ihn. Daraufhin packte er Dich, hielt Dich hoch und sagte. „Ich nehme Dich jetzt mit!" Auf mein Bitten und gutes Zureden ließ er Dich wieder los und zog von dannen.
Es wurde ein längeres Gespräch mit Euch beiden notwendig, über seine Behinderung, seine Erkrankung und darüber, dass man ihn nicht necken sollte.

Am 1. Juni wurde im Krankenhaus in Barker Euer Bruder geboren, Christian Beater. Welch eine Freude bei der ganzen Familie. Alle kamt Ihr mich und den kleinen Christian besuchen. Und wieder kamen Glückwünsche und Geschenke nicht nur aus dem Dorf, genau so wie bei Euch von weiteren Bekannten, Verwandten und Freunden. Ein Kind ist ein Geschenk, das haben wir bereits durch Euch erfahren.

Als wir beide, Christian und ich, wieder zu Hause waren, merkte ich, dass Ihr doch etwas besorgt wirktet. Und als ich Euch fragte, was los sei, fragte Sabine zurück: „Wird der kleine Junge nun adoptiert oder dürfen wir den behalten?" „Der wird nicht weggeben, der bleibt bei uns." erwiderte ich. Gleichzeitig spürte ich, dass Ihr mehr wissen wolltet. Warum wurdet Ihr weggegeben? Es war schwer für mich, in diesem Moment die richtige Antwort parat zu haben, ohne Eure leiblichen Eltern in ein schlechtes Licht zu setzen.

So sagte ich, dass wir alt genug waren, um mit Eurer Hilfe auf den Familienzuwachs aufzupassen und dass wir auch Geld genug hatten, um für ihn zu sorgen.

Euch versuchte ich zu erklären, dass Eure Eltern noch zu jung waren, um sich um ein Kind den ganzen Tag kümmern zu können. Sie hätten vorher noch nicht genug für sich selber sorgen können. Ob Ihr das verstanden habt, weiß ich nicht. Es war erst einmal eine Antwort, die Ihr annehmen konntet.
Und so durftet Ihr Euren kleinen Bruder ausfahren. Leider kam es dann auch vor, dass Leute aus dem Dorf in den Kinderwagen guckten und äußerten „Den kaufe ich Euch ab!" oder „Den nehme ich mit." Ihr reagiertet sehr ängstlich und ich musste Euch erklären, das es sehr dumme Späße waren.

Ein neues Leben zu fünft in der Familie begann. Trotz aller Freude und der Liebe, die Ihr dem kleinen Christian schenktet, gab es auch so manche Enttäuschung. Nun hatte ich nicht mehr so viel Zeit. Das war schwer für Euch beide.

Paul, Du wolltest gerne auch einmal aus meiner Brust trinken. Wir versuchten es, aber es klappte nicht, schade.

Ein andermal warst Du wütend, weil ich Deinen kleinen Bruder versorgen musste. Du gingst nach draußen und zerschlugst mir meine Dahlien, die mir in ihrer Blütenpracht sehr lieb geworden waren. Du brauchtest mehr Beachtung. Aber wie sollte ich allen dreien gleichzeitig gerecht werden? Du musstest mit Deinen fünf Jahren auch zurückstecken lernen.

Im Dorf war es so üblich, dass die Babys von großen Mädchen ausgefahren wurden. Bald fragte Ursel Kleber bei uns nach, ob sie Christians Babysitter sein dürfte. Wie glücklich war ich, hatte ich nun einen Menschen mehr, der bei uns aushelfen konnte.

Seit einigen Monaten warst Du, Paul, fest entschlossen, Deine Nachbarsfreundin Sonja zu heiraten. Es war noch in der Zeit, in der Christian gestillt wurde. Du kamst aus dem Kindergarten nach Hause und beschwertest Dich, dass Sonja Eurem Baby nicht die Brust geben wollte. „Darf man einem Baby auch nur eine Flasche geben?" fragtest Du.
Das solltest Du bald erfahren, denn das Leben mit Euch dreien war so aufregend, dass ich bald nicht mehr stillen konnte. Der kleine Christian wurde nun weiter mit der Flasche ernährt.

Immer wieder mussten wir schmunzeln, wenn Du, Paul, Deine spontanen Bemerkungen fallen ließt. So auch bei der Taufe von Christian, zu der die Paten mit ihren ganzen Familien gekommen waren. Als der Pfarrer vom heiligen Geist sprach, fragtest Du laut in die Kirche: „Oh, gibt es hier auch Geister?" Wie solltest Du auch so etwas Abstraktes verstehen?

Das Fahrradfahren war eine schwierige Angelegenheit. Während Sabine nach wenigen anfänglichen Schwierigkeiten bald sicher und zügig fahren konnte, hattest Du, Paul, große Mühe, auf dem Rad das Gleichgewicht zu halten. Lange hast Du Stützräder gebraucht und viel üben müssen. Dann ging es eines Tages ohne diese Hilfe. So mancher Sturz mit vielen Schürfwunden gehörte dazu.
Das Bremsen mit dem Rad war Dir noch nicht geläufig. Und damit das Rad auch anhielt, wenn Du es wolltest, stopptest Du die Fahrt mit den Spitzen Deiner Schuhe. Natürlich war Deine Fußbekleidung bald an den entsprechenden Stellen durchgestoßen. Und eine böse Zunge von mir sagte damals, Du solltest doch einmal ohne Schuhe fahren, dann würdest das Bremsen schon lernen.
Du liefst gern barfuß. Und tatsächlich nahmst Du Dir eines Tages, als Du gerade keine Schuhe anhattest, das Fahrrad und fuhrst unseren Berg herunter. Du bremstest wie immer mit den Spitzen Deiner Füße, nur diesmal ohne Schuhe. Oh, das tat weh! Deine Zehen waren abgeschürft. Es hat lange gedauert, bis sie wieder verheilt waren. Zum Glück war es Sommer, so dass Du mit den geschundenen Füßen wenigstens Sandalen tragen konntest.
Danach hast Du das Bremsen gelernt!

Die Zeit verstrich, und für Dich, Paul, begann das letzte Kindergartenjahr. Wir planten von vorneherein ein Jahr Schulkindergarten ein, hatten wir doch mit Sabine so gute Erfahrungen gemacht. Aber gleichzeitig mussten wir jetzt überlegen, wie wir Dich noch intensiver fördern könnten, damit Du den Anschluss in der Schule erreichen konntest.
Mein Vertrauen in die Psychologie war trotz schlechter Erfahrungen mit Sabine noch nicht so erschüttert, dass ich nicht doch wieder in der Erziehungsberatung Hilfe suchen wollte. Für uns war damals eine Beratungsstelle unserer Kreisstadt zuständig. Ich fuhr mit Dir dorthin und Du durftest einige spielerische Tests machen.
Auch hier kam wieder ein Ergebnis heraus, das ich nicht akzeptieren wollte. Die Psychologin sagte mir, nach ihren Testergebnissen seist Du, Paul, ein guter geistig behinderter Junge. Sie riet uns damals dringend ab, Dich in eine normale Grundschule einzuschulen.

Da die Testergebnisse bei Sabine Unsinn gewesen waren, glaubte ich der Dame wieder nicht.

Paul, Du warst so spontan und schnell, so neugierig und wissbegierig. Ich schrieb viele Begebenheiten von Dir auf, weil ich mir damit beweisen wollte, dass Du nicht geistig behindert warst. Solche Ideen und Gedanken, die Du hattest, konnte in meinen Augen nur ein normal begabtes Kind haben, das nur andere Erfahrungen gemacht hatte, als gesunde Kinder in Deinem Alter, böse Erfahrungen.
Ich sollte trotzdem Unrecht haben, aber das gestand ich mir erst viel später ein. Deine Behinderungen zeigten sich nicht äußerlich. Es war alles viel differenzierter und komplizierter, als ich es mir vorstellen konnte.
Aber einen Hinweis der Psychologin konnte ich annehmen. Sie hat mir und Dir und damit uns allen sehr geholfen. Deine Unruhe und Deine Unkonzentriertheit fielen ihr auf. Daraufhin lieh Sie mir ein Buch von Paul Wender über Hyperaktivität aus. Sie meinte, ich solle mal überlegen, ob die Beschreibungen auf Dich zuträfen, wenn ja, dann könne man eventuell etwas dagegen tun.
Das war wirklich ein Schritt in die richtige Richtung, denn die Symptome, die dort beschrieben wurden, trafen voll auf Dich zu. Nun konnte über gezielte Hilfen nachgedacht werden.

Sabine, Du warst damals acht Jahre alt und besuchtest inzwischen die zweite Klasse der Grundschule.
Deinen kleinen Bruder Christian umhegtest Du mit viel Liebe und Fürsorge. Du teiltest Dein Zimmer noch mit ihm, so wie Du es Dir von Anfang an gewünscht hattest. Eine andere Mansarde im Dachgeschoss war für Dich schon vorgesehen, aber dieser Raum war noch nicht fertig ausgebaut.
Obwohl Du erst das zweite Schuljahr besuchtest, warst Du schon eine kleine Leseratte und konntest es nicht lassen, abends im Bett noch zu schmökern. Deinen Bruder Christian wolltest Du durch das Licht nicht allzu sehr stören und deshalb benutztest Du Deine Schreibtischlampe, mit der Du auf Dein Bett leuchten konntest. Manchmal schliefst Du auch bei Licht ein, so dass Dietmar oder ich es später ausmachen mussten.
An einem Abend war es schon früh dunkel und es regnete draußen. Paul und Christian schliefen an diesem Tag sehr früh und auch Dietmar und ich waren sehr müde, so dass uns am Abend nicht viel aufhielt. Nur Du warst noch munter und konntest noch nicht schlafen. Vielleicht hast Du darauf gewar-

tet, bis aus unserem Elternschlafzimmer kein Geräusch mehr zu hören war. Dann schaltetest Du Deine Schreibtischlampe ein und begannst zu lesen. Der herüberfallende Strahl reichte Dir diesmal aber wohl nicht aus. Daher nahmst Du die Lampe und legtest sie so auf Dein Bett, so dass das Licht genau auf Dein Buch fallen konnte. Dabei wurdest Du müde und schliefst ein. Die Leuchte mit glühend heißer Birne blieb auf dem Oberbett liegen, der Bezug bekam allmählich einen bräunlichen Fleck. Es fing an zu riechen, bald qualmte es ein wenig. Der Bezugsstoff schwärzte sich immer mehr und das darunter liegende Inlett nahm die gleiche Farbe an. Es roch nicht mehr nur nach angesenkt, sondern stank schon etwas nach angesenkten Federn, denn die Füllung begann bereits anzukohlen.
In diesem Moment wurde Christian wach und meldete sich mit lautem Geschrei, so wie er es immer tat, wenn er die Windeln voll hatte.
Hellhörig wie alle Eltern kleiner Kinder, wachten wir, Dietmar und ich von dem Geschrei auf. Schlaftrunken stand Dietmar als erster auf, er wollte diesmal nach dem Jüngsten sehen.

Es stank nach Feuer. Dietmar tapste im Dunkeln ins Kinderzimmer. Qualm stach ihm in die Nase. Deine Lampe warf immer noch einen Lichtstrahl auf Dich, Sabine. In aller Seelenruhe lagst Du schlafend im Bett, aber über Deinem Bauch schwelte es. Dietmar riss schnell das Fenster auf, nahm die Leuchte vom Bett und warf das Oberbett aus dem Fenster in die dunkle, regennasse Nacht. Erst danach wachtest Du auf, und wundertest Dich, wo denn Deine Zudecke geblieben war. Auch der eigenartige Gestank in Deinem Zimmer machte Dich stutzig.
Ich war aufgestanden und holte Christian aus dem Zimmer. Du, Sabine, kamst bald nach und kuscheltest Dich auch in unsere Betten. Den Rest der Nacht verbrachten wir zu viert in unseren Ehebetten, denn Euer Zimmer hatte eine längere Lüftung nötig.

Wir hatten alle noch einmal Glück gehabt und waren von einem größeren Feuer verschont geblieben. Christian hatte mit seinem Geschrei Dir, Sabine, und vielleicht auch uns allen das Leben gerettet.

Durch Christians notwendig gewordenen Vorsorgeuntersuchungen lernte ich Herrn Dr. Schuhmann in Barker kennen. Ich hatte Vertrauen zu ihm und konnte ihn auch auf Eure Probleme ansprechen. Er zeigte Verständnis und Interesse an Eurer Weiterentwicklung und überlegte mit mir gemeinsam, was man noch alles tun könnte.

Für Dich, Paul, gab es als erstes die Möglichkeit, in einer kleinen Gruppe an einem psychomotorischen Trainingsprogramm teilzunehmen, das speziell ausgerichtet war für Kinder mit Koordinationsproblemen. Die Leitung hatte Frau Fischer. Wir Eltern durften dabei bleiben und von der Bank aus zusehen. Dort lernte ich die ersten Mütter kennen, die ähnliche Probleme mit ihren Kindern hatten, wie wir. Solche Gespräche taten gut.

Bei den psychologischen Testergebnissen war ebenfalls aufgefallen, dass Du sehr starke Wahrnehmungsstörungen hattest. So waren Dir z. B. die Begriffe oben/unten, rechts/links, vor/hinter, über/unter noch fremd. Herr Dr. Schuhmann schlug ein Frostig-Training vor, das ebenfalls Frau Fischer mit Dir alleine durchführte.

Später konntest Du noch an therapeutischen Reitstunden teilnehmen.
Es war eine Menge, was nun an Therapiemaßnahmen auf Dich zu kam. Dietmar und ich mussten jeden Tag neu überlegen, wie wir den Nachmittag gestalteten, wer Dich oder die beiden anderen zu Euren Terminen fahren und wieder abholen konnte, denn auch Du, Sabine, hattest Deine Nachmittagstermine (Sprachheilunterricht und Flöten). Christian hatte von Anfang an gesundheitlich mit seinen Allergien zu tun, so dass für ihn viele Arztbesuche anstanden. Auch die Oma mussten wir im Notfall einspannen, sonst hätten wir nicht alle Termine unter einen Hut gebracht.

In der Zeit entdecktest Du, Paul, auch das Feuer für Dich. Bei einer Weihnachtsfeier beim Diakonischen Werk in unserer Kreisstadt, zu der wir als Adoptivfamilie eingeladen waren, spieltest Du wie besessen mit den Kerzen und warst nicht mehr aufzuhalten. Wir überlegten daraufhin, dass wir Dir die Neugierde etwas nehmen könnten, wenn wir Euch beide die Adventskerzen selber anzünden ließen. So würdest Du, Paul, die Gefährlichkeit am ehesten erkennen können.
Wir erreichten aber das Gegenteil. Vom Feuer fasziniert, stiegst Du in einem unbeobachteten Moment auf das Unterteil vom Küchenschrank, um oben auf dem Oberschrank die Streichhölzer an Dich zu nehmen. Im Wohnzimmer hast Du sie angezündet, und es gab in der Sitzecke einen kleinen Schwelbrand. Zum Glück hat ihn Dietmar sehr schnell entdeckt und konnte ihn löschen, ohne die Feuerwehr einschalten zu müssen.
Du schienst weder erschreckt über den angestellten Schaden zu sein, noch konnten wir über die Gefährlichkeit der Situation mit Dir reden, denn im Nachhinein strittest Du alles ab.

Wir waren unglücklich darüber, dass Du Deine Missetaten selten zugeben konntest. Du weißt heute noch, dass bei uns keine harten Strafen anstanden, sondern dass wir immer versucht haben, mit Euch zu reden, um Einsicht hervorzurufen.
Bei Dir, Sabine, konnten wir mit Einsicht rechnen, Gespräche nützten etwas. Aber Du, Paul, warst zu vielen Zeiten nicht über den Verstand zu erreichen. Manchmal musste es dann zur Unterstützung des Verbotes einen Klaps auf den Po geben, sonst hättest Du uns alle gemeinsam immer wieder in solch gefährliche Situationen gebracht.

Später hatte ich erfahren, dass Du im Kindergarten über den Vorfall erzählt hast, denn Gabi, Deine Kindergärtnerin, hat uns davon berichtet. Du hattest vielleicht doch ein schlechtes Gewissen, obwohl Du es uns nicht zeigen konntest? Als Gabi Dich aber fragte, wie Du an die Streichhölzer gekommen warst, wusstest Du es angeblich nicht mehr.
Des öfteren nahmst Du auch damals schon Sachen oder Geld an Dich, die Dir nicht gehörten. Die Dinge fanden wir meist in Deinem Zimmer und konnten sie den anderen Familienmitgliedern wieder zuordnen. In der Regel erklärten wir Dir, dass die Dinge nicht Dir gehörten. Ich war damals noch der Meinung, Du würdest es mit der Zeit schon begreifen, dass jeder sein Eigentum hatte, denn Du hattest ja auch Dein eigenes Spielzeug. Auch Münzen verschwanden, und später fand ich so manches Ein- oder Zweimarkstück im Garten wieder - in der Erde verbuddelt.

Wer weiß, vielleicht haben unsere Haus- und Gartennachfolger später noch einen Schatz gefunden.

Auch ein Friseurbesuch fiel in die Zeit vor Weihnachten. Dieser alte Friseurmeister, der Dir die Haare geschnitten hatte, musste wieder eines seiner dummen Späßchen loswerden und fragte Dich, ob er Dir auch die Ohren abschneiden sollte. Du fingst an zu weinen und batest ihn inniglich, er solle die Ohren dran lassen, Du wollest sie noch behalten. Schicksalsergeben hast Du Dir mit ängstlicher Miene weiter die Haare schneiden lassen und hast Dich erst entspannen können, als Du in den Spiegel schauen durftest und sahst, dass die Ohren noch an gleicher Stelle waren.

1980

Ritalin, Einschulungsuntersuchung, Besuch in Berlin, Lehrerwechsel, intakte Dorfgemeinschaft, Suche nach Gesprächspartnern, wieder Erziehungsberatung und mehr als nur Angstträume

Herr Dr. Schuhmann hatte uns empfohlen, Dir morgens eine halbe Tablette Ritalin zu geben. Er hatte Deine Unruhe und Konzentrationsunfähigkeit gesehen und gemeint, diese Medizin würde Dir gut tun. Eine Minimaldosis würde man heute sagen. Als Kinderpsychologin habe ich in den letzten Jahren beobachten können, dass immer häufiger und in weit höheren Dosierungen dieser Wirkstoff den Kindern mit ADHS verschrieben wird. Zu Deiner Zeit nannte man es noch Hyperaktivitätsstörung. Es gab auch schon über diese geringen Dosierungen heiße Diskussionen in der Elternschaft.
Wir griffen damals nach jedem Strohhalm, und es war einer!

Zu Beginn des Jahres 1980 stand die Einschulungsuntersuchung von Dir, Paul, an.
Vor der Einschulungsuntersuchung hattest Du nun schon vierzehn Tage Ritalin bekommen. Du warst wie verwandelt.
War es dieser Wirkstoff, Methylphenidat, der Dir gefehlt hatte?

Vor der Einnahme konntest Du mit einer Zahlenvorstellung von eins und zwei sicher umgehen. Drei und vier konntest Du Dir manchmal auch vorstellen, warst Dir aber noch nicht sicher genug, um damit zu rechnen.
Mal konntest Du die Hauptfarben benennen, dann hattest Du sie wieder vergessen.
Unter der Medikation kanntest Du die Farben, als wenn Du sie immer gekannt hättest.
Du konntest bis fünf zählen, ohne durcheinander zu kommen.
Aus dem Kindergarten kam die Rückmeldung, Du seist so ausgeglichen geworden und würdest jetzt mit Ausdauer Aufgaben lösen, und Du könntest jetzt auch schon längere Zeit basteln.

Vorher nahmst Du wahllos Beschäftigungen auf und ließest sie schnell wieder fallen. Bei Versagungen oder Wartezeiten, die Du einhalten solltest, warst Du schnell enttäuscht oder ungeduldig, ja, konntest sogar aggressiv werden, wenn es nicht so ging, wie Du es in dem Moment wolltest. Kränkungen konntest Du kaum ertragen, dann zerstörtest Du, was Du gemalt oder gebastelt hattest, zerstörtest also Deine eigenen Sachen!

Zu Hause erlebten wir auch unser Wunder und Du mit Dir auch. Zwanzig Minuten nach der Einnahme wurdest Du ruhig. Man hätte die Uhr danach stellen können. Du griffst dann in Deine Hosentasche und holtest so allerhand heraus, was da nicht hinein gehörte. Du warst daraufhin selbst überrascht und sagtest: „Das wollte ich doch gar nicht nehmen!"

Auch beim Essen wurdest Du ruhiger. Was in den Mund sollte, kam auch mehr und mehr über die Gabel oder den Löffel darein. Deine Finger wurden dazu bald nicht mehr benötigt. Auch Deinen Durst konntest Du jetzt stillen, in dem Du Dir die Zeit nahmst, etwas in einen Becher einzugießen. So führtest Du jetzt nicht mehr sofort die Flasche an den Mund, um Dich mit dem Getränk zu überschütten. Es durfte alles etwas langsamer gehen und all Deine Bedürfnisse mussten nicht gleichzeitig gestillt werden.

Mehr und mehr konntest Du auch schon Regeln annehmen, und Du schränktest Deine Maßlosigkeit ein wenig ein. Deine Bonbons konntest Du nun nacheinander lutschen, Du brauchtest sie nicht mehr alle gleichzeitig in den Mund zu stecken.
Wenn Dich auch kleine Tiere, Muscheln, Krebse und Steine stundenlang faszinieren konnten, so hattest Du doch große Mühe, Dich mit anderen Dingen, an die Du im Kindergarten herangeführt wurdest, zu befassen. Spiele, vor allen Dingen Tischspiele mochtest Du nicht leiden. Dieser Widerwille blieb Dir bis heute erhalten. Aber Deine Rastlosigkeit zeigte sich mit der Einnahme des Medikamentes nicht mehr so intensiv.
An Deiner übersteigerten Kontaktfähigkeit, die sich in Distanzlosigkeit äußerte, änderte sich nichts. Auch ein gesundes Selbstvertrauen war noch nicht vorhanden. Immer sahst Du Dich zwischen anderen in unterlegener Position und nahmst dann entweder eine Abwehrhaltung ein oder Du überschätztest Dich voll und ganz, was dann wieder zu Niederlagen führte.
Große Hoffnung entstand bei uns, dass sich auch diese Verhaltensweisen normalisieren könnten, wenn Du auf Dauer Deine neuen Errungenschaften beibehalten und einsetzen könntest.

Wir wollten Dich ein Jahr vom regulären Schulbesuch zurückstellen lassen. Das konnten Eltern nicht so einfach. Eltern mussten ihren Wunsch schon begründen. Deshalb schrieb ich an den Einschulungsarzt einen Bericht, in dem ich alle Auffälligkeiten von Dir geschildert hatte, die vor der Einnahme dieses Medikamentes zu sehen waren. Das war hart, aber es war Realität gewesen. Es hatte keinen Sinn, alles schön zu reden, denn sonst hätte man Dir nicht helfen können.

Der Schularzt sollte wissen, dass die Veränderungen bei Dir erst durch diese Medizin ausgelöst worden waren und dass Dir wahrscheinlich genau der Inhaltsstoff des verordneten Medikamentes fehlte, um Dich gesund entwickeln zu können.
Trotz der guten Entwicklung unter diesem Wundermedikament durftest Du in den Schulkindergarten, so wie wir es uns für Dich gewünscht hatten.

Immer öfter fragtest Du nach Deiner Vergangenheit. „Hat mich keiner lieb gehabt, als ich so klein war, wie Christian?" war Deine Standardfrage. Wenn ich Dir dazu etwas sagen wollte, hörtest Du aber schon nicht mehr zu, als wenn Du Angst vor ehrlichen Antworten gehabt hättest.

Doch, es hatte Dich jemand lieb gehabt, und das war Frau Reichling, Deine Pflegemutter und spätere Hausmutter im Kinderdorf in Berlin.
Wir überlegten, ob es gut für Dich sein könnte, wenn Du sie wieder siehst. Ich war mir sicher, dass eine Begegnung Dich positiv beeinflussen würde. Und so unternahm ich mit Dir eine Reise nach Berlin. Sabine und Christian wurden von Dietmar und den Großeltern versorgt.

Frau Reichling hatte sich sehr über Deinen Besuch gefreut und Dir dieses auch gezeigt. Du hattest Frau Reichling allerdings persönlich nicht wieder erkannt, wurdest trotzdem sehr herzlich von allen dort lebenden Großfamilienmitgliedern aufgenommen und durftest einen ganzen Tagesablauf ohne mich dabei bleiben. Von den Kindern wurdest Du mit Deinem alten Namen benannt. Außerdem wurde viel von früher erzählt, als Du so klein wie Christian warst, und wie sehr Frau Reichling Dich auch damals lieb gehabt hatte. Du warst glücklich. Die Kinder hatten ihr Erstaunen darüber ausgedrückt, wie groß und vernünftig Du nun geworden warst, und Frau Reichling hatte mir abends erzählt, Du hättest Dich von Deiner allerbesten Seite gezeigt, hättest Dir sehr viel Mühe gegeben, beim Essen nicht mehr rumgemanscht, Dich nicht bekleckert und Du hättest auch innerlich sehr ausgeglichen gewirkt. Als ich Dich später im Zug fragte, ob es Dir unangenehm gewesen sei, dass die Kinder Dich „Elvis" genannt hätten, erwidertest Du: „Mama, das macht doch nichts, der war ich doch mal."

Mir hat dieser Besuch nicht so gut getan. Ich hatte mich natürlich auch mit Frau Reichling unterhalten, denn sie fragte nach allem. Und da ich ein ehrlicher Mensch war und meistens auch sehr direkt, berichtete ich auch von Deinen Schwierigkeiten, die mir noch Sorge machten. Unter anderem von den vielen Dingen, die Du von anderen an Dich nahmst, denn das tat anderen Kindern weh und verhinderte Anerkennung, Annahme und vor allen Dingen Freundschaften.

Frau Reichling sprach davon, dass sie sich psychologisch weiter gebildet hätte, da sie sich selbst einer Psychoanalyse unterzogen hätte.

Ich hatte Verständnis für meine Sorgen erwartet, aber es wurde leider ein Zweifel an meiner Liebe zu Dir, Paul, von Frau Reichling ausgesprochen. Ich war sehr empfindlich geworden, was solche Pauschalkritik anbetraf. Das tat mir weh. Woher sollte sie das beurteilen? Hättest Du in ihrem Haus nichts von anderen an Dich genommen?

Ich glaube, es war damals in Mode gekommen, einfache Kausalerklärungen für Verhalten zu geben, das auffällig war: „Die Mutterbeziehung ist an allem Schuld!" In Wirklichkeit gab und gibt es nicht so einfache Begründungen. (Bei meinem späterem Psychologieexamen wäre ich durchgefallen, wenn ich solch eine Erklärung abgegeben hätte.) Wollte sie sich mit dieser Bemerkung wichtig tun? Hatte sie das nötig? War sie eifersüchtig oder neidisch auf mich? Wenn ja, warum? Weil ich Dich hatte?

Ich hatte mir damals vorgenommen, Frau Reichling keinen Besuch mehr abzustatten. Das könntest Du, Paul, später selber tun, wenn Du volljährig sein würdest.

Aber ich war froh, dass Du von dem Besuch profitiert hattest. Du warst glücklich, das war die Hauptsache.

Ich hatte mir damals notiert, dass die Begegnung und das Wiedersehen mit Frau Reichling und der Familiengruppe mit Dir, Paul, unsere Familie stärker zusammengeschweißt hatte. Es schien, als wenn ein kleines Kapitel für Dich abgeschlossen wurde.

Du, Sabine, hattest früher schon einmal gesagt: „Mama, ich vergesse immer, dass ich gar nicht in Deinem Bauch gewachsen bin!" Dieses Gefühl hast Du mir jetzt auch vermittelt, Paul.

Ich schrieb damals an Frau Heider:

Vor einem Jahr war immer noch etwas Unbenennbares zwischen uns, heute nicht mehr. Auch von mir möchte ich behaupten, dass ich sie beide ganz als meine eigenen Kinder ansehe. Wenn auch die ersten Jahre fehlen, so sind sie inzwischen doch so geprägt durch uns, dass wir unwiderruflich zusammen gehören.

Ich versuchte manchmal, sie mir als Pflegekinder vorzustellen, sie mit anderen Eltern teilen zu müssen – das geht nicht. Und ich bin auch der Meinung, dass die Kinder nur durch diese enge Bindung zu uns Eltern, die auch ein natürliches Einwachsen in die Verwandtschaft und Bekanntschaft beinhaltet, den inneren Halt bekommen, den auch ein leibliches Familienkind erhält.

Viele Jahre hast Du, Paul, nicht mehr von früher gesprochen, so als wenn nun alles in Ordnung gewesen wäre. Aber die Geschichte mit Deinen leiblichen Eltern war natürlich nicht geklärt. Das wusstest Du auch, wolltest aber wohl nicht daran rühren.

Aber nun wieder zu Dir, Sabine, bei all den Sorgen um Paul, solltest Du nicht vergessen werden.

Herrn Dr. Schuhmann hatte ich Dich ebenso vorgestellt.
Weil Du in seinem Sprechzimmer immer mit Deinen Beinen wackeltest, hatte er Dir diese Wundermedizin, das Ritalin, auch empfohlen, jedenfalls solltest Du das Medikament in geringer Dosis ein halbes Jahr lang nehmen. Es sollte ein Anstoß sein, Deinen Körper ruhig zu halten. Vielleicht sei das bereits genügend für Dich, meinte der Kinderarzt. So war es auch, es war tatsächlich ein Anstoß für Dich, mit Deinen immer wiederkehrenden Bewegungen inne zu halten. Länger brauchtest Du das Medikament nicht.

Ein besonders schönes Erlebnis hatte ich mit Dir, Sabine, als Du acht Jahre alt warst. Ein Erlebnis, das mir viele Sorgen nahm und mich zuversichtlich in die Zukunft hatte blicken lassen:

Eines Tages sagtest Du nach dem Mittagessen zu mir. „Mama, raus aus der Küche, ich mache heute die Küche." Eine Überraschung kündigte sich an. Ich verließ mein Arbeitsfeld und war gespannt, was kommen würde. Das Hantieren mit Töpfen und Tellern war im Wohnzimmer nicht zu überhören. Du stelltest das Geschirr in die Geschirrspülmaschine, Du wuschst die Sachen ab, die nicht hineinpassten, Du verwahrtest die Reste ordentlich im Kühlschrank und Du räumtest die Lebensmittel wieder richtig in den Schrank, in den sie gehörten. Du wischtest anschließend die Arbeitsplatten ab und zu guter Letzt fegtest Du die Küche noch aus. Dann war alles fertig, die Küche blitzblank. Eine gelungene Überraschung!

Jetzt wusste ich, dass Du im Leben bestehen können würdest. Du sahst das Notwendige, was gemacht werden musste und erledigtest es hintereinander weg. Das war eine Grundvoraussetzung für Arbeit im Berufsleben. Was Du auch später machen würdest, wenn es Deinen Fähigkeiten angemessen sein wird, wirst Du es auch bewältigen können!

Aber nicht nur schöne Dinge passierten. Mit dem neuen Schuljahr stand für Dich, liebe Sabine, leider ein Lehrerwechsel an. Dein erster Lehrer, Herr Albert, der Schulleiter, hatte schon recht gehabt, als er sagte, Du würdest bis Ende des zweiten Schuljahres keine Probleme haben werden.
Jetzt bekamst Du eine neue Lehrerin in der dritten Klasse, die nicht nur viel an Dir auszusetzen hatte, sondern auch sehr gemein zu Dir war. Diese Lehrerin war – wie wir später erfuhren – gegen ihren Willen an die Grundschule auf dem Lande versetzt worden. Vielleicht ließ sie ihren Ärger darüber an den Kindern aus? Kaum war sie da, hatte sie sich gleich wieder wegbeworben. Nach einem Jahr gelang ihr der erneute Wechsel. Aber dieses Jahr musstest Du durchhalten, das war nicht einfach.

Nach anfangs guten bis durchschnittlichen Zensuren, sacktest Du jetzt im dritten Schuljahr völlig ab. Du verlorst Deine Freude am Lernen und schriebst nur noch schlechte Arbeiten. Aber ich bezweifle heute noch, dass dieses Absacken nur an Dir lag.

Als ich beim ersten Elternsprechtag im Herbst mit Deiner Lehrerin sprach, sagte sie mir, sie könne mir von Dir überhaupt nichts Positives berichten. Wie war das möglich? Hatte nicht jedes Kind seine guten und schlechten Seiten? Hatte sich der Schulleiter so geirrt? Oder mochte diese Frau einfach solche Kinder nicht, wie Dich? Im Grunde war es eine Unverschämtheit von einer Lehrerin, so etwas zu sagen.
Ich versuchte, Dich zu verteidigen. Du hattest mir vorher schon erzählt, dass die Lehrerin Dich gar nicht in der Stunde heran nehmen würde, sie würde Dich einfach übersehen, wenn Du Dich melden würdest.

Was mir gerade einfiel, war Dein Auswendiglernen. Du konntest Gedichte sehr schnell auswendig lernen und behalten. Es machte Dir sogar richtigen Spaß.
So bat ich die Frau, Dich das nächste mal aufzufordern, ein Gedicht aufzusagen, wenn Ihr wieder solch eine Aufgabe zu lernen hattet. Das tat sie auch. Nach dem nächsten Gedichtlernen bat sie Dich nach vorne. Du sagtest Dein

Gedicht auf. Natürlich fehlte es hier und da noch an Betonung, aber Du konntest es gut im Kopf behalten und konntest zeigen, Du hattest gelernt.
Ich hatte Dich später zu Hause gefragt, was Deine Lehrerin darauf hin gesagt hatte. Nichts soll sie gesagt haben, aber als nächstes Kira, die Klassenbeste, aufgerufen haben, das Gedicht noch einmal aufzusagen und dann Kira vor der Klasse gelobt haben.
So macht man schüchterne und zaghafte Kinder kaputt, liebe Lehrerin! Heute nennt man das „Mobbing".

Im Rechnen hattest Du Frau Kurz, die wusste von Deinen Fähigkeiten, denn dort bliebst Du gut. Sprachen die beiden Lehrerinnen nicht über Euch Kinder? Wollte die Deutschlehrerin nichts Gutes von Dir wissen? Die positive Auskunft hätte ihr Bild von Dir in Frage gestellt!

Kein Wunder, dass Du nicht mehr gerne zur Schule gingst und sozusagen „schulmüde" wurdest. Wir mussten zu Hause viel nachlernen, da Du im Unterricht nicht mehr richtig aufpassen konntest. Du fingst an zu träumen. Ich wartete mit Dir sehnlichst auf die Weihnachtsferien, in denen Du Dich von dem seelischen Stress wieder erholen konntest.
Über Deine Lehrerin kann ich mich heute noch ärgern, wenn ich an das Schuljahr denke.

Dazu möchte ich einen Aufsatz von Dir zitieren, den Du im dritten Schuljahr geschrieben hattest:

12.12.1980,
Aufsatz Nr. 2

Eine Traumgeschichte

Als ich gestern eingeschlafen war, hatte ich einen fürchterlichen Traum. Ich hatte einen Traum, darin war ich in einer unbekannten Stadt. Ich war mitten in der Stadt und ich wollte wieder herausgehen, aber ich hatte mich verlaufen. Ich dachte, ob ich eine Frau finde? Ich hatte ganz schreckliche Angst und fand nicht zurück.
Als der Traum zu Ende war, schrie ich ganz laut. Da kamen Mutter und Vater und sagten: „ Was ist los?" „Ich hatte einen schrecklichen Traum!"

Deine Lehrerin kommentierte, der Sinn sei nicht klar. „Warum suchtest Du eine Frau und warum hast Du erst geschrien, als der Traum schon zu Ende war?"
Das war alles. War sie nicht in der Lage, wenigstens einen lobenden Satz dazu zu schreiben? Kannte sie keine Albträume? Ging in ihren Träumen immer alles logisch zu? Konnte sie sich ihre Träume sinnvoll erklären? Außerdem wusste sie von Deiner schweren Vergangenheit, die Albträume hinterließ.
Das war nur ein Beispiel für unverständliches Fragen und Urteilen der Lehrerin.

Gleichzeitig sagte Dein Albtraum sehr viel über Deine noch vorhandenen Ängste aus.

Natürlich machte ich mir auch Gedanken, ob Du zu Hause zu sehr im Schatten Deiner Geschwister standest, besonders forderte Paul uns alle immer heraus und brauchte enorm viel Förderung. Du zeigtest immer Verständnis für seine Probleme, vielleicht fühltest Du Dich in der Sorge um ihn überfordert?

Paul, Du machtest für unsere Begriffe im Schulkindergarten zwar große Fortschritte, doch war der Abstand zu den anderen Kindern Deiner Klasse (nur noch fünf weitere Kinder) so groß, dass ein Anschluss nicht schnell genug erreicht werden konnte. Ein besonderes Problem waren trotz Medikament immer noch Deine Konzentrationsschwierigkeiten. Außerdem konntest Du bald erkennen, dass die anderen Kinder besser waren als Du und sagtest häufig vor der Klasse „Das kann ich nicht...", obwohl Du es konntest, aber Du warst Dir nicht sicher. Du hattest vermutlich Angst, Dich vor allen zu blamieren.

Ihr beide, Du, Sabine und Du, Paul, ihr stecktet sehr schnell zurück, wenn Ihr glaubtet, dass andere Kinder besser waren als Ihr. Ihr habt Euch nicht behauptet, aber gleichzeitig darunter gelitten, dass Ihr das nicht konntet. Zu Hause gabt Ihr beide Euch sehr viel Mühe. Aber in der Schule bzw. Du, Paul im Schulkindergarten, trautet Ihr Euch nicht, Euer Wissen zu zeigen.

Alljährlich stand am Ende eines jeden Jahres immer ein längerer Bericht über Euch an Frau Heider an. Wie gut, dass ich die Kopien habe, die mir heute eine wunderbare Erinnerungshilfe sind.

Von Christian schrieb ich im Jahre 1980 zum Abschluss:

> *Christian ist ein „pflegeleichter Mitläufer", sehr weit in seiner Entwicklung. Bis auf Probleme mit seiner empfindlichen Gesundheit wächst er völlig unproblematisch auf, sieht sich alles von den großen Geschwistern ab, macht alles nach und tut so, als sei er schon genau so groß, wie die beiden anderen. Zunächst fühlte er sich mehr zu Sabine hingezogen, die ihn gern mit mütterlichen Gefühlen betreute. Seit er auf den Beinen ist, ist nur noch „Pau" sein Favorit. Der ist ihm näher in seiner Entwicklung und macht genau so Dummheiten, die man nicht machen darf, wie er. Ein Glück, dass der Altersunterschied so groß ist, dass Paul noch eine Weile der überlegene und unerreichbare große Bruder bleibt.*

Die Entwicklung von Christian verlief für mich wie ein Wunder. Alles kam von alleine, ohne unser besonderes Zutun. Er richtete sich zur rechten Zeit auf, er begann zu laufen, er begann zu sprechen und fügte sich in unser Familienleben ein, als wenn er schon immer dazugehörte. Er war folglich pflegeleicht. Das war kein Vorziehen vor Euch, wenn ich schrieb, dass ich seine fast problemlose Entwicklung wie ein Wunder empfand. Ich hatte mit viel mehr Schwierigkeiten gerechnet. Er hatte das große Glück, gleich von vorne herein in einer intakten Familie aufzuwachsen. Dazu habt auch Ihr beigetragen, denn Ihr habt Euch ebenso um ihn gekümmert wie wir als Eltern.

12. November 2010

Draußen regnet es den ganzen Tag. Es ist trübe, in den Räumen muss man auch am Tage Licht an machen, wenn man etwas sehen will. Der Schnee schmilzt zusehends weg. Nun wird das Knüppelholz wieder sichtbar, das ich für den nächsten Winter sammeln will.

Nach dem Mittagessen ist Abwasch angesagt, weil das Wasser auf dem Herd jetzt heiß ist. Ich bin müde. Wie heißt es so schön?

*„Nach dem Essen sollst Du ruhn,
Oder tausend Schritte tun."*

(Verfasser unbekannt)

Ich entschließe mich für tausend Schritte. Mein täglicher Gang zum Briefkasten, in dem einmal in der Woche eine Werbezeitung zu finden ist, ist nicht mehr weiß. Pfützen zieren den Weg. Auch der Elch hat seine Augen wieder. (Der Elch ist eine Baumwurzel, in der Karina einen Elchkopf gesehen hat, und der von mir mittels flacher bemalter Steine eigene Augen bekommen hat. Der Schnee bedeckt sie nun nicht mehr).

Zwei Eimer Holz werden auf dem Rückweg vom Holzschuppen gleich mitgenommen.
Zur Zeit verbrenne ich „die Scheune". Die alten ausgetauschten Bretter der innen liegenden Böden, teils mit 100 Jahre altem Schafsmist bedeckt, werden in Energie umgewandelt.
Die Bretter verbrennen schnell, man braucht daher mehr, als von anderem Holz. Sie geben eine wunderbare Glut, hinterlassen aber auch feste Rückstände.
Ob der Schafsmist nicht so gut brennt?

Hallo, Paul, hier finde ich Deinen Wunschzettel zu Deinem siebten Geburtstag:

> *2 Kaninchen*
> *1 Schildkröte*
> *1 Katze*
> *2 Meerschweinchen, eine Frau und einen Mann,*
> *1 Pony,*
> *1 Esel*

und einen Karton, in dem man die Schmetterlinge, Regenwürmer, Eidechsen, Frösche und Schnecken aufbewahren kann, die mir des öfteren aus meiner Hosentasche herauskrabbeln.

Die Familie begnügte sich vorerst mit dem bereits vorhandenen Kater Moritz. Ein Meerschweinchen war schon Dein eigen gewesen, lebte aber nicht mehr. Es hatte das viele „Schubkarrefahren", bei dem es an den Hinterbeinchen genommen wurde und mit den Vorderbeinchen laufen sollte, nicht überstanden.

Immer noch beschäftigte Dich, Paul, das Kinderkriegen. Einmal war es eine Geschichte von einer Frau, die einen dicken Bauch hatte, aus der eine Katze gekrochen kam. Ein andermal hörtest Du meinen Magen knurren und meintest: „Mama, ich habe es wirklich gehört, Du hast wieder ein Baby im Bauch."

Genauso beschäftigte Dich der Tod. Du machtest Dir Gedanken, was sein wird, wenn wir Eltern sterben? Was geschieht dann mit unserem Haus? Woher bekommen wir Geld? Sprachst von verbrannten Kindern und dann wieder von dramatischen Rettungen von Kindern mit einem U-Boot.

Du, Paul, warst tatsächlich zwei mal ins Wasser gefallen oder gegangen. Und zwar jedes mal in einen der Teiche im Erlenpark, alleine. Einmal schrieb ich schon, hat Dich Herr Maler nach Hause gebracht, der gleiche, den Du mit Kalk beworfen hattest. Ein andermal hat Dich der Opa auf einem seiner Spaziergänge völlig durchnässt vorgefunden und Dich mit zurück genommen. Beide Male hattest Du nicht gefroren und Dich nicht erkältet.

Jedes mal, wenn wieder etwas Gefährliches gewesen war, von dem mir andere aus dem Dorf berichteten, dankte ich Gott, dass Du noch lebtest. Aufregen hatte im nachhinein keinen Sinn, sonst wäre ich aus dem Aufregen nicht mehr heraus gekommen. Du warst ja wieder unversehrt zu Hause.

Unsere Dorfgemeinschaft war noch intakt. Und das war für das Aufwachsen von Dir ein Segen. Selbst als Du Dir einmal mit einem 50 Markschein in der Gastwirtschaft ein Eis kaufen wolltest, rief Frau Hallmann erst einmal bei uns an, um zu fragen, ob das so seine Richtigkeit habe. Natürlich hatte es das nicht, der Schein war aus Omas Geldtasche.

Wenn auch erhebliche Rückstände Deiner geistigen Entwicklung sichtbarer wurden, ging die körperliche Entwicklung seinen normalen Weg. Ich schrieb schon, dass der Zahnwechsel rechtzeitig begonnen hatte und nun weiter fortschritt.

Hinter Deinen oberen Schneidezähnen stießen schon die neuen durch, aber die alten Schneidezähne wackelten noch nicht. Das sah komisch aus, und um einer Fehlstellung rechtzeitig vorzubeugen, zeigte ich das unserer Zahnärztin. Die nahm vor Deinen Augen eine große Spritze raus, um den Oberkiefer zu betäuben, weil sie die vorderen Milchzähne ziehen wollte. Als Du das Ungetüm sahst, schriest Du auf, „Nein!" und sprangst mit Deinem Lätzchen kurzerhand vom Stuhl und ranntest zur Tür hinaus. Ich lief hinterher. Du entdecktest unser Auto, verkrochst Dich dort hinein (Ich musste offenbar vergessen haben, den Wagen abzuschließen) und verriegeltest sofort alle Türen von innen. „Nein, ich gehe da nicht mehr hinein", schriest Du mit dem Lätzchen um den Hals. Ich musste Dich inständig bitten, wenigstens eine Tür wieder aufzumachen. Bis Du mir geglaubt hattest, dass ich Dich nicht zurück bringen werde, und mir dann eine Tür entriegelt hattest, hat es in meiner Erinnerung eine Ewigkeit gedauert. Irgend wann durfte ich Dich dann doch nach Hause fahren.
Deine Zähne sind nach kurzer Zeit von alleine heraus gefallen.

Ein sehr unsensibles Vorgehen gegenüber einem Kind, nannte ich das Verhalten der Ärztin. Hätte eine Vereisung der Milchzähne nicht auch gereicht?

Ein anderer Arzt, der Hals-Nasen-Ohren-Arzt, hatte wiederum großes Verständnis für Dich.
Dir sollten die Polypen entfernt werden. Das war dort mit drei Tagen Aufenthalt im Krankenhaus verbunden, aufgrund der Gefahr von Nachblutungen. Als der Arzt von Deinen Vorerfahrungen und den daraus entstandenen Ängsten hörte, meinte er, die Operation könne er auch ambulant durchführen. Er ging sehr auf Dich ein und regelte alle Vorbereitungen so, dass Du sie annehmen konntest. Nur die Krankenschwester sträubte sich später, als ich Dich nach dem Eingriff gleich wieder mit nach Hause nehmen wollte. Das sei

nicht üblich, sagte sie in barschem Ton, vergewisserte sich dann aber doch beim Arzt und ließ uns widerwillig nach Hause fahren.
Ich hatte damals eine Heidenangst, dass es bei Dir zu Nachblutungen kommen könnte, warst Du doch überhaupt nicht so ruhig zu halten, wie es in den Tagen nach der Behandlung notwendig sein sollte. Aber Du schafftest es ohne Komplikationen, und bis zur Nachuntersuchung war alles in gutem Heilungsprozess.

Die vielen kleinen und größeren Alltagssorgen waren für mich ein umfangreicher Lebensinhalt geworden.
Ich brauchte Gesprächspartner, mit denen ich über all diese Geschehnisse reden konnte, denn manches, was ich erlebte, kam mir fragwürdig vor. Solche Austauschgespräche suchte ich natürlich bei Freunden, die auch Kinder in Eurem Alter hatten. Ich erzählte von Euren Problemen, fühlte mich aber nicht verstanden. „Das sind doch ganz normale Sorgen." „ Das machen unsere auch." „Was ist denn das besondere an Deinen Kindern?" „ Das bildest Du Dir ein, weil Du keine eigenen Kinder hast." „ Du hast nicht das richtige Verhältnis zu ihnen." Das waren die Antworten, und das tat weh.
Bei mir war inzwischen eine Verletzlichkeit entstanden, die ich erst viel später im Leben wieder ablegen konnte. Die Freunde hatten Kinder mit gesunder Entwicklung, sie kannten keine tiefgreifenden Traumatisierungen, bei ihren Kindern hatte kein Familienwechsel stattgefunden, es hatte keine Misshandlungen gegeben, Entwicklungsverzögerungen waren nicht zu erkennen, und es gab keine Gründe für Ängste in gleichem Ausmaß wie Ihr sie hattet.
Ich sprach folglich nicht mehr mit Müttern „gesunder" Kinder über meine und Eure Sorgen.

Die Nachbarn, die sahen, dass bei uns manches anders lief, als bei ihnen zu Hause, wollten gute Ratschläge für die Erziehung von Dir, Paul, geben. Später habe ich einmal gelesen, dass es Adoptiv- und Pflegefamilien allgemein schwerer haben als andere, weil die Öffentlichkeit mitredet. Jeder beobachtet die Kinder und glaubt den Umgang bemängeln zu müssen.
Einmal war es Frau Henkel, die mir etwas sagen musste. Da reichte es mir, und ich traute mich endlich, mich zu wehren. „Sei froh, dass Du normale gesunde Kinder hast, von unseren Problemen hast Du keine Ahnung!" konterte ich erregt und war glücklich, dass ich mich diesmal behauptet hatte.
Ihr seht, auch ich hatte es schwer, mich durchzusetzen. Wie sollte ich Euch Selbstsicherheit und Durchsetzungsvermögen beibringen, wenn es mir selbst noch daran fehlte?

Da es mit den Freunden als Gesprächspartner nicht klappte, suchte ich einen Pflege- und Adoptivelternkreis. Ich fand ihn beim Diakonischen Werk in unserer Kreisstadt.
Eine Pflegmutter erzählte, eines ihrer Pflegekinder habe geklaut. Der Junge habe sich mit diesem Verhalten außerhalb der Familie gestellt. Sie habe sich daraufhin von dem Kind getrennt, denn so ein Junge passe nicht zu den anderen.
Das konnte doch wohl nicht wahr sein! Gab es keine anderen Lösungen?

All diese Kontakte reichten mir nicht. Ich wünschte mir nichts sehnlicher, als von Fachleuten in meinen Sorgen angenommen zu werden, eine gemeinsame Lösungssuche war mein Ziel. Als gute Erziehungsberatungsstelle wurde mir die von der Caritas in Oberheim empfohlen, sie hatte einen guten Ruf. Allerdings musste man auch hier wieder mit langen Wartezeiten rechnen. Zunächst sprach ich mit einem Psychologen, der bald im Gespräch darauf verwies, dass meine und Deine Probleme, Paul, besser bei Frau Altmann aufgehoben waren, er hätte ein anderes Fachgebiet. Aber zu unseren Problemen meinte er, ich solle doch auch einmal überlegen und aufschreiben, was es alles Gutes bei Dir gäbe. Ich wusste in dem Moment leider nichts zu sagen, peinlich. Über meinen Sorgen um Dich, war ich in das Fahrwasser des Aufzählens der Unzulänglichkeiten geraten und hatte Deine guten Seiten ganz vergessen. Meine Gedanken kreisen nur noch darum, weil meine Sorge, ja sogar Angst so groß war, dass Du in Gemeinschaften nicht bestehen könntest. So ist es gewesen. Um Hilfe zu bekommen, merkte ich mir alles, was nicht in Ordnung war und was nicht lief und vergaß dabei alles Positive. Das sollte mir nicht wieder passieren.

13. November 2010

Es ist ein Leben hier wie im Paradies, auch bei schlechtem Novemberwetter. Jetzt ohne Laub sieht man die umgestürzten Bäume, alte Kirschbäume, über die Zeit leuchtend grün bemoost, die trotz Bruch noch einige Jahre weiter getragen haben.

Inzwischen sind sie Kletterbäume für die Kinder geworden – aber gefährlich, da auch sehr morsche Äste noch daran sind.
Wir müssen diesen Teil unseres Areals in diesem Winter durchforsten, alles morsche Holz rausholen und nur die festen Stämme liegen lassen.

Ein Paradies ist es auch, weil es hier wirklich noch Ruhe gibt, abgeschirmt vom Treiben der Welt, wo man zur Besinnung kommen kann, wo man abschalten und zurück blicken kann, so wie ich es jetzt tue.

Gemeinsam mit der Natur leben, für den Lebenserhalt körperlich arbeiten, selbst für Wärme und Energie sorgen: Holz fällen, sägen, schleppen, entästen, sammeln, wieder sägen, hacken, stapeln zum Trocknen und mit Stolz den Vorrat betrachten. Dann das fertige Brennholz ruhen lassen, um es später (nach zwei Jahren) wieder vom 60 Meter entfernten Holzschuppen aus ins Haus zu tragen, den Ofen anzuzünden, es lodern zu lassen, zu heizen, die Stube, Küche und das ganze Haus durchwärmen zu lassen und sich anschließend wohlfühlen……
.
Nur beim Fällen und Hacken beteilige ich mich nicht.

Unser Nachbar sagt, er verbrauche 16 Kubikmeter Holz im Jahr! Wird es reichen bei uns? Wo bekommen wir neues her, wenn alles aufgebraucht ist? Frisches Holz soll zwei bis drei Jahre trocknen, ehe es verbrannt wird. Aber normalerweise leben wir nicht den ganzen Winter hier, also brauchen wir nicht ganz so viel.
Und Strom gibt es auch noch, der ist nur teuer.

Ich werde sparsam mit dem Holz umgehen.

Liebe Sabine, nun begann eine unangenehme Zeit für Dich.
Die Schule machte Dir keine Freude mehr.
Du begannst zu essen in größeren Mengen. War das ein Frustessen aufgrund der schlechten Schulerfahrungen oder stand mehr dahinter?

Ich versuchte Dich auszutricksen, denn die großen braunen Teller, die wir hatten, waren bis an den Rand gefüllt, ja liefen fast über, wenn Du Dir das Essen aufgenommen hattest. Ich deckte von nun an die kleinere Sorte. Aber es half nichts, Du nahmst stattdessen zweimal.
Der Hunger muss übermäßig groß gewesen sein.
Aber es war sicher mehr als nur die Schule. Du fingst damals schon an, Dich ein bisschen zu entwickeln, und das war Dir sehr unangenehm. Deshalb glaube ich heute, dass Du Dir eine Schutzschicht angegessen hast, eine Schutzschicht gegen die Angst vor Verletzungen durch andere Menschen. Keiner sollte Dir zu nahe kommen können.

Du hattest immer wieder Albträume, manchmal konntest Du erzählen, was im Traum passierte, meistens aber nicht.
Einmal sprachst Du davon, dass da ein Mann war, der Dich wegholen wollte. Das war ganz fürchterlich für Dich. Dich belastete etwas, was noch unaussprechlich war, etwas Ungeheuerliches, was Dir sehr viel Angst machen musste.

Ich ahnte nur, dass da ein Mann mit Bart (Erlebnis mit Harald) gewesen sein muss, der Dir Böses angetan hatte. Was, das konnte ich mir aber nicht vorstellen. Es konnte etwas im sexuellen Bereich gewesen sein, denn einmal kamst Du überraschend in unser Schlafzimmer. Dietmar und ich lagen gemeinsam in meinem Bett. Du erschrakst und sahst uns starr vor Angst an und verschwandest wieder in Deinem Zimmer. Du warst sehr erregt, ließest Dich kaum beruhigen und konntest mit uns nicht darüber reden, was Dich so erschüttert hatte.
In der damaligen Zeit diskutierte man in der Öffentlichkeit noch nicht über sexuellen Missbrauch. Keiner wusste so richtig damit umzugehen. Kindern wurde in der Regel nicht geglaubt, wenn sie so etwas erzählten. Aber einige Leute waren schon sensibel genug, um solche Vergehen ernst zu nehmen, solche Menschen musste man aber suchen, wie die berühmte Stecknadel im Heuhaufen.

Es ergab sich, dass eine Kinderärztin aus Barker einen Vortrag über sexuellen Missbrauch an Kindern ankündigte. Natürlich fuhr ich dahin, denn ich war ja auch Laie auf dem Gebiet. Sie erzählte viel über körperliche Verletzungen, die man an Kindern festgestellt hatte und zeigte anschließend ein paar Aufnahmen, die solche Anzeichen dokumentierten.

Und unter diesen Aufnahmen war eine, die im Halbrund einige Eindrücke zeigte und Deinen früheren Narben am Po sehr ähnelte. Die Ärztin interprätierte das Foto so, dass es eine Bisswunde gewesen sei. Es käme gar nicht so selten vor, dass Täter auch zubeißen würden.

Mir fiel es wie Schuppen von den Augen. Das kann es nur gewesen sein, eine Bisswunde! Was musst Du gelitten haben!
Ja, und Deine Ängste und die Albträume! Gab es nun eine Erklärung für Deine Traumata?

Deine körperlichen Narben waren nicht mehr zu sehen, die Haut hatte sich über die Zeit vollständig erneuert.

Deine seelischen Verletzungen waren noch nicht verheilt. Wie sollte ich Dir da helfen? Ich suchte nach Fachleuten, Psychologen, die sich auf dem Gebiet auskannten. Die gab es aber noch nicht in unserer Nähe.

Also war ich allein mit dem Problem. Wann sollte ich es Dir sagen? Wie sollte ich es Dir sagen? Würde es Dir helfen, wenn ich es Dir überhaupt sage? Ich war überzeugt, dass Du es eines Tages wissen musst, sonst würde etwas Unheimliches ewig in Dir wühlen. Du solltest Dich irgendwann einmal selber verstehen lernen, mit Deinen Ängsten umgehen lernen.
Aber die Zeit musste erst reif dafür werden.

Diese üble Vergangenheit, sie ließ Dir in den Nächten keine Ruhe. Sie ließ Dich nicht schlafen, sie nahm Dir das Vertrauen in andere Menschen, sie meldete sich immer wieder: „Hier bin ich! Ich lasse Dich nicht schlafen! Ich gebe Dir keine Entspannung! Ich komme immer wieder, immer dann, wenn Du nicht damit rechnest, tauche ich auf. Habe Angst vor mir! Ich habe Macht über Dich!"

Missbrauchshandlungen, egal welcher Art, sind immer Überwältigungen von Mächtigeren.

Wahrscheinlich hatten Menschen, denen Du vertraut hattest, Dich zur Befriedigung ihrer Bedürfnisse benutzt, vielleicht war es sogar jemand, den Du lieb hattest. Was hatte derjenige in Dir zerstört? Was konnte man wieder reparieren? Was sollten wir tun?

Es war ein Verdacht, der vor Gericht nie hätte standhalten können, die äußerlichen Anzeichen waren verheilt, die innerlichen nicht.

Vieles, was später noch kommen sollte, fügte sich in diese Annahme ein und bestätigte sie, so auch folgender Vorfall:

Du hattest Dich inzwischen mit Cornelia Schütte angefreundet. Sie kam öfters zu uns zum Spielen, ob Du auch bei ihr warst, weiß ich nicht mehr. Ihr spieltet häufiger Mutter und Kind. Eines Tages brachst Du die Freundschaft abrupt ab. Du wolltest nicht mehr, und als ich nach dem Grund fragte, sagtest Du, Du ekeltest Dich vor ihr. Sie hatte Dir beim Spielen, sie als Mutter und Du als Kind, einen Gutenachtkuss auf den Mund gegeben. Das war für Dich schrecklich gewesen, und es hatte Dich angewidert.
Schade, wir hatten uns über diese Freundschaft gefreut, hattest Du doch immer nur wenige gute Freunde zum Spielen gehabt.

1981

„Mama, schließ ab!", Hirnleistungsschwäche, das vierte Kind: Markus, Matthias aus der Nachbarschaft, „Mama, Du musst ihn lieb haben!"

Das Jahr 1981 begann, und ich möchte eine nette Begebenheit vorab erzählen.
Paul, Du kamst von der Kinderstunde unserer Kirchengemeinde nach Hause. Ihr hattet dort ein Lied gelernt. Du sangst: „Gott hat alle Kinder lieb, er liebt die Vinesen, er liebt die Afrikaner, er liebt die Neger und er liebt die Weißen."
Dann kam die Frage: „Mama, was sind die Weißen für Tiere?"
Ja, was sind wir Weißen wirklich für Tiere?

Wieder stand eine Einschulungsuntersuchung für Dich, Paul, an. Die Schulkindergärtnerin konnte uns keine eindeutige Empfehlung geben. Einerseits hattest Du einiges im letzten Halbjahr aufgeholt, andererseits konnte von einer Schulreife noch nicht die Rede sein. Trotzdem sollten wir es in der normalen Grundschule mit Dir versuchen.
Sonderschulen waren örtlich so weit von uns entfernt, dass der Schulbesuch immer mit sehr viel längeren Busfahrten verbunden gewesen wäre, die Du damals nicht aushalten konntest.
Aus diesem Grunde machten wir das, was die Vorschullehrerin uns vorschlug.

Deine Sprache war leider noch nicht voll entwickelt, Du sprachst agrammatisch, das hieß, Deine Satz- und Wortstellungen entsprachen noch nicht der Sprachentwicklung eines Schulkindes. Das hat sich erst mit circa 10 Jahren bei Dir geändert.

Auch kam es immer wieder zu Trotzanfällen. Wenn ich etwas von Dir verlangte, was Du nicht wolltest, schriest und brülltest Du voller Protest, und wenn ich bei meinen Forderungen blieb, liefst Du weg, immer noch brüllend und schreiend.

Ein Glück, dass wir nicht mit anderen Leuten zusammen in einem Haus wohnen mussten, die hätten sich des öfteren beschwert.
Du liefst einfach raus, drehtest Dich aber gerne im Weglaufen um. Womit Du sicher sagen wolltest: „Mama, hilf mir! Hol mich doch bitte wieder zurück, ich will ja gar nicht weg von Euch, ich weiß nur nicht, wie ich aus meiner Trotzhaltung wieder herauskommen soll!"

Und ich holte Dich wieder. Mit viel Bitten und zärtlichen Worten ließest Du Dich überreden und kamst wieder mit zurück. Grenzen mussten wir aber setzen, doch wie sollten wir Dich erreichen, ohne dass es immer wieder solche Ausfälle gab?

Als Du einmal in unserem Keller an der Heizung herum hantiertest, habe ich mit Dir sehr geschimpft und gesagt, ich könne doch in unserem Haus nicht alles abschließen, Du müsstest langsam begreifen, dass es Dinge gibt, an die man nicht herangehen darf.
Du sagtest darauf: „Mama, schließ bitte den Keller ab."
Wir haben den Keller nicht abgeschlossen, weil wir glaubten, dass Du lernen musst, mit Versuchungen zu leben. Das ganze Leben hält Versuchungen bereit, und man muss als Kind lernen, dass man seine Hände zurück hält, auch wenn man noch so neugierig ist, was sich wohl tut, wenn man irgendwelche Schalter oder Hebel bedient.

Wir lebten mit dem Risiko, dass bei Deinen Erkundungen auch etwas Schlimmes passieren konnte. Das war sehr anstrengend für uns, denn wir mussten immer noch sehr auf Dich aufpassen.

Damals ließen die Nachbarn bei uns im Dorf noch die Kelleraußeneingangstüren auf. Es ging niemand einfach in die Häuser. Leider hatten mir Henkels und die Eltern von Sonja berichtet, dass sie jetzt ihre Kellertüren abschließen würden, denn Du seist bei ihnen im Keller herumgestrolcht. Zum Glück bist Du offenbar an nichts herangegangen, aber wer sollte das so genau wissen?

In Frau Altmann, Erziehungsberatung Oberheim, fand ich eine gute Psychologin, die mir die Unterstützung geben konnte, die ich damals brauchte.
Sie nahm eine gründliche Diagnostik bei Dir vor.

Paul, Du warst und bliebst zwar sehr aufgeweckt und warst an vielem interessiert, aber sie fand auch einige Handikaps heraus, die noch immer vorhanden waren und unterstützte uns mit Vorschlägen zu therapeutischen Angeboten, die wir wahrnehmen konnten. So nahmst Du auch in Oberheim wieder an der Psychomotorik teil, außerdem hattest Du noch das therapeutische Reiten, das die Körpermotorik trainierte und das Frostig-Training, das den Wahrnehmungsbereich schulte. Du warst also an den Nachmittagen voll ausgelastet.

Christian musste zu vielen Terminen von Dir mitfahren. Beim Reiten zugucken, war ja auch schön. Er bekam während dessen einmal einen sehr starken Nies- und Asthmaanfall. Wir vermuteten eine Pferdeallergie, Dr. Schuhmann stellte dann auch tatsächlich solch eine Allergie fest. So musste er fortan bei der Oma bleiben, wenn wir mit Dir unterwegs waren. Wie gut, dass wir die Oma hatten!

Frau Altmann war es auch, die uns darauf aufmerksam machte, dass wir einen Behindertenausweis beantragen könnten für Dich, Paul. Wir sollten keinen Schreck bekommen, über das, was sie schreiben würde. Der Ausweis würde uns nichts nützen, wenn der Behinderungsprozentsatz nicht hoch genug sei. Sie würde also erst mal alles Problematische betonen, damit wir den Ausweis bekommen könnten. Ich solle aber nicht die Hoffnung aufgeben, dass sich Deine Behinderungen bessern könnten. Mit dem Ausweis könnten wir dann wenigstens unsere vielen Fahrtkosten zu den Therapien steuerlich absetzen. Dietmar beantragte den Ausweis. Er wurde genehmigt und ausgestellt auf 60 % Behinderung wegen Hirnleistungsschwäche.

Hirnleistungsschwäche, was war das? Wie konnte man das definieren, was Dir fehlte? Und wie konnte man Dir dann besser helfen, das noch nicht Entwickelte zu trainieren und aufzuholen?
Abstraktes Denken fehlte Dir, das konnten wir schon so benennen. Alles, was Du Dir über Bilder oder Orte einprägen konntest, das war vorhanden. Abstraktes Denken beinhaltet Zahlen im Kopf zu behalten und damit zu rechnen, oder Buchstaben nicht nur zu erkennen, sondern auch zu Wörtern zusammenzusetzen und dann die Bedeutung der Wörter nur aus den Buchstaben zu entnehmen. Da war noch einiges zu lernen.
Du konntest einigermaßen Formen erkennen und wiedererkennen, z. B. dass im Dachgiebel ein Dreieck vorhanden war. Du konntest inzwischen auch wahrnehmen und benennen, was oben, unten oder an der Seite eines Bildes vorhanden war.
Du hattest aber keinerlei Vorstellung darüber, wo Du Dich selbst, also Dein eigener Körper, in einem Raum befandest. Wie weit etwas von Dir entfernt war, wie hoch ein Hindernis war, über das Du gehen musstest (z. B. ein Stein). Deshalb fielst Du auch so häufig hin. Wir sagten immer, Du stolperst über Deine eigenen Beine. Aber das war das Unvermögen, Deine eigene Position in der eigenen Umgebung einzuschätzen.
Auch die visomotorische Koordination klappte nicht. Das, was Du mit den Augen sahst, konntest Du nicht in Deine Hände übertragen. Daher kamen auch die großen Schwierigkeiten beim Malen und später beim Schreiben.

Und umgekehrt, was Du mit den Händen ertastet hattest, wurde nicht im Kopf aufgenommen und gespeichert. Deshalb musstest Du viele Dinge immer wieder tun.
Dann konntest Du leider nicht unterscheiden, was ganz wichtig für Dich war und was weniger wichtig. Du nahmst alles wahr, jedes Bild und jedes Geräusch. Wir dachten immer, Du seist besonders aufgeweckt, aber die vielen Eindrücke, die durch diese fehlende Unterscheidungsfähigkeit auf Dich einfielen, waren zu viel des Guten. Du konntest dann gar nichts davon verarbeiten und mit Deinem bereits gelernten Wissen verknüpfen. Also lerntest Du in der gleichen Zeit auch weniger als die anderen Kinder, die diese Hirnleistungsstörungen nicht hatten.

Es war schwer für uns das zu begreifen, zumal solch eine Hirnleistungsschwäche Dir nicht ins Gesicht geschrieben stand, wie man so sagt.

Du warst immer interessiert und aufgeweckt und munter, und so haben alle Leute - nicht nur wir in Deiner Familie - geglaubt, es sei alles in Ordnung und Dich auch häufig überfordert. Wir haben immer geglaubt, Du hättest alles verstanden, wenn wir etwas gesagt hatten, aber in Wirklichkeit war es nicht so. Und dann haben wir und auch andere Menschen, mit denen Du zusammen warst, geglaubt, Du seist böse, wenn Du nicht so gehandelt hattest, wie man es erwartet hatte oder wenn Du eine dumme Sache immer wiederholt hattest, die Du nicht machen solltest.

Und mit Deinen Empfindungen der Haut war das auch nicht so, wie bei anderen Menschen. Du hast erst sehr spät frieren und schwitzen gelernt, Deine Hautsensoren für Berührung waren nicht entwickelt gewesen. Das entwickelt sich in der Regel bereits in den ersten Lebensmonaten, wenn man von der Mutter oder einer anderen Person sehr viel Zärtlichkeit empfängt. Deine leibliche Mutter wusste nicht, wie sie Dich anfassen sollte, das stand in dem Bericht von Frau Reichling. Marianne war sehr schwach.
Für die vielen Hinweise von der Psychologin Frau Altmann waren wir sehr dankbar. Standen wir jetzt nicht mehr vor so vielen Rätseln.

In diesem Jahr konnten wir nicht in den Sommermonaten in den Urlaub fahren, da ich wieder ein Baby erwartete, und das sollte im September geboren werden. Also fuhren wir in den Osterferien weg. Wir waren nun schon zwei mal in St. Peter-Ording gewesen und wollten in die gleiche Unterkunft noch ein drittes mal fahren, aber dort hatten sie keine Ferienwohnung für uns frei, nannten uns aber ein anderes Quartier.

Der neue Vermieter hatte nicht so viel Verständnis für Deine Unruhe, Paul. Und, wie das leicht vorkommt, wenn man anders ist, als die anderen Kinder, schob man Dir auch gern Dummheiten zu, die Du gar nicht gemacht hattest. In den Tagen dort brannte der Deich, d. h. die trockene Grasnarbe. Unser Hauswirt sprach uns später daraufhin an, dass Du es wohl gewesen warst, der mit dem Feuer gespielt hätte. Ich hatte weder bemerkt, noch konnte ich es mir vorstellen, dass Du damals von uns weggelaufen wärest, um ein Feuer anzuzünden und sagte das dem Vermieter. Aber der Verdacht blieb stehen.

In den Sommerferien gab es trotzdem etwas besonderes für jeden von Euch. Du, Paul, durftest das erste mal nach Hannover zu Großmutti verreisen. Das war schon etwas großartiges.

Sabine, Du fuhrst mit den Pfadfindern für eine gute Woche in ein Harzlager. Auch für Dich war es das erste Mal, so lange mit einer Kindergruppe unterwegs zu sein. Hast Du noch Erinnerungen?

Nach den Ferien kamst Du in die vierte Klasse und erhieltst wieder eine neue Lehrerin. Das war Dein großes Glück, denn nun warst Du die vorherige Frau los, die mit Dir nichts anzufangen wusste und die Dir die Freude am Lernen genommen hatte.
Wie die neue Lehrerin hieß, weiß ich nicht mehr. In Deinen Heften hat sie mit „Ha" als Kürzel unterschrieben. So war es gut für Dich, denn Deine Beurteilungen fingen immer mit einem Lob an. Das hattest Du Dir verdient, weil Du Dir immer Mühe gegeben hattest.

Seit Juni dieses Jahres trugst Du auch eine Brille. Manchmal wird es dann leichter in der Schule, wenn man wieder richtig erkennen kann, was an die Tafel geschrieben wird.

Paul, Du kamst nun zur Schule mit dieser „Hirnleistungsschwäche". Dein Lehrer machte uns viel Hoffnung, weil er schon öfters Kinder gehabt hatte, bei denen noch nicht alle Grundlagen vorhanden waren und deren Fähigkeiten sich doch im Laufe der Schulzeit entwickelt hatten.
Aber so ganz das Richtige war es nicht für Dich. Du bekamst bald häufiger als früher Migräneanfälle, die Dir sehr zu schaffen machten. Wenn es Dir schlecht ging, suchtest Du Dein Zimmer auf, wolltest es möglichst dunkel haben. Du hattest nicht nur fürchterliche Kopfschmerzen, sondern Dir war auch übel. Und manchmal musstest Du Dich auch übergeben. Hin und wieder dauerte es einen ganzen Tag lang, bis es Dir wieder besser ging.

Unsere Familie wurde noch größer!

Am 27. September 1981 kam unser Markus zur Welt. Welch eine Freude! Wieder nahmen alle Menschen unserer Umgebung und unsere Verwandten und Freunde Anteil an diesem großen Ereignis.
Die Geburt verlief nicht so einfach, wie bei Christian, trotzdem ging letztendlich alles gut. Er war ein richtiger Klops, ein Wonneproppen von über vier Kilo und 57 cm Größe.

Ein Glück, habe ich später immer gesagt, er hatte schon so viel Kräfte, dass er sehr schnell nachts durchgeschlafen hat. Denn das ist immer die anstrengendste Zeit für Mütter, wenn die Kinder noch nachts gefüttert werden müssen. Und Schlafmangel hätte mich dann wieder nervös gemacht, und die ganze Familie hätte gelitten. Also war er ein Prachtkerl!
.
Unseren Markus habe ich gleich nach dem Krankenhausaufenthalt mit der Flasche ernährt, weil ich einerseits nicht genug Milch hatte und andererseits keine Zeit mehr für beides, Stillen und Fläschchen geben. Für Euch, Sabine, Paul und Christian musste ich auch wieder da sein. Als Jüngster musste er also sehr schnell zurück stecken.

Für die Hausreinigung hatte ich inzwischen eine Haushaltshilfe, die mir auch beim Aufräumen der Kinderzimmer half. So kam ich mit Euch Vieren irgendwie über die Runden.

Paul, bei Dir wurde wieder eine Operation notwendig.
Du hattest ansteckende Warzen, die mussten unter Narkose entfernt werden. Dr. Schuhmann überwies Dich ins Krankenhaus Barker, dort zu einem Chirurgen. Der sollte die kleine Operation durchführen. Es gab nur einen Termin, an dem Dietmar leider dienstlich für einige Tage unterwegs war, und so war ich mit Dir und natürlich den anderen Kindern alleine. Eine von Deinen Großmüttern versorgte die drei anderen.

Du solltest eine leichte Narkose bekommen, und es war mir zugesagt worden, dass ich Dich mit nach Hause nehmen könnte, wenn Du aus der Narkose aufwachtest. Allerdings nicht, wenn Dir schlecht werden sollte, dann solltest Du noch eine Weile zur Beobachtung dort bleiben.
Dass Du dort bleiben solltest, wollte ich unter allen Umständen vermeiden.
Ich hatte während der Operation gewartet und war mir sicher, dass Du

danach gleich mit mir nach Hause kommen könntest. Es sah auch so aus. Ich durfte Dich anziehen, Dir war noch etwas taumelig zumute, aber das war nicht schlimm. Normalerweise sollte sich das bald geben.
Aber schon im Fahrstuhl wurde Dir übel. Wir waren allein im Fahrstuhl. Du sacktest zusammen, konntest aber noch alles bei Dir behalten. Was nun? Zurückbringen? Dort in ein Bett? Nach den Erfahrungen, die Dir noch nachhingen, niemals! Also musste ich Dich irgendwie zum Auto bekommen.
Tragen konnte ich Dich nicht mehr, dafür warst Du schon zu groß und zu schwer. Also konnte ich Dich nur stützen. Du wehrtest Dich aber und stöhntest, dass Dir schlecht sei. Es war eine Qual für Dich und für mich.

In den belebten Gängen, die nach draußen führten, dachte ich, gleich spricht Dich jemand an: „Sie können den Jungen doch so nicht mit nach Hause nehmen." Aber das tat niemand. Jeder war wohl mit sich selber und seinen eigenen Sorgen beschäftigt.
Irgendwie schaffte ich Dich über den Parkplatz ins Auto. Und dann ging es los. Die Übelkeit machte sich Luft. Vielleicht hattest Du auch Schmerzen, das konntest Du nicht sagen und ich nicht feststellen. Jedenfalls fingst Du nun im Auto an zu toben und zu schreien. Du tratest mit den Füßen, wohin Du auch nur konntest.

Was sollte ich machen? Auf dem Parkplatz wollte ich nicht bleiben, ich wollte Dich so schnell wie möglich zu Hause haben. Auf jeden Fall das Auto abschließen und losfahren, vielleicht beruhigtest Du Dich dann durch das Fahrgeräusch. Dem war aber nicht so. Du schriest und trampeltest von hinten gegen meinen Fahrersitz. Hinter dem letzten Dorf hielt ich an, Du machtest weiter. Ich fuhr auch weiter. Die Fahrt war eine Tortour sondergleichen. In meiner Erinnerung hatte sie eine Ewigkeit gedauert, obwohl die 14 km von Barker nach Husthausen immer die gleichen waren. Trotz allem kamen wir in Husthausen heile an. Mit dem Brüllen und Trampeln hörtest Du auf, als Du unser Haus sahst.

Im Hause angekommen, durftest Du in Dietmars Bett. Dein Magen hatte sich noch nicht ganz beruhigt.
Ich rief von Husthausen aus Herrn Dr. Schuhmann an und schilderte ihm die Situation. Der meinte, das höre sich ganz nach einem psychischen Magenkrampf an. Ich solle Dir Cola in kleinen Schlucken geben und sehen, ob Du sie bei Dir behalten könntest. Und wenn das in Ordnung wäre, dann könne ich Dir das zu Essen geben, worauf Du Hunger hättest.
Es klappte. Dein Magen beruhigte sich und Du, Paul, Dich auch.

16. November 2010

Nachtruhe

Abends werde ich früh müde, jedenfalls gestern ist es so gewesen. Ich bin nicht mehr in der Lage, etwas Sinnvolles zu tun. Der Fernseher ist hier nur für Nachrichten und Wetter benutzbar. Und die Nachrichten verstehe ich meistens nicht. Also gehe ich früh schlafen.

Ich liege im Bett und mein Gehirn fängt an zu arbeiten.

Da war doch noch ......
Hast Du nicht vergessen, dass......
Bei der Formulierung fehlt noch ein Satz zur Erklärung....
Behalt alles im Kopf bis morgen früh....

Nein, das geht nicht. Ich bin hellwach und kann nicht schlafen, wenn ich immer denken soll.
Also gleich aufschreiben. Wie, im Bett? Mit einer Unterlage, die oben in der Kammer ist? Da will ich jetzt aber nicht mehr rauf.

Am Telefon liegt was zum Schreiben. Ein Stift und Haftzettel im Block. Die eignen sich gut. Alles muss notiert werden, es muss raus aus dem Kopf!

Vier mal mache ich die Nachttischlampe an und aus, immer noch etwas, was aufgeschrieben werden will. Erst dann kann ich schlafen. Inzwischen ist es 1.30 Uhr.

Zehn einigermaßen lesbare Zettel finde ich am Morgen vor.

Paul, zu allen Menschen, die ich erwähnen muss, gehörte auch Dein Freund aus der unmittelbaren Nachbarschaft. Matthias war ein Jahr älter als Du, und Du warst sehr gerne mit ihm zusammen. Ihr unternahmt eine ganze Menge, sicherlich nicht nur Dummheiten. Aber leider sind mir nur die in Erinnerung geblieben.

Du machtest alles, was Matthias sagte, und Matthias hatte jemanden, den er für alle Unternehmungen vorschieben konnte.

Deine Oma und Dein Opa fuhren des öfteren in den Urlaub, und dann schien das Nachbargrundstück immer besonders interessant. Da stand nämlich ein riesiger Gastank, der das Flüssiggas für zwei Häuser enthielt. Oben, von ausgewachsenen Menschen gerade so zu erreichen, befand sich ein Öffnungsstutzen, der verschraubt war. Von dort wurde der Tank regelmäßig durch einen Tankwagen mittels eines langen Schlauches befüllt.

Eines Tages saßest Du auf dem Gastank und versuchtest den kleinen Deckel aufzuschrauben. Das bemerkte ich gerade noch und konnte so vielleicht ein Unglück verhindern. Als Du mich kommen sahest, rutschtest Du sofort herunter. Es liefen zwei Kinder weg, Du und noch einer, der mir bekannt vorkam, der Dir beim Aufsteigen geholfen haben muss, denn von alleine wärst Du nie da herauf gekommen.

Ein anderes mal saßest Du auf dem Dach des Gartenhäuschens von Oma und Opa. Sie hatten sich aus einem ihrer Urlaube in Österreich ein kleines handgeschnitztes Gebetstürmchen mitgebracht. Das schmückte als rundes und mit allerlei Zierrat versehenes Türmchen mit geschnitzten Beinchen den Giebel des Häuschens. Leider kam ich dieses mal etwas zu spät. Du warst schon dabei, diesem Türmchen die Füße abzuklopfen, und den letzten hattest Du schon in der Hand. Matthias stand wieder unten und gab an, was zu tun war.

Oh, wie war das unangenehm. Die Füßchen waren schwer wieder anzubringen. Und viel Zeit dazu hatten wir auch nicht, denn Oma und Opa wurden am gleichen Abend zurück erwartet.
Wir nahmen die Füßchen erst mal in unseren Schuppen und schimpften mit Euch über diesen dummen Streich. Natürlich warst Du es, der diese Missetat alleine begangen hatte, Paul, so konterte Dein Freund. Matthias hatte ja nur unten gestanden. Auch hier hättest Du das Dach nie alleine erreichen können. Es musste Dir jemand beim Aufsteigen geholfen haben. Wer hatte wohl diese verrückte Idee?

Um die Großeltern nicht gleich zu verärgern, als sie nach Hause kamen, sagten wir erst mal nichts, in der Hoffnung, dass sie den Schaden nicht gleich bemerken würden. Und dann hatten wir vor, die Sache zu reparieren, wenn sie mal wieder nicht da sein sollten.
Ich weiß nicht, ob sie jemals festgestellt haben, dass ihr Türmchen jetzt keine Füße mehr hatte. Bei uns blieb es bei dem guten Willen, den Schaden zu beheben. Als wir 20 Jahre später auszogen, fanden wir die Füßchen immer noch in unserem Schuppen. Inzwischen sind sie verheizt worden.

Matthias hatte Erstkommunion und Du, Paul, warst eingeladen. Matthias hatte einen Fotoapparat geschenkt bekommen und dieser Apparat hatte es Dir angetan. Was war das für ein spannendes Ding, das er bekommen hatte. Das sollte man erst mal untersuchen. Es waren schon ein paar Aufnahmen damit gemacht worden, und Du wolltest wissen, wie es nun darinnen aussah. Also zogst Du Dich in eine stille Ecke zurück und nahmst das Zauberding auseinander. Da war der Kummer bei Deinem Freund aber groß, er hat sehr geweint. Frau Henkel hat den Apparat daraufhin von einem Fachmann ansehen lassen, er war zum Glück heile geblieben, nur der innenliegende Film war hinüber. Das ließ sich wieder gut machen.

Und wieder einige Zeit später hörte ich ein lautes langes Zischgeräusch. Es war in der Poststraße, in der gebaut wurde. Es wurde ein Graben gezogen und übers Wochenende war der Bagger, der die Arbeiten noch nicht beendet hatte, an der Seite abgestellt worden. Ihr beide ward da irgend wie zu Gange. Was ihr genau gemacht habt, konnte ich natürlich von zu Hause aus nicht sehen. Es zischte lange, und Ihr beide marschiertet danach lieb und brav in aller Seelenruhe unsere Straße entlang in Richtung nach Hause.
Später ging ich nachsehen, was denn so ein Geräusch von sich gegeben haben könnte. Der Bagger hatte einem platten Reifen. Das seid Ihr doch bestimmt nicht gewesen!

Aber nicht immer ging es mir so gut, dass ich mit Verständnis, Humor und Liebe reagieren konnte. Es waren immerhin die Vorstellungen und Erwartungen von vier Kindern unter einen Hut zu bringen. Auch Ihr anderen hattet ein Recht auf meine Teilnahme an Eurem Tun und Treiben. Meistens kamt Ihr zu kurz, denn Du, Paul, brauchtest so viel Aufmerksamkeit, dass nicht mehr viel für die weiteren Kinder übrig blieb. Scherzhaft hatte ich manchmal gesagt, dass ich eigentlich fünf Kinder hatte, nämlich eines unter ihnen, das zählte für zwei.

Ich hatte einen langen Geduldsfaden, das weißt Du, Paul, aber auch der längste und der stärkste Faden kann einmal reißen, wenn er dauernd überdehnt wird. Und so passierte es mir, dass ich Dich für irgendeine Missetat, ich weiß heute nicht mehr, für welche, ganz fürchterlich verhauen habe. Ich war so geschafft und wütend und vergaß alle meine guten Vorsätze. Ich wusste mir nicht mehr anders zu helfen.
Da standest Du, Sabine, mit einem mal neben mir und sagtest: „Mama, Du musst ihn lieb haben, nicht hauen!"
Ich kam zur Besinnung, was war mit mir los? Wie konnte ich mich so vergessen? Und so ein kleines liebes Mädchen musste mich daran erinnern, dass ich nicht das Richtige tat? Danke Dir, Sabine, Du hast mir und damit auch Paul sehr geholfen. Wie viel Liebe musstest Du in Dir haben, dass Du das sagen konntest.

1981 war auch das Jahr, in dem Dietmar beruflich nach Barker wechseln konnte. Weniger Fahrzeit war angesagt. Er konnte mittags zum Essen nach Hause kommen. Und für die Familie gab es mit all unseren Terminen so manche Mitfahrgelegenheit.

18. November 2010

Es stinkt!

Zwischen Küche und Badezimmer riecht es nicht nur, sondern es stinkt.

Nun habe ich erst mal ordentlich gelüftet, aber draußen sind wieder einige Grade Frost, das geht nicht so lange.

Sollte die Katze irgendwo etwas hinterlassen haben? Seit sie in die Jahre gekommen ist, hinterlässt sie schon manchmal einen Denkzettel, wenn ihr irgend etwas nicht passt.

Aber es riecht anders, penetrant nach Verwesung oder Kloake.

Wir haben Mäuse im Haus, und ich habe in der kleinen Bodenkammer Mäusegift aufgestellt. Das ist auch weggefressen worden, jeden Tag etwas mehr, so dass wir wohl mehrere solcher Tierchen im Hause hatten.
Die Mäuse sterben nicht in der Nähe des Futternapfes, sondern verkriechen sich in irgendeine stille Ecke zum Sterben. Normalerweise findet man keine Tierleichen wieder.
Sollte sich eine Maus in irgendwelche Hohlräume oberhalb der Küchendecke am Übergang zum Badezimmer zum Sterben geschleppt haben?

Ich werde der Angelegenheit intensiver nachgehen müssen.
Nein, es ist keine tote Maus gewesen, auch kein Katzendreck.

Der Geruchverschluss für die Waschbecken und die Waschmaschine hat kein Wasser im Behälter, er ist verstopft. So können alle Gerüche aus der Klärgrube bis ins Haus kommen.

Das hat sich leicht beheben lassen.

1982

Kraft durch Kinder, zwei Schulwechsel und unerwarteter Besuch steht vor der Tür

Sabine, auf Dich war ich besonders stolz. Du machtest sämtliche Hausaufgaben wieder alleine und wolltest keinerlei Hilfe mehr. Das, was Du schulisch leisten konntest, kam voll aus Dir selbst.

Obwohl Du nun wieder eine nette Lehrerin hattest, war es trotzdem schwer für Dich in der Schule. Deine Sprachhemmnisse bewirkten nicht nur mäßige Zensuren im gesamten Deutschbereich, nein, sie wirkten sich auch auf Sachkunde, Religion und alles, was mündliche Mitarbeit forderte, aus. Aber das gehörte zu Dir und Du zeigtest uns nicht, dass Du darunter littest.
Noch waren die Kinder in Deiner Klassengemeinschaft, die nach der vierten Klasse aufs Gymnasium oder auf die Realschule wechseln würden. Wir wollten Dich auf die Hauptschule schicken, damit Du im Vergleich zu Deinen Klassenkameraden auch einmal Erfolgserlebnisse haben solltest.

Sehr gerne hast Du immer gemalt. Das hast Du aus Deinen Bildern entnehmen können, die ich Dir ins Fotoalbum eingeheftet habe. Die Freude daran hat man Dir angesehen.

Nun passierte aber folgendes:

Deine Kunstlehrerin musste natürlich alle Bilder, die in der Schule gemalt wurden, benoten, denn das war so Vorschrift für sie. Deine Bilder waren im Vergleich zu den anderen Schülern offenbar nicht so gut. (Für mich waren sie mit Freude gemalt, das fand ich wichtiger!). Sie sagte dann zu Dir. „Sabine, Du bist zwar die Schlechteste in Kunst, ich sollte Dir eigentlich ein ausreichend geben. Aber weil kein anderer Schüler ein ausreichend hat, gebe ich Dir auch ein befriedigend." Das war gut gemeint von der Lehrerin, verfehlte aber ganz und gar seine Wirkung. Du hörtest nur „Schlechteste", erzähltest mir das, und maltest fortan nicht mehr.
Ich sprach mit der Lehrerin. „Hätten Sie ihr doch ein „ausreichend" gegeben und nichts gesagt. Sabine hätte gar nicht bemerkt, dass sie die Schlechteste gewesen war, denn woher sollte sie die Zensuren der anderen wissen? Sie hätte aber den Kopf nicht in den Sand gesteckt, sondern weiter mit Freude gemalt."

Die Lehrerin verstand mich nicht. Sie schrieb mir daraufhin einen fünf Seiten langen Brief, warum sie Kunst als Schulfach zensieren müsse, wie schwer das sei und erklärte mir sehr ausführlich anhand Deiner Arbeiten, dass es wirklich keine bessere Zensur hätte sein können.

Ich wollte nicht an der Zensurenkompetenz der Lehrerin zweifeln, ich wollte nur auf Deine seelischen Belange hinweisen. Das ist mir leider nicht gelungen.

Von Christian und Markus habe ich bisher wenig erzählt.
Das größte Wunder war für mich, dass sich deren Entwicklung so ganz von alleine vollzog. Es gab keine wirklichen Probleme. Sie hatten beide gemeinsam ein Zimmer und verstanden sich gut miteinander. Nur Christians Allergien, verbunden mit Schnupfen und Asthma machten uns des öfteren Sorgen.
Über Kinder, die sich normal entwickelten, gab es nicht viel zu berichten. Es waren die Sorgen Deiner Entwicklung, Paul, die etwas besonderes waren. Deswegen schreibe ich auch so wenig über Sabine. Bei ihr verlief so vieles inzwischen wie bei anderen Kindern.

Darum geht auch die Geschichte mit Dir weiter.

Normalerweise war es damals wie heute üblich, einen Schulwechsel zur Sonderschule für Lernbehinderte nach der zweiten Klasse vorzunehmen. Zwei Jahre gab man den Kindern eine Chance, sich doch noch an das Klassenniveau anzupassen.
Bei Dir war es aber inzwischen abzusehen, dass Du das nicht erreichen würdest. Du quältest Dich bei den Hausaufgaben so sehr, dass Du schon mit Widerwillen herangingst. Von alleine schon ganz und gar nicht. Es musste immer jemand neben Dir sitzen und mit Dir Körperkontakt halten, damit Du einigermaßen still sitzen konntest, um Dich zu konzentrieren. Wie sollte es in der Schule anders sein?
So beinhaltete Dein erstes Zeugnis dann als einzig Positives, dass Du gelernt hattest, dass es Linien gab, die zum Hineinschreiben da waren. Alles andere, was die Schule vermitteln wollte, konntest Du nicht für Dich annehmen. Deshalb solltest Du erst mal die erste Klasse wiederholen.

Seit Du in die Schule gingst, hattest Du soviel Spannung auszuhalten, dass Du immer wieder schwerste Migräneanfälle bekamst. Außerdem fingst Du wieder an, ab und zu ins Bett zu machen.

Ebenso machtest Du auf Deine großen Nöte aufmerksam, in dem Du anfingst zu schwindeln. Du erfandest die tollsten Phantasiegeschichten. Ließen wir die Geschichten als in Deinen Augen wahr im Raum stehen, glaubtest Du nach kurzer Zeit so fest daran, dass die Geschichte Wirklichkeit sei, dass kein Mensch daran mehr rütteln durfte. Zweifelten wir den Wahrheitsgehalt an, wurdest Du wütend und fingst an zu toben. „ Kein Mensch glaubt mir, Ihr habt mich nicht lieb!" und vieles andere warfst Du uns vor. Wie sollten wir Dir begegnen?

Leider nahmst Du auch wieder viele Dinge an Dich, sowie auch Geld, das Dir nicht gehörte. Das lief phasenweise ab. Eine Zeit lang konntest Du Dich an unsere Regeln in der Familie halten, dann wieder nicht.

Da wir annahmen, die ganzen Schwierigkeiten kämen aus der Überforderung der Schulsituation heraus, dachten wir nun doch intensiv über eine Umschulung zur Sonderschule für Lernbehinderte nach.
Dein Lehrer wollte noch nicht gleich an eine Umschulung denken, sondern erwähnte mir gegenüber, dass er schon einmal so ein Kind hatte, das den Anschluss doch noch geschafft hatte. Aber er wollte uns nicht im Wege sein, wenn wir diesbezüglich einen Antrag beim Schulamt stellen sollten.

Bei uns hatte sich ja ergeben, dass Dietmar in Barker arbeitete. Im Vorort von Barker, in Lichtenhagen, gab es auch eine Sonderschule für Lernbehinderte. Die lag viel näher an Husthausen als jede andere, aber es war ein anderer Schulbezirk, nämlich der des Kreises Barker und nicht mehr der unseres Kreises.
Der Schulleiter dieser Sonderschule wohnte in Husthausen, und mit ihm konnten wir schon mal einiges vorab besprechen. Er war bereit, Dich aufzunehmen. Aber natürlich musste das unser zuständiges Schulamt entscheiden, und dort war der Schulrat Herr Rehling, der einmal Lehrer in Deiner Grundschule gewesen war und Deine jetzige Schule gut kannte.
Ich vereinbarte dort einen Termin.

Durch gesundheitliche Schwierigkeiten und der anstrengenden Arbeit mit vier Kindern war ich leider immer noch eher überlastet, als ausgeglichen und daher öfters sehr genervt und erschöpft. Und so hatte ich unwillentlich manchmal sehr nahe am Wasser gebaut.

Herr Rehling begrüßte mich zwar freundlich aber doch sehr fragend mit den Worten, seit wann denn die Eltern entscheiden würden, wo das Kind zur

Schule ginge. Es sollte wohl kein Vorwurf sein, aber ich empfand es so, weil ich so gestresst war.

Das war schon zu viel. Ich fühlte mich angegriffen und fing an zu weinen, ohne dass ich es wollte. Ich konnte einfach nicht mehr, diese Frage hatte das Fass mal wieder im wahrsten Sinne des Wortes zum Überlaufen gebracht. Mir war es peinlich und Herrn Rehling wahrscheinlich auch. Was sollte er sagen? Er schlug mir dann vor, erst einmal zur Kur zu fahren, damit ich meine häuslichen Probleme besser bewältigen könnte. Er wollte das über seine Kollegin beim Gesundheitsamt auch befürworten!

Das war sehr lieb gemeint, aber in meinen Augen auch ein falscher Gedanke. Damit war Dir, Paul, doch im Schulbereich nicht geholfen! Das war doch ein Vorsichherschieben des Problems!

Wie sollte ich außerdem über so eine lange Zeit meinen Haushalt organisieren? Und wer sollte Dich, Paul, und die anderen über eine so lange Zeit betreuen. Das war nicht so einfach.

Wie das Gespräch weiter lief, ist mir heute entfallen. Aber wir durften Dich nach schriftlichem Antrag mit allerlei Begründungen für diesen Schritt, einer Erklärung, dass wir auf alle Schulwegekostenerstattungen verzichten und einer Bescheinigung vom Schulleiter in Barker - Lichtenhagen, dass er bereit sei, Dich aufzunehmen, endlich im November des Jahres 1982 in die Sonderschule umschulen.

Du kamst dort gleich in die zweite Klasse, was Deinem Alter entsprach. Und Du warst glücklich! Alle Schwierigkeiten, von denen ich vorher sprach waren für die nächsten Monate verschwunden.

Mir wurde damals bewusst, dass Gesetze der Schulpolitik nicht immer für das einzelne Kind nützlich waren. Jede Schule musste eigentlich dafür sorgen, ihre ihr zustehenden Kinder auch zu behalten, denn anhand der Anzahl der Kinder wurden auch die Lehrerstunden ermittelt und bewilligt. Folglich war auch niemand erfreut, wenn Eltern ihre eigenen Vorstellungen durchsetzen wollten. Aber es war möglich, und man hat die Umschulung letztendlich auch unterstützt, weil die Not bei Dir groß war, und die Bereitschaft zu helfen vorhanden war.

Sabine, Dein Schulwechsel in die Hauptschule fand ohne Probleme statt. Jetzt warst Du eine der Klassenbesten und brachtest gute Zensuren nach Hause!

Da konntest Du stolz sein! Wir waren es auch!
Du fandest auch sehr schnell Anschluss in der Klasse. Anschluss an Freundinnen, denen Du Dich nicht unterlegen fühlen musstest. Was konnte Dir besseres passieren.

Und Freundinnen sind dazu da, dass man sich mit ihnen auch außerhalb der Schule trifft. Nur wohnten einige in anderen Dörfern, so dass außerschulische Gemeinsamkeiten am besten gleich nach der Unterrichtszeit organisiert wurden.

Am 21. September 1982 verabredetest Du Dich deshalb das erste mal nach der Schule mit einer Freundin und kamst auch zum Mittagessen nicht nach Hause. Ein Abholen war erst gegen Abend geplant.

An diesem Tage klingelte es in der Mittagszeit gegen 12.00 Uhr. Ich war beim Pflaumen einwecken. Die ganze Küche stand voller Gläser. Christian und Paul waren noch nicht zu Hause. Ich war mit Markus alleine.

Vor der Tür standen fünf Leute, zwei junge Männer, zwei Frauen und ein Kind. Einer der Männer fragte nach einem Mädchen, namens Erika aus Berlin. Was sollte das?
Meine Erschrockenheit war mir wohl aus dem Gesicht abzulesen.
Dann stellten sie sich vor: Konrad mit seiner Frau und seiner Tochter, seine Schwiegermutter und ihr Sohn, Schwager zu Konrad Heilsberg. Herr Heilsberg hatte nach Erika gefragt.
Ich zögerte, was sollte ich sagen? Ich war erschüttert und zugleich verunsichert. Es war doch eine anonyme Adoption gewesen, wie war das möglich? Ich wusste nicht, was ich erwidern sollte.

Ein Glück, dass Du, Sabine, heute das erste mal mittags nicht nach Hause kommen solltest! Welch eine Fügung!
Lügen wollte ich nicht. Also sagte ich ihnen nach einigem Zögern, dass es stimme, Erika sei unsere Adoptivtochter.
Für ein Gespräch war die Tageszeit äußerst ungünstig, in der Küche kochte der Wecktopf. Das Mittagessen für den Rest der Familie war auch noch herzustellen.

Die Leute gaben an, sie würden gerade in der Nähe Urlaub machen und wollten einmal vorbei schauen, um zu sehen, wie es Erika ginge. Er, Herr Heilsberg, sei der Onkel von Erika und er würde sie von früher her kennen.

Ich musste Zeit gewinnen und sagte ihnen, dass es jetzt ein sehr ungünstiger Zeitpunkt sei, ob sie nicht später wieder kommen könnten.
Das wollten sie tun.
In der Hoffnung, dass ich Dietmar erreichen konnte, um zu einem Gespräch von ihm Beistand zu bekommen, schlug ich 15.00 Uhr vor.
Innerlich zitterte ich, machte ich auch das Richtige?

Sie gingen wieder. Ihr Auto hatten sie nicht in der Nähe geparkt, so dass ich nicht sehen konnte, ob sie wirklich aus Berlin kamen.

Als ich die Haustür zu gemacht hatte, war mein erster Gedanke: „Frau Heider!" Ich rief beim Diakonischen Werk in Berlin an und richtig, ich erreichte sie. Sie war gleich am Telefon und ich schilderte ihr die Situation.
Das erste, was sie sagte, war, sie habe in ähnlichen Situationen immer gute Erfahrungen gemacht, wenn sie ehrlich gewesen sei. Dann seien die anderen auch ehrlich gewesen. Interessant sei außerdem zu wissen, wie dieser Herr Heilsberg an die Adresse gekommen sei.
Dieses kurze Gespräch hatte mich erst einmal beruhigt und die Richtung des Vorgehens aufgezeigt. Nun rief ich Dietmar an. Erzählte ihm den Vorfall. Er konnte sich für den Nachmittag frei machen, hurra! So war ich also nicht alleine mit der fremden Familie.

Gegen 15.00 Uhr kamen sie wieder. Allerdings nur noch zu dritt, Herr und Frau Heilsberg mit ihrer Tochter.

Am Mittag hatte Konrad Heilsberg an der Tür irgendeinen fadenscheinigen Grund angegeben, wie er rein zufällig die Adresse seiner Nichte gefunden habe. Sie würden in der Nähe Urlaub machen und die Leute hätten von einem Berliner Mädchen erzählt. Da er sie immer gesucht hätte, wollten sie nur mal fragen....
Das konnte so nicht stimmen.

Nun wurde es ernst! Ich hatte Unterstützung von Dietmar.
Wir gingen inzwischen offen an die Sache heran. „Ja, wir hatten Erika Heilsberg adoptiert und sie aus dem Kinderheim „Hasenhöhle" direkt zu uns geholt. Die Mutter habe die Adoption befürwortet, weil sie sich alleine nicht in der Lage fühlte, für das Kind zu sorgen."

Herr Heilsberg erzählte von einem früheren Urlaub im Harz, den er mit dem Kind verbracht hatte und zeigte uns Fotos aus der Zeit.

Außerdem sprach er davon, dass er Erika zu sich nehmen wollte, als er davon erfuhr, dass eine Adoption vorgesehen war. Seine jetzige Frau und die Oma hätten für Erika sorgen wollen. Das Jugendamt hatte aber nicht zugestimmt. Er sei dann laut geworden auf dem Amt, hätte ordentlich seine Meinung gesagt, und dann habe man ihn rausgeschmissen.

Das stimmte also mit unseren Recherchen überein.

Er erzählte uns von seiner Schwester Barbara, Deiner Mutter, Sabine, und ließ kein gutes Haar an ihr. Erzählte wieder von der Begegnung am Potsdamer Platz, und was er persönlich daraus geschlossen hatte. Aber ob sie sich tatsächlich Männern angeboten hatte, das konnte er nicht beantworten, das habe er ja nicht mitbekommen.
Deine Oma Erika Heilsberg sei an Krebs gestorben und Deine Uroma lebe auch nicht mehr.

Wir erzählten der Familie, dass Du einen zweiten Vornamen bekommen hättest, mit dem wir Dich auch rufen und berichteten allgemein von Deinem Werdegang.
„Wenn das die Oma noch erfahren hätte, die hätte sich gefreut!" kam es mehrmals von Frau Heilsberg.

Ich erwähnte auch, dass ich den Verdacht hatte, dass Du, Sabine, in der Zeit vor der Vermittlung zur Adoption sexuell missbraucht worden warst. Da kam prompt von Deinem Onkel Konrad die Behauptung, dass das nur einer der Liebhaber Deiner Mutter gewesen sein könnte. „Wer weiß, mit wem sie damals zusammen war, und was die mit dem Kind gemacht haben!"
Das musste ich so im Raum stehen lassen, konnte und wusste ich ja auch nichts dazu zu sagen.

Nun wollten wir wissen, wie er tatsächlich an die Adresse von Dir gekommen war. Und er rückte mit der Wahrheit heraus.
Er sei inzwischen in Berlin bei der Bereitschaftspolizei und habe dadurch Zugang zu Daten, die eigentlich geschützt seien. So habe er einmal Dienst am Computer gehabt und vor langer Weile Deinen Namen eingegeben. Da kam zunächst die Adresse von Barbara. Ihm sei durch den Kopf gegangen: „Verdammt, sollte die das Gör wieder bei sich haben?" Diese Adresse hatte jedoch einen weiteren Geheimhaltungsvermerk. Und da sei er weiter auf Suche gegangen, obwohl er das dienstlich nicht durfte. Und so sei er fündig geworden. Dort sei die Adresse „Auf dem Acker 28, in Husthausen" angege-

ben gewesen. Deinen neuen Namen hätte er nicht gewusst und „Auf dem Acker " war inzwischen umbenannt geworden, dazu hatte er tatsächlich jemand im Dorf gefragt, ob hier ein Mädchen aus Berlin wohne und war auf unser Haus verwiesen worden.

Eine mir bekannte Frau aus unserem Dorf hat mir später erzählt, dass auf dem Dorfplatz bei unserem Kaufmann ein Wagen aus Berlin angehalten hatte und der Fahrer sie gefragt hatte, ob es hier ein Mädchen aus Berlin gebe, die hier lebe. Sie hatte sich nichts dabei gedacht, als sie die Leute zu uns geschickt hatte, mit den Worten: „Wenn Ihnen da jemand weiter helfen könne, dann die Beaters, die kommen nämlich aus Berlin."

Nun machten sie alle zusammen Urlaub im Harz und waren an diesem Tag nach Husthausen gefahren, um Dich, Erika Sabine, zu suchen.

Herr Heilsberg gab mir seine Adresse und Telefonnummer und sagte, er würde sich freuen, wenn er Kontakt zu Dir bekommen könnte.
Wir versprachen ihm nicht, dass wir bald mit Dir über diesen Besuch reden würden und ließen uns damit alle Möglichkeiten offen.

Die Familie ging gegen 17.00 Uhr wieder.
18.00 Uhr war verabredet gewesen, Dich von der Freundin abzuholen.
Es traf sich also gut, dass Dietmar und ich danach noch eine Weile Pause hatten, um Luft zu holen und alles im Kopf sortieren zu können.
Oih, das war heftig gewesen heute. Jetzt war nichts mehr anonym.

Das war nicht so geplant.
Aber, „Wie sag ich`s meinem Kinde?" war die Frage im wahrsten Sinne des Wortes. Wir wollten es von einem ruhigen geeigneten Augenblick abhängig machen, aber natürlich brodelte es in uns.

Dietmar holte Dich ab und sagte erst mal gar nichts. Alles verlief normal am Abend. Als die anderen Kinder im Bett waren und ich mit Dir alleine war, konnte ich es aber doch nicht mehr aushalten.
Ich berichtete Dir von dem Besuch. Du hörtest Dir das in Ruhe an und als ich sagte, dass ich eine Adresse und eine Telefonnummer habe, wolltest Du diese sofort haben. Am liebsten hättest Du gleich angerufen, aber das ging nicht, die Familie war noch im Harz. Also musstest Du ein paar Tage warten. Du stelltest den Kontakt her, so bald es möglich war, so gespannt warst Du auf Deinen Onkel. Er war ja Dein ursprünglicher Pate.

Die Verbindung war Dir unheimlich wichtig, deshalb hieltest Du sie von jetzt an aufrecht.
Bald sprachst Du davon, dass auch er zu Deiner Konfirmation eingeladen werden sollte, wenn es einmal so weit war. Das versprachen wir Dir.

Diese Kontakte haben Dich zunächst einen Schritt vorwärts gebracht. Du wusstest nun konkret, dass da vor der Adoption noch jemand war, der Dich lieb gehabt hatte. Das unbekannte Dasein Deines früheren Lebens bekam ein Gesicht, denn der Onkel Konrad hatte Dir am Telefon nicht nur aus Deiner Kleinkinderzeit einiges erzählt, sondern Dir auch Bilder aus Deinen ersten Lebensjahren zukommen lassen.

Bis zu diesem Zeitpunkt hattest Du die Angewohnheit, fast schon eine Manie, Dich bei vielen Leuten, auch bei denen, die Du überhaupt nicht kanntest, zum Schlafen einzuladen.
Ob das ein Ausweichwunsch aus der Dir zu engen Familienbeziehung oder eingegangenen Bindung war? Ich wusste es nicht, und weiß es bis heute nicht. Vielleicht war es für Dich auch eine Suche nach etwas aus Deiner Vergangenheit?
Jedenfalls habe ich solches Vorhaben des öfteren unterbinden müssen.

Nach dem Kontakt mit Deinem Onkel hörte dieses Verhalten auf. Du hattest keine Übernachtungswünsche mehr bei anderen Leuten. Irgend etwas war in Dir zur Ruhe gekommen.

20. November 2010

Der dritte Winter

Nach einem eisigen Wind gestern, der mich daran hinderte, meine täglichen zwei bis drei Stunden im Freien zu verbringen, und Schneefall am Nachmittag, liegen heute wieder acht bis zehn Zentimeter Neuschnee. Es ist feucht. Draußen sind es 0 bis 1 Grad plus.
Doch noch weiterer Schneefall ist angesagt. Es sollte also geschoben werden. 60 m bis zum Holzschuppen und noch den Schubkarrenwendeplatz dazu, um an die Werkstatt zu kommen und an die Kreissäge, um dann das gesägte Holz mühelos in den Holzschuppen fahren zu können.
Und natürlich sollte das Auto aus dem Unterstellplatz herausfahren können.
Aber das Auto kann stehen bleiben. Den Einkauf habe ich gestern erledigt.

Unser Katzentier scheut sich herauszugehen, wenn alles weiß ist.
Sie sitzt am Schlafzimmerfenster und schaut mir beim Schneeschaufeln zu. „Da bist Du gut aufgehoben, Du alter Stubenhocker!"

Ich schiebe und schaufele mir also einen Weg. Der nasse Schnee ist schwer und belastet meinen Rücken. Aber nur die Übung macht den Meister, und Training gibt Muskeln. Wie soll ich denn hier den ganzen Winter überleben, wenn ich jetzt schon kneife. Das ist doch sicher erst der Anfang.....
Nun habe ich schon fast 40 m mit meiner Damenschaufel hinter mir frei. Die Damenschaufel ist extra leicht und natürlich schmaler als die üblichen. Dafür reicht eine Schaufelbreite nicht aus, um den Weg zu bereinigen. Es müssen schon zwei sein. Aber ich kann gut damit arbeiten, denn sie wird nicht so schwer.

Jetzt kommt die Katze unverhofft auf meinem Weg entlang. Vorsichtig setzt sie ihre Pfötchen auf, um diese ja nicht nass und kalt werden zu lassen. Die Innentür der Küche und die Außentür stehen sperrangelweit auf. Die hat sie selber geöffnet!
Nun weiß ich endlich, für wen ich den Weg freigeschaufelt habe. Tigerchen kommt mir genau auf dem Weg nach, der für sie begehbar scheint. Dann folgt ein Husch über den Schnee durch ein Katzenloch in die Scheune. Nicht lange,

offenbar zeigten sich dort gerade keine Mäuschen, die es wert gewesen wären, zu jagen. Sie kommt also wieder heraus.

Ja, mit der Katze rede ich auch ab und zu am Tage, z. B.: „Na, Du alte Miezekatze, kommst Du auch endlich raus?" Eigentlich habe ich mir vorgenommen, mit der Katze schwedisch zu reden, denn ohne Übung vergisst man die gelernten Vokabeln wieder. Aber wenn ich etwas sage, dann rede ich mit Tigerchen (sie ist trotz dieses Namens eine Katze und kein Kater) so spontan, dass es doch auf deutsch herauskommt. Danach fällt mir erst ein: „ Ach ja, Du wolltest und solltest ja…"
Und damit ich dann aber doch noch etwas schwedisch rede, bekommt sie hinter her noch eine Übersetzung, langsam, laut und deutlich, nachdem ich in meinem Kopf erst nach den Vokabeln gesucht habe.

Sie hat mir noch nicht gesagt, welche Sprache sie lieber hört.

Ehe ich fertig bin mit Schneeschieben und Holz holen, ist die Katze längst wieder im Haus und beobachtet mich wieder vom Schlafzimmerfenster aus, als wenn sie nie woanders gewesen wäre.
Wie heißt eigentlich „Du altes Mistviech!" auf schwedisch? Das muss ich nachher gleich mal nachsehen.
Ob sie darauf wohl hört und das nächste Mal die Türen hinter sich zu macht?

10.00 Uhr, kurze Pause.

Eine Stunde habe ich noch Zeit, zu sägen, gegen 11. 00 Uhr setze ich mich in der Regel erst an den Computer, um weiter zu schreiben.

Tigerchen will nicht mehr raus. Hoffentlich macht sie nur nicht die Türen wieder auf, wenn ich draußen bin. Sonst wird es doch zu kalt im Haus! Das eine mal will ich ihr verzeihen.
So wurde wenigstens wieder einmal gründlich gelüftet, nach dem ich gestern bei dem eisigen Wind die Türen und Fenster geschlossen halten musste.

11.00 Uhr.

Die Handschuhe sind nass und die Finger sind kalt. Es ist Zeit mit Sägen aufzuhören und ins Haus zu gehen.

Warum ich so viel Knüppelholz sammle und säge? Das heizt doch gar nicht?

Oh, das gibt aber im Küchenherd schnell ein loderndes Feuer, wenn es einmal getrocknet ist. Und damit kann man wunderbar kochen, wenn man sich etwas mehr Zeit als üblich nimmt.

Außerdem eignet es sich gut als Anmachholz. In der Übergangszeit ist es nicht nötig, die Öfen durchzuheizen, die Stuben werden schnell warm, man kann die Öfen ausgehen lassen, ehe wieder neu angeheizt werden muss. Man braucht dann sehr viel von dem Anmachholz. Und ich mache es gerne.

Die großen Holzstücke herzustellen, die eine wohlige Wärme erst halten, überlasse ich Dietmar.

1983

Peldau und eine Operation, Freunde, Sammelticks und immer wieder Geldprobleme, Gedanken zu „Wenn es keine Realität gäbe..."

Mit meiner Gesundheit war es damals nicht so weit her, das erwähnte ich schon. Markus schwere Geburt hatte mich sehr mitgenommen und einige Schäden hinterlassen. Ich war sehr häufig am Ende meiner Kräfte.

Rückenschmerzen gehörten schon fest in mein Leben. Nachts ab vier oder fünf Uhr konnte ich vor Schmerzen nicht mehr liegen. Ich glaubte damals, ich müsse das ertragen. Erst viel später hatte eine Ärztin die Ursache dafür erkannt und mir helfen können.

Unwohlsein macht ungerecht, und so passierte es auch eines Tages, dass ich – wie ich in mein Tagebuch schrieb – Dir Paul eine Ohrfeige gegeben habe, als es gar keinen Grund dafür gab, aber alle Kinder nervten mich.

Sabine verhielt sich schon sehr pubertär und „motzte" mal wieder herum. Markus bekam einen Wutanfall, weil er an den Glasschrank nicht heran durfte. Und ich war einfach nur ausgepowert. Ich wusste nicht mehr, was ich machen sollte. Bei uns herrschte Chaos, jeder versuchte seinen Willen durchzusetzen, und ich konnte es nicht mehr lenken.

Und da passierte es mir, dass ich Dir, Paul, wegen einer weiteren Kleinigkeit eine Ohrfeige verpasste.
Es tut mir leid, Paul, das hätte nicht sein dürfen, auch in Extremsituationen nicht.

Ich habe auch so manches mal an meinem Glauben an Gott gezweifelt. Wie konnte er dieses Chaos, diese Mühsal, ein einigermaßen ordentliches Familienleben zu gestalten und die ständige Unruhe in Dir, Paul, zulassen. Konnte er Dir nicht helfen und Dich davon befreien?

Dieses zu schreiben, habe ich mir lange überlegt. Sollte ich es lieber weglassen? War es nicht auch schön bei uns gewesen? Gab es immer nur Negatives? Nein, es war nicht immer nur schlecht, aber diese Stimmungen gehörten dazu, auch die Verzweiflung hatte ihren Platz in unserem Alltag.
Lichtblicke gab es ebenso.

Paul, Du halfst Herrn Wirpun aus unserer Nachbarschaft des öfteren, weil er schon sehr krank war. Du machtest kleine Botengänge für ihn, die ihm schon sehr schwer fielen. Fünfzig DM hat er Dir einmal dafür geschenkt. Mit großer Freude kamst Du damit nach Hause.
Von dem Geld solltest Du Dir etwas schönes kaufen. Wir fuhren einkaufen. Du kauftest Dir sehr zögerlich einige Figuren von Playmobil. Als Du aber eine Spieluhr sahst, entschiedst Du Dich sehr schnell, diese Deinem Bruder Christian mitzubringen. Hierüber warst Du besonders stolz und glücklich.

Sabine, Du hattest Deine erste Flötenstunde an der Musikschule in Barker. Du warst ganz begeistert und hast einige Jahre mit Freude geübt.
Auch trugst Du jetzt eine Zahnspange und musstest ständig zum Zahnarzt. Viel Geduld hast Du aufgebracht und fuhrst alleine mit dem Bus zum Einstellen. Außerdem bekamst Du Nachhilfeunterricht in Deutsch bei einem Lehrer aus Husthausen, der es verstand, Dir Spaß an der Sache zu vermitteln. In der Hauptschule begann für Dich eine sehr gute und wertvolle Zeit. Du hattest eine sehr nette Lehrerin, zu der Du Vertrauen aufbautest. Auch der Name dieser Lehrerin ist mir entfallen. Du wirst ihn vielleicht noch wissen. Sie hielt viel Gutes von Deinen Leistungen und sprach mich an, ob wir Dich nicht doch nach der sechsten Klasse auf die Realschule schicken wollten. Du wünschtest es nicht, sondern hast das Starksein in der Klasse genossen, sowie die Anerkennung und das damit verbundene Wohlgefühl. Außerdem gab es an der Schule die Möglichkeit, einen – wie man heute sagt – erweiterten Hauptschulabschluss zu machen, der einem mittleren Bildungsabschluss = Fachoberschulreife entsprach. Diesen Weg wolltest Du gehen und hast ihn auch geschafft.

Deine körperliche Entwicklung zur Frau vollzog sich jetzt im 12. und 13. Lebensjahr voll und ganz. Mit dreizehn Jahren warst Du körperlich erwachsen! Das war sehr früh. Man kann es sich aber nicht aussuchen. Ich hätte Dir eine längere körperliche Kindheit gewünscht. Die Entwicklung beinhaltete auch, dass wir gelegentlich heftig aneinander gerieten. Das gehörte dazu.

Mir ging es noch lange nicht besser. Mein damaliger Frauenarzt riet mir zu einer Gebärmutterentfernung. Eine große Operation, die damals vier Wochen Krankenhaus bedeutete. Ich entschied mich dafür und habe diese Entscheidung später nie in meinem Leben bereut.
Aber wie sollten wir solch eine lange Zeit häuslich organisieren? Lange Planung war vorher notwendig.

Da beide Großmütter schon selber Urlaubspläne hatten, war der früheste Zeitpunkt das Herbst- oder Winterhalbjahr. Den beiden Großmüttern trauten wir zu, Euch drei, Sabine, Christian und Markus über so lange Zeit zu betreuen. Zu mehr wären sie überfordert gewesen.
Was sollten wir also mit Dir, Paul, in den Wochen machen?

Viele Deiner Probleme waren zwar durch den Schulwechsel zunächst geringer geworden, aber sie waren nicht weg. Es kam immer wieder vor, dass Du schwindeltest, dass Du klautest, dass Du Dich auf den Boden geschmissen hast und getrampelt hast, es wurde nur seltener. Und Du brauchtest Deine Grenzen, die wir Dir immer wieder setzen mussten. Das kostete mich immer wieder Kraft.
Diese Grenzen mussten eingehalten werden, auch wenn es manchmal sehr schwer war. Großmutti meinte es durchaus gut mit Dir, aber ermahnte Dich ständig und redete sehr viel auf Dich ein. Wie solltest Du da heraushören, was gerade wichtig für Dich war?

Der Opa hatte nie ein Verhältnis zu Kindern gehabt. Er konnte sich auf Dich schon gar nicht einstellen. Die Oma hatte ja die anderen Kinder auch noch, auch wenn Großmutti ihr schon mal etwas abnehmen konnte. Die Hauptverantwortung würde schon die Oma übernehmen müssen. Und Markus war noch so klein, er brauchte ja noch Windeln. Oh, die viele Arbeit! Wie sollte das gehen?

Wir hörten von der Kinderpsychiatrie in Peldau, die gute diagnostische Arbeit leisten sollte. Das überlegten wir für Dich, Paul. Wir unternahmen schon sehr viel mit Dir, aber immer hörte ich die Therapeuten sagen. „Wir kommen an einen Punkt, wo es nicht weiter geht." Das war beim Schwimmen so, das war beim therapeutischen Reiten so, in der Psychomotorik und auch beim Frostig-Wahrnehmungstraining. Als wenn Du Blockaden hättest, die unüberwindbar waren. Ich wollte wissen, ob wir Dir in diesem Punkt weiterhelfen könnten.

Auch hattest Du immer wieder Migräneanfälle, zwar nicht mehr so häufig, aber sie überraschten Dich immer noch sehr unangenehm. Konnten die nicht auch einen psychische Ursache haben?

Und dann die anderen Verhaltensauffälligkeiten, was hatten die für einen Hintergrund? Wir konnten sie nicht einordnen und fanden deshalb auch keinen Weg, Dir zu helfen, als einerseits immer wieder nur mit Dir zu reden, Dir die Realität vor Augen zu halten, wenn Du drohtest in Deine Phantasiewelt abzurutschen und Dir andererseits Grenzen zu setzen, die enger waren, als die für die anderen drei Kinder.

Aus diesem Grunde nahmen wir mit der Kinderpsychiatrie in Peldau Kontakt auf, baten um eine Diagnostik, die allerdings nur stationär durchzuführen war. Wir unterbreiteten unser Anliegen, diese stationäre Diagnostik in die Zeit meines Krankenhausaufenthaltes legen zu können, da die Großmütter sich während dessen schon um drei weitere Kinder kümmern müssten.
Nach einigen Anfragen und Telefonaten klappte es.

Ich musste einen langen Bericht über unsere häusliche Situation und alle Auffälligkeiten, Probleme und Schwierigkeiten schreiben, ich tat das sehr ausführlich, weil ich wollte, dass die Therapeuten dort genau hinsehen sollten. Wir suchten ja weitere Hilfen für Dich. Sechs Wochen waren für Deinen Aufenthalt in Peldau vorgesehen.

22. November 2010

Blick aus dem Fenster
Oh, je, Oh je
Schon wieder Schnee
Wo ist mein Weg geblieben?
Schieben, schieben, schieben –
(Ela, 22. 11- 2010)

Sechzehn Begriffe haben die Eskimos für Schnee. Ich kenne nur Pulverschnee und Pappschnee. Mehr fällt mir nicht ein.

Doch, „Wasserschnee" war es gestern, so würde ich ihn nennen. Wenn man reintritt, verliert er seine letzte weiße Farbe und hinterlässt eine kleine graue Pfütze. Heute ist es anderer Schnee, kein Pulver, kein Papp, irgendwie dazwischen. Er knirscht unter den Füßen, bildet genauestens die Fußsohlen ab und wiegt noch nicht all zu viel auf der Schaufel.

Alle Bäume Tragen wieder weißen Schmuck. Wie gut, dass ich gestern noch Moos und ein paar Zweige gesucht habe für ein Adventsgesteck. Heute ist nichts mehr zu finden.

Wie ich das mache, die schwere Arbeit mit meinen alten Knochen?
Für die Handgelenke habe ich so eine Art Riemen. Die werden über den Daumen geschoben und dann ums Handgelenk gewickelt. Sie sind aus dem gleichem Material, aus dem auch Taucheranzüge hergestellt werden. Auch für den Rücken habe ich solch einen breiten Gurt, einen Nierenwärmer, wie Motorradfahrer sie auch tragen. Diese Gurte stützen und wärmen die Gelenke bei grober Arbeit.

Ach übrigens, „Altes Miststück" heißt auf schwedisch „gammal kräk".

Heute ist die Katze tatsächlich mit mir für eine kurze Scheunenvisite herausgekommen. Dabei sah ich im Nachhinein, dass sie jeweils zwei Pfötchen in einem Schneeeindruck hinterlassen hat. Das mache mal eine andere Katze nach!

Paul, Du hattest immer noch Ängste, Dein Leben bei uns wieder zu verlieren. Es war für Dich noch keine Selbstverständlichkeit geworden, bei uns zu wohnen. Jeden Abend hast Du zu Gott gebetet, dass er unsere ganze Familie beschützen solle, dass keiner in der Nacht sterben solle. Du zähltest alle Menschen auf, die zu Dir gehörten und achtetest peinlich genau darauf, dass keiner vergessen wurde. Du batest Gott, uns zu beschützen. Erst dann fandest Du Ruhe zum Einschlafen und häufig genug sehr schwer.

Ich brauchte nicht mehr neben Dir zu liegen und Deinen Körper fest zu halten, bis er Ruhe fand. Das habe ich bis zu Deinem sechsten Geburtstag getan, aber ich blieb weiterhin noch zehn bis fünfzehn Minuten bei Dir.

Nun warst Du zehn Jahre alt. Ich machte mir natürlich Sorgen, wie Du die sechs Wochen in Peldau überstehen würdest. Warst Du Dir wirklich schon sicher genug, dass Du an uns glauben konntest, dass wir Dich nicht verlassen? Wie sollten wir meinen Krankenhausaufenthalt anders regeln? Wir fanden es eine gute Lösung, da wir uns gleichzeitig sehr viel Aufklärung und Hilfen für unser gemeinsames Familienleben erhofften.

Du selbst hattest Dir die Einrichtung angesehen und warst begeistert, wie immer von allem Neuen. „ Das mache ich schon." und „ Ihr kommt mich ja wieder abholen." waren Deine Worte. Da Du keinen Zeitbegriff hattest, wie lange sechs Wochen sein können, konntest Du das auch so sagen. Dass Du diesen Zeitbegriff noch nicht entwickelt hattest, war uns damals nicht klar.

Einmal durften wir Dich nach vierzehn Tagen besuchen. Meine Operation war Anfang November vorgesehen und Du warst schon Mitte Oktober aufgenommen worden. Das passte gerade noch.
Du gefielst uns gar nicht. Es war dort so manches anders, als Du es gewohnt warst. Auch hatten die Therapeuten Dir das Ritalin nicht mehr gegeben. Sie wollten wissen, wie Du ohne das Medikament zu leiten warst.
Wir mussten das alles hinnehmen, wenn auch mit Sorgen, aber gleichzeitig auch mit Hoffnung auf Hilfe.

Später schrieb der betreuende Arzt über diesen Besuch von uns, dass er unzweckmäßig gewesen sei, Du habest anschließend sehr geweint und wolltest wieder nach Hause.

Nach weiteren vier Wochen, ich selber noch sehr schwach auf den Beinen, holten wir Dich wieder ab.

Der Stationsarzt hielt das für keine gute Lösung, wir bestanden aber darauf, weil wir es Dir versprochen hatten.
Man hatte uns vorgeschlagen, Dich für ein halbes Jahr zu behalten. Gründe nannten sie ausreichend dafür: z. B. Du habest die Schule noch gar nicht angenommen für Dich, obwohl nur zwei weitere Kinder in Deiner Klasse waren. Du könntest die Lernbehindertenschule nicht schaffen, wenn Du in der Klinik kein intensives Verhaltenstraining erfahren würdest. Das waren die Hauptgründe.

Ritalin hielten sie nicht für nötig, da Du Dich dort im stationären Bereich ohne das Medikament genau so geben würdest, wie mit dem Medikament.

Während des Gesprächs erfuhren wir, dass es zu den dortigen Erziehungsmethoden gehörte, die Kinder in ihr Zimmer einzuschließen. Als Begründung wurde angegeben, dass die Erzieher sonst die Verantwortung für so viele Kinder mit Verhaltensauffälligkeiten nicht übernehmen könnten. Das hörte sich für mich entsetzlich an. Ich, die ich am liebsten immer noch die Klotür aufließ, um nicht selber eingesperrt zu sein, konnte solch eine Methode überhaupt nicht akzeptieren. Und Du sollst auch getobt und gegen die Tür getrampelt haben. „Recht so!" möchte ich heute wie damals sagen. Du warst kein Verbrecher und hattest auch dort kein besonders aggressives Verhalten gezeigt.

Und wie sollten die Erzieher Dein auffälliges Verhalten, mit dem wir es in der Familie schwer hatten, beobachten, wenn man Dich einschloss? Durch solch eine Maßnahme wurde doch der Kontakt zu den anderen Kindern unterbunden. Reibungsmöglichkeiten wurden eingeschränkt! Aus Angst vor weiteren Maßnahmen warst Du und sicher auch die anderen Kinder vielleicht besonders brav?

Nachts sollst Du viel geweint haben. Hatten die Menschen dort kein Mitleid, kein Gefühl für Kinder, die sich um ihre gerade aufgebauten Beziehungen Sorgen machten? Sorgen, z. B. die Bezugspersonen wieder zu verlieren?

Als Positives von Dir berichteten die Betreuer in Peldau, dass Du gute Tischmanieren hattest, immer höflich warst und beim Auf- und Abdecken der Tische geholfen hattest. Das hatte mich gefreut, hattest Du also doch schon etwas von uns angenommen, was man in der Welt zum Leben braucht, auch wenn man eher erwartete, dass Du Lesen, Schreiben und Rechnen können solltest.

In den Augen des Stationsarztes waren wir die unmöglichen Eltern, die seine angebotene Hilfe nicht annahmen, die so vermessen waren, zu behaupten, die Förderprogramme, die Du brauchtest, selbst ambulant organisieren zu können.

Wir aber hatten Angst, Dein weiterer Aufenthalt dort würde ein Rückschritt in unserer gegenseitigen emotionalen Beziehung bedeuten. Angst davor, das kleine Pflänzchen Vertrauen, dass mühsam ein zweites mal hatte gepflanzt und gehegt und gepflegt werden müssen, erneut und endgültig wieder zu zerstören. Hätte es sich noch einmal wieder aufrichten lassen?
Kann man Kinder ein halbes Jahr – oder vielleicht noch länger – in einer Klinik behalten, in der Kinder eingeschlossen wurden?

Meine noch vorhandene körperliche Schwäche versuchte ich dem Arzt zu verbergen. Es ging mir wirklich noch nicht gut, und ich habe insgesamt ein halbes Jahr gebraucht, um nach dieser großen Operation wieder voll fitt zu werden. Aber wir sagten „Nein" zu seinen Vorschlägen und baten ihn, einen Bericht an unseren Kinderarzt zu schicken, um mit ihm die nächsten Schritte besprechen und einleiten zu können.

Der Bericht kam lange nicht. Mehrere Male musste Herr Dr. Schuhmann ihn anmahnen. Anfang Dezember wurdest Du entlassen. Mitte März des nächsten Jahres kam das Schreiben. Dr. Schuhmann gab uns eine Kopie. Der Bericht war elf Seiten lang. Oh, dachte ich, da würde eine Menge drinstehen, was uns weiter bringen würde.
Pustekuchen!

Die ersten sechs Seiten waren Anamnese. Ich hatte mir meine Angaben, die ich zur Vorgeschichte von Dir, Paul, vor der Aufnahme in Peldau gemacht hatte, kopiert. Und exakt die gleichen Formulierungen wurden im Bericht übernommen, sechs Seiten lang. So wurde damals auch gefragt, ob noch weitere Personen außerhalb der Eltern in die Erziehung reinredeten. So ehrlich wie ich war, hatte ich angegeben, dass Großmutti sehr viel redete und wir Dich manchmal von ihr fern halten mussten, um Dir Grenzen zu setzen und unsere Ziele zu erreichen. Das wurde als etwas ganz Negatives, das unsere Erziehung und unsere Grenzsetzungen zunichte machen würde, hingestellt. Man musste ja etwas Schlechtes bei uns finden. Aber kann man Großmütter noch ändern? Jeder hatte seine Eigenheiten und mit denen muss man in einer Familie leben.

Als Befund hatte sich ergeben, dass Du körperlich unauffällig gewesen warst. Eine neurologische Untersuchung hatte zwar sehr lebhafte Reflexe gezeigt, die aber nicht als pathologisch einzustufen gewesen waren.
Deine Grobmotorik war auffällig, Du konntest nur schwer auf einem Bein hüpfen, Dein Gleichgewicht war beim Gehen etwas gestört. Du konntest noch keinen Tennisball fangen.

Das EEG ergab keinen Herdbefund für Krampfanfälle. Die Laboruntersuchungen waren alle in Ordnung.
Bei der Prüfung der Körperkoordination ergaben sich erstmals Auffälligkeiten. Auffällig waren gleichzeitig Deine Unruhe, Deine Zappeligkeit und fehlende Konzentration. Deine Hand-Auge-Koordination war nicht genügend ausgebildet
Das wussten wir bereits alles. Es war also bisher noch kein neues Ergebnis dabei.

Zu Deinen intellektuellen Leistungsfähigkeiten teilte der Bericht aus der Klinik mit, Du hättest einen Gesamt IQ von 64 (ohne Ritalin), dabei einen Verbal IQ von 77 und einen Handlungs IQ von 54.
Das war sehr viel niedriger als Frau Altmann von der Erziehungsberatungsstelle in Oberheim festgestellt hatte. Bei ihr hattest Du unter der Einnahme von Ritalin einen Gesamt IQ von 72 erreicht. Und das lag noch im Bereich Sonderschule für Lernbehinderte.
Was sollte man also von dem neuen Ergebnis halten?

Es war durch Studien bekannt, dass Kinder unter Ritalineinnahme einen bis zu zehn Punkte höheren Intelligenzquotienten erreichen konnten. Das beinhaltete gleichzeitig, dass Kinder unter diesem Medikament dem Schulunterricht besser folgen können sollten.
(Mehr Lehrstoff aufnehmen und mehr Leistung erbringen!) Warum war man dort so gegen eine geringe Dosierung dieses Medikaments?
Auch in Peldau wurde wieder ein Entwicklungstest zur visuellen Wahrnehmung, ein Frostig-Test gemacht, mit dem Ergebnis, dass Deine bekannten Auffälligkeiten bisher noch nicht aufgeholt waren.

Weiterhin wurden Deine uns allen bekannten Verhaltenauffälligkeiten beschrieben, wobei Du dort jedoch weder geschwindelt noch geklaut haben sollst. Dafür gab man dann an, das müsse wohl aus dem vermutlich überfordernden häuslichen Milieu und aus der überfordernden Schulsituation zu erklären sein.

Danke, Herr Doktor, für Ihre so große Hilfe! (Das meine ich jetzt ironisch, Paul.)

Das war also das Ergebnis von sechs Wochen stationärer Aufnahme in einer renommierten und als erfolgreich angesehenen Klinik für Kinder- und Jugendpsychiatrie.

Jedenfalls wussten wir nun, dass wir in Herrn Dr. Schuhmann, der alle angegebenen Untersuchungen schon einmal in die Wege geleitet hatte, einen guten Kinderarzt und Berater hatten, und dass wir auf weitere Psychiatriediagnostik gut verzichten konnten.

Viele Fragen blieben weiterhin offen. Wie war das mit dem Klauen? Konnte das eine Sucht oder bereits eine Kleptomanie sein? Und wie ging man damit um? Kinder klauen auch aus Mangel an Liebe oder Aufmerksamkeit. Aber, Paul, Du hast das alles im Übermaß von uns bekommen, genau weil wir wussten, dass Mangel an Liebe und Aufmerksamkeit eine Ursache für solche Verhaltensauffälligkeiten sein könnten. Mehr davon konnten wir Dir nicht geben.

Du bekamst Aufmerksamkeit von allen Erwachsenen, mit denen Du zu tun hattest. Selbst Dein Lehrer der neuen Sonderschule, der elf Kinder in der Klasse hatte, setzte sich eine Zeit lang neben Dich, gab Dir den Körperkontakt, den Du brauchtest, um ruhiger zu werden und gestaltete den Unterricht von diesem Platz aus.

Manchmal hatte ich auch geglaubt, Du wolltest mit Deinem Tun uns immer wieder prüfen, ob wir trotz allem noch zu Dir halten. Wir haben zu Dir gehalten, das weißt Du!

Jetzt habe ich so viel von Deinem Klinikaufenthalt in Peldau berichtet und mir mal wieder den Frust von der Seele geschrieben. Dabei hätte ich beinahe ein kleines aber besonderes Ereignis vergessen, das in den Sommer 1983 fiel.

Du, Paul, spieltest mit Deiner Freundin Sonja und mit David im Sandkasten bei uns. David war seltener bei uns, er war ein Kind, dass Dich nie ausgenutzt oder gar reingelegt hatte. Ebenso war das Sonja. Sie war wirklich eine Freundin für Dich.

Du trautest Dich das erste mal etwas von Dir zu erzählen. Du sprachst davon, dass Du adoptiert seist und dass Du früher einen anderen Namen hattest, dass Du Elvis von Deinen leiblichen Eltern genannt worden bist. Ich glaube, die anderen beiden Kinder wussten schon um Deine Vergangenheit und nahmen es als Normalität zur Kenntnis. Aber aus Deiner Sicht bedeutete es ein besonderes Vertrauen diesen Kindern gegenüber. Ein besonderes Vertrauen dahingehend, dass Du hofftest, sie würden Dich nicht auslachen, Dich nicht schmähen oder Dich verlassen. Dieser Vorstoß war für Dich eine gute Erfahrung.

Ich erinnere mich, dass mich die eine ältere Nachbarsfrau ansprach. Sie habe beobachtet, dass andere Nachbarskinder Dich ausgelacht hatten, als Du von uns, als Deinen Eltern sprachst, „Das sind ja gar nicht Deine Eltern1! Du gehörst ihnen ja gar nicht!" Was muss das weh getan haben bei Dir! Was können Kinder gemein sein! Die Nachbarin konnte mir nicht mehr sagen, wie Du reagiert hattest. Auf jeden Fall standest Du dann alleine auf der Straße, die anderen waren weggelaufen. Ich kann dieses Ereignis zeitlich nicht mehr einordnen, ob es vor Deinem eigenen Mut war, mit Deinen Freunden zu sprechen oder ob es danach war. Jedenfalls hatte es auch mich eine Weile bedrückt.

Und dann waren da die Sammelleidenschaften von Euch beiden, Sabine und Paul.

Sabine, Du hattest einen Taschensammeltick. Du konntest jegliche Tasche gebrauchen, ob groß oder klein, ob dick oder dünn, alle Farben, alle Formen, Hauptsache, es war eine Tasche, in die man etwas hineintun konnte. So wusste denn jeder auch ein Mitbringsel für Dich.

Paul, Du sammeltest alles. Alles, was Du gefunden oder geschenkt bekommen hattest. Vielleicht auch einiges, was Du Dir von anderen angeeignet hattest. Nicht immer konnten wir herausbekommen, wo einzelne Dinge herkamen. „ Habe ich `funden," war das erste, was Du immer sagtest. Aber wo? Einmal hattest Du fünf Uhren. Bei zwei davon stellte sich heraus, dass Du sie von der Fensterbank im Sportunterricht genommen hattest, da wo die Schüler ihre Uhren ablegen sollten, um beim Turnen nicht daran hängen zu bleiben. Zwei andere waren aus der Spielkiste von David. Leider sagte die Mutter gleich, das sei nicht schlimm, dass Du sie herausgenommen hättest, die seien sowieso kaputt. Das war wohl sehr nett gemeint, war aber nicht gut

für Dich, Du hättest die Uhren nicht einfach nehmen dürfen. Die Herkunft der letzten Uhr konnten wir nie aufklären. Nirgends fehlte eine, vielleicht hast Du sie tatsächlich gefunden?
Aber was machtest Du damit?
Nichts. Alle Dinge landeten in Deinem Zimmer und wurden reizlos. Du spieltest nicht damit, Du untersuchtest die Dinge nicht mehr, sobald sie Deine waren, Du sahst sie Dir sogar nicht noch einmal an.
Anfangs dachte ich noch, dass Du das alles mal für Dich gebrauchen würdest, damit spielen würdest, und dass Du wüsstest, was Du gefunden hattest, dass das alles kleine Schätze für Dich waren. Aber da lag ich fehl. Du konntest überhaupt nicht übersehen, was Du in Deinem Schreibtisch hattest. Und Du wusstest auch nicht, wo Du es her hattest. Es sei denn, es war etwas ganz besonderes gewesen, was Dir z. B. Besuch von uns geschenkt hatte. Das waren aber Ausnahmen. Wie dort einmal Ordnung zu schaffen war, ohne all zu viel wegzuschmeißen, war mir zunächst ein Rätsel, weil Du jedem Zettel, jedem Steinchen, jedem ausgedienten Krimskrams, der tatsächlich weggeworfen werden musste, unendlich nachtrauertest.

Die eigentlichen Probleme fingen aber beim Geld an.
Irgendwie hattest Du wohl schon verstanden, dass Geld etwas besonderes war. Für Geld konnte man sich etwas kaufen, was es in breitem Angebot in allen Läden gab. Wie viel ein fünfzig DM-Schein aber tatsächlich wert war, wie lange man dafür arbeiten musste, bis man solch einen verdient hatte, das konntest Du Dir lange noch nicht vorstellen. Du nahmst, wo Du es „fandest", aus der Handtasche unseres Besuches, aus unseren Portemonnaies, aus den Spardosen Deiner Geschwister, aus dem Geldbeutel der Oma im Nebenhaus, selbst aus der Playmobilschatzkiste Deiner Brüder verschwand der Goldschatz, vielleicht, weil er Deinen kleineren Geschwistern etwas Wertvolles war.
Wenn wir Geld bei Dir entdeckten, sprachen wir mit Dir und glichen den angerichteten Schaden wieder aus. Das Reden mit Dir half jedoch nichts. Wir wussten auch nicht immer, was Du mit dem Geld gemacht hattest. Manches hattest Du im Garten versteckt. Vielleicht brauchtest Du auch welches, um anderen Kindern zu imponieren mit Süßigkeiten, die Du dann kauftest. Das ist auch vorgekommen. Immer fragten wir uns, warum Du das Geld nahmst? Vielleicht war es auch Eifersucht, Eifersucht auf das Können und die Fähigkeiten Deiner Geschwister? Oder Eifersucht auf jegliche Aufmerksamkeit, die sie bekamen, obwohl Du Dir die meiste Aufmerksamkeit von allen holtest. Unseren seltener gewordenen Besuch konntest Du überhaupt nur aushalten, wenn sich die Leute mit Dir beschäftigten.

Vielleicht steckten die Ursachen für Dein Verhalten aber in Deinem früheren Leben, einem Leben, das man keinem Hund zumuten möchte, geschweige denn einem kleinen Jungen, der in die Welt gesetzt wurde und leben wollte! Aber dessen Grundbedürfnisse nicht einmal nach Essen, Trinken, Liebe, Wärme und Zuwendung erfüllt wurden. Da waren wir machtlos. Wir konnten das alles, was an Dir versäumt worden war, nicht mehr nachholen. Wenn Du einmal die Kraft dazu haben solltest, dann lies die Berichte, die zum Sorgerechtsentzug Deiner leiblichen Eltern geführt haben. Aber es gehört sehr viel Kraft dazu.

Ja, Ihr anderen drei, Sabine, Christian und Markus, wie habt Ihr das alles verkraftet? Bei allen Familienplanungen stand Euer Bruder immer im Vordergrund, Ihr lieft neben her. Ich habe mich manchmal gewundert, mit wie viel Geduld und Ausgeglichenheit Ihr das ertragen habt. Es war, als wenn Ihr ein Gespür dafür hattet, dass Euer Bruder mehr in Nöten war, als Ihr.
Und durch diese Geduld und Euer gezeigtes Verständnis habt Ihr alle drei mir gleichzeitig immer neu die Kraft gegeben, das alles durchzustehen.

Die Ausbrüche Eures Bruders kamen immer noch phasenweise vor, auch wenn sie im Laufe der Zeit weniger wurden. Meistens dann, wenn man nicht mehr damit rechnete. Eine Weile lief alles gut, und wir waren glücklich miteinander. Dann packte ihn etwas mit Besessenheit, neben dem Klauen und Schwindeln konnte es auch das Zündeln sein. Zündeln bei den Nachbarn oder bei uns. Das konnte manchmal Wochen andauern, in denen solch ein Handeln immer wieder vorkam. Es waren Wochen, Paul, in denen Du mir unerreichbar schienst, weil Du immer wieder das gleiche machtest und keine Einsicht zeigtest.

Die Phasen endeten meistens durch irgend einen Schock für Dich, einen Schock, der Dich wieder auf den Boden der Tatsachen zurück brachte. Das konnte z. B. die Begegnung mit einem großen, unheimlichen und beängstigenden, bellenden Hund sein oder ein lauter Streit oder Sorgen über Krankheit in der Familie. Nach solch einem Ereignis hatten wir wieder den liebsten Sohn und Bruder der Welt und Du, Paul, wusstest gar nicht mehr, was Du vorher getan hattest.

Es schien zwar so, als wenn unsere anderen Kinder alles mit Gelassenheit und Verständnis von Dir hinnahmen. Aber ganz so einfach, wie es manchmal aussah, war es doch nicht. Jedenfalls von Christian weiß ich noch, dass er auch platzen konntest. Nach außen schien er ein unheimlich ausgeglichenes und

verständiges Kind zu sein. Und mit seinem Verständnis für alles habe ich ihn sicher durch eine ihn überfordernde Brille gesehen. Denn selten aber doch ein oder zwei mal ist er richtig wütend geworden. Einmal als Du, Paul, beide, Markus und Christian, unheimlich genervt hattest. Aus Wut hatte Christian Deine Glastür zu Deinem Zimmer eingetreten. Es war ihm alles zu viel! Dieser Bruder musste doch einmal Ruhe geben.
Ein andermal war Christian so aufgebracht, dass er den Feuerhaken vom Ofen nahm und damit auf Dich zuging und Dich bedrohte. „Ich habe auch meine Rechte in der Familie! Ich will ungestört meine Tätigkeiten verrichten können! Paul, Du bist hier nicht alleine und kannst nicht machen, was Du willst!" Das war heftig.
Ein Kind mit so vielen Handikaps in der Familie war auch für die Geschwister keine leichte Aufgabe.
In solchen Momenten war ich sehr verzweifelt und habe Gott nicht nur einmal gebeten, uns ein Zeichen zu geben, dass es weiter geht, dass es Sinn macht, so weiter zu machen, Gott gebeten, Paul, Dein unruhiges Gemüt zur Ruhe zu bringen.

Beinahe hätte ich etwas vergessen, Sabine.

Seit dem Besuch Deines Onkel Konrads bei uns, Sabine, kamen neuerdings zu Weihnachten und Ostern riesige Süßigkeitenpakete bei uns an. Dein Onkel Konrad hatte wahrscheinlich gedacht, vier Kinder sind schon ein ganzes Kinderheim. So groß waren die Pakete, voll gepfropft mit allem Schleckerkram, den man sich vorstellen konnte. Gut gemeint, aber natürlich viel zu viel. Er wollte alle Kinder gleich bedenken und keinen von Euch zurückstehen lassen. Alle habt Ihr Euch natürlich gefreut, nur ich nicht, denn von der weiteren Familie wurde auch noch so allerhand geschenkt. Paul, irgendwie hast Du gespürt, dass diese Pakete etwas mit Sabines Vergangenheit zu tun hatten. Du wurdest eigenartig unruhig, fragtest schon mal nach, wer denn der Onkel Konrad sei. Irgend etwas war Dir komisch daran, aber was, das konntest Du nicht benennen. War es Sabines Vorgeschichte, die diese Süßigkeiten ins Haus brachte? Brachten Menschen aus Deinen früheren Lebensjahren auch Süßigkeiten?

Paul, ich schreibe schon wieder so wenig Positives von Dir. Es hat auch so viele schöne Momente mit Dir gegeben. Versteh aber bitte, gute, positive Dinge werden schnell als normal angesehen. Deshalb ist auch so wenig von Christian und Markus in meiner Erinnerung geblieben. Es lief mit ihnen wie bei anderen Kindern auch. Sie ruhten in sich, beobachtete eine Bekannte von

mir ganz richtig. Sie hatte selbst zwei Kinder angenommen, auch Schwierigkeiten zu Hause und konnte das beurteilen.
Bei Dir machte uns gerade das Anderssein Sorge. Wenn Du so voller innerer Unruhe warst, würdest Du dann einmal im Leben bestehen können? Würdest Du einmal selbständig Dein Leben in die Hand nehmen können und ein Dich einigermaßen befriedigendes Leben führen können? Das war die große Sorge, jeden Tag aufs Neue.

Einige gute Dinge fallen mir noch ein.
Genau so spontan, wie Dir leider immer wieder Dinge passierten, die nicht sein sollten, handeltest Du auch im Guten. Gute Einfälle, wie jemandem helfen, etwas holen, was der andere brauchte oder Ähnliches setztest Du genauso sofort in die Tat um und brachtest damit anderen eine Freude. Das konnte ein Blumenstrauß sein, das konnte ein Ausdruck der Mitfreude sein, wenn einer der Familie etwas Schönes erlebte, das konnte auch ein Ausdruck der Trauer oder Mitgefühl sein, wenn Grund dafür war.

Wenn Du kleine, winzige Versteinerungen auf dem alten Postweg fandest, was andere Kinder nie fanden, verschenktest Du diese kleinen Schneckenhäuser gern, um uns wieder Freude zu bereiten.
Du konntest wunderbar in der Natur leben. Du beobachtetest die kleinen Tiere mit ihren Besonderheiten, die wir übersahen. Du konntest mit Deiner Fröhlichkeit und Freundlichkeit andere anstecken. Du konntest Zuwendung und Liebe geben.
Eigentlich warst Du ein Naturkind. Für Dich war die Schule, so wie sie war, Gift. Aber es gab die Schulpflicht und Lesen, Schreiben und Rechnen waren einige Grundvoraussetzungen, um sich im Leben heute zu orientieren. Anders konnte es nicht gehen.

Manchmal erwischte ich mich aber doch bei dem Gedanken, "Ach hättest Du doch im vorigen Jahrhundert gelebt, als es noch keine Schulpflicht gegeben hat. Dort hättest Du auf einem Bauernhof Pferdeknecht werden können. Du wärst glücklich gewesen. Die Pferde zu verstehen und sie gut zu versorgen, das hättest Du schon lernen können, aber Lesen, Schreiben und Rechnen, damit hättest Du Dich nicht abquälen müssen." Ja, richtig, eine Qual war für Dich alles Schulische, und es musste doch sein. Ich litt mit Dir, weil es so manches mal gegen Dein Naturell ging, gegen das Naturkind in Dir.
Aber wir hatten das 20. Jahrhundert und Du lebtest mit uns darin, die Wirklichkeit war heute. Die Wörtchen „wenn...., dann hätte..."gehörten normalerweise nicht in meine Lebensphilosophie.

Hin und wieder dachte ich auch an Überforderungen für Dich in unserer Familie. Dann stellte ich mir eine liebevolle Pflegefamilie vor, Leute, die einfacher waren, nach überschaubaren klaren Regeln lebten und liebevoll für Dich sorgen konnten, einfach aus dem Herzen heraus. Bei uns im Dorf gab es solch eine Person. Hanne Ewers, die stellte ich mir dann vor. Aber wäre das gegangen? Sie hatte selbst vier Söhne und zum Teil große Sorgen mit ihnen. Wäre es Dir dort besser gegangen? Wären auch diese Leute nicht überfordert gewesen?
Auch das waren unrealistische Phantasievorstellungen von mir. Es gab kaum willige Eltern, die sich zutrauten, etwas ältere Kinder mit Entwicklungsrückständen anzunehmen.

Frau Heider hat in ihren Briefen an uns und unsere ganze Familie, immer wieder betont, dass sie nie wieder Eltern kennen gelernt hatte, denen sie Dich, Sabine, oder Dich, Paul, hätte anvertrauen können. Ihr ward aufgrund Eures Alters und der vorhandenen Handikaps fast unvermittelbar für Adoptionen. Es war bestimmt nicht wahr, wenn sie schrieb, es gab keine. Sie meinte damit eher, die Leute trauen es sich nicht zu, an die Aufarbeitung der Rückstände in der Entwicklung zu gehen, nach Möglichkeiten der Therapie zu suchen und die kleinen und großen Rückschläge zu ertragen.
Das war die Realität.

Mir taten die Briefe gut, gaben sie mir doch immer wieder Bestätigung, dass wir richtig gehandelt hatten, dass wir auf dem richtigen Weg waren. Das gab Kraft, Kraft für immer wieder gute und schlechte neue Zeiten mit Euch.

30. November 2010

Was ist Sucht?

Als ich anfing zu schreiben, konnte ich an nichts anderes denken, als an meine Texte. Sorge hatte ich, ich würde nicht alles zu Papier bringen können, was ich vor hatte. Es könnten Gedanken und Ideen verloren gehen, ehe sie aufgeschrieben sind. Es gab keine anderen Ziele mehr, alles war darauf ausgerichtet.

Wenn ich etwas anderes machen wollte, hatte ich ein schlechtes Gewissen. Also schrieb ich wieder. Ideen und Vorstellungen, die ich außerdem verwirklichen wollte (z. b. Basteln), gefielen mir überhaupt nicht mehr.
Es trieb mich zwar raus in die Natur, bei jedem Wetter. Das war körperlicher Ausgleich. Ansonsten schrieb ich.
Musik störte meine Gedankenkreise, ich schrieb.

War ich süchtig? So stelle ich mir Sucht vor, nichts anderes mehr zulassen zu können, nur noch an das eine zu denken, das mich befriedigen soll, aber letztendlich doch nicht befriedigt, weil es nie ausreicht, nie genug ist, immer weiter geht.

Das wollte ich eigentlich nicht. Ich legte Zwangspausen ein und unternahm etwas anderes. Weihnachtsgeschenke wollte ich herstellen. Ich hatte gelesen, Schürzen zu tragen (föreklӓder im Schwedischen) ist wieder in.
Warum sollte ich nicht auch meinen Männern eine Schürze schenken?

Stoffe habe ich genug in der Truhe. Ich habe so einen Fimmel, ich muss immer Stoffe kaufen und vernähe sie meistens erst viel später, wenn sie bei mir abgelagert sind. Ein Besuch der Stoffabteilung bei Ikea oder bei Ahlens gehört zu meinen Schwedenritualen.

Dieses mal sah ich bei Ahlens Weihnachtsstoffe mit Wichtelmännchen. Warum nicht für jeden eine Weihnachtsschürze herstellen? Auch die Männer dürfen in der Küche mal Wichtelmännchen spielen und kochen (oder abwaschen, wenn sie nicht kochen können). Und die Frauen der Familie wollen auch bedacht sein! Also neun Schürzen für alle!

Die habe ich inzwischen fertig. Dazu noch aus den Resten Wichtelsäckchen für Dietmar und Paul, damit die Wartezeit bis Weihnachten ihnen nicht so lang seni wird. Und für Paul wird noch ein Fotoalbum zusammengestellt...

Und als nächstes geht es an Weihnachtsschmuck aus Naturmaterial. Einen Kranz will ich binden.... Musik macht mir das Leben gemütlich.

Jetzt weiß ich, ich bin nicht süchtig und doch schreibe ich weiter....

Zehn Jahre alt warst Du, Paul, als Du wieder einmal mit Matthias auf den Mäuseberg gingst. Heini Frank habt Ihr dort immer besucht. Von ihm wurden ganz fürchterliche Geschichten erzählt, die er als Kind begangen haben sollte. Und er selbst rühmte sich damals noch derer. Folglich unterstützte er Euch auch, wenn Ihr dumme Gedanken äußertet.

Ihr wolltet mal das Rauchen ausprobieren. Warum nicht, meinte er, ein jeder muss seine Erfahrungen machen und schenkte Euch Zigaretten, die Ihr auf irgend eine Art und Weise verraucht habt.
Du kamst fahl blass nach Hause und Dir war kotzübel, besser konnte man es nicht ausdrücken. Du hingst über dem Klo und konntest gar nicht aufhören, alles von Dir zu geben.
„Ruf den Dr. Schuhmann an, mir ist so schlecht!" batest Du immer wieder. Von wegen, Dr. Schuhmann rufen, habe ich innerlich geschmunzelt und Dich weiter ordentlich aller Deiner Schandtaten entledigen lassen.
So schnell würdest Du nicht wieder nach den Zigaretten greifen, glaubte ich damals.

Ich weiß nicht, wie lange dieses Erlebnis bei Dir Wirkung gezeigt hatte, jedenfalls hattest Du mindestens ein paar Monate oder auch Jahre genug davon.

2. Dezember 2010

Eisblumen am Fenster

Wer kennt das noch? Bizarre Gebilde aus Eiskristallen an der Fensterscheibe. Früher, in meiner Kinderzeit haben wir dagegen gehaucht, um kleine Stellen aufzutauen, um zu sehen, was draußen passierte. Heute finden wir die Eisblumen selbst hier nur noch an Fenstern von ungeheizten Zimmern oder da, wo es nur Einscheibenfenster gibt, z. B. im Gästehäuschen. Wenn die Räume bewohnt und beheizt werden, sind auch die Eisblumen verschwunden, denn in unserem Wohnhaus sind Doppelfenster. Was müssen die Leute früher mit ihren einfach verglasten Fenstern im Winter gefroren haben!

Gestern am 1. Dezember hatten wir nachts minus 20 Grad. Auch tagsüber war es noch recht kalt, aber windstill und wunderbarer Sonnenschein. Diese trockene Kälte kann man gut aushalten, wenn man warm angezogen ist, sich bewegt und draußen arbeitet, z. B. altes Holzgeäst aus dem Schnee wühlt und in handliche Stücke zum Transport vorbereitet. Bloß stehen bleiben darf man nicht, sonst erfrieren die Füße.

Die Woche mit Dietmar war schön. Eine Abwechslung in der Einsamkeit. Und so vieles ist erledigt, was ich nicht kann.
Das große Holz ist gesägt, nun wartet es nur noch darauf, von Christian oder Markus gehackt zu werden. Packen werde ich es dann wieder. Ich rechne immer schon aus, wie viel Kubikmeter Vorrat wir haben. Noch reicht es, auch noch für den nächsten Winter. Aber dann wird es knapp. Also muss immer neues gesucht werden.

In allen Fenstern stehen Lichterbögen und die Tannen sind draußen schon geschmückt. Da wird einem warm ums Herz, wenn man jetzt in der dunklen Jahreszeit von draußen aufs Haus zukommt. Die erhellten Fenster laden ein in eine warme Gemütlichkeit, wunderbar.

Zur Vardcentral (medizinische Versorgung) mussten wir einmal fahren. Ich habe mir sicherheitshalber in Dietmar einen sprachkundigeren Begleiter mitgenommen. Ein roter Fleck in der Kniekehle nach einem Zeckenbiss im Sommer wollte

nicht von alleine weggehen. Auf Verdacht hat mir die Ärztin Antibiotika verschrieben – ohne umständliche Blutuntersuchungen – denn mit Borreliose ist, wie ich aus eigener Erfahrung weiß, nicht zu spaßen.
„Wir alle müssen mit den Biestern hier leben, willkommen im Kreis der richtigen Schwedinnen!" meinte die Schwester scherzhaft. „Freuen Sie sich über den Schnee, da beißen die Zecken wenigsten nicht!"
Oh, das Wesentliche scheine ich wohl doch verstanden zu haben. So langsam werde ich stolz auf meine Sprachkenntnisse.

Eben ein Anruf von Dietmar: Irgendwo ist er mit dem Zug auf der Heimfahrt im Schnee und Eis stecken geblieben und hat dann den Anschluss in Kopenhagen nicht mehr bekommen. Die Fähren fahren wohl auch nicht mehr. Jetzt rief er aus Fredericia an, das liegt in Jütland, eine Weltreise? Von dort wird er versuchen, nach Hamburg zu kommen und dann weiter nach Hause. Paul sagte, auch in Mecklenburg habe der Winter richtig zugeschlagen....

1984

Polenreise, Identitätsprobleme und viele offene Fragen

Gesundheitlich ging es mir wesentlich besser! Wie gut, dass ich mich zu der Operation im vorigen Jahr entschlossen hatte, und so machten Familienplanungen wieder richtigen Spaß!

Könnt Ihr Euch noch erinnern an unsere verrückte Polenreise im Sommer 1984? Mir sind die Wochen lange nicht aus dem Kopf gegangen, denn ich hatte so viel zu verarbeiten. Es war auch eine Reise mit so vielen persönlichen Kontakten, die sich bis heute erhalten haben.

Es war noch die Zeit vor Solidarnosc. Es herrschte noch keine Freiheit in Polen, sondern kommunistische Diktatur. An vielem war Mangel, einige hatten manches im Überfluss, um damit wieder zu tauschen oder zu handeln. Für uns ein unvorstellbares Leben.

Wir hatten unseren Toyota-Bulli neu. Man konnte die hinteren Sitze so umbauen, dass man eine flache Fläche zum Schlafen hatte.
Für die Ferientage hatte uns Dieter ein Häuschen in der Nähe von Lötzen (Gizicko) besorgt, aber bis dahin war es mehr als einen Tag zu fahren, und wir mussten mindestens eine Zwischenübernachtung einplanen. Sechs Personen waren unterzubringen, Markus mit fast drei Jahren, Christian mit 5 Jahren, Paul war 10 und Sabine war 13 Jahre alt, dazu wir Erwachsenen. Unsere Planung war folgende: Drei von uns konnten im Bus hinten nebeneinander liegen, wahrscheinlich Sabine, Christian in der Mitte und ich. Für Markus hatten wir eine Hängematte besorgt, die sollte über uns schaukeln. Dietmar und Paul wollten im Zelt schlafen. Irgendwo würden wir schon ein Plätzchen zum Übernachten finden.

Es war Juli. Morgens um 4 Uhr 30 ging die Fahrt los. Über zwei Grenzen in Helmstedt und Frankfurt an der Oder kamen wir bei strömendem Regen nach Polen und erreichten am Spätnachmittag die Stadt Posen (Poznan). Ein Übernachtungsplatz wurde gesucht. Dazu fuhren wir eine gute Stunde hinaus in eine Waldgegend. Das war etwas unheimlich, da wir nicht wussten, wo wir hin sollten. Ein Waldstück schien uns geeignet. Dietmar versuchte rückwärts einen guten Halteplatz für den Bus zu bekommen, fuhr aber gegen

einen Baum und das rechte hintere Rücklicht ging kaputt. Irgendwo bellte ganz fürchterlich ein Hund. Ihr bekamt alle Angst und wolltet dort nicht bleiben. Also fuhren wir weiter, wohin? Irgendwo bogen wir einfach nach rechts ein und dachten, jetzt suchen wir nicht mehr lange. Es war schon nach 21 Uhr, und es sollte bald dunkel werden.
Als wir anhielten und unser Zelt auspackten, wurden wir auf deutsch von freundlichen Menschen angesprochen: „Dort können Sie nicht übernachten, es wird zu feucht werden." Aber wir sollten mitkommen, sie würden uns eine Stelle zeigen, da wo sie selber lebten. Dort könnten auch wir unser Zelt aufbauen.

Die Leute trugen Wasser mit Tragegestellen über der Schulter zu ihrer Wohnstelle mitten in einem herrlichen Wald. Wir fuhren mit dem Bulli nach. In zwei sehr einfachen Holzhäuschen wohnten dort den ganzen Sommer über zwei Familien, fast alle Tätigkeiten fanden im Freien statt. So gab es eine Kochstelle und eine Abwaschstelle. Die Töpfe hingen an Ästen. Ich erinnerte mich an meine Pfadfinderzeit! Es waren zwei Professorenfamilien, Architekten aus Poznan, die den Sommer mit ihren Kindern hier draußen verbrachten. Wir lernten eine der Familien kennen, die uns aufs herzlichste einluden und mit uns das wenige teilten, was sie zum Essen da hatten. Es wuchsen dort Johannisbeerbüsche, wohl von ihnen selbst einmal angepflanzt, und es gab gerade reife Johannisbeeren mit Zucker.
„Ein Besuch ist, als wenn der liebe Gott ins Haus kommt." haben sie gesagt und so haben sie uns auch empfangen.

Wir wussten gar nicht, wie wir danken sollten. Natürlich hatten wir einige Geschenke eingepackt. Wir wollten ihnen Wein schenken, aber den wollten sie nicht. Sie tranken keinen Alkohol. Also blieb ein eingeschweißter Schinken dort, über den sie sich sehr gefreut haben.

Diese Leute bedankten sich bei uns für Spendenpakete, die Deutsche den Polen in den gerade vergangenen Zeiten des Hungers geschickt hatten. „Menschen, die selbst von sich etwas abgeben, können nicht böse sein." sagten sie uns. Wir persönlich hatten uns an der Spendenaktion nicht beteiligt, jedenfalls nicht in meiner Erinnerung. Aber sie meinten das allgemein. Sie erzählten von fünf Söhnen, die zum größten Teil im Sommer dort im Wald aufgewachsen waren. Nach Poznan ging ein Vorortzug, mit dem die Kinder zur Schule und auch der Familienvater die Sommermonate zur Universität gefahren waren. In Poznan hatten sie nur eine kleinere Mietwohnung, in der sie im Winter lebten. Sie erzählten von den Söhnen, die damals bereits Stu-

denten waren, die sich in der Solidarnosc beteiligt hatten, was dazu führte, dass die Familie bereits dreimal eine Haus- und Wohnungsdurchsuchung der Miliz hinnehmen musste.
Es wurde spät, erst als es draußen schon tief dunkel war, wurde das Zelt aufgebaut. In unserem Bulli klappte das Schlafen nicht, so wie wir uns das gedacht hatten. Markus konnte in der Hängematte nicht liegen. Er plumpste zu uns anderen herunter und lag dann irgendwo an, auf oder unter unseren Füßen. Aber das machte nichts.

Von diesen netten Menschen ließen wir uns die Anschrift in Poznan geben und haben bis heute zu jeder Weihnachtszeit mit ihnen Kontakt gehalten. Für mich waren es sehr beeindruckende Menschen, die einen Weg gefunden hatten, ihr schwieriges Leben zu bewältigen.

Am nächsten Morgen ging es weiter in Richtung Masurische Seenplatte. Das war noch eine Tagesreise. Während unserer Mittagspause kam eine alte Zigeunerin an unseren Bus und bettelte. Auch das kannten wir nicht.

Gegen Abend erreichten wir den Ort Gizicko, früher Lötzen. Wir fuhren zu Dieter, und der führte uns weiter zu einem kleinen Häuschen am Graiwosee bei Lötzen, wunderbar gelegen am Wasser. Begrüßt wurden wir dort von Marek, dem das Haus gehörte mit einem Aal. Dieter schenkte uns eine Torte.

Das Häuschen hatte sich Marek auf dem Grundstück eines Bauernhofes seiner Schwiegereltern gebaut. Dort wurde in den Tagen gerade geschlachtet. Und als wir bei allen und das heißt auch bei den Bauersleuten unsere deutschen Geschenke verteilt hatten, gab es erst mal Gegengeschenke, ein und ein halbes Kilo Schweinefleisch und Wurst in Gläsern. Viel zu viel für uns, hatten wir uns doch auch selbst vorher mit allem von Aldi eingedeckt. Eier, Kartoffeln und Milch konnten wir beim Bauern kaufen. Das war vorher über Dieter verabredet worden, wunderbar!

Das Häuschen war sehr gut eingerichtet. Eine Schrankwand wie aus einem deutschen Möbelkatalog. Und tatsächlich, es stellte sich heraus, dass Marek diese Schrankwand nach einem Bild aus einem deutschen Katalog nachgebaut hatte. Eine sehr gute Tischlerarbeit.
Alles an und in dem Haus hatte er eigenhändig hergestellt. Er selber sagte, er sei Schlossermeister, aber sein Vater sei Tischlermeister, dort habe er das gelernt. Und der Vater habe auch eine Werkstatt. Marek, ein Mann mit zwei rechten Händen.

Das Häuschen hatte nur einen Raum, mit Doppelstockbett und Couch. Wir schliefen selbstverständlich die erste Nacht alle darinnen, aber auch auf dem restlichen Fußboden war so wenig Platz, dass wir kaum unsere Luftmatratzen ausbreiten konnten. Dietmar und ich beschlossen daraufhin, die weiteren Nächte in unserem Kleinbus zu verbringen, was für die Familie erholsamer war.

Wir haben von dort einige interessante Touren durch das ganze südliche Ostpreußen unternommen. In Allenstein besuchten wir Opas Briefmarkentauschpartner, einen Psychologieprofessor, der uns sehr viel von der sehr schlechten Versorgung in Polen erzählte. Auch dort wurden wir auf das herzlichste aufgenommen, wieder wurde alles aufgetischt, was im Hause war.

Eine längere Tour ging bis ans frische Haff, nach Frauenburg, wo eine Gruppe westdeutscher Pfadfinder am Wiederaufbau von historischen Stätten beteiligt war.
Dann fanden wir auch gespenstische Orte vor, die verfallen, verwüstet und unbewohnt waren. Eine Rückfahrt, bei der unentwegt, die Benzinlampe aufleuchtete, aber wo gab es Benzin? Ich weiß nicht mehr, wie die Fahrt ausgegangen ist, ob wir irgendwo übernachtet haben?

Alle ward Ihr einmal krank in der Zeit, ob von dem vielen Aal oder von der fetten Wurst, wir wissen es nicht, aber bei allen hat sich der Magen und der Darm schnell wieder beruhigt.
Für die Hofstelle, auf der Mareks Häuschen stand, gab es keine Müllabfuhr. Es gab auch kaum Verpackungsmaterial. Bei uns war alles in Plastik verpackt. Alles steril und sauber, aber auch mit Unmengen Abfall verbunden. Man sagte uns, wir sollten unseren Abfall zu einer Feuerstelle auf dem Gelände bringen. Der Müllhaufen dort würde von Zeit zu Zeit angesteckt und verbrannt.
Markus, Du brauchtest noch Windeln. Ich gehörte normalerweise noch zu den altmodischen Leuten und hatte noch Stoffwindeln für Euch. Aber für die Reise hatte ich Pampers mitgenommen. Wie sollte ich denn unterwegs auch Windeln waschen. Und diese Zellstoffwindeln mit entsprechendem Plastikanteil landeten nun auch auf dem großen Haufen. Das war allein schon peinlich genug, dass von uns so etwas in Mengen entsorgt wurde, etwas, was man in Polen noch nicht kannte.
Nun gab es dort die Hühner, von denen wir die Eier bekamen. Die waren sicher neugierig, was es da alles Unbekanntes gab und pickten sich durch unseren Abfall. Zerfleddert flogen die Windeln dann durch das Gelände.

Zu Hause hätte ich Markus bereits ohne Windeln herum laufen lassen, aber dort hatte Marek sein Häuschen mit gutem Teppichboden ausgelegt, den es sicher nicht so einfach zu kaufen gab. Ich hatte einfach Angst, es würde etwas auf den Teppichboden kommen. So mussten wir die Dinger weiter benutzen.

Paul, Du entdecktest, dass der alte Bauer sehr viel Schnaps trank und ihn im Kaninchenstall versteckte. Das Versteck hast Du dann der Bauersfrau gezeigt, die daraufhin die Schnapsflasche ausschüttete und sie mit Wasser gefüllt wieder in den Kaninchenstall stellte. Und wir hatten dem Mann auch noch deutschen Schnaps geschenkt, über den er sich natürlich sehr gefreut hatte, warum wohl?

In Mareks Boot wurdet Ihr zum Angeln mitgenommen. Immer wieder bekamen wir geräucherte Aale von Marek geschenkt, so viele, wie wir gar nicht alleine essen konnten.
Da wir auf der Rückfahrt wieder über Allenstein fahren wollten, brachten wir zwei von den leckeren Fischen der Allensteiner Familie mit. Die Freude dort war riesig groß!

Als Andenken hatte ich mir handgestickte Decken gekauft. Geld hatten wir durch den günstigen Umtausch reichlich. Als wir unseren Allensteiner Freunden von den wunderschönen handgestickten Decken erzählten, erfuhren wir, dass sich die Polen solche Decken nicht leisten können, da solch eine große, wie ich sie hatte, einen Monatslohn kosten würde. Und wer hat den schon für eine Tischdecke übrig? Bei uns hat sie viele Jahre den Esstisch im Wohnzimmer geschmückt.

Auch diese Rückfahrt gestalteten wir in Etappen. Ein oder zwei mal haben wir im Bulli und im Zelt übernachtet. Einmal wurden uns nachts die Heringe vom Zelt geklaut.
Trotzdem sind wir heile wieder zu Hause angekommen, um viele Erfahrungen reicher.

Sabine, Du warst nun im 14. Lebensjahr, körperlich voll entwickelt, kam auch Deine Persönlichkeit in Aufruhr. Das bedeutete ein Infragestellen von allem, was vorher Gültigkeit hatte. Ein Infragestellen Deiner Gefühle, Deiner Gedanken und dessen was von uns Eltern als gut und richtig angesehen wurde, war angesagt. Bei manchen Jugendlichen vollzieht sich in der Zeit im Kopf eine Revolution, es geht dann sehr stürmisch zu. Bei Dir vollzog sich alles sehr gemächlich. Das war für uns Eltern schon in Ordnung, konnten wir uns auf diese Art langsam darauf einstellen, dass Du erwachsen wurdest.

Ich glaube, dass Adoptivkinder es schwerer haben, den Mut aufzubringen, sich von allem Althergebrachten der Eltern zu lösen, um nach neuen Werten und Richtungen zu suchen. Sie möchten nicht als undankbar angesehen werden, vielleicht spielte auch eine Angst vor Verstoßung und Ablehnung eine Rolle. Solche Ängste kennen leibliche Kinder nicht. Sie fühlen sich viel sicherer und handeln aus dieser Sicherheit heraus fordernder und impulsiver.

Bei Dir, Sabine, hatte ich den Eindruck, Du fühltest Dich auf der einen Seite geborgen in unserer Familie, dann aber auch wieder fremd. Viele Fragen waren sicher in Dir. „Wer bin ich?" „Was habe ich mit diesen meinen neuen Eltern gemeinsam?" „Muss ich dankbar sein?" „Ich bin doch aber so anders!" „Verstehen die mich überhaupt?" „Haben sie ihre leiblichen Kinder nicht viel lieber als mich?" „Warum können die so gut zusammen lachen, und ich kann nicht mitlachen?"
Fragen nach Deinen eigenen leiblichen Eltern konntest Du noch nicht konkret stellen. Dein Onkel Konrad hatte Dir gesagt, dass er Dir später einmal die Adresse Deiner leiblichen Mutter geben wollte, noch hielt er sie zurück. Da war noch etwas Ungewisses dabei. „Warum machen alle so ein Geheimnis um diese Frau?" „Was ist mit meinem leiblichen Vater?" „Mit wem habe ich Ähnlichkeiten, mit meiner Mutter oder meinem Vater?"

Es schwirrte sicher so einiges Ungeklärte in Deinem Kopf herum. Nach außen zeigtest Du Dich zurückhaltend, aber immer neugierig, still und manchmal verträumt. Gerne warst Du immer unter Erwachsenen und hörtest zu, was alles erzählt wurde, aber Du fühltest Dich auch fremd zwischen ihnen, ein Gefühl wohl, das man schlecht in Worte fassen konnte.
Hast Du Dich auch manchmal gefragt, ob Du Dich in Deiner leiblichen Familie wohler gefühlt hättest? Du suchtest ja Menschen, die so waren, wie Du, die Dich auf anhieb verstehen würden. Menschen, unter denen Du nicht viel zu sagen brauchtest, von denen Du aber wüsstest, sie nehmen und verstehen Dich, so wie Du bist.

Ob wir Dir das geben konnten, weiß ich nicht. Glücklich warst Du (und ich auch!), wenn Außenstehende, die nichts von Deiner Adoption wussten, zwischen Dir und mir Ähnlichkeiten feststellten. Vielleicht hattest Du wirklich von mir etwas angenommen in der Gestik und Mimik oder in der Wortwahl und Sprache. Von Deiner Figur entwickeltest Du Dich ganz anders, als ich es war. Du warst größer, kräftiger und korpulenter.

Sabine, Deine vielen Fragen mussten im Raum stehen bleiben.

1985

Konfirmation, Großmutti, Hyperaktivität, Zahnspange, Dermatomyositis, schöne Geschichten, Urlaub im Haus Silberbach und wieder Schulwechsel

Im Jahre 1985 stand erst mal Deine Konfirmation an. Von uns hattest Du neue Paten bekommen, nämlich Harald und Tante Traudchen, die selbst ein Adoptivkind gewesen war.
Wir konnten ja nicht wissen, wie sich alles entwickeln sollte. Nun aber war von den alten Paten der Onkel Konrad in Erscheinung getreten. Dein größter Wunsch war es nicht nur, dass er zur Konfirmation eingeladen wurde, sondern auch, dass wir uns mit ihm und seiner Frau duzen sollten. Das hieß für Dich, er solle dazugehören und in den Kreis Deiner jetzigen Familie aufgenommen werden. Das konnten wir Dir erfüllen.
Und so feierten wir Deine Konfirmation mit allen zusammen.

Ich hatte den Eindruck, dass Du glücklich warst, oder schwang damals schon ein ungutes Gefühl in Dir mit, dass Du Dir erst viel später erklären konntest? Vor dem Nachmittagskaffe machte es sich Dein Onkel gemütlich. Er zog sich um und erschien im Jogginganzug. „Andere Menschen, andere Sitten," dachte ich für mich.

In der Schule machtest Du unterschiedliche Erfahrungen. Einige Fächer machten Dir große Freude, das war wie schon immer Mathematik und als neueste Errungenschaft der Schule, das Lernen am Computer. Da hast Du Dir so manches Lob extra eingeholt, da Du dort auch als einziges Mädchen mit so viel Freude herangingst.
Negative Erlebnisse gab es auch. Dein Englischlehrer war Dir sehr unheimlich. Häufig beugte er sich, aus Deiner Sicht absichtlich, sehr intensiv über Dich, wenn er durch die Reihen ging, um in Eure Hefte zu sehen. Von diesem Menschen hast Du Dich innerlich angewidert gefühlt. Da man dem Mann aber öffentlich keine unredlichen Absichten unterstellen konnte, war es auch schlecht möglich, dagegen etwas zu unternehmen.

Einige Freundinnen hattest Du während der Hauptschulzeit, das war gut. In der Schule warst Du öfters mit einer Türkin zusammen, die aber nicht zu uns kommen durfte. Sehr erschüttert hatte Dich damals, dass sie zurück in die Türkei gehen musste, um dort mit ihren 14 Jahren einen Mann zu heiraten, den ihre Eltern für sie ausgesucht hatten. Selbst Deine Klassenlehrerin setzte sich für dieses Mädchen ein, aber es nützte nichts, sie musste dem Willen ihrer Familie folgen.

Du warst so gut in der Schule, dass Du in die Erweiterungskurse aufgenommen wurdest und dort den mittleren Bildungsabschluss erreichen konntest. Auch während der Hauptschulzeit hast Du Dir nie Hilfe bei den Hausaufgaben gesucht. Alles, was Du erreicht hast, hast Du alleine erreicht. Das war Dein ganzer Stolz, auch wir waren stolz auf Dich.

Freizeitmäßig warst Du bei den Pfadfindern engagiert. Darüber wirst Du noch mehr wissen, als ich. In meinem Kalender standen nur Deine vielen Termine und Wochenendfahrten, an denen Du unterwegs warst.

Großmutti schaffte mir Freiraum!

Dietmars Mutter, die im Unterschied zu Oma und Opa aus dem Nachbarhaus, von Euch Großmutti genannt werden wollte, wohnte in Hannover. Einmal im Monat kam sie für ca. eine Woche zu uns. Für sie hatten wir unten im Haus eine kleine Ferienwohnung mit eigener Küche und Bad. Sie kümmerte sich sehr viel um Euch und nahm mir dadurch einige Arbeit ab.

Immer wenn Großmutti da war, konnte ich mal verschnaufen und mir etwas vornehmen, was mir Spaß machte und mir neue Kraft gab. Meistens ging ich dann gerne spazieren. Ich hatte so meinen Rundweg durch den Erlenpark, weiter den Berg hoch und oberhalb der nächsten Felder wieder zurück. Manchmal ging ich auch weiter und sah nach, was wild gewachsen war an Früchten, um es dann rechtzeitig zu ernten. So gab es Brombeeren, Schlehen, Hagebutten und Pilze je nach Jahreszeit.

Über den Kinderschutzbund war mir eine Familie vermittelt worden, die Hilfe brauchte. Im Nachbardorf wohnte ein Vater mit seinen fünf Kindern, bei dem die Frau ausgezogen war und auch noch so einige notwendige Haushaltsgegenstände hatte mitgehen lassen. Die Familie wohnte unter sehr bescheidenen Verhältnissen im alten Spritzenhaus. Über einen Spendenaufruf zu Weihnachten konnte ich über 2000 DM für die Familie bekommen. Da machte das Helfen Freude. Auch hier war mir Großmutti eine große Hilfe, denn immer wenn sie in Husthausen war, konnte ich mich um die Familie kümmern.

4. Dezember 2010

Mehrmals bin ich gefragt worden, warum ich nicht im Sommer nach Schweden gehe, um zu schreiben. „Weil ich im Sommer immer draußen sein will, und es dann nichts wird mit dem Schreiben", habe ich geantwortet.
Nun ertappe ich mich dabei, dass ich auch im Winter draußen bleiben möchte. Von 8.30 Uhr bis ca. 15.00 Uhr ist es hell, von 9.30 Uhr bis 14.30 Uhr scheint die Sonne. Die Luft ist kristallklar und sauber, die schneebedeckten Bäume wiegen sich seicht im Wind, und es ist Stille. Wir haben hier wirklich ein Paradies. Schöner kann es auch in Davos nicht sein.

Außerhalb des Hauses schaufele ich mir Freiheit, Schnee-Bewegungsfreiheit vorm Haus.

In den schmalen Wegen fühle ich mich leicht eingeengt, besonders dann, wenn sie zum Tunnel werden. Also jetzt noch ran, so lange der Schnee noch zu bewegen ist.

Es soll so bleiben bis auf Weiteres, mal ein paar warme Tage mit Minusgraden im einstelligen Bereich und hin und wieder Neuschnee, dann wieder Tage mit Frostgraden im zweistelligen Bereich, auch für Weihnachten ist kein Frühling in Sicht. Wunderschön, wenn es so kommen sollte.

16.00 Uhr und es ist ganz dunkel draußen. Unten im Wohnzimmer habe ich die Lichterbögen in den Fenstern angemacht, damit es gemütlich ist, wenn ich nach meiner Schreibzeit ins Zimmer komme. Die Öfen sind mit Holz neu belegt.

Wenn ich dann wieder nach Hause kam, war ich so ausgeglichen und zufrieden, weil mir dann wieder bewusst wurde, dass ich im Vergleich zu dieser Familie wie in einem Schloss wohnte. Das waren Erfahrungen, die mich dankbar gemacht haben, wenn ich mal wieder am Verzweifeln war.
Solche Hilfen für andere konnten mir viel Kraft zurück geben, weil sich der eigene verengte Blickwinkel wieder weitete.

Großmutti nahm der Reihe nach immer mal einen von Euch Vieren mit nach Hannover für ein paar Tage, entweder über ein Wochenende oder in Ferientagen. Meistens stand neben dem obligatorischen Maschsee-Spaziergang auch ein Zoobesuch an.

Mit dem Phänomen der Hyperaktivität beschäftigte ich mich immer mehr. So ein wenig war es auch in Mode gekommen, darüber zu reden, und es fanden sich immer mehr Eltern, die gleiche Sorgen mit ihren Kindern hatten. Mit einem eigens verfassten Zeitungsartikel über die Probleme dieser Kinder und gleichzeitig mit der Ankündigung eines Vortrags von Herrn Dr. Schuhmann zu diesem Thema gingen wir – drei betroffene Mütter – an die Öffentlichkeit. Viele Familien fühlten sich angesprochen und unser kleiner Gesprächskreis hatte, über die Volkshochschule vermittelt, einen regen Zulauf.

Aber wie leicht in solchen Kreisen, wenn man nicht über den Dingen stehen kann, sondern mittendrin steht und betroffen ist, gleiten die Aktivitäten in Bereiche ab, die aus meiner Sicht nicht effektiv waren.

Es kam damals die Meinung auf, dass die Hyperaktivität durch Lebensmittelzusatzstoffe, insbesondere künstliche Phosphate, entstehe und dass die Kinder durch ein Weglassen dieser Zusatzstoffe wieder ruhig würden. Es gab sogar eine Phosphatliga in Hamburg, die einige Veröffentlichungen herausgebracht hatte. Die Initiatoren der Phosphatliga luden wir nach Barker ein. Nach deren Vortrag glaubten viele betroffene Mütter, gerade ihre Kinder seien phosphatüberempfindlich gewesen.

Folglich wurden Kochrezepte ausgetauscht. Außerdem wurde in meiner Erinnerung nur noch über unheilvolle Zusatzstoffe in Lebensmitteln gesprochen. Selbstverständlich wurde das Medikament Ritalin verteufelt.

Ich glaubte nicht daran, dass eine phosphatarme Diät auch Dir helfen könnte, Paul. Trotzdem wollte ich es austesten. Eine Phosphatunverträglichkeit sollte man auch durch eine Tablette Aludrox beeinflussen können. Mit der Einnahme solch einer Tablette sollte es den Kindern gut gehen. Ich gab Dir sehr zögerlich eine dieser Pillen.

Es ging Dir danach sehr schlecht. Du zogst Dich in Dein Zimmer zurück und klagtest über ein eigenartiges Unwohlsein, dass Du nicht beschreiben konntest und zogst immer Deine Hände und Deinen Körper zusammen.

Das konnte ich nicht mit ansehen. Ich gab Dir ein Tüte Haselnüsse, die wegen des hohen Phosphatgehaltes (aber natürlichen Phospates) auch von den betroffenen Kindern gemieden werden sollte. Diese Nüsse durftest Du nun aufessen. Du nahmst so viel, wie Du schaffen konntest, und Dir ging es wieder gut.
Beim nächsten Treffen der Gruppe, berichtete ich von meinen Erfahrungen mit Dir. Es wurde mir nicht geglaubt, eine Mutter meinte sogar, dass ich mich an Dir versündigen würde, weil ich Dir das Ritalin weiter geben würde. Tatsächlich berichteten die meisten Mütter zunächst von kleinen Erfolgen bei ihren Kindern. Man darf aber nicht vergessen, dass am Anfang jeder Therapie Kinder ruhiger werden, weil sie mehr Aufmerksamkeit bekommen.

Später habe ich Studien dazu gelesen. Da wurde davon gesprochen, dass etwa 40 % aller hyperaktiven Kinder möglicherweise durch eine Allergie unruhig würden. Allergien aber gegen alle möglichen Lebensmittel, selbst der tägliche Apfel konnte es sein. Eine Phosphatallergie hatten tatsächlich 2 % aller untersuchten hyperaktiven Kinder.
Aber jeder suchte nach einem Strohhalm, um Euch Kindern mit diesem Syndrom zu helfen ohne Medikamente. Bis heute ist das Allheilmittel außerhalb der Pharmazie nicht gefunden worden.

Mit diesem Thema beschäftigte ich mich intensiv und wusste wirklich, wie das Krankheitsbild aussieht, auch im Vergleich dazu, wie gesunde Kinder reagieren. Markus und Christian waren das ganze Gegenteil eines hyperaktiven Kindes.

Jetzt war Christians Schuluntersuchung an der Reihe.
Christian wurde am 20. 2. 1985 um 10.00 Uhr zur Untersuchung bestellt. Alle Kinder waren zur gleichen Zeit bestellt worden. Um die Kinder mit den letzten Anfangsbuchstaben im Alphabet nicht von vornherein immer zu benachteiligen, wurden sie hier als erstes herangenommen. Christian Beater war einer, der folglich am längsten warten musste. Es schien eine unendliche

Zeit zu sein. Gegen 13.00 Uhr war es endlich so weit. Er war inzwischen müde und genervt, denn gerade als angehendes Schulkind geht man mit innerer Anspannung zu solch einer Untersuchung, und diese innere Anspannung erforderte viel Energie, denn alle Kinder wussten, dass diese Untersuchung zu einem neuen Lebensabschnitt führen sollte.
Völlig erschöpft von der langen angespannten Wartezeit, konnte Christian weder einen Ball fangen, noch alle Farben sicher benennen. In Anbetracht seines jungen Alters (Er war noch fünf Jahre alt und wurde im Juni erst sechs.) wollte der Arzt ihn von der Schule zurückstellen. Auf seine Karteikarte schrieb er deshalb „Hyperaktivität".
Ausgerechnet, dass sollte bei ihm stimmen. Ich protestierte und sagte ihm, darüber wüsste ich sehr genau Bescheid. Seine Unsicherheiten kämen von der langen Wartezeit und überhaupt, er würde sich ein Jahr nur langweilen, wenn er ihn zurück stellen sollte, denn er könnte ja schon lesen und rechnen. Daraufhin fragte der Schularzt etwas entsetzt: „Wer hat ihm das denn beigebracht?" Etwas schüchtern und bescheiden kam von Christian die Antwort: „Ich mir selber." So ist es gewesen! Der Arzt sagte dann nichts mehr dazu und schrieb ihn auf meinen Wunsch hin schulreif, und das war richtig so.

Paul, Du bekamst eine Zahnspange. Eigentlich solltest Du sie auch tagsüber tragen, aber sie störte Dich beim Sprechen. Es war eine Qual für Dich. Ich entschied, dass Du sie wenigstens des Nachts tragen solltest. Du schliefst auch mit der Klammer ein, aber ich fand sie jeden Morgen irgendwo in Deinem Bett, nur nicht in Deinem Mund.
Als Du einmal vom Zahnarzt vom Einstellen zurückkamst, musstest Du sie im Munde behalten. Du wolltest Dir im Dorf in unserem Laden noch etwas kaufen, daher fuhr ich schon nach Hause. Es lag draußen der erste Schnee, der zum Teil schon in hohen Bergen an die Straßenseiten geschoben worden war. Ein liebevoller Mitmensch, ich glaube, es war Frau Kleber, rief mich kurz nachdem ich die Tür zu Hause geöffnet hatte an, und berichtete mir, dass Du Dich Deiner Klammer in einem dieser Schneehaufen vor unserem Kaufmann entledigt hättest. Ich fuhr wieder zum Laden, und wir suchten beide die Schneeberge durch.
Tatsächlich fanden wir das gute Stück wieder. Damit es wohlbehalten nach Hause kam, um wenigstens in einigen Nachtstunden seinen Zweck zu erfüllen, nahm ich es an mich.

Viele Dinge, die Dir zu wider waren, gingen den gleichen Weg. Du hattest in der Sonderschule Flötenunterricht. Da es Dir wohl zu mühsam war, die

Finger auf die Löcher zu halten, damit ein angenehmer Ton rauskomme, landete auch die Flöte eines Tages im Garten, Du hattest sie einfach aus dem Fenster geworfen.

An anderen Dingen hattest Du wieder mehr Freude, das waren unsere Kaninchen.
Eines davon gehörte auch Dir, Paul. Du nanntest es Stummelchen. Stummelchen war weiß und hatte schwarze Flecken, ein richtiges Streichelkaninchen. Jeden Morgen, bevor Du mit Dietmar zur Schule fuhrst, sagtest Du auch Deinem Stummelchen erst einmal guten Morgen und nahmst das Tier aus dem Stall. Es freute sich sicher schon darauf, aber es war manchmal auch sehr unruhig und wollte von Deinem Arm. Und schwups rutsche es Dir weg und lief einfach davon. Dann war Kaninchenfangen angesagt, obwohl doch eigentlich die Fahrt zu Schule anstand.

An einigen Tagen konnten wir es schnell wieder fangen, an anderen Tagen wurde es eine aufregende Jagd und mindestens einmal musstest Du, ohne Dein Stummelchen wieder sicher im Stall zu wissen, zur Schule fahren. Ich versuchte es dann mit Lockfutter in einer Kiste, mittels derer ich das Tier wieder fangen konnte, aber es war nicht leicht. Heilfroh war ich immer, wenn ich den Stallhasen wieder da hatte, wo er hingehörte.

Leider erkrankte Dietmar im Jahr 1985 an Dermatomyositis, einer Autoimmunerkrankung, bei der eigentliche Abwehrzellen, die fremde Bazillen und Bakterien abwehren sollen, die eigenen Zellen angriffen und Entzündungen der Haut und der Muskeln verursachten. Er musste öfters nach Göttingen in die dortige Hautklinik, manchmal auch stationär dableiben. Das war eine große Sorge für uns alle.

Die Krankheit war so selten, dass auch nur wenige Menschen darüber Bescheid wussten. Über Tante Heike kamen wir an Fachliteratur und konnten uns so wenigstens ein Bild davon machen, was man dagegen tun konnte und wie groß die Heilungschancen waren.

Unsere Sorgen waren berechtigt, man ging damals davon aus, dass nur 25 % aller Erkrankten wieder gesund würden. Dietmar hat das geschafft, aber der ganze Heilungsprozess hat fünf Jahre gedauert, mit einem Auf und Ab an Besserungen und Verschlechterungen, mit Krankenhausaufenthalten in Göttingen und Kuren in Bad Aibling.

Neben der Sorge um Dietmar war ich auch viel allein in der Versorgung und Betreuung von Euch. Ihr könnt mir glauben, dass ich mir auch manchmal finanzielle Sorgen machte, wie es wohl weitergehen könnte.

Markus konnte so wunderschöne Geschichten erzählen. Meistens, wenn wir alle beisammen am Tisch saßen, fing er an zu erzählen. Mir hat es Freude gemacht, ihm zuzuhören, aber bald merkte ich, dass Du, Paul, aber vielleicht auch Du, Sabine, das nicht ertragen konntet. Paul, Du machtest dann auf andere Art und Weise auf Dich aufmerksam, leider immer negativ, so dass Du von uns auch negative Rückmeldungen bekommen hast.
Dann eskalierte es am Tisch, und um nicht noch mehr aushalten zu müssen, standest Du vom Tisch auf und gingst raus. Was sollten wir machen? Du littest darunter, dass wir uns über Markus Geschichten so gefreut hatten. Aber alle anderen drei Kinder bekamen so selten Aufmerksamkeit von uns, weil wir immer für Dich da waren. Sie brauchten auch ihre Anerkennung.
Unsere Kräfte mussten wir aufteilen auf vier Kinder. Drei Kinder bekamen nur einen kleinen Teil (obwohl sie alle gleichberechtigt waren!) und Du einen ganz großen. Und da Dein Teil nie groß genug war, machtest Du meistens mit ganz schlechten Dingen auf Dich aufmerksam. Sollten wir Dich dafür loben? Das ging nicht. Über vieles haben wir hinweggesehen, damit Du nicht immer Schimpfe oder Strafen bekamst. Aber das war auch nicht richtig, denn viel später hast Du einmal gesagt, dass es bei uns keine Grenzen gegeben hätte. Haben wir damals den Weg nicht gefunden, der Dir zeigen sollte, wo es nachhaltig lang ging?
Um eine Lösung für solche kritischen Tischsituationen zu finden, haben wir Markus gebeten, keine Geschichten mehr zu erzählen. Das war bestimmt nicht richtig, aber sag uns, was hätten wir machen sollen? Lag es nicht langsam auch an Dir, den anderen ebenso Rechte zuzugestehen?

Die Jahre, in denen Dietmar krank war, waren voller Anspannung und Kummer, denn wir konnten nicht in die Zukunft sehen und erkennen, dass alles gut ausgehen würde. Meine Lebenseinstellung war und ist es immer noch: „Rechne mit dem schlimmsten und versuche es Dir vorzustellen. Wenn Du das dann aushalten kannst, dann weist Du, dass das Leben auch in anderer Form weitergehen kann, Gott wird Dir schon die Kraft dazu geben."

Ich habe bis heute nicht erlebt, dass jeweils „das Schlimmste" eingetreten ist. Irgendwo leuchtete immer wieder ein Licht und wies uns einen neuen Weg. Und so auch dieses mal:

Im Oktober des Jahres 1985 machten Dietmar und ich eine Woche Erholungsurlaub in einem Ferienheim meines früheren Berliner Arbeitgebers, im Haus Silberbach, das sich im Fichtelgebirge befand. Paul, Dich haben wir mitgenommen, da wir die Tage in Deine Herbstferien legen konnten. Wie so häufig, wurden Markus, Christian und Sabine von der Oma betreut. Ihr drei konntet in Euren eigenen Betten schlafen und ward zum Essen im Nachbarhaus eingeladen.
Großmutti war anderweitig beschäftigt und konnte nicht so lange aushelfen.

In dem Ferienheim verbrachten viele Menschen Urlaub. Es konnten dort auch Gruppen unterkommen. Nun fügte es sich, dass dort eine kleine Gruppe geistig behinderter Kinder für ein paar Tage Urlaub machte. Ich weiß nicht mehr, wo die Kinder herkamen. Sie waren miteinander sehr fröhlich und auch in etwa im gleichen Alter, wie Du, Paul. Was gab es Schöneres für Dich, als sich dieser Gruppe anzuschließen? Und sie nahmen Dich sehr herzlich auf. Du fühltest Dich unter ihnen sehr wohl und warst wie ausgewechselt. Es war, als wenn Du zu ihnen gehörtest, alle Probleme waren abgeworfen, Du warst einer von ihnen und zufrieden.
Über diese Begegnung und Dein so angenehmes Verhalten, was uns selbst auch Erholung möglich machte, haben wir später mit Deinem Lehrer und Schulleiter gesprochen.
Deine Medizin wirkte schon längst nicht mehr so gut, wie am Anfang. Konnten wir doch, als Du sechs Jahre alt warst, noch die Uhr nach der Einnahme stellen, spätestens nach 20 Minuten warst Du erreichbar, so hatten wir jetzt bereits in den Sommerferien beobachtet, dass eine sichtbare Wirkung erst nach etwa einer Stunde eintrat. Du wurdest wohl ruhiger, bliebst häufig für uns trotzdem unerreichbar, so als wenn Du völlig allein leben würdest, nur nach eigenem innerem Drang und eigenen Vorstellungen. Ohne Tabletten warst Du klarer, jedoch in alle Richtungen gleichzeitig orientiert, so wie früher, als ich einmal schrieb, Du hattest sechs Hände, die spontan alles berührten, was sie sahen.
Man sollte das Medikament in der Pubertät nicht mehr geben, war man damals der Meinung. Vielleicht waren bei Dir schon die ersten pubertären hirnorganischen Veränderungen zu erkennen? Du warst im 12. Lebensjahr, auch wenn Du noch klein warst und noch kindlich wirktest, konnte sich in Deiner neuronalen Entwicklung schon etwas getan haben.
Vielleicht sollten wir mit der Medikamentengabe aufhören. Herr Dr. Schuhmann riet uns ebenfalls, Dein Verhalten sehr zu beobachten und die Dosis gegebenenfalls zu verringern, bzw. in den Ferien und am Wochenende ganz mit der Medikation auszusetzen.

In der Schule zeigtest Du kein Arbeitsverhalten mehr, Dein Lehrer meinte, Du seist inzwischen überhaupt nicht mehr willig, etwas zu leisten. Auch Hausaufgaben wolltest Du nicht mehr machen.
Du radiertest aus, was der Lehrer ins Heft schrieb, und merken wolltest Du Dir grundsätzlich gar nichts.

Du klautest inzwischen nicht nur zu Hause, sondern überall, wo sich Gelegenheit dazu bot. Wenn kein Geld zu bekommen war, dann nahmst Du anderes, was Dir gerade von Interesse schien. Immer war es schwer herauszubekommen, wie es geschehen war. Du dachtest Dir immer neue Geschichten dazu aus und lebtest wie auf einem anderen Stern. Freunde zogen sich immer mehr zurück. Ältere Jungen nutzten Dich aus. Du merktest es nicht und zogst folglich daraus keine Konsequenzen.

Du klautest inzwischen so geschickt und konntest blitzschnell Deine Spuren verwischen. Wenn ich Dich erwischt hatte, zeigtest Du keine Reue, sondern ich hatte den Eindruck, Du dachtest: „Verdammt, das hat nicht geklappt, dann muss ich es das nächste mal geschickter anstellen."
Das waren die immer wiederkehrenden Sorgen, die wir hatten.

Und nun das Erlebnis im Ferienheim Silberbach im Fichtelgebirge. Du warst ein ausgewechselter Junge. Gut zu haben und zu leiten, und Du strahltest innerliche Zufriedenheit aus.

Dein Lehrer, Herr Radke, der viel Erfahrung mit behinderten Kindern hatte, sagte uns, dass er schon lange den Verdacht hatte, dass Du auch auf der Sonderschule für Lernbehinderte überfordert seist.
Du gehörtest in die Gruppe der geistig Behinderten, unter denen Du aber sicher ein sehr guter seist. Er habe schon länger überlegt, mit uns darüber zu reden, weil er Dich in seiner Schule nicht mehr richtig fördern könne. Er habe bisher nicht gewusst, wie er es uns sagen sollte, da wir bis dahin davon überzeugt waren, dass Du nicht geistig behindert warst.

Jetzt sah er es aus unseren Erzählungen bestätigt und merkte auch, dass wir diesem Gedanken aufgeschlossener gegenüber standen. Er wollte uns behilflich sein, eine passende Schule für Dich zu finden.

Drei Schulen nannte er mir, die ich nacheinander im Herbst 1985 besucht habe und mir dort den Unterricht angesehen habe. Als beste für Dich nannte er die Sonderschule innerhalb der Stiftung Naos in Leiterbach.

Zuerst besuchte ich die anderen genannten und war nicht zufrieden. Ich hatte den Eindruck, Du würdest dort zu wenig lernen. Die von Herrn Radke vorgeschlagene Schule war sehr gut. Ich lernte dort Herrn Uhrmacher kennen.

Eine Aufnahme in diese Schule war aber von einer stationären Unterbringung in der dortigen „Kinderheimat" abhängig.

Das war ein Problem für mich. Wenn Du mein leibliches Kind gewesen wärst, dann wäre mir der Entschluss leichter gefallen, weil ich in dem Fall bei allen Schwierigkeiten doch immer von einer stärkeren innerfamiliären Bindung ausgehen konnte. Jetzt hatte ich Angst, dass Deine bis dahin aufgebaute Bindung zu uns zerreißen könnte, dass das zerbrechliche Vertrauen in uns für Dich nichts mehr wert war, dass Du an unserer Liebe und Verlässlichkeit zu Dir zweifeln könntest, und noch vieles mehr ging mir durch den Kopf.

Aber eine bessere Lösung stand nicht in Aussicht. Und vielleicht war dieses Angebot das Licht, von dem ich sprach. Licht für unsere ganze Familie in der auch die anderen Kinder ein Recht hatten, hin und wieder im Mittelpunkt zu stehen.

Licht für Dietmar, der Ruhe brauchte, um wieder gesund zu werden.

Licht auch für Dich, Paul, nicht mehr schulisch überfordert zu sein, Dich endlich unter Gleichbegabten wohlfühlen zu können, Licht, schulische Anerkennung zu bekommen in einer Umgebung, die für Dich zugeschnitten war.

Und auch Licht für mich, etwas Abstand zu allen Problemen zu finden, neuen Zugang zu Dir zu finden, um dann selbst auch neue Wege beschreiten zu können.

Wir sollten Dich aus der Kinderheimat alle 14 Tage und in den Ferien nach Hause holen dürfen. Es war also wie in einem Internat. Diese Besuche zu Hause haben wir – wie Du sicher noch weißt – regelmäßig, zuverlässig eingehalten und waren damit die einzigen Eltern unter den anderen Bewohnern, die ihr Kind so regelmäßig zu sich genommen haben.

7. Dezember 2010

Es schneit und schneit.
Wir haben immer noch den dritten Winter. Es sind heute nach langer Zeit wieder 0 Grad, und der Schnee kommt in Massen.
Jetzt bin ich wirklich eingeschneit. Der Weg herauf bis an die Straße lässt das Auto nicht mehr durchkommen.
Irgendwann wird mein Nachbar kommen, um den Weg wieder befahrbar zu machen.

Gestern wollte ich mir wieder ein Spur fahren, bin aber auf halber Anhöhe stecken geblieben. Und da ich schlecht rückwärts fahren kann, natürlich in einer Schneewehe und im Graben gelandet. Aber ich hatte ja im letzten Winter gesehen, wie man es wieder herausschafft. Nämlich erst mal den Wagen frei schaufeln, dann vor die Räder alte Decken legen. Motor an und los! Nach dem zweiten Versuch klappte es. Ich war wieder frei.

Nun musste ich nur noch 50 m rückwärts fahren, um wieder wohlbehalten in den Carport zu gelangen. Dreimal habe ich mir das immer wieder angesehen, wie ich das Lenkrad halten muss, um gerade in der Spur zu bleiben. Ich habe es geschafft und bin glücklich unter dem Schutzdach mit dem Auto gelandet.

Als ich mir den Schaden genauer besehen habe, wo und wie ich den Berg runter gekurvt bin, sah ich überall gelbe Tropfen im Schnee.
Oh, je! Was kann das sein. Was hat der Wagen für eine Flüssigkeit verloren? Kann man damit überhaupt noch fahren?

Telefoniert habe ich mit Dietmar, mit Wolfram und Harald. Eigentlich kann es nur Kühlflüssigkeit sein, die ist gelb/grün, meinte Wolfram. Aber wie macht man im Schnee den Kühlflüssigkeitsbehälter kaputt? Vielleicht hatte er schon vorher ein Leck, aber erst im Schnee konnte man den Schaden erkennen?

Die Nachbarn hatten mir mehrmals sehr herzlich jede Hilfe angeboten. Nun war es soweit, dass ich sie in Anspruch nehmen sollte. Aber meine Sprachkenntnisse? Reichten die wohl aus? Technisch weiß Dietmar besser Bescheid. Auf meine Bitte, hat Dietmar abends mit Arne telefoniert. Arne hat sicher mehr Ahnung als ich, denn er hat früher mal mit alten Autos gehandelt. Ja, er will in den nächsten Tagen mal kommen, sich alles ansehen und mir weiterhelfen. Außerdem will er mir den 350 m langen Weg zur Straße räumen!

Wer hätte gedacht, dass in diesem Jahr der Winter in Smaland schon im Oktober anfängt und durchhalten soll? Doris, die Wetteraufzeichnungen seit Jahren tätigt, äußerte, dass es das letzte mal 1966 so viel Schnee durchgehend von Oktober bis Mai gegeben habe. Na, da habe ich ja noch einiges vor mir, wenn das so weiter gehen sollte.

Deshalb, schnell weiter schreiben, damit ich nicht bis Mai hier bleiben muss.

Depressiv macht der lange Winter die Schweden immer erst im März, April bis endlich im Mai die ersten Schneeglöckchen blühen. Ich habe mich innerlich darauf eingestellt, bis März hier zu bleiben.
Noch etwa 10 Jahre will ich beschreiben, also zurück ins Jahr 1986.

1986

Kinderheimat in Naos, „Ein neues Kapitel für mein Buch",
die letzten Monate mit Großmutti,
die besondere Gabe: „Gedankenübertragung" und Abgrenzung

Ein Besuch mit Dir, Paul, in der Stiftung Naos stand an.

Als erstes suchten wir die Schule auf. Du wurdest Herrn Uhrmacher vorgestellt. Der ging mit Dir in die für Dich vorgesehene Klasse, wo Du Deinen neuen Lehrer und die anderen Kinder dieser Altersstufe kennen lernen konntest. Eine freundliche Schule, in der das Lernen Spaß machen konnte. Die Kinder wirkten ruhig und ausgeglichen, kein Stress war zu spüren, Ausgeglichenheit und Ruhe vermittelten auch die Lehrer und die von allen gemeinsam gestaltete Gebäudeeinrichtung. Viele schöne Handwerksarbeiten der Kinder waren ausgestellt.
„Hier möchte ich gerne zur Schule gehen", äußertest Du.

Dann war die Kinderheimat an der Reihe. Auch eine Gruppe wurde uns schon benannt, wo noch ein Platz für Dich frei war, nämlich Buche/Fink. Das hieß, im Haus Buche bei den Finken war noch ein Platz für Paul Beater. Ein- und Zweibettzimmer waren für die Kinder vorgesehen. Alle hatten eine Reihe von persönlichen Dingen in ihrer Bettnische an der Wand hängen oder auf einem Schränkchen. Die Wohnräume waren gemütlich gestaltet. Man konnte sich dort wohlfühlen, so war mein erster Eindruck.
Die anderen Kinder waren noch in der Schule, deshalb hatte die Hausmutter auch Zeit für uns. Eine warmherzige Frau begrüßte uns. Ich weiß nur noch den Namen „Tante Hanne".

Dein Kaninchen war Deine größte Sorge. „Das kannst Du mitbringen." sagte sie spontan, und damit waren wohl Deine letzten Zweifel ausgeräumt. Wir gingen auch noch den Stall aufsuchen, in dem Stummelchen wohnen sollte. Alles mögliche, was noch so notwendig war, wurde noch besprochen. Es dauerte eine ganze Weile, bis wir wieder auf dem Nachhauseweg waren. Und noch ehe wir das große Stiftungsgelände wieder verlassen hatten, sagtest Du von Dir aus. „ Mama, hier möchte ich bleiben."
Das ging aber schnell. Es war einerseits sehr beruhigend für mich, dass Du das dortige Wohnen von Dir aus angesprochen hattest, andererseits warst

Du immer so schnell in Deinen Entschlüssen, so dass ich nicht genau wusste, ob wir Dich mit unseren Vorstellungen überfahren hatten und Du es bald wieder bereuen würdest.
Aber unsere Notsituation in der Familie war groß. Und zur Rettung dieser Notlage, war Deine Entscheidung einfach richtig.

Nun ging es um alle Formalitäten. Nach den Zeugnissen, also ins zweite Halbjahr des Schuljahres, konntest Du aufgenommen werden. Es war der 3. Februar 1986 vorgesehen.

Wir nahmen mit der Schulbehörde wieder Kontakt auf. „Nein, einer besonderen Genehmigung bedarf es in diesem Fall nicht, da der Wechsel von einer Sonderschule zu einer Ersatzsonderschule vollzogen werde." So gab mir Herr Rehling telefonisch Auskunft, der mich ja von einem früheren Gespräch schon kannte.

Die Kostenübernahme sollte geklärt werden. Der Landschaftsverband Westfalen/Lippe musste dazu in Anspruch genommen werden, der die Hauptkosten tragen sollte. Genau nach Dietmars Einkommen wurde der Anteil berechnet, den wir selber tragen mussten. Dietmars Beihilfestelle der Stadt Barker musste auch ihren Teil dazu bezahlen. Und zu allem sollte das Sozialamt Stellung nehmen, obwohl wir kein Geld vom Sozialamt beantragt hatten, denn wir zahlten den Höchstsatz selbst.
Das Sozialamt verlangte ein ärztliches Gutachten, eine Stellungnahme von Dr. Schuhmann reichte nicht aus. Alle Kontaktaufnahmen mit den Ämtern dauerten auch ihre Zeit, aber die meisten Papiere hatten wir bis zum 3. Februar zusammen, so dass einer Aufnahme in die neue Schule und in die Kinderheimat aus unserer Sicht und aus Sicht der Stiftung Naos nichts mehr im Wege stand.

Am ersten Tag riefen wir Dich abends an. Du sagtest fröhlich am Telefon, dass Du Dich sehr schnell eingewöhnen würdest und bestelltest uns schon die ersten Grüße von Ralph, einem Mitbewohner. Am zweiten Tag sagtest Du abends: „Mama, es ist komisch, ich bekomme gar kein Heimweh." An beiden Tagen hattest Du aber abends doch geweint, wie uns Tante Hanne berichtete. Du spürtest sicher, dass man sich nicht teilen kann, dass nicht alles, was man sich wünscht, beisammen sein kann. Auch die Anrufe haben sicher etwas ausgelöst bei Dir. Aber sie waren von Seiten der Heimleitung erwünscht. Eine Trennung sollte bewusst gelebt werden und wurde von den Betreuern dort liebevoll begleitet.

Am dritten Tag ging es Dir nach Deinen Aussagen ausgesprochen gut, nur Stummelchen wollte nicht fressen. Das Kaninchen musste sich auch erst mal in seiner neuen Umgebung zurecht finden.
Alle weiteren Tage verliefen gut und Stummelchen fraß auch wieder.

Zum 20. Februar hatten wir eine Einladung zu einer Untersuchung beim Gesundheitsamt unserer Kreisstadt. Der Untersuchungsauftrag kam vom Sozialamt des Kreises. Ich holte Dich rechtzeitig von Leiterbach ab und wir fuhren dorthin. Nichts ahnend und mir selber keiner Schuld bewusst, nahmen wir den Termin pünktlich wahr.
Dort selbst waren wir zu einer Frau Dr. Matter bestellt, Amtsärztin des Gesundheitsamtes.
Als sie erfuhr, dass Du schon in Naos aufgenommen warst – ich hatte mir ja auch nichts Schlimmes dabei gedacht und die Aufnahme und das erste gute Einleben erwähnt – machte die Ärztin mir schwere Vorwürfe. Das sei so ungeheuerlich und ihr in ihrer ganzen Amtszeit noch nie passiert, dass jemand ohne ihr Einverständnis so handeln würde. Sie sprach von Vertrauensbruch, weil die Aufnahme ohne ihre Stellungnahme erfolgt sei. Auch habe das Gesundheitsamt in Barker eingeschaltet werden müssen, von dort habe man mindestens bei ihr um Amtshilfe bitten müssen.

Auch das Schulamt sei hintergangen worden, behauptete sie. Als ich von meinem Gespräch mit Herrn Rehling berichtete, unterstellte sie mir Lügen, griff dann zum Telefonhörer und zitierte Herrn Rehling zu sich mit den Worten, „Das wollen wir bei einer Gegenüberstellung mal sehen." Herr Rehling kam und sprach mit Frau Dr. Matter und bestätigte meine Aussagen. Danke Herr Schulrat Rehling, jetzt stand ich wenigstens nicht mehr als Lügnerin da. (Das war also die Dame, die mir eine Kur genehmigen sollte!)

Pauls Untersuchung bestand aus der Überprüfung des Gewichts und der Größe und seiner Reflexe. Dann musste er die Arme drehen. Aha, nun hatte sie etwas gefunden, die Drehbewegungen der Arme waren nicht optimal. Für die ganze Untersuchung hat sie 10 Minuten gebraucht. Eine Stunde hatte sie gemeckert und mir eine Falschaussage unterstellt.

Sind solche Ärzte so wenig ausgelastet und haben sie so wenig zu sagen, dass sie sich so wichtig machen müssen?
Eine Auflage bekam ich noch. Ich sollte Paul in der Kinder- und Jugendpsychiatrie des Kreiskrankenhauses bei Herrn Dr. Berger vorstellen. Ehe ich das nicht erledigt hätte, wolle sie den Fall nicht weiter bearbeiten.

Wir erfuhren dann, dass dieser Arzt gerade in den Urlaub gefahren war und erst am 17. 3. wieder kommen sollte. Das könnte sich ja hinziehen. Aber was war denn eigentlich vom Gutachten der Frau Dr. Matter abhängig? Selbst wenn wir einen Antrag stellen würden, bekämen wir kein Geld vom Sozialamt.

Als ich abends wieder zu Hause war, fühlte ich mich regelrecht zermahlen vom Amtsschimmel, „zwischen den Akten zermahlen..." schrieb ich damals in mein Notizbuch. Nachts konnte ich nicht schlafen, hatte ich etwas falsch gemacht? „Niemals dürfen Sie so etwas wieder tun!" Mit diesen Worten verabschiedete sie mich. Das blieb hängen. Was sollte ich nicht wieder tun? Alles würde ich wieder so machen.

Tatsächlich hatte diese Frau mich damals ein wenig aus der Bahn geworfen. Sie hat an meinem Selbstbewusstsein ordentlich gerüttelt. Ich brauchte ein paar Tage, um mich von solchen Vorwürfen zu erholen.

Etwas Gutes hatte sie aber damit erreicht: Ich habe diesen „Amtstermin" niedergeschrieben mit dem Titel: „Ein neues Kapitel für mein Buch"! Heute hätte ich diesen Auftritt längst vergessen.

Übrigens, vom Schulamt bekamen wir die Bestätigung, dass die Umschulung keiner weiteren Genehmigung bedarf, noch einmal schriftlich zugeschickt. So hatte alles seine Ordnung und der Amtsschimmel seine Ruhe.
Und Herr Dr. Berger ließ uns mitteilen, dass ein Termin bei ihm nicht mehr notwendig sei.

Die Aufnahme in der Stiftung Naos sei aus schulischen Gründen erfolgt. Sollte er eine Aufnahme aus psychiatrischen Gründen befürworten, seist Du schon dort untergebracht, wo auch seine Empfehlung hingehen würde. Eine weitere Untersuchung würde folglich keine neuen Erkenntnisse und daraus resultierende Empfehlungen nach sich ziehen.

Das wichtigste aber war damals, dass Du, Paul, Dich in der Stiftung Naos wohl gefühlt hast. Ritalin brauchtest Du jetzt nicht mehr. In Absprache mit Herrn Dr. Schuhmann hatten wir das Medikament abgesetzt.

Deine Unterbringung war ein Segen, denn die nächsten familiären Sorgen standen vor der Tür.

Großmutti ging es sehr schlecht.

Zunächst hatte sie den Winter über schon einige Wochen im Krankenhaus in Göttingen verbracht. Ihre Beschwerden wurden schlimmer und zogen sich über ein halbes Jahr hin. In der Zeit konnte sie noch ein paar Mal zu uns nach Husthausen kommen, aber im Oktober verließen sie ihre Kräfte ganz und gar.
Am 10. Oktober starb sie. Am 15. Oktober wurde sie in Husthausen beerdigt.

Es war selbstverständlich, Paul, dass Du bei der Beerdigung dabei sein durftest. Auch Deine Tante Lore kam mit Harald aus Lübeck und noch viele andere Verwandte. Du, Paul, hast so viel geweint, geweint für alle Trauergäste zusammen. Du konntest alles ausweinen, was Dein Herz Dir sagte.

Anders war das bei Christian. Christian war stumm an diesem Tag, er konnte nicht reden noch weinen, aber in seinem Inneren sah es wohl ganz schlimm aus. In der Nacht bekam er einen Magenkrampf, und er musste sich so heftig übergeben, dass im Auge ein Äderchen platzte, so dass sein Auge anschließend rot unterlaufen war.
So unterschiedlich ward Ihr. Einer konnte alles herauslassen, der andere staute alles an bis zum Platzen.

Sabine, Du hast sehr an Großmutti gehangen, ihr Tod hat Dich sehr getroffen. Du machtest gerade ein Praktikum in der Altenpflege in Barker und musstest Dir für die Beerdigung frei nehmen.
Ob Markus die Bedeutung des Todes von Großmutti schon wahrgenommen hatte, das kann ich heute nicht beurteilen. Er war 1986 fünf Jahre alt. Dass sie jetzt für immer nicht mehr da war, war wohl kaum vorstellbar für ihn. Wann erfasst man die Bedeutung von Leben und Tod? Unsere Trauer hatte er aber auf jeden Fall gespürt und war mit uns traurig.

9. Dezember 2010

Es schneit weiter. Schwer lassen inzwischen die Tannen ihre beladenen Zweige nach unten hängen. Immer noch eine Pracht, sich alles anzusehen.

Mein Auto ist hoffentlich wieder in Ordnung – ich werde erst morgen ganz sicher sein, wenn ich einkaufen gefahren bin – Arne hat festgestellt, dass ein Benzinschlauch lose war, aus dem wird es vielleicht getropft haben. Kühlwasser war voll, Bremsflüssigkeit war voll, sonst keine Ursache zu entdecken.

Abends ist Arne dann noch mit seinem großen Schneeräumgerät den Weg herunter gerast, vom Ohsvägen bis nach Björkelund. Genau so, wie die Straßenräumgeräte das auch täglich machen.
Ich war schon im Bett und dachte, wer leuchtet denn da in mein Schlafzimmer. Es waren die Blinkleuchten des Treckers, die bis zu mir hineinschienen.

Heute morgen habe ich mir alles angesehen. Ich hoffe, ich komme morgen den Berg hoch, so ganz fest ist der Boden nicht, besonders da, wo die Treckerräder sich in den Schnee eingedrückt haben. Es kann sein, dass meine Räder nicht fassen. Aber probieren geht über studieren, versuchen wir es morgen erst einmal. Heute habe ich noch keine Lust einzukaufen, ich habe noch alles im Hause.

Ich werde meine Schneeschaufel und die bewährten Decken mit ins Auto nehmen.

Paul, Du hattest Dich in der Stiftung Naos sehr gut eingelebt. Alle zwei Wochen holten wir Dich für das Wochenende nach Hause, an den anderen Sonntagen rief ich Dich an.

Deine Erzieher entdeckten ein Phänomen bei Dir. Kurz bevor ich anrief, sagtest Du, jetzt ruft meine Mutter an und setztest Dich neben das Telefon. Als es klingelte, war ich es tatsächlich. Ich habe zwar immer am Sonntagvormittag angerufen, aber durchaus nicht immer zur gleichen Zeit. Es war wie eine Gedankenübertragung zu Dir.
Wir beobachteten das eine Weile. Die Erzieher gaben mir genaue Rückmeldung, ab wann Du Dich neben das Telefon setztest.
Dabei stellte sich heraus, dass Du den kommenden Anruf erahntest, wenn ich vorher eine Weile ganz intensiv an Dich gedacht hatte, so wie: „Jetzt bloß noch das Essen vorbereiten, und dann auf keinen Fall vergessen, Paul anzurufen." Dann warst Du zur rechten Zeit am Telefon.

Andere Kinder bekamen auch ihre Sonntagsanrufe von ihren Eltern, daher war es nicht selbstverständlich, dass ein Klingeln bedeutete, der Anruf sei für Dich.
Wenn ich aber spontan anrief, weil es mir gerade in dem Moment einfiel, wie: „Jetzt lieber sofort anrufen, sonst vergesse ich das noch", dann warst Du nicht am Telefon, sondern musstest aus dem Aufenthaltsraum gerufen werden.
Du hattest also eine besondere Gabe, in besonderen Situationen, die Gedanken anderer Menschen zu erfassen. Bei wem Du das konntest, das habe ich nie erfahren, sicher aber bei besonderen Bezugspersonen.

In so manchen Gesprächen hast Du mir auf den Kopf zu gesagt, was ich dachte. Und es stimmte.

Es war eine besondere Gabe, aber auch eine gefährliche Gabe. Denn Gedanken darf jeder Mensch haben, so viel, wie er will. Entscheidend ist immer, wie ein Mensch handelt und was er sagt. Denn wie ein Mensch seine vielen Gedanken ordnet, selbst bewertet und dann über Sprache oder Handeln etwas ausführt, das muss jedem selbst überlassen bleiben. Bewerten sollte der andere immer nur das, was raus kommt, was zu hören oder zu sehen ist.

Diese Gabe einzuordnen und mit ihr umzugehen, war sicher sehr schwer. Das kann eine Überforderung für einen Menschen sein und zu einer psychischen Erkrankung führen.

Es ist ganz normal, dass man über vieles im ersten Moment anders denkt, als im zweiten, nämlich dann, wenn man alle Dinge, die zusammen gehören, gesehen hat, sie ordnet und sich dann tatsächlich erst ein Urteil bilden kann. Man kann sich z. B. über jemand fürchterlich ärgern, weil er zu spät kommt. Dann gibt der andere aber eine Erklärung ab, warum das passiert ist – z. B. er hätte vor den geschlossenen Bahnschranken so lange warten müssen, - dann änderst Du Dein Gefühl zu ihm, weil Du das verstehen kannst. Und Dein Ärger ist weg.

Vielleicht ist es uns beiden manchmal so gegangen?
Ich konnte mich nach einer Deiner vorkommenden Missetaten im ersten Moment fürchterlich über Dich ärgern.
Dieses Gefühl erkanntest Du und übernahmst es in der Art, dass Du dachtest, die hat mich wieder nicht lieb.
Im zweiten Schritt hatte ich häufig erst Verständnis für Dich und habe mir dann überlegt, was ich dazu tun kann, dass Du nicht mehr solche Sachen machst.
Wenn ich Dich dabei nicht lieb gehabt hätte, dann wäre mir alles gleichgültig gewesen.
Die zweiten Gedanken von mir, die hast Du offenbar nicht mehr annehmen können. Da warst Du zu schnell in Deiner Bewertung, in Deinem Urteil, liefst ja auch immer gerne weg, bevor man Dir etwas genauer erklären konnte.
Bei Dir blieb im Kopf, die hat mich nicht lieb. Das hattest Du ganz schnell fest eingeschrieben. Und deshalb konntest Du auch nie genug Liebe bekommen. Du wusstest nicht, was wahr war, was galt, die Liebe oder der Ärger.

So war das ein Kreislauf, den aber wohl keiner unterbrechen konnte. Du klautest etwas, ich ärgerte mich im ersten Moment sehr darüber, Du glaubtest ich hätte Dich nicht lieb, strittest dann alles ab, darüber ärgerte ich mich noch mehr. Da Du negative Aufmerksamkeit bekamst (Schimpfe) klautest Du wieder, vielleicht um auf Deine innere Not aufmerksam zu machen. Ich ärgerte mich wieder, war sogar manchmal völlig verzweifelt und Du glaubtest wieder, ich hätte Dich nicht lieb, fühltest Dich vielleicht sogar in allen Deinen Erfahrungen bestätigt. So ging es wohl immer weiter.

Aber ich hatte Dich lieb, sogar sehr. Du warst mein Sohn, und ich war verantwortlich für Dich. Ich habe mir alles, was passierte, bei uns und bei anderen (was noch viel schlimmer war aus meiner Sicht), sehr zu Herzen genommen, mich selber zeitweise hilflos und auch schuldig gefühlt, weil ich Dein Tun nicht verhindern noch irgendwie beeinflussen konnte.

So wie ich das eben beschrieben habe, konnte ich das damals aber noch lange nicht erkennen. Ich habe mich immer nur gewundert, warum Du nie genug Liebe bekommen konntest. Ich habe es auf Deine Verwahrlosung der ersten drei Jahre geschoben, weil es keine weitere Erklärung für mich gab. Diese schlimme Zeit für Dich spielte sicher auch eine Rolle, war aber sicher nicht die einzige Erklärung für Dein Verhalten.

Erst im Studium habe ich einen Professor kennen gelernt, der sich mit dem Phänomen der Gedankenübertragung beschäftigte und in dem Gebiet forschte. Auch lernte ich eine Studienkollegin kennen, die auch solch eine Gabe hatte. Sie erzählte mir erst von der Gefährlichkeit, die darin steckte. Und sie wollte auch nicht, dass ich mit anderen Menschen darüber rede, dass sie diese Gabe besitze.
Ich habe zwar Psychologie studiert, aber selbst das befähigt mich nicht, mich in die Gedanken anderer hinein zu versetzen. Diese Gabe habe ich nicht, zum Glück, kann ich nur sagen. Ich habe sehr genau beobachten gelernt und ziehe meine Schlüsse aus dem Handeln, der Gestik und der Sprache der Menschen. In erster Linie vertraue ich Menschen und unterstelle ihnen keine Dinge, die sie nicht zum Ausdruck gebracht haben.

Wenn Klauen Deine Sucht war, was hat Dir gefehlt? Denn Sucht sucht etwas. Hast Du eine ideale Mutter gesucht?

Später in einem Vortrag über Sucht und Suchtgefahren hat eine fachkundige Frau folgendes gesagt: „ Ein ideales Elternhaus gibt es nicht," genauso, wie es den „gesunden Menschen" nicht gibt. Eine anhaltende körperliche und seelische Gesundheit ist ein Ziel, dem man sich sehr annähern kann.
Ein ideales Elternhaus ist auch ein Ziel. Eltern geben sich immer wieder Mühe, um nach ihren Vorstellungen für die Kinder alles gut und richtig zu machen. Jede Mutter möchte gut sein, auch Deine leibliche Mutter wird ihre Vorstellungen dazu gehabt haben, nur war sie aufgrund ihrer eigenen geistigen und psychischen Gebrechen nicht in der Lage, sie auch nur ansatzweise umzusetzen. Jede Mutter ist nur ein Mensch, ein Mensch mit Stärken und Schwächen.
Ich glaube, ich war damals trotz allem ganz schön stark!

Was hast Du Dir vorgestellt?
Wenn ich selbst an eine ideale Mutter für Dich gedacht hatte, die vielleicht eher zu Dir passen würde, dann war sie mollig, warmherzig, hatte offene

Arme, einen großen Busen zum Drücken und Anwärmen oder Verkriechen. Tante Lore, Frau Ewers oder Frau Rehling waren solche Frauen. Du zeigtest häufiger einen Hang zu solchen Frauen. Sie wären aber alle nicht in der Lage gewesen, ein mit so vielen schrecklichen Vorerfahrungen belastetes Kind anzunehmen.

Hat Dir etwas an mir gefehlt, vielleicht die Molligkeit? Musstest Du deshalb klauen? Keiner in unserer Familie hätte Dir alles, was Du brauchtest, bieten können. Die molligste war noch unsere Großmutti, aber urteile selbst, hätte sie Dir das alles geben können, was Du erwartetest?
Wir alle haben Dich geliebt, so viel wie wir Liebe geben konnten. Das hat offenbar nicht gereicht.

Auch musste ich mir einen inneren Schutzwall aufbauen, mehr als ich Dir von mir gegeben hatte, konnte ich nicht zulassen.
Dieser Schutzwall war wichtig für mich, denn Deine besondere Gabe nahm sonst ganz Besitz von mir. Du bestimmtest, wo es lang ging, das hast Du durch Deine Aufmerksamkeitssuche immer wieder versucht. Häufig genug bin ich sehr auf Dich eingegangen, das entspricht meinem Naturell, dass ich mich auf andere einstelle. Aber bestimmen durftest Du nicht über mich! Ich konnte mich nicht ganz hergeben, hatte ich doch auch damals ein Recht, mein Leben zu leben und mich dadurch seelisch und körperlich gesund zu erhalten.

Außerdem wollte ich meine Kinder selbstständig erziehen, das heißt, sie nicht in der Abhängigkeit der Eltern belassen. Um später alleine im Leben bestehen zu können, ist diese Selbständigkeit notwendig, das weißt Du heute.

Das war vielleicht ein wenig heftig, aber ich musste es loswerden, es rumorte schon lange in mir. Und solch ein Bericht soll ja auch den Kern der Dinge treffen.

Ich werde es weiter so versuchen.

10. Dezember 2010

Immer diese Fliegen

Große schwarze Fliegen befinden sich hier unserem Computerraum. Sie sitzen vorm Fenster oder unter der Decke. Manchmal schwirren sie vor dem Computer herum, setzen sich zwischen die Tasten der Tastatur, dann wieder schwirren sie in meinem Wasserglas, so dass ich mir ein neues holen muss.

Eklig, neulich hatte ich eine zwischen meinem rechten Auge und dem Brillenglas, und dann wollte wieder eine in mein linkes Nasenloch. Das habe ich aber nicht zugelassen.
Sie lassen sich zwar leicht fangen, denn sie sind winterträge, aber erwischen tut man doch nur die, die einem gerade über den Weg laufen.

Nun mache ich vor jedem neuen Schreibanfang das Fenster groß auf und versuche so viele wie möglich von ihnen nach draußen zu befördern in den Schnee auf dem Vordach.
Dort wird man im Frühjahr vielleicht hunderte oder noch mehr tote Fliegen auf den Dachpfannen finden? Denn jedes mal denke ich, „Na, das waren aber eine Menge!".
Kaum habe ich das Fenster wieder geschlossen, sehe ich sie wieder an der Decke hängen. Sind das die gleichen?
Wie viele mögen es sein?

Wie schnell vermehren sie sich? Eine Frage, die ich nicht beantworten kann. Es gibt bestimmt Fliegenforscher, die das sehr genau wissen.

1987

Lichtblicke und auf der Suche nach der leiblichen Verwandtschaft

Das Jahr 1987 war wirklich ein Jahr voller Lichtblicke.

Dietmar ging es ganz allmählich, aber doch stetig etwas besser. Hoffnung war angesagt. Eine Kur in Bad Aibling sollte ebenfalls den Aufschwung unterstützen.
Auch mir ging es gesundheitlich gut. Ein neues Leben mit zusätzlichen Planungen konnte beginnen.

Aber erst einmal erzähle ich von Dir, Sabine.

Du wurdest im Januar 16 Jahre alt. Ein besonderer Tag, denn das Gesetz sah es vor, dass Adoptivkinder ab dem 16. Geburtstag amtlich Auskunft über ihre leiblichen Eltern bekommen konnten. Darauf hattest Du schon sehr gewartet, hatte Dich Dein Onkel Konrad doch neugierig gemacht.

Mir war es wichtig, Dich bei den ersten Kontakten begleiten zu können, damit wir gemeinsam über alles, was Dir hinterher an guten, schlechten oder unheimlichen Dingen durch den Kopf gehen sollte, reden konnten.
Die Adressen bekamen wir vom Einwohnermeldeamt in Berlin gegen eine Gebühr. Deine Mutter war inzwischen verheiratet. Von Deinem leiblichen Vater bekamen wir auch eine Adresse.

Du batest mich, die ersten Briefe als Adoptivmutter zu schreiben. Ich hatte mich beiden Elternteilen vorgestellt, von Deinem Werdegang erzählt und mitgeteilt, dass Du gerne Kontakt aufnehmen möchtest, um Deine leiblichen Herkunft nachvollziehen zu können.

Als Barbara den ersten Brief erhielt, rief sie sofort bei uns an, das Schreiben noch in ihren Händen und sagte. „Auf diesen Moment habe ich immer gewartet!" Was belastet doch eine abgebende Mutter die Weggabe ihres Kindes!

Von Deinem Erzeuger gab es keine Antwort. Dieser erste Brief kam auch nicht zurück.

Mit Barbara, Deiner leiblichen Mutter, verabredeten wir einen Besuch in Berlin. Gleich zu Beginn der Osterferien sollte es sein, denn vorher war Schule angesagt.
Ich weiß nicht, wer von uns beiden Müttern aufgeregter war. Du, Sabine, sicher noch viel mehr. Jedenfalls erwarteten wir alle drei die Begegnung in voller Spannung.
Barbara wohnte mit ihrer kleinen Familie (Mann und zwei Kinder, auch Mädchen) in einer Wohnung in Kreuzberg. Wir konnten damals in Berlin bei Frau Wencke übernachten, ein Tag war für den Besuch bei Barbara vorgesehen.

Eine freundliche liebe Frau begegnete uns und lud uns ins Wohnzimmer ein. Was mir sofort auffiel, waren ihre Bewegungen und ihre Gestik, genau so, wie Du, Sabine, wenn Du aufgeregt und angespannt warst. Das war erstaunlich für mich, seid Ihr doch 13 Jahre nicht mehr zusammen gewesen. Da musste doch mehr angeboren sein, als wir immer geglaubt hatten.
In einem offenen Gespräch erzählten wir von uns, von unserer Familie und von Deiner Entwicklung. Wie gut, dass wir auch so viel Positives von Deiner Schulentwicklung berichten konnten. Das tut Eltern immer gut.

Barbara berichtete von sich, dass sie sehr schwere Zeiten hinter sich hatte, dass sie sogar einmal in ihrem Leben alles verloren hatte, was sie besaß. Sie hätte keinerlei Hilfe gehabt aus der Verwandtschaft. Ihr Bruder Konrad hätte von klein auf gegen sie gearbeitet. Er hätte sogar in der Verwandtschaft behauptet, als sie einmal am Potsdamer Platz auf jemand gewartet habe und er sie getroffen habe, sie hätte dort gestanden, um sich Männern anzubieten.

Die Verwandtschaft hatte seit dem jeglichen Kontakt zu ihr abgebrochen. Dabei hätte sie in den Jahren nach dem Tod ihrer Mutter so viel Hilfe gebraucht. Auch gesundheitlich sei es ihr zeitweise sehr schlecht gegangen. Sie habe immer wieder epileptische Krampfanfälle bekommen. Erst seit sie ihren jetzigen Mann kennen gelernt habe, ginge es ihr besser. Sie sei von der Verwandtschaft seiner Familie sehr herzlich aufgenommen worden, und sie finde dort Anerkennung.

Mit ihm habe sie zwei Töchter, die damals ungefähr 8 und 10 Jahre alt waren. Das waren also leibliche Halbschwestern von Dir, Sabine.
Deine leibliche Mutter war sehr korpulent, sie brachte sicher doppelt so viel an Gewicht auf die Waage, wie Du. Jetzt wussten wir, dass auch Dein Gewicht mit Veranlagung etwas zu tun haben musste.

Ihr Ehemann war Schlachter und war genau so korpulent wie seine Frau, zwei Schwergewichtler.
Barbara sagte, dass sie stundenweise putzen ginge und so ein wenig für die Familie dazu verdienen könne. Als besonderes Hobby häkele sie Decken, und sie zeigte mir einige große Tischdecken, die sie hergestellt hatte. Wunderschön vollbrachte Handarbeiten.

Die Wohnung war sauber und ordentlich eingerichtet. Sie führten mit ihren Kindern ein bürgerliches Leben. Oh, das hat mich gefreut, Sabine. War es doch für Dich eine Bestätigung, dass Du nicht aus dem letzten Dreckloch kamst, sondern auch eine ordentliche Ursprungsfamilie hattest, in der es nur schwere Zeiten gab, in denen Deine Mutter so viel Sorgen hatte und so hilflos war, dass sie Dich nicht versorgen konnte. Jetzt hatte sie sich wieder gefangen.
Und mit Deinem Onkel Konrad muss sie sich schon immer gestritten haben. Sie hatte erwartet, dass er ihr helfen würde nach dem Tod der Mutter. Das hatte er aber vollkommen abgelehnt, ihr sogar noch große Steine in den Weg geschmissen.
Sehr wichtig war es Barbara, gleich klar zu stellen, wer denn die Kindererziehungsrente für Dich bekomme. Die wolle sie haben. Da ich das Gesetz kannte, war klar, dass ich keine Ansprüche hatte, konnte sie also beruhigen. Du warst ja schon über vier Jahre alt, als Du zu uns kamst, Rentenansprüche gibt es für Neugeborene. Wie sehr machte sie sich Sorgen um ihre Zukunft, wenn sie das gleich bei der ersten Begegnung ansprach?

Wir verabredeten einen Gegenbesuch in Husthausen, bei dem wir auch die Mädchen, die wir noch nicht kennen gelernt hatten, begrüßen können sollten.

In den gleichen Tagen suchten wir auch noch Tante Waltraud auf und besuchten sie in einem kleinen Siedlungshäuschen, in dem auch Deine Urgroßmutter gewohnt hatte, die Dich vor der Einweisung ins Heim versorgt hatte. Es war alles sehr gepflegt.
Auch Deine Tante (Großtante) sprach von Barbaras damaligem Lebenswandel über den sie von Konrad erfahren hatte. Sie bestätigte, dass sie den Kontakt zu Barbara daraufhin abgebrochen hatte.
Immer wieder betonten sie ihre Freude darüber, Dich so zu sehen. Und sagten mehrfach, „Wenn das die Oma (Dein Uroma) noch erlebt hätte!" Die habe sich solche Sorgen um Dich gemacht und immer wieder von Dir gesprochen. Wie gern hätte sie gewusst, was aus Dir geworden war.

Sabine, Dir hat der Besuch in Berlin sehr gut getan. Du wurdest sehr viel selbstsicherer als vorher, denn jetzt warst Du kein „Irgendjemandskind" mehr. Du wusstest, wo Du herkamst und konntest allmählich nachvollziehen, warum Dein Leben solche Bahnen genommen hatte.

Deinen Erzeuger suchten wir nicht in seiner Wohnung auf. Er hatte sich nicht gemeldet. Vielleicht hatte er Familie, der er nichts von Dir erzählt hatte. Es wäre unpassend von uns gewesen, dort einfach aufzutauchen.

Er hatte leider nie freiwillig Unterhalt gezahlt, vielleicht hatte er auch Angst vor Dir, weil Du noch berechtigte Forderungen stellen konntest?

Gerne hätte ich ihn kennen gelernt. Du musstest auch eine ganze Menge von ihm geerbt haben, denn Du hattest so viel Stärke in Dir, so viel Lebenswillen und Durchsetzungskraft, die ich bei Deiner leiblichen Mutter auf Anhieb nicht bemerken konnte.

Sie machte auf mich eher den Eindruck einer Frau, die Halt suchte und brauchte. In ihrem Mann hatte sie diesen Halt gefunden.

Eine schöne Urlaubsfahrt mit Euch, Markus, Christian und Sabine ist mir noch in Erinnerung. Wir luden außerdem Ursel, unser Kindermädchen zu dieser Reise ein. Als Kindermädchen hatte sie „ausgedient", aber Du, Sabine, wolltest Gesellschaft haben. Wir fuhren nach Norwegen mit einer sehr stürmischen Überfahrt über das Kattegatt. Es war in meinen Erinnerungen ein gelungener Urlaub mit Sonne, Regen und viel Abwechslung. Zum Ende hin ging es Dietmar wieder schlechter, er bekam einen Rückfall seiner Krankheit. Die geplante Kur im September konnte trotzdem durchgeführt werden. Die Zeit in Bad Aibling diente ihm dort der Genesung, die ansonsten wieder einen Krankenhausaufenthalt in Göttingen notwendig gemacht hätte.

Während unserer Ferientage in Norwegen fuhrst Du, Paul, mit den „Finken" nach Wangerooge. Auch Du hast viel Schönes und Aufregendes von dort berichtet und schienst zufrieden zu sein.

In Deiner Schule machtest Du große Fortschritte. Alles, was es an Lehrstoff für Deine Klasse gab, wurde sehr gründlich und lange geübt, so dass wir hoffen konnten, dass Du das Wissen auch für immer behalten würdest.

Es war eine sehr ausgeglichene Zeit mit Dir. Wir freuten uns über Dein Kommen an den dafür vorgesehenen Wochenenden. Deine Verhaltensauffälligkeiten gingen zurück, verschwanden aber nie ganz. Wir merkten alle, dass Du in der Stiftung Naos gut aufgehoben warst, Dich dort wohl fühltest und Anerkennung fandest. Die Stiftung Naos unterhielt ein ganzes Dorf für

Menschen mit Handikaps und mit schwereren Behinderungen. Ein jeglicher Bewohner außerhalb der Schule hatte eine Aufgabe in der Gesamtversorgung aller Menschen dort. Die Menschen konnten in der Küche, in der Gärtnerei, im Cafe´, in der Verwaltung, an der Pforte, in anderen Werk- und Versorgungsstätten arbeiten und sich nützlich machen. Eine großartige Organisation, denn überall wurden ebenso Betreuer gebraucht, die den Bewohnern des Dorfes zur Seite standen.

Sabine, Du schafftest es in die Spezialklasse der Jahrgangsstufe 10 und konntest in dieser Gruppe der besten Schüler die Fachoberschulreife erreichen.
Nebenbei gabst Du einem Hauptschüler der 5. Jahrgangsstufe Nachhilfeunterricht in Mathematik und Englisch. Das war schon eine große Leistung, stolz waren wir auf Dich!
Jetzt wurde auch die Berufswahl wichtig. Du entschiedst Dich für einen Pflegeberuf.
Dazu musste man vor der eigentlichen Ausbildung eine Pflegevorschule besuchen. Die war in unserer Kreisstadt. Du bewarbst Dich und wurdest angenommen.

11. Dezember 2010

Heute sollte man nicht in den Wald gehen.

Es ist Tauwetter. 0,5 Grad plus, nachts viel Schnee, vormittags leichter Regen, dann wieder Schnee.

In den Bäumen kracht es. Ein zu schwer gewordener Ast bricht ab und fällt herunter. Ganz schön laut und erschreckend in der sonstigen Stille.
Auch Schnee fällt von den Bäumen, herunter geworfene Last.

In freier Natur liegt der Schnee 32 bis 38 cm hoch. Ich habe nachgemessen.

Irgend jemand hat unserer Gänseliesel den Kopf abgetrennt. Gäste aus dem Sommer haben uns eine Skulptur aus Steinen hinterlassen. Ich habe sie Gänseliesel getauft. Im nächsten Sommer soll sie auch eine Gans bekommen.

Ich werde den Schaden mal besehen.

Nein, kein Reh ist dort am Gemüsegartenzaun entlanggegangen.
Eis hat sich auf dem Stein gebildet und dann den Kopf abgeworfen. Jetzt muss die Liesel warten bis zum Frühjahr, bis alles Eis getaut ist. Dann setze ich den Kopf wieder drauf.

Diese so einfache aus drei Steinen gebaute Skulptur hat mir viel Freude bereitet, wenn ich aus dem Küchenfenster gesehen habe.
So richtig bedankt habe ich mich bei den Gästen gar nicht dafür, das muss ich noch nachholen, vielleicht mit einem Weihnachtsgruß?

1988

Viel Freude an einer guten Weiterentwicklung, Führerschein und Pflegevorschule, Katzen und Kaninchen

Paul, es kam wieder ein Jahr, in dem Du uns viel Freude gemacht hast. Du wurdest immer ruhiger und ausgeglichener. Es hatten mir zwar mehrere Ärzte gesagt, dass ich bei solch einer Hirnstoffwechselstörung, wie Du sie hattest, große Veränderungen in der Pubertät erwarten könnte. Ich hatte aber nicht recht daran glauben können, kannte ich doch zu viele auch hyperaktive Erwachsene. Du wurdest so normal in Deinem Verhalten, dass es fast nichts darüber zu erzählen gab. Du konntest zuhören, Du mischtest Dich nicht immer in alles ein, das hieß auch, Du brauchtest nicht immer im Mittelpunkt zu stehen. Dein Verhältnis zu Deinen Geschwistern wurde besser, Du suchtest Dir Arbeit zum Helfen und wolltest lernen!

Du warst in den Stimmbruch gekommen, warst zunächst mächtig heiser und dann hattest Du eine Männerstimme. Das ist auch für Eltern ungewöhnlich, man muss sich erst an die damit verbundene Jugendlichkeit der Kinder gewöhnen.

Am 8. Mai hattest Du Konfirmation. Die wurde in der Stiftung Naos gefeiert. Deine Paten, kamen mit Familie zu Besuch. Auch Oma und Opa und Harald waren dabei. Wir waren eine große Runde in Deinem Gruppenraum der Kinderheimat, in dem gefeiert wurde. Alle Verwandten lernten Dein jetziges Leben kennen. Das war wichtig für Dich.

Im Sommer hast Du gelernt, mit dem Bus alleine nach Hause, von Leiterbach - Stiftung Naos nach Husthausen zu fahren. Du musstest zwei mal umsteigen, hast das aber gut bewältigt.
Du kamst gerne nach Hause, fuhrst aber am Sonntagabend gerne wieder nach Leiterbach zurück. Denn in der Stiftung hattest Du eine erste Freundin, mit der Du „gingst", wie man so sagte. Die Erzieher meldeten mir, sie müssten schon mal ein besonderes Auge auf Euch beide werfen.

Ich habe damals allen meinen Freunde und Bekannten geschrieben, dass Du mich in den Jahren sehr glücklich gemacht hast. Ich hatte das „Normalsein" so dankbar schätzen gelernt, weil ich das Unnormale nicht nur erlebt, sondern inzwischen gelernt hatte, es anzunehmen.

Auch bei Dir, Sabine, lief alles weiter nach Plan. Du erhieltst Deinen Schulabschluss, Fachoberschulreife mit einem Notendurchschnitt von 2.9. Das war genau der Durchschnitt Deiner Spezialklasse. War das nicht großartig? Ich war jedenfalls sehr stolz auf Dich! Wer hätte das geglaubt nach den anfänglichen Vorhersagen?

Ehe Du mit der Pflegevorschule begonnen hattest, machtest Du noch Reisen nach Finnland, Schweden und England. Wie das alles zustande kommen konnte, weiß ich nicht mehr. Du selber hast in den letzten Jahren noch freudig davon erzählt.
Endlich begann Deine Ausbildung. Vormittags hattest Du vier Stunden Dienst im Krankenhaus, der Dir außerordentlich viel Freude machte. Den Nachmittagsunterricht mochtest Du nicht so gerne, aber Du hast ihn durchgehalten. Du warst in einer guten Gemeinschaft von Gleichaltrigen, die alle die gleichen Berufsinteressen hatten.

Dein 18. Geburtstag näherte sich. Deshalb war es vernünftig, mit den Fahrstunden für den Führerschein anzufangen. In einer Stadt zu lernen, war sicher besser, als hier auf dem Lande.
Du wurdest eine gute Fahrerin und hast den Führerschein für Dein berufliches Leben von Anfang an gebraucht.

13. Dezember 2010

Ich kann nicht schimpfen, ohne mich aufzuregen, und wenn ich mich aufrege, geht es mir immer sehr schlecht hinterher.

Heute habe ich mich aufgeregt, und es geht mir schlecht.

Unsere alte Katze hat eine schreckliche Angewohnheit. Sie benutzt ihr Katzenklo, ja, das macht sie.
Wenn sie darauf aber ihr großes Geschäft erledigt hat, geht sie für das kleine nicht mehr darauf, so lange nicht, bis das große weggeräumt ist.
Das geht soweit gut, wenn sie beides am Tage erledigt. Es riecht so stark, dass ich sowieso gleich ins Badezimmer gehe, um die Bescherung zu entfernen.

Neuerdings erledigt sie es aber in der Nacht, dann, wenn ich tief und fest schlafe. Und weil dann keiner das Katzenklo wieder sauber macht, besorgt sie ihr kleines Geschäft einfach auf irgend einem Vorleger, entweder im Badezimmer selbst oder neuerdings auf den Fellen, die ich im Schlafzimmer ausgelegt habe, um es vor den Betten nicht so fußkalt zu haben.

Ich bin sehr geduldig, stecke auch die Felle immer wieder in die Waschmaschine, aber was zu viel ist, ist zu viel. Das kann sie nicht jede Nacht machen.

„Stupse sie doch mit der Nase in ihren See und gib ihr ein paar hinter die Ohren", sagt Dietmar dazu.
Das mache ich auch. Ich hole sie von ihrem warmen Plätzchen am Kamin hervor. Das geht schon sehr gegen ihren Willen, und sie wehrt sich immens. Trotzdem nehme ich sie und zeige ihr ihre Bescherung und gebe ihr ein paar Katzenköpfe. Dann öffne ich das Fenster und werfe sie in den Schnee, der schon bis zu einen halben Meter unter unser Schlafzimmerfenster reicht. Draußen haben wir heute morgen minus 12 Grad. Natürlich will sie sofort wieder rein kommen, ich bleibe aber eine kleine Weile hart. So schnell wird sie nicht erfrieren.
Dann bin ich weiterhin mit ihr böse. Zu Fressen bekommt sie auch noch nichts.

Ob das ganze über einen Tag hinaus irgend etwas nützt?

Mich hat die ganze Schimpferei und die Bestrafung mehr mitgenommen, als dieses Mistviech! „Gamla kräk" habe ich zu ihr auch noch gesagt.

Später habe ich mir überlegt, es heute Nacht mit einem zweiten Klo zu probieren. Vielleicht habe ich Erfolg, das wäre eine bessere Lösung.

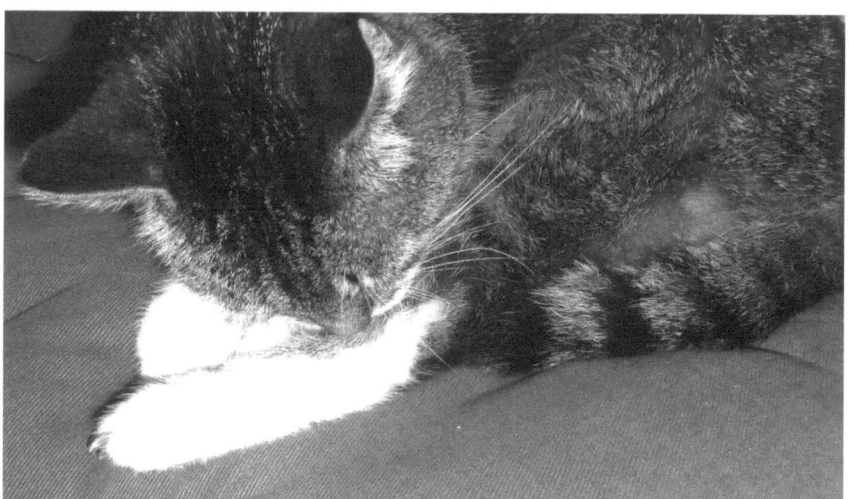

Vielleicht war das schon immer mein Fehler, Paul. Ich war an Strafen und Schimpfen immer innerlich so sehr beteiligt, dass ich diese zu selten eingesetzt habe, weil ich mich und meine Gesundheit schonen und schützen wollte. Bei Deinen drei Geschwistern klappte es sehr gut mit dem Reden und immer wieder Reden über alles. Nur Du hättest ein härteres Durchsetzungsvermögen von mir gebraucht. Doch ich habe immer wieder nach anderen Lösungen Deiner Probleme gesucht.

Viel später hast Du einmal gesagt, „Mama, Du hattest eine riesige Geduld, bzw. eine lange Leine, wie man so sagt. Wenn dieser Geduldsfaden aber mal gerissen war, dann kam alles ganz schön heftig." Das hattest Du gut erkannt. Bei Dir hätte ich schneller richtig streng sein müssen. Aber kann man vier Kinder in einer Familie unterschiedlich erziehen? Du hättest Dich noch mehr zurückgesetzt gefühlt, und ich wäre an Härte und Herzlosigkeit gestorben.

Von unseren Kaninchen wollte ich noch erzählen.

Der Hintergrund unserer Kaninchenzucht war meine Ehrgeizentwicklung zur Selbstversorgung aus dem eigenen Garten. In der damaligen Zeit konnte ich nur wenig anderes außerhalb meines Haushaltes und der Kindererziehung tun. So sah ich in der Selbstversorgung etwas Sinnvolles und Nützliches.

Gemüse und Obst kam bereits aus dem Garten. Ich betrieb eine große Vorratshaltung mit vielen selbstgemachten Dingen, selbst Wein stellte ich selber her. Warum sollte es nicht auch mit Kleintierhaltung gehen. Kaninchen boten sich dazu an, sie fraßen auch noch die Gemüseabfälle und sollten davon dick und groß werden.

Mit zwei Stallhasen-Damen hatte es angefangen. Decken lassen hatten wir sie bei einem Rammler von Radkes, von denen ich die Tierhaltung „gelernt" hatte (übrigens auch die Weinherstellung!). Radkes hielten sich sogar einmal ein Schwein in der Garage, das haben wir aber nicht nachgemacht.
Die Kaninchen waren gedeckt. Die ersten Würfe brachten fünf oder sechs Junge. Ich hatte also ca. 12 Kaninchen zu füttern und die Ställe zu säubern. Die Ställe waren auch schon von anderen Leuten im Dorf übernommen, sie waren aus alten Brettern zusammen genagelt. Wir stellten sie neben dem Holzschuppen auf, den Winter sollten die Tiere wohl an der frischen Luft aushalten können.

Aber dann kam das Schlachten! „Da fragst Du am besten den Heinrich Maler, der macht das im Dorf für die anderen auch." Herr Maler kam auch. „Du bleibst hier und guckst zu!" sagte er zu mir. „Ich kann das mit meinem Rheuma nicht mehr, und das nächste mal macht Ihr das alleine!"
Natürlich sah ich zu, was sollte ich denn machen. Es war eine Gefälligkeit von ihm, dass er überhaupt noch gekommen war.

Das Töten war grausam. Ich hatte es beim nächsten Mal nach meiner eigenen Methode mit vorheriger Betäubung gemacht. Trotzdem wollte ich es nie wieder tun. Dietmar hat mir später geholfen, er hatte in seiner Jugend in der Mohmühle gelernt, wie man Hühner schlachtet und ging nicht so zaghaft ran, wie ich.... Markus wollte sogar dabei zusehen.

Das darauf folgende Fellabziehen hat mir dann wieder nichts ausgemacht. War es dann so für mich, als wenn ich Fleisch in der Küche verarbeiten würde. Die Tiere lebten ja nicht mehr.

Die Würfe im dritten Jahr waren sehr groß geworden. Jedes der beiden Kaninchen, die wir decken lassen hatten, brachte 11 oder 12 Stück auf die Welt. Viel Futter wurde notwendig. Es gab genug Wiesen, aber man musste das Futter schneiden und heranholen. Alle halfen mit.
Nun wollten wir wie vorgesehen in den Urlaub fahren. Meine Mutter erklärte sich bereit, für die Tiere zu sorgen. Wir legten einen Riesenhaufen Klee und Löwenzahn zurecht, damit sie wenigstens für die erste Zeit genug zum Füttern hatte.

Als wir aus dem Urlaub zurück kamen, waren die Ställe leer, lediglich die beiden Muttertiere hockten noch in ihren Behausungen. Was war passiert? Die Oma muss wohl eines Abends die Stalltüren aufgelassen haben.
Alle Jungtiere waren entwischt in die freie Natur. Von der schönen Natur hatten wir genug. Und wie es so sein sollte, fanden wir vor unserer Haustür auch noch ein paar Köttelchen, so als wenn die Tiere sich bei uns verabschieden und bedanken wollten für die neu gewonnene Freiheit.
Zwei hatten wir dann noch und Stummelchen. Ich weiß nicht mehr, warum Stummelchen nicht mehr in der Stiftung bleiben konnte. Jedenfalls versorgten wir es mit.
Bald darauf entdeckten wir, dass allen drei Tieren das Fell ausging. Irgend eine Krankheit hatten sie. Im Dorf sagte man mir, das sei ansteckend. Wenn ein Kaninchen diese Krankheit hätte, bekämen die anderen sie auch. Man könne nur mit einer neuen Zucht anfangen. Dazu müsse man die alten Ställe desinfizieren.

Das war dann das Ende der Kaninchen-Periode. Unsere drei Stallhasen begruben wir im Garten hinter den Johannisbeerbüschen, da wo schon zwei Kater, eine Schildkröte und das Meerschweinchen begraben waren. Die alten Stallbretter wurden verbrannt.

Paul, Du hast bis heute immer wieder behauptet, dass wir Stummelchen gegessen hätten. Das haben wir nicht, das kannst Du uns glauben.

16. Dezember 2010

Nach einem Temperaturanstieg von minus 19,5 Grad gestern Abend auf heute minus 3 Grad haben wir Sturm und „Fizzelschnee", so will ich ihn nennen.
Er ist etwas unangenehm feucht, bei entsprechender Kleidung kann man aber durchaus draußen sein.

Die angekündigten großen Schneemassen sind hier noch nicht angekommen. Warten wir es ab, bis morgen Mittag soll sich das Unwetter wieder beruhigt haben.

Was die Katze macht?
Meine Idee mit dem zweiten Klo war heute Nacht noch nicht erfolgreich. Tagsüber hatte sie es schon angenommen, aber des Nachts alles wieder vergessen.
Ich war gerade wach, als sie ihr Geschäft wieder auf einem Fell erledigte. Als ich mich regte und aufstand, versteckte sie sich schnell. Also hatte sie doch ein schlechtes Gewissen?
Nun wollte ich aber nicht im Nachthemd durchs Haus rennen und versuchen, sie zu fangen, habe ihr deshalb nur laut und deutlich die Strafe für den Morgen angedroht.

Die hat sie dann auch bekommen.
Jetzt wird sie jedes mal bestraft und anschließend auf ihr zweites Klo verwiesen.

Aber der Fliegen werde ich langsam Herr! Jetzt sind nur noch zwei der Plagegeister an der Decke zu sehen.

Die Geschichte von dem Troll muss ich noch erzählen.

Jeder Hof hatte früher seinen „ tomte", ein alten guten Wichtel, der Haus und Hof behütete und jede Nacht, nachdem die Menschen schlafen gegangen waren, noch einmal in Stall und Wohnhaus nach dem Rechten sah. Ob denn auch überall das Licht gelöscht worden ist, ob die Tiere es auch warm hatten, dass keine Tür offen geblieben war usw.
Wir haben auch solch einen „tomte". Er passt seit einigen Jahren auf unser Gehöft auf, dass sich kein Fremder unbefugt hier etwas zu schaffen macht.

Neben den hier bekannten „tomtar" (Mehrzahl von tomte im Schwedischen) gibt es aber noch Trolle. Die wohnen eigentlich im Wald und besuchen die Menschen weniger.

Aber manchmal nisten sie sich doch in einem Wohnhaus ein. Äußerlich sind sie wenig von den „tomtar" zu unterscheiden, sie tragen aber einen Schwanz, den sie nicht verstecken können. Und wenn man den sieht, weiß man, dass man es tatsächlich mit einem Troll zu tun hat.

Hier in unserem Haus muss sich ein Troll eingenistet haben. Er versteckt manchmal Sachen, die ich stundenlang und immer wieder suche, bis ich es schließlich aufgebe.

Neulich hat er ein kleines Fläschchen mit „Schwedenbitter" versteckt, von dem ich morgens zur allgemeinen Stärkung immer ein paar Tropfen in meinen Tee träufele. Das Fläschchen ist weg und bleibt zehn Tage verschwunden. Ich kann mir nicht vorstellen, wie es weggekommen sein sollte. Zum Glück habe ich noch ein zweites, das ich erst mal in Benutzung nehme. Ich denke, die Katze habe damit gespielt und es irgendwohin weggerollt. Aber auch in den Ecken an den Küchenschränken ist es nicht wieder zu finden. Vielleicht ist es versehentlich im Müll gelandet?
Eines Tages, steht es da. In dem Schrank, wo es hingehört, nur ein Fach höher. Aber da habe ich doch immer wieder nachgesehen?!

Dann ist meine Mütze weg, meine blaue, die einzige, die nicht immer sofort nach hinten oder nach vorne rutscht und meinen Kopf warm hält.
Sie befindet sich nicht in der Garderobe, da wo sie hingehört. In allen Manteltaschen, Kapuzen, Ärmeln suche ich nach, kein Erfolg. Soll ich sie in der Küche liegen gelassen haben? Da ziehe ich sie meistens sofort vom Kopf, wenn ich rein

komme, weil es mir sonst zu warm wird. Handschuhe und Mütze liegen deshalb manchmal auch auf dem Küchentisch. Nirgends ist sie in der Küche zu finden. Auch nicht dort, wo der Troll das Fläschchen Schwedenbitter gelassen hatte....
Im Auto ist sie auch nicht. Sollte ich sie irgendwo in Värnamo verloren haben? Aber ich hätte es doch sofort gemerkt, wenn mir der Kopf kalt geworden wäre. Wir haben doch die ganze Zeit Frostwetter.
Zwei Wochen bin ich deswegen unglücklich. Die anderen Mützen tun es zwar auch, aber gerade diese passt doch so gut!
Trotz des großen Verlustes mache ich mir Mut:
„Dann hast Du eben eine Kopfbedeckung weniger, Ela. Mach Dich nicht verrückt, ohne diese kannst Du auch leben. Vielleicht findest Du sie ja noch, wenn der Schnee getaut ist..."

Mit dieser Einstellung nehme ich meine dicke Baumwollbluse vom Bügel in der Garderobe, um sie in die Waschmaschine zu stecken.

Nach dem Mittagessen will ich wieder rausgehen und ziehe mir im Garderobenraum die Schuhe an. Was sehe ich da? Da liegt doch die Mütze auf einem Stuhl, den wir für Weihnachten schon aus der Scheune geholt haben, so, als hätte sie dort immer gelegen.

Hat sie aber nicht, das weiß ich genau! Das war der Troll, der mich hier immer wieder an der Nase herumführt.

1989

Schonzeit, Lernen macht Spaß und Fragen: „Wer bin ich und wo gehöre ich hin?"

Wir hatten noch Schonzeit, Dietmar und ich. 1989 war ein relativ ruhiges Jahr.
Dietmar erholte sich nach einem erneuten Krankenhausaufenthalt mehr und mehr von seiner Krankheit und konnte im September noch einmal zur Kur fahren.

Mir taten krankengymnastischen Übungen so gut, dass ich mich neuen Aufgaben widmen konnte.
„Jetzt sind Sie dran! Jetzt tun Sie mal etwas für sich!" forderte mich meine Krankengymnastin auf. „Was wollten Sie denn immer schon mal tun?"
Das, was ich immer schon gerne wollte seit meinem 17. Lebensjahr, war, Psychologie zu studieren. Jetzt mit den vielen Fragen an Eure Entwicklung noch mehr als vorher. Aber ich hatte kein Abitur, und so verwarf ich diesen Gedanken erst einmal wieder.

Aber er arbeitete in mir, dieser Gedanke. Warum eigentlich nicht? Ich könnte doch zunächst mit einem Fernstudium anfangen, immer dann, wenn ich im Haushalt und bei den inzwischen sehr vernünftigen Kindern nicht gebraucht würde.
Auch bei diesen Fernstudiengängen gab es Probezeiten. Man konnte nach sechs Wochen wieder aussteigen, wenn man merkte, das sei nicht das Richtige.

Ich meldete mich also an, bekam die Unterlagen zugeschickt. Für mich sollte es nach so langer Zeit, in der ich nicht in der Schule war, in der siebten Klasse wieder anfangen. Gut, dachte ich, dann machst Du zu Beginn nicht gleich so viel negative Erfahrungen, versuch es einmal.
Und siehe da, das Lernen machte Spaß. Es ging nach dem eigenen Zeitplan, nach dem eigenen Tempo, und ich empfand den Einstieg in den Lehrstoff der siebten Klasse als angemessen. Denn, was früher in der Schule gewesen war, hatte ich doch längst vergessen. Ich bekam Unterrichtsstoff und Anleitungen, wie ich ihn mir zu erarbeiten hatte. Dann gab es Tests, die ich erledigen musste, um sie dann an die Fernschule einzuschicken. Dort wurden sie von einem Lehrer korrigiert und mir mit entsprechenden Anmerkun-

gen zurück geschickt. Erst wenn ich die entsprechenden Tests erfolgreich bestanden hatte, ging es mit dem Unterrichtsstoff weiter. Auf diese Art zu lernen, machte in jeder Hinsicht Freude. Und ich kam voran. Nach drei Jahren hatte ich fünf Schuljahre aufgeholt.

Nun zu Dir, Sabine.
Ein großes Ereignis war am 19. Januar Dein 18. Geburtstag.

Wir hatten auf Deinen Wunsch hin Deine leibliche Mutter Barbara mit ihrer Familie eingeladen. Ich hatte ein gutes Gefühl dabei, Du hattest sie vor fast zwei Jahren wieder gesehen und kennen gelernt. Unser beider Verhältnis hatte sich nach dieser ersten Begegnung nur gestärkt. Selbst musstest Du Dich noch daran gewöhnen, dass es weitere Menschen gab, die zu Dir gehörten.
Ganz wichtig war Dir wieder, dass wir untereinander ein gutes Verhältnis bekämen, und so batest Du uns vorher, doch der Familie recht bald das „Du" anzubieten. Das konnten wir Dir selbstverständlich erfüllen. Es waren harmonische Tage in unserem Hause, an viel mehr erinnere ich mich nicht mehr. Ein weiterer Besuch von Dir in Berlin wurde für die Osterferien vereinbart.

In der Pflegevorschule riet man Dir von der großen Krankenpflegeausbildung zur Krankenschwester ab. Heutzutage müssen die jungen Schwestern von allen medizinischen Ausdrücken die lateinischen Bezeichnungen lernen. Es würde so viel verlangt, dass die Leiterin der Schule meinte, Du seist damit überfordert. Es wäre besser, erst mit der kleinen Krankenpflegeausbildung anzufangen, also der Ausbildung zur Krankenpflegehelferin, um dann eventuell später darauf aufzubauen, wenn Du es noch wünschen solltest.
Diese Lehrgänge fingen immer zum Jahresbeginn an, konnten daher nicht gleich an den Anschluss an die Pflegevorschule besucht werden. Deshalb machtest Du noch ein halbes Jahr Praktikum in der Krankenpflege, ehe Du dann zum 1. 1. 1990 mit dieser Ausbildung anfangen konntest.

Leider fiel in diese Zeit eine persönliche Krise von Dir. Nach dem zweiten Besuch in Berlin, im April 1989, sah so manches anders aus. Du hattest Deine leibliche Mutter näher kennen gelernt und gerietest in Zweifel, ob das, was bei uns für gut und richtig gehalten wurde, auch wirklich das Richtige für Dich war.
Der Tagesablauf war bei Barbara, Deiner leiblichen Mutter, ein anderer. Und so, wie sie sich verhielt, versuchtest Du es auch erst einmal bei uns. Warst Du

zu Hause, wurde morgens schon der Fernseher angestellt. Du setztest Dich mehr oder weniger gelangweilt, manchmal auch provozierend davor. Einige Male gerieten wir aneinander, weil Du meintest, Deine neuen Vorstellungen bei uns durchsetzen zu müssen.

Ich kann mir aber auch vorstellen, dass es in Dir sehr ambivalent zugegangen sein muss. Was sollte für Dich gelten? Das, was Deine leibliche Mutter für richtig hielt? Oder das, was Deine Adoptivmutter als angemessen ansah? Was hattest Du denn von Deinen Adoptiveltern? Waren sie nicht so anders als Du? Hin- und hergerissen warst Du innerlich.

Warst Du früher zupackend und aktiv gewesen, wurdest Du nun zunehmend lethargisch, um nicht zu sagen faul. Du saßest rum und wusstest nichts mit Dir anzufangen. Eine ganz normale Verhaltensweise, ja sogar eine Schutzhaltung, um ein inneres Spannungsfeld auszuhalten, aber nicht angebracht, um es abzubauen. In welche Richtung solltest Du Dich denn bewegen?
Leider nahmst Du damals auch an Gewicht so einiges zu.

Auch in der Schwesternschaft fiel Dein Verhalten auf. Die Oberin hatte mit Dir deshalb ein Gespräch vereinbart, und Du hattest ihr daraufhin von Deinen inneren Nöten berichtet. Sie empfahl Dir damals eine Psychotherapie zu machen, um wieder zu Dir zu kommen und Deinen eigenen Weg zu finden.

Dieser Vorschlag reichte erst einmal, um wach zu werden. Du liesst Dich nach dieser Unterredung nicht mehr so gehen und die Ausbildung konnte fortgesetzt werden. Aber ein Spannungsfeld war geblieben.
Dieses Spannungsfeld konntest Du erst viel später in Deinem Leben beheben.

Ob ein Kennenlernen der leiblichen Familie ausgerechnet in die Zeit der Ausbildung fallen muss und richtig war, kannst nur Du beurteilen. Ich hätte Dir einerseits gerne ein wenig mehr Ruhe gegönnt, für alles, für alle Schritte des Selbständigwerdens. Aber gehört andererseits die Ichfindung „Wo komme ich her? Wer bin ich?" nicht auch in diese Zeit?

Angestoßen war alles schon mit dem Besuch von Deinem Onkel Konrad. Danach hatte ich das Gefühl, Du suchtest dringend eine Welt, die zu Dir gehörte.

Diese Auseinandersetzung musste sein.

Paul, Du hattest jetzt in Deiner Schule eine neue Klassenlehrerin, eine sehr engagierte Frau, und in der Kinderheimat hatte Heide Lehmann die Stellung der Hausmutter übernommen. Einer Deiner Erzieher war Herr Ahlert, der sich immer sehr für Dich eingesetzt hatte.
Dein Fahrrad durftest Du nun mitnehmen. Du konntest am therapeutischen Reiten teilnehmen, das alles wurde von der Kinderheimat aus organisiert.

Während der Sommerferien schafftest Du im Schwimmbad Dein „Silber". Eine großartige Leistung für Dich! Ich war stolz!!!

Dein 16. Geburtstag stand vor der Tür. Du hattest schon mitbekommen, dass Sabine mit 16 Jahren die Adressen ihrer leiblichen Eltern ausfindig gemacht hatte. Nun warst Du genau so gespannt, wie sie es gewesen war, und fordertest das gleiche Recht ein.

Ja, Sabine war mit 16 Jahren in etwa altersgemäß entwickelt. Wir wussten ebenso nicht, was auf uns zukommen würde. Glücklicherweise fielen die Verhältnisse bei ihrer leiblichen Mutter positiv aus. Man konnte sie annehmen als eine Frau, die inzwischen ihr Leben mit nur wenigen Problemen meisterte. Nur damals, in der Zeit, in der sie sich nicht um ihre Tochter gekümmert hatte, war sie zu schwach. Eine vorübergehende Periode also.

Konnten wir so etwas bei Deinen Eltern erwarten? Ein Vater, der als aggressiv beschrieben worden war, eine Mutter, die geistig so schwach war, dass sie selbst ihren Namen nur mit Mühe schreiben konnte? Wie würdest Du alles verkraften? Ich hielt Dich noch nicht reif genug dafür, wusste aber, dass Dir das Recht zustand, sie kennen zu lernen.

Nun wurde es Herbst und Winter, eine Reise nach Berlin war sicher schöner im Frühjahr oder Sommer. Ein wenig konnten wir dieses große Ereignis noch hinaus schieben. Aber Du drängeltest. Und wie immer, sollte alles, was einmal von Dir ins Auge gefasst wurde, auch sofort vollzogen werden. Lange konnten wir also nicht mehr warten, denn ich wollte verhindern, dass Du etwas alleine unternehmen würdest.

Wenn wir im voraus geahnt hätten, wie Dich dieses Kennenlernen damals aus der Bahn geworfen hat, hätten wir es vielleicht verhindern können, aber nur vielleicht. Damals sahen wir dieser Begegnung noch mit Gelassenheit entgegen, hatten wir doch mit Deiner großen Schwester neben allem Zwiespalt, in den sie hinein geriet, auch gute Erfahrungen gemacht.

20. Dezember 2010 / Halbzeit

Jetzt wird Weihnachtspause gemacht.

15 Jahre sind beschrieben, 20 sollen es werden. Das sind nur noch 5 Jahre, aber die haben es in sich gehabt. Paul geriet völlig durcheinander, aber davon später.

Mit Halbzeit meine ich die Zeit hier in Barydet, diesen unendlichen wunderschönen Winter, den keiner erwartet hat. Gestern der Schneesturm hat acht Zentimeter Neuschnee gebracht, da wo er nicht verweht worden ist.
Oben die Einfahrt am Ohsvägen muss ich räumen. Das Auto ist sonst nicht zu bewegen. Alle Einkäufe sind im Hause, per Schlitten, Rucksack und Reisetaschen, die geschlossen werden konnten.

Jetzt geht es ans große Aufräumen. Papiere sortieren, in übersichtlicher Reihenfolge verwahren, damit ich im Januar alles leicht wiederfinde. Karina wird hier im Computerzimmer schlafen. Sie soll sich hier bewegen können.

Dann sollte noch so einiges gebacken werden.
Auch Saubermachen steht noch an und natürlich Schnee schieben.....

3. Januar 2011

Der Schnee gehört wieder mir.

Immer noch hält uns der Winter im Griff.
Eine harmonische Weihnachtszeit liegt hinter mir. Überall hat sie Spuren hinterlassen.

Am Sonntag, den 4. Advent (20. 12.) ruft mich unsere Nachbarin Doris an, ob ich nicht zum Tee kommen möchte. „Ja, gerne, aber wie?" Während ich noch überlege, bietet sie mir an, dass sie mich von Ohsvägen abholen wollen, klockan fyra. Danke, ich hatte schon überlegt, zu ihnen durch den hohen Schnee zu stiefeln. Meine Stöcke nehme ich mit, denn den Rückweg, die Straße entlang, kann ich alleine erledigen, etwa eine halbe Stunde Fußweg.
Oben an der Straßenecke begegne ich einem Fußgänger, ein Mann, vielleicht bald in meinem Alter. Bis auf unsere Nachbarn Arne und Doris sind mir die Menschen hier eher unbekannt geblieben. Zu abgeschirmt liegt der alte Hof Barydet, und wir suchen nicht unbedingt den Kontakt zu den hier lebenden Leuten. Die Schweden tun das auch nicht. Nur die direkten Nachbarn kümmern sich umeinander.
Der Mann bleibt stehen, sieht in meine mühsam von Schnee frei gehaltene Einfahrt und bemerkt, dass bis Barydet doch eigentlich auch geräumt werden müsste. Ich sage ihm, dass Arne es schon einmal gemacht hat und sich bis Weihnachten sicher auch noch ein zweites Mal darum kümmern wird. Oh, wie bin ich glücklich, dass ich mich auf schwedisch schon mit einfachen Sätzen verständlich machen kann!
Arne kommt mit dem Auto vorgefahren, und der alte Mann zieht weiter seines Weges.

„Die Stöcke kannst Du gleich im Auto lassen, ich bringe Dich abends wieder zurück." Ich sage, dass ich den Weg auch zu Fuß nach Hause gehen kann, aber er wehrt ab. Dann bedanke ich mich für das letzte Schneeräumen. Nein, das sei er nicht gewesen. Nachts um 23.00 Uhr, so spät räume er keinen Schnee mehr. Das seien die Jäger gewesen, auch bei ihm seien sie mit Trecker und Schneeräumgerät vorbei gerast.
Doris hatte wieder eine Kleinigkeit zu Essen gemacht. Mein Lexikon hatte ich

vorsorglich mitgenommen. Es fand eine richtige Unterhaltung statt. Und je mehr man sich nicht nur verständigen, sondern auch unterhalten kann, desto mehr erfährt man voneinander, von den Sorgen und Nöten, die in jedem Haus vorhanden sind. Wie wertvoll sind dann solche Gespräche!
Arne versprach, noch vor dem Eintreffen von Dietmar und den Kindern, am 22. den Weg zu räumen. Danke für dieses wunderbare Hilfsangebot! Mit dem Räumen auch nur der kleinen Wege war ich schon an meine körperliche Grenze gekommen.

Dietmar, Paul, Karina und Jens, unsere Enkelkinder, kamen am 22. 12. nach ruhiger Fahrt hier an. Arne war noch nicht gekommen. Irgend etwas muss ihm dazwischen gekommen sein. Er ist ein Mensch, sehr schweigsam, aber hundertprozentig zuverlässig.
Die Schlitten wurden wieder eingesetzt. Drei haben wir noch aus Eurer Kinderzeit, die warteten schon auf das Gepäck.
Alle waren glücklich, endlich zu heißer Suppe im Warmen angekommen zu sein. Für den nächsten Tag war Neuschnee angesagt und Christian und Markus waren noch von Alvesta abzuholen, aber erst in der nächsten Nacht.

Am nächsten Morgen gab es eine wirkliche Weihnachtsüberraschung! Julklapp nennt man es hier. Morgens gegen sieben Uhr höre ich schon irgend ein Fahrzeug, das hin und her fährt. Sollte das etwa Arne sein, so früh. Ehe ich richtig wach werde, wird der Schnee bereits vor unserem Schlafzimmerfenster geräumt. Dietmar schafft es als erstes, einen Bademantel über zu werfen und das Fenster zu öffnen, um sich zu bedanken. Das war nicht Arne, das war jemand, eingemummt und unbekannt. Dietmar bedankt sich. „Känner du mej?» Fragt er zurück. Nicht wirklich. Wir überlegen, das muss jemand vom Sägewerk gewesen sein. „Nun könnt Ihr mit den Auto vors Haus fahren" verabschiedet er sich. Das war eine Überraschung.

Später erfahren wir, dass der Trecker von Arne versagt hatte, und Arne den Sägewerksbesitzer, Börje, gebeten hat, uns zu helfen. Börje ist mit seiner Familie der Nachbar in der anderen Richtung, auch 700 m von uns entfernt. Er kümmert sich um die Holländer, die in seiner Nähe die alte Schule als Freizeithaus nutzen.

Nach dem Frühstück besichtigen wir seine Arbeit. Riesenschneehaufen befinden sich nun auf unserem Grundstück. Ideal zum Höhlenbauen! Und das wird gemacht.
Auch ein Weihnachtsbaum wird noch geschlagen, einen, den ich vor einigen Wochen, als noch kein Schnee lag, schon auserkoren hatte. Dieses mal keiner

vom Nachbarn, sondern von SVEA KOG, der staatlichen Forstverwaltung, aber am Wegesrand. Eigentlich sollte man um Erlaubnis fragen, ob man sich einen Baum schlagen darf. Die Forstverwaltung hat ihren Sitz in Jönköping, 60 km von uns entfernt. Alle paar Jahre führen sie eine Wegebereinigung durch, bei der alles, was wildert, an den Wegrändern mit übergroßen Maschinen abgerissen wird. Ich bin mir sicher, dass diese schöne Fichte bei der nächsten Bereinigung mindestens ihre Zweige hätte hergeben müssen. Ein Lebensende als Weihnachtsbaum ist eine schönere Vorstellung. Gefragt haben wir also nicht. Es wird sich niemand daran stören, dass die Fichte nicht mehr da ist. Diese wildwachsenden Bäume wachsen wie Unkraut, aber für einen Weihnachtsbaum ist nicht jede Fichte in ihrer Form geeignet.

Nun ist sie noch rundum befroren. In der Dusche wird sie aufgetaut.

Des Nachts werden Christian und Markus erwartet. Christian aus Zürich mit Flug nach Kopenhagen und anschließender Bahnweiterfahrt, Markus mit der Bahn aus Münster.
Christian kommt eine Stunde verspätet mit dem letzten Zug an. Markus muss den Umweg über Flensburg fahren, weil keine Fähren mehr ablegen, und kommt so spät in Kopenhagen an, dass er dort teuer übernachten muss und erst am nächsten Tag weiterfahren kann. Am 24. mittags sind wir dann alle beisammen, die beisammen sein wollen. Markus hat die Wurst für die Suppe im Gepäck und wir genießen ein herrliches Grünkohlessen! Weihnachten kann beginnen.

Und es werden schöne Tage. Nicht nur der Weihnachtmann mit viel zu reichlichen Geschenken und unendlichem Verpackungsmaterial kommt aus den verschneiten Wäldern Schwedens und beschert uns, auch das Weihnachtswetter macht uns allen Freude. Mitgebrachte Erkältungen heilen bei Frost und Sonne aus.

Der Schnee glitzert und spiegelt sich in seiner Oberfläche in Millionen von Eiskristallen. „Kristallschnee" habe ich ihn getauft.

Die Kinder toben, rutschen und fahren Schlitten. Markus, Christian und Dietmar hacken Holz und schaufeln mir Spazierwege auf unserem Gelände. Kann ich doch nun meine Rundgänge machen und sehen, wer mich hier in der täglichen langen Dunkelheit besucht hat.

Christian fährt am 28. 12., Markus, Paul, Karina und Jens mit dem von Dietmar besorgten Leihwagen wieder am 29. 12. 2010 zurück. Dietmar bleibt noch ein paar Tage über Silvester. Ein paar Haselbüsche, die hier wie Unkraut wachsen, werden noch abgesägt oder ausgedünnt, damit ich in den nächsten Wochen draußen ein wenig Arbeit habe, diese weiter zu entästen und zur Säge zu transportieren, um sie dann zu zerkleinern und zum Trocknen aufzuschichten.

4. Januar 2011

Heute hat es wieder ordentlich geschneit. Alle Spuren der Kinder sind nur noch in Andeutungen zu sehen. Meine Versorgungswege müssen wieder mühsam geräumt werden. Der Schnee ist wie Schnee in Deutschland, nicht mehr kristallen, ein wenig feucht, aber noch nicht pappig. Er zieht aber in die Schuhe und macht sie feucht, also „Deutscher Schnee".

Wie viele Ausdrücke habe ich jetzt für Schnee? Sechzehn werden es bestimmt nicht.

Die Fliegen sind weg, Mäuse haben wir auch keine mehr im Haus, die Katze bemüht sich, brav zu sein.

Am Nachmittag hat mich Rehcarda besucht (so habe ich sie getauft). Rehcarda hat einen großen Kopf, viel zu groß für ein Reh, er wackelt hin und her, wenn sie geht. Sie hat einen dicken Bauch mit graubraunem Fell. Von hinten zeigt sie mir ihren großen weißen Spiegel.

Sie hat mir geholfen beim entästen der Haselnusszweige, hm, lecker....

5. Januar 2011

Heute wieder Besuch von Rehbecka und Rehnate, sie scheinen jünger und in ihren Bewegungen gewandter zu sein als Rehcarda. Ihre Köpfe sind kleiner, die Bäuche schlanker. Vielleicht Schwestern? Nur durch ihren Spiegel unterscheiden sie sich. Rehnate trägt einen ovalen, wie ein liegendes Ei, Rehbecka trägt ein Karo auf dem After.

Auch sie helfen bei der Entästung der Haselnusszweige.

1990

Ein schöner Sommer, wieder eine Kontaktaufnahme mit leiblichen Eltern, ein neuer Bruder und eine neue Tante

Paul, ich hatte Dir versprochen, mich in diesem Jahr um die Kontaktaufnahme mit Deinen leiblichen Eltern zu kümmern. Im Februar schrieb ich an das Landeseinwohnermeldeamt in Berlin und bat um die Anschriften. Nach Einzahlung der fälligen Gebühren bekam ich am 22. März folgende Auskünfte:

Werner Heinz Meißner, geb. 11. 1. 1951, ist derzeit gemeldet in der Hepper Str. 091, Etage 3 Li, 1000 Berlin 25.
Marianne Charlotte Meißner, geb. 13. 7. 1955, ist derzeit gemeldet in der Hantelstr. 017, Li. Seitenflügel, Etage 2 bei Bernd Unterweg, 1000 Berlin 21.

Nun wussten wir die Anschriften. Aber mir war noch unheimlich dabei, unser Inkognito aufzugeben. Wir wussten nicht was uns erwartet und hatten bisher nur Negatives von der Familie gehört. Also schrieb ich an Deinen früheren Vormund, um von ihm einen Rat zu bekommen, wie man am besten in diesem Falle vorgehen könne.
Wieder einen Monat später teilte uns ein Nachfolger von ihm, jetzt Stadtvormund, mit, dass er uns leider nicht behilflich sein könne, da es ein Ausforschungsverbot bei einer Inkognitoadoption, wie es die unsere sei, gäbe.

War ich falsch informiert oder wusste der Stadtvormund nicht Bescheid? Die Adressen hatten wir schon, und das Landeseinwohneramt hatte offenbar auch keine Bedenken gehabt, uns die Anschriften mitzuteilen. Auch dort hatte ich bei der Anfrage angegeben, dass es sich um eine Adoption handelte.

Mein Wissensstand war der, dass nicht nur die annehmenden Eltern, sondern auch die dazugehörigen Großeltern berechtigt waren, Auskünfte über die Herkunft der Adoptivkinder einzuholen, nicht aber umgekehrt. Die abgebenden Eltern bzw. Großeltern hatten kein Anrecht darauf, zu erfahren, wo sich die Kinder aufhalten. Auch die Adoptivkinder selbst durften ab ihrem 16. Lebensjahr erkunden, wer ihre leiblichen Eltern waren und Kontakt aufnehmen.

Wieder keine Hilfe vom Amt, wir mussten selbst entscheiden, wie wir vorgehen wollten.

Eine Bedenkzeit war angebracht, und da gab es nichts Schöneres, als einen gemeinsamen Urlaub zu planen. Die Sommerferien begannen in diesem Jahr sehr früh. Schon Mitte Juni fingen sie an. Was lag da näher für uns, die wir Nordlandfans geworden waren, einmal die Sonnenwende am Polarkreis in Finnland zu erleben. Sabine, Du hattest Dich schon selbstständig gemacht und unternahmst Deine eigenen Reisen. Paul, Du konntest mit uns fahren!
Mit Kleinbus und Zeltanhänger, den wir gebraucht erstanden hatten, ging es über Schweden mit der Fähre nach Finnland. Und dort weiter mit einem Reisezug nach Rovaniemi, einem touristisch geprägten Ort am Polarkreis. Pünktlich zur Sommersonnenwende kamen wir dort an und erlebten den gleichzeitigen Sonnenunter- und -aufgang. Eine ganze helle Nacht, in der es gegen ein Uhr nur ein wenig dämmrig wurde, um gleich wieder hell zu werden.

Aber die Mücken hatten es auf uns deutsche Touristen abgesehen. Warum wurden die Finnen und Schweden nicht gestochen? Hatten die ein anderes Mückenschutzmittel oder rochen sie anders?

Eine interessante Fahrt durch Nord- und Mittelschweden mit Rentieren, die vor unserem Auto herliefen, folgte diesem Highlight.
In Kiruna, einer alten Eisenerzortschaft, mussten ganze Stadtteile weichen, weil bereits unter den Häusern das Eisenerz abgebaut wurde, das war spannend und gleichzeitig bedrückend.

Und immer wieder zelten und baden an irgend einem See. Herrlich, diese stundenlangen, ja tagelangen Fahrten nur durch Wald und unberührte Natur.
Ein wunderschöner Urlaub, der Euch allen sicher in Erinnerung geblieben ist.

Gleich in der zweiten Juliwoche stand mit Dir, Paul, ein Termin im Krankenhaus Barker an, da Deine Fersen operiert werden sollten.
Du hattest in der letzten Zeit an den Fersen des öfteren Schleimbeutelentzündungen und Deine neue Ärztin in der Naos-Stiftung, Frau Dr. Hinrichs, meinte, das würde immer wieder passieren, da Du sogenannte Haglundfersen hättest. Sie schlug eine Operation im Krankenhaus Leiterbach vor und hatte Dich dort schon angemeldet.

Nun wollten wir Dich aber regelmäßig besuchen können, Leiterbach war uns dazu ein bisschen zu weit. Ich sagte ihr deshalb, dass ich mich im Krankenhaus Barker um solch eine Operation kümmern wollte. Dort gab es einen guten orthopädischen Chirurgen, den ich um Rat fragen wollte.
Ich stellte Dich mit Deinen Haglundfersen vor. Der Chirurg schüttelte nur den Kopf: „Das wollen Sie operieren lassen?" „ Lassen Sie dem Jungen doch seine Fersen und kaufen Sie ihm passende Schuhe, dann wird er auch keine Entzündungen mehr bekommen." „Meinem Kind würde ich die Fersen nicht operieren, denn die Narben können nachher viel mehr Beschwerden verursachen als die Haglundfersen selbst."
Danke, lieber Herr Doktor, für diese ehrliche Beratung.
Wir kauften Turnschuhe für Dich und auch Sandalen, die hinten offen waren. Nie wieder hast Du an den Fersen Schleimbeutelentzündungen bekommen. Heute trägst Du auch wieder feste Schuhe und bekommst keine Beschwerden mehr.

Das war der Sommer 1990.
Eine eventuelle Kontaktaufnahme mit Deinen leiblichen Eltern sollte in den Herbstferien stattfinden. Anmelden wollten wir uns vorher, erst einmal bei Deiner leiblichen Mutter.
Ich schrieb folglich einen Brief an Marianne Meißner, in dem ich mich erst einmal vorstellte, dann von Dir erzählte und ein Foto aus dem letzten Urlaub dazu legte. Außerdem bat ich sie um Verständnis, dass fast siebzehnjährige Kinder normalerweise wissen wollen, wo sie herkommen und ihre leiblichen Eltern kennen lernen wollen. Betont habe ich, dass Du, Paul, früher Elvis, ihr bestimmt keine Vorhaltungen machen würdest, da die Entscheidung, Dich zur Adoption frei zu geben, sicher aus der Verantwortung heraus, für Dich das Beste zu wollen, von ihr getroffen worden sei.

Ich machte ihr einen Terminvorschlag, nämlich Sonnabend, den 6. Oktober um 15.00 Uhr. Sie sollte einen Ort vorschlagen, z. B. ein Cafe, wo wir uns treffen könnten und bat um einen Rückruf.
Gleichzeitig schrieb ich, für den Fall, dass wir von ihr nichts weiter hören sollten, wir davon ausgingen, dass sie mit einem Treffen zu dem vorgeschlagenem Termin einverstanden sei und dass wir uns dann bei der angegebenen Adresse melden würden.
Ich wusste, dass Marianne nicht schreiben konnte, ging aber davon aus, dass sie telefonieren konnte und dass sie irgend jemand hatte, der ihr den Brief vorlesen konnte.

Es kam weder eine Antwort, noch kam der Brief zurück.

Wir beide fuhren trotzdem nach Berlin. Dietmar und die Oma mussten mal wieder für die übrige Familie sorgen. Frau Wencke in Berlin Zehlendorf hatte uns freundlicherweise wieder beherbergt.

Ohne eine Ahnung zu haben, was auf uns zu kam, suchten wir am 6. Oktober gegen 15.00 Uhr die oben angegebene Wohnungsadresse auf.
Der linke Seitenflügel der Hantelstr. 17 hatte ein eigenes Tor. Dort klingelten wir. Lange tat sich nichts. Man konnte auch hineingehen, aber wir klingelten erst noch einmal. Nach einer ganzen Weile erschien ein junger Mann und fragte, was wir wollten.
Wir stellten uns vor und sagten offen, dass wir Marianne Meißner suchten, die bei Herrn Unterweg wohne, sie sei die leibliche Mutter von Paul/Elvis, sagten, dass wir ihr einen Brief geschrieben hätten, auf den aber keine Reaktion gekommen sei. Ob er uns denn weiterhelfen könne?
Herr Unterweg, das sei er. Aber Marianne Meißner wohne nicht mehr bei ihm. Sie sei wieder zu ihrem geschiedenen Mann gezogen. Den Brief habe er bekommen, aber noch nicht weiter geleitet.

Die Adresse von Deinem leiblichen Vater hatten wir.
Da wir nun einmal zu dem Zweck des Kennenlernens in Berlin waren, fuhren wir zur Adresse von Werner Meißner, Hepper Str. 91, Etage 3, links.

Nun wussten wir, dass wir wirklich überraschend und unvorhergesehen vor der Tür stehen würden, denn die Post war bei Herrn Unterweg liegen geblieben.

Nur Mut, dachte ich mir, mehr als abweisen können sie uns nicht.
Paul, Du warst sehr zuversichtlich. „Das wird schon gut gehen." sagtest Du.

Wir fuhren nach Neukölln, Hepper Str. 91, dritte Etage, links. Richtig, „Meißner" stand an der Tür. Wir klingelten. Durch ein Guckloch schaute jemand und fragte: „Wer ist da?"
Paul, Du nahmst sofort die Sache in die Hand.
„Hier ist Dein Sohn Elvis, ich möchte Dich kennen lernen!" „Elvis!?" tönte es auf der anderen Seite hinter der Tür. Dann wurde aufgeschlossen.

Marianne Meißner stand in der offenen Tür und Du, Paul, sagtest Dein Sprüchlein noch einmal. Sie bat uns ins Wohnzimmer, aber noch ehe wir

darin waren, sah sie mich musternd an und sprach: „Die Rente bekomme doch ich?!" „ Ja, keine Sorge, Frau Meißner, die steht mir nicht zu." Im Stillen dachte ich. „ Die gibt es für's Kinder in die Welt setzen, nicht für das Versorgen und Betreuen...."
Das Wohnzimmer, ein kahler Raum mit einer Couch, einem Tisch und zwei Stühlen, sonst nichts darinnen. „Mein Mann ist Hausmeister, er arbeitet hier im Haus. Ich hole ihn." sagte sie, ließ uns einen Moment alleine und kam mit Werner Meißner zurück.

Wir wurden betrachtet, wie zwei Menschen vom Mond. Natürlich erzählte ich, dass wir uns schriftlich angemeldet hatten, dass wir schon bei Herrn Unterweg gewesen waren, dass er den Brief nicht weitergeleitet hatte und dass es uns leid tue, so ohne Anmeldung hereinzuplatzen. Sie nahmen es zur Kenntnis und allmählich überwog die Freude in ihren Gesichtern.

Ich erzählte von Pauls Entwicklung und von den Fortschritten, die er im Moment, seit er auf der richtigen Schule sei, mache. Aber ich hatte nicht das Gefühl, dass Deine leibliche Mutter mir richtig zuhören konnte. Irgendwo anders war sie mit ihren Gedanken.
Eine Tasse Kaffee wurde uns angeboten.

Während Marianne in der Küche war, sagtest Du, Paul, dass Du ihnen etwas für die kahlen Wände basteln würdest, ein Lötbild z. B., wie Du sie gerade in der Schule machtest. Dir war auch aufgefallen, dass es ein wenig trostlos aussah. Aber sauber war alles.

Marianne und Du, Paul, ihr saßet auf den Stühlen nebeneinander. Dann blickte Marianne Dich von der Seite an und fragte mich. „Schreit er immer noch so viel?" „Nein, das hat er nur am Anfang getan, als er drei Jahre alt war, jetzt ist er fast 17 Jahre alt."

Dann erzählte sie von Deiner Geburt.

Du seist im siebten Monat gekommen, viel zu früh. (Ob sie das zählen konnte, eine Vorsorgeuntersuchung hatte sie nie aufgesucht.) Sie sei zu Hause gewesen, als es los ging. Ganz schnell warst Du da. Und dann habe sie die Tapetenschere genommen und die Nabelschnur abgetrennt. War das Instinkt? (Du warst ihr zweites Kind gewesen, sie wusste vielleicht, wie das geht? Noch heute hast Du ein besonderes Markenzeichen, Deinen vorstehenden Bauchnabel, der nicht fachgerecht behandelt wurde.)

„Und dann bin ich in die Kneipe gegangen, da wo ich immer hin gegangen bin." Das war es.

Werner ergänzte dann, er sei von der Arbeit nach Hause gekommen und habe die Nachgeburt im Waschbecken liegen sehen. Die ganze Wohnung sei voller Blut gewesen, die Tapetenschere habe auch noch da gelegen. Als nächstes habe er Dich dann gefunden, Du seist in ein Tuch eingewickelt gewesen. Die Feuerwehr habe er dann als erstes gerufen. Die haben Dich dann mit Blaulicht ins Krankenhaus gefahren.

Ja, der Feuerwehrbericht in Deiner Akte und der Geburtsbericht des Krankenhauses bestätigten diese Schilderung.

Im Geburtsbericht des Krankenhauses stand dann noch folgendes:

Elvis Meißner, geb. 16. 10. 73, 11.10 Uhr

18jährige Erstgebärende, die keine Schwangerschaftsberatungsstelle aufsuchte. Letzte Regel angeblich 1. 4. 73.
Am 16. 10. 73 gegen 9.00 Uhr Wehenbeginn und gegen 11.10 Uhr zu Hause Spontangeburt eines 2050 g schweren und 41 cm langen Knaben. Die Mutter nabelte das Kind selbst ab. 6 Stunden später wurde das unterkühlte Kind durch die Feuerwehr in die Kinderklinik eingeliefert.
Aufnahmetemperatur 26,3 ° ....
Pflege anfangs im Inkubator, später im Babytherm, ab Ende des 1. Lebensmonats im normalen Säuglingsbett. .....
Am 26. 11. konnte das Kind bei gutem Allgemeinbefinden und einem Entlassungsgewicht von 2. 940 g und unauffälligem statomotorischem Entwicklungszustand in die häusliche Pflege entlassen werden....

Werner entschuldigte sich, denn er musste noch arbeiten.
Eine kleine Weile blieben wir noch. Paul, Du hattest so viel Fragen, aber so richtig fielen Dir diese jetzt nicht ein.
Marianne sprach auch noch von Deinen anderen Geschwistern. Nun würde Annemarie sich sicher auch noch melden, meinte sie. Dann war da noch der Werner, der in einem Kinderheim lebte und die Eltern ab und zu besuchen kam. Auch einen Tobias gab es, der war in einer Pflegefamilie untergebracht.

Wir verabschiedeten uns nach einer halben Stunde und begegneten unten im Hausflur noch einmal Werner. Vielleicht hatte er auch auf uns gewartet? Werner bedankte sich bei mir für die Aufnahme von Dir. „Marianne schafft das nicht mit den Kindern." sagte er.
Er hatte Tränen in den Augen.
- Dieser Mann, klein und zierlich gebaut, sollte gewalttätig sein? Im nüchternen Zustand, wie an diesem Tage, sicher nicht, aber unter Alkoholeinfluss verändern sich die Menschen - .
Außerdem wusste Dein leiblicher Vater, wohin Du zur Adoption hin vermittelt warst. Das Jugendamt unseres Kreises habe sich kurz nach der Aufnahme in unsere Familie bei ihm gemeldet und von ihm Unterhaltsgeld gefordert. Da sei Deine Adresse angegeben gewesen, allerdings nicht unser Name. Erst als er das Amt telefonisch auf die vorgesehene Adoption hingewiesen habe und darauf, dass er deshalb auch kein Unterhaltsgeld mehr zu zahlen brauche, hätten die vom Jugendamt von der Forderung Abstand genommen.
- Also auch hier wieder eine Schlamperei eines Amtes, von Leuten, die für ihre Arbeit bezahlt wurden. - Von einer Inkognitoadoption konnte wohl keine Rede mehr sein!

Du ähneltest eher Deiner Mutter als Deinem Vater, warst aber geistig sicher aufgeweckter als sie.

Mit vielen Eindrücken beladen fuhren wir am Sonntag wieder nach Hause. Dir, Paul, ging sicher anderes durch den Kopf als mir.
Ich machte mir Sorgen darüber, ob Du gestärkter durchs Leben gehen könntest, als Deine Mutter. Aber darüber sprach ich mit Dir nicht. Du konntest ja noch lernen und mehr erreichen für Dich.
Du hattest Fotos gemacht von Marianne und Werner, gemeinsam mit Dir. Und Dir ging Dein Bruder Tobias nicht aus dem Kopf, der in einer Pflegefamilie untergebracht war. Du wolltest ihn kennen lernen.
Zusammen mit den entwickelten Fotos und einem weiteren Urlaubsfoto von Dir schrieben wir deshalb gemeinsam einen Brief an Herrn Meißner und baten um die Adresse von Tobias.

Werner Meißner schrieb in einer sauberen Handschrift zurück. Er bedankte sich nicht nur für die Bilder, sondern auch noch einmal ausdrücklich für unseren Besuch. Auch den Brief habe Marianne nun endlich von ihrem Freund erhalten. Nun habe jeder ein schönes Foto von Dir, Paul.
Die Adresse von Tobias hatte er nicht. Es bestand wohl kein Kontakt. Aber er nannte uns eine Tante seiner Frau in Bremerhafen, Elisabeth Patzke, die

uns wohl weiter helfen könnte, mit Adresse und Telefonnummer. Du seist als kleines Kind mit Deiner Mutter auch bei ihr gewesen, und sie habe bestimmt noch Bilder aus Deiner frühen Kinderzeit.

Also riefen wir diese Tante an und schickten auch ihr einen lieben Brief.
Frau Patzke hatte sich sehr gefreut. Sie war eine Schwester der Mutter von Marianne. Immer hatte sie versucht Marianne mit ihren Kindern zu unterstützen, aber nie hatte es gereicht für eine dauerhafte Verbesserung der Familienverhältnisse. Mehrfach hatte sie Marianne mit einem Kind bei sich aufgenommen, immer für einige Wochen. Dann sei Marianne aber immer wieder zu ihrem Mann nach Berlin zurück gefahren.
Bilder hat sie auch noch rausgesucht von Dir, Paul und Deiner Mutter. Die haben wir abfotografieren lassen und dann auf ihren Wunsch wieder zurück geschickt.
Ja, sie hatte auch zu Tobias und seiner Pflegemutter Kontakt. Sie wolle der Pflegemutter von Dir erzählen. Diese solle dann gemeinsam mit Tobias entscheiden, ob sie zu uns Kontakt aufnehmen möchte.
Frau Patzke war nun schon Rentnerin, aber sie war vorher Sekretärin im Kinderkrankenhaus gewesen, dort, wo auch Du, Paul, einige Zeit stationär aufgenommen warst, als ein Verdacht auf Hirnhautentzündung bestand. Aus Deinem alten Impfbuch ist aus den Eintragungen die Zeit zu entnehmen und auch die Eintragungen zu Deiner Penicillinunverträglichkeit stammen daher.
Frau Patzke wünschte sich ausdrücklich weiteren Kontakt mit uns.
So fügten sich wieder einige Bausteine aus Deiner Vergangenheit zusammen.

Weißt Du noch, Sabine, wie viel Du gelernt hast für Deine Abschlussprüfung zur Krankenpflegehelferin. Eine anstrengende Zeit für Dich, aber Du hast gebüffelt und alle Prüfungen geschafft. Wir alle waren sehr stolz auf Dich.

Nun warst Du selbständig! Anfang des Jahres 1991 konntest Du in Heppe im Krankenhaus auf der chirurgischen Unfallstation anfangen zu arbeiten, um endlich eigenes Geld zu verdienen.
Seit der Zeit hast Du Dein Leben selbst in die Hände genommen.

Anfangs kamst Du noch nach Hause, wenn Du frei hattest, allmählich wurde das aber weniger, und Du fandest Deinen eigenen Bekannten- und Freundeskreis.
Gestaunt haben wir, dass Du sehr schnell auch für den Nachtdienst eingesetzt wurdest. Das macht man bei Krankenpflegehelferinnen nur, wenn

großes Vertrauen und Zuverlässigkeit bei der Mitarbeiterin vorausgesetzt werden kann. Für uns ein Zeichen, dass Du etwas geleistet hast und die Kollegen dort Deine Leistung anerkannt haben.

Unser Ziel, Dir auf den Weg zu helfen, ein eigenständiger Mensch zu werden, der sein Leben selbst in die Hand nimmt und es steuern kann, hatten wir erreicht.
Glücklich hast Du uns gemacht.

Viele eigene Probleme trugst Du noch mit Dir herum. Alles konntest Du nicht auf einmal bewältigen, hast trotzdem Deine Schwierigkeiten langsam und stetig in Deinem weiteren Leben bearbeitet. Für vieles musste die Zeit erst reif werden.

Ein Beruf und eine berufliche Tätigkeit war die Basis für alles, was das Leben noch bringen sollte.

7. Januar 2011

Vor 20 Jahren ist es gewesen, dass Du selbständig geworden bist, Erika Heilsberg – wie Du heute genannt werden möchtest. Du feierst bald Deinen 40. Geburtstag. Leider bin ich so weit weg, dass ich nicht dabei sein kann. Aber das holen wir irgend wie nach.

Hier in Barydet ist alles beim Alten. Nur der Schnee verändert sich. Jetzt liegen 20 cm Neuschnee, etwas pappig, da die Temperaturen sich um 0 Grad eingependelt haben. Das Schneeschaufeln ist für mich Schwerarbeit geworden.

Einteilen muss ich mir die Arbeit, damit es nicht zu viel auf einmal wird.

Heute habe ich die Einfahrt am Ohsvägen geräumt. Schneeräumer von der Straße schleudern dort immer noch den Straßenschnee hinein, und damit er nicht festfriert, muss er rechtzeitig aus der Einfahrt raus.

Als ich mit dem Pensum fertig bin, das ich mir für heute morgen vorgenommen habe, kommt der Schneeräumer von Ulfsnäsvägen, dem Zufahrtsweg gegenüber meinem.

Er fährt zu mir vor und fragt, ob er bis Barydet räumen soll. Oh, wie freue ich mich darüber, natürlich nehme ich das an. Als ich noch sage, ich wolle das bezahlen, denn es koste doch auch Benzin, erwidert er – ein junger Mann, den ich nicht kenne – wir seien doch Nachbarn und da helfe man sich gegenseitig.

Während er den Weg räumt, laufe ich schnell nach Hause und hole eine Flasche Wein, mit der ich mich bei ihm bedanken kann. Daraufhin fragt er, ob er den Weg immer frei räumen solle, solange ich da sei. Das nehme ich natürlich auch gerne an!!!

Nun habe ich mein Auto wieder unten, muss nur noch die Einfahrt zum Carport frei räumen, das ist bei dem hohen Schnee noch ein bisschen Arbeit, wird aber noch zu bewältigen sein.

Es gibt doch immer wieder nette Menschen, denen man begegnet.

Ansonsten hat mich heute nacht ein Fuchs besucht. Bis zu meiner Kücheneingangstür ist er den geräumten Gang entlang gelaufen, dort hat er kehrt gemacht und ist den gleichen Weg wieder zurück geschlichen.
Nach irgend etwas Essbarem wird er gesucht haben. Die Spuren lassen sich bis zur Straße nach Ohs verfolgen, dort verlaufen sie sich.

1991

Beginn eines selbständigen Lebens, Tobias, Umarmung aus Liebe?, nagative Veränderungen, Silberhochzeit, Angeltour, Volljährigkeit und erste Selbstverletzungen, Kritik und ein Luxusweibchen

1991 war auch das Jahr, in dem Du Deinen leiblichen Bruder Tobias kennen gelernt hast, Paul.
Helga Scheiling, die Pflegemutter von Tobias, hatte uns eingeladen. Er wohnte bei Bremerhafen, ganz in der Nähe von Frau Patzke. Sie hatten öfters Kontakt miteinander.
An den Besuch dort im Hause Scheiling habe ich größtenteils angenehme Erinnerungen.

Frau Scheiling hatte ein sehr schönes kleines Einfamilienhaus mit kleinem Garten. Innen war alles sehr hübsch und freundlich eingerichtet. Tobias fehlte es an nichts, was 10jährige Jungen in dem Alter heute haben. Alles war neu. Du musstest viel mehr mit Deinen Geschwistern teilen, nicht nur die Liebe und Zuwendung, auch sonst wurde bei uns viel Geerbtes und Gebrauchtes verwendet, was man in einem Ein-Kind-Haushalt nicht nötig hatte.

Du, Paul, durftest mit Deinem Bruder Tobias im Zelt schlafen. So konntet Ihr Euch austauschen und viel erzählen.
Dietmar und ich hatten Zeit, uns mit Frau Scheiling zu unterhalten. Sie hatte Tobias mit vier Jahren zu sich genommen, nach dem er wegen schwerster Misshandlungen vier Monate mit inneren Verletzungen im Krankenhaus gelegen hatte. Einen Kontakt mit seinem Vater durfte er nicht mehr haben. Frau Scheiling war Sozialarbeiterin und leitete eine Tagesstätte für behinderte Kinder. Sie war alleinstehend, hatte aber einen Freund, der Tobias mit Rat und Tat zur Seite stand.

Als wir am Nachmittag durchs Dorf spazieren gingen, lieft Ihr beide voran und erzähltet allen Passanten, dass Ihr schlechte Eltern gehabt habt, die Euch geschlagen hätten und Euch nichts zu Essen gegeben hätten.
Tobias hatte Dir erzählt, dass ihn seine Mutter immer mit dem Lederriemen geschlagen hatte, und er sich unters Bett in die letzte Ecke verkrochen hatte.

Was Dir, Paul, dabei durch den Kopf ging, kann ich nicht sagen. Du äußertest Dich uns gegenüber nicht. Aber sicher waren es Gefühle, die Du nicht zuordnen konntest. Hattest Du doch gerade vor einem halben Jahr Deine leiblichen Eltern kennen gelernt und sie als ganz normale Menschen empfunden. Dann wurde zum Kaffee Frau Patzke erwartet, Deine Tante Elisabeth. Eine ältere Dame, die als erstes äußerte. „Ja, nun haben wir ja bald wieder die ganze Familie beisammen. Was ist mit Annemarie?" So, als wenn nun alles wieder in Ordnung gewesen sei.

Ich musste meine Bemerkung herunter schlucken, um sie nicht zu verletzen. Adoption ist Adoption, Frau Patzke, wollte ich sagen. Einen regelmäßigen Kontakt mit der Familie Meißner hätte ich nicht so gern gesehen.
Tobias stand unter der Fürsorge und damit auch unter dem Einfluss von Frau Scheiling. Das war etwas anderes. Die würde schon dafür sorgen, dass ihr Junge nur die Kontakte bekommen sollte, die ihm gut taten. Ich war für Dich, Paul, zuständig, das musste sie akzeptieren.

Aber ich hatte das erste mal ein Gefühl, dass mir die innere Zuständigkeit für Dich, Paul, entwich.
Du warst ein anderer, irgendwie verwandelt. Aber wie sollte ich das erklären oder beschreiben. Es war nur der Moment in der Unterhaltung mit Frau Patzke, der diesen Zustand andeutete, ein unbehagliches Gefühl stieg in mir hoch und wich nicht so schnell.

Insgesamt war es trotz dieses Missempfindens meinerseits ein sehr harmonisches Wochenende, da wir uns mit Frau Scheiling auf anhieb verstanden. Eine Gegeneinladung fand natürlich auch statt, aber Frau Scheiling winkte schon ab, das würde wahrscheinlich nicht klappen, da sie so ungern reiste. Aber Ihr beide hattet viele Ähnlichkeiten untereinander gefunden und ward glücklich, Euch kennen gelernt zu haben. Der Kontakt blieb über viele Jahre erhalten. Tobias wurde sogar später Pate Deiner Tochter Karina.

1991 begannen leider auch viele Dinge, die wir uns damals schon nicht erklären konnten und bis heute nicht erklären können. Der Beginn einer sehr schwierigen Zeit, Paul. Ich scheue mich, davon zu schreiben, es ist so einiges nicht verarbeitet, bzw. es kommen heute noch Gefühle von schwerer Enttäuschung hoch. Dennoch soll es sein, dass ich darüber berichte.

In Husthausen hattest Du mit Deinen fast 18 Jahren wenig Freunde, aber zwei Jungen kamen immer wieder, wenn Du zu Hause warst. Der eine war Manfred, auf den Namen des anderen besinne ich mich nicht mehr.

Es war auch im Sommer als folgendes passierte. Du kamst ins Haus und Deine Freunde warteten draußen auf Dich. Wir standen im Flur. Du nahmst mich in die Arme und drücktest mich und betontest, dass Du mich sehr lieb hättest. Ich drückte Dich auch, freute mich sehr über Deinen spontanen kleinen Liebesbeweis und nahm Dich – ohne an irgend etwas anderes zu denken – sehr herzlich und innig in die Arme. Dann gingst Du raus zu Deinen Freunden, und ich verrichtete meine anstehende Arbeit.
Was dann passierte hat mich bis heute tief verletzt und mein Verhältnis zu Dir grundlegend verändert.

Wir standen im Flur vor dem Schlüsselbord. Während Du mich umarmt hast und ich Dir meine Gegenliebe bezeugt hatte, hast Du im wahrsten Sinne des Wortes hinter meinem Rücken die Schlüssel von Omas und Opas Haus genommen und bist anschließend mit Deinen Kumpels in das Haus gegangen. Dort habt Ihr einiges durchwühlt und wahrscheinlich nach Geld gesucht. Ich weiß heute nicht mehr, ob bei diesem Einbruch etwas abhanden gekommen war, später aber um so mehr, denn das war der Anfang einer langen Reihe von Diebstählen, auch im Nachbarhaus.

Deine Liebesbezeugung wurde vorsätzlich benutzt, um an die Schlüssel heranzukommen. Gut geplant von Dir, keine Spontanhandlung mehr.....Irgendwie bitter .....
„Was warst Du doch für ein toller Kerl in den Augen Deiner Freunde, der das geschafft hat." Das schreibe ich jetzt ironisch. Ein toller Kerl warst Du durch solch eine Handlung natürlich nicht, aber Du wolltest einer sein. Wer von Euch auf diese Idee gekommen war, weiß ich nicht.
Es tut noch weh, wenn ich das schreibe.

Und es war auch im Sommer 1991 als Du das erste Mal unsere Münzsammlung ausgeräumt hattest und das mühsam zusammen getragene Umlaufgeld an Dich genommen hattest. Da wir die Sammlung nicht ständig in den Händen hatten, bemerkten wir den Schaden erst kurz vor Weihnachten. So wie früher, strittest Du alles ab und warst erst bereit, überhaupt etwas zuzugeben, wenn wir es Dir so beweisen konnten, dass es überhaupt nicht anders möglich gewesen sein konnte. Dieses Lügen und Abstreiten machte immer alles noch schlimmer.

Mit dem Geld seid Ihr offenbar an die Spielautomaten in Husthausen oder Holdenau gegangen, das war der Anfang einer Spielsucht, die Dir noch viel Unglück in Deinem Leben bringen sollte.

Wir regelten mit Dir, dass Du den Schaden von Deinem Sparbuch zurück zahlen musstest. Da Du schon ab und zu in Heiderode oder auch durch Rasenmähen bei uns etwas Geld verdientest, schien uns dieses eine Möglichkeit der Wiedergutmachung.

Unsere Tochter Sabine sprang mal wieder in die Bresche, denn im August kamst Du einmal weinend nach Hause. Du hattest Krach mit Deinen wenigen, aber schwierigen Kameraden – Freunde will ich sie nicht mehr nennen. „Was willst Du, Du bist doch gar nicht auf die da angewiesen, Du hast doch hier Deine Familie und in dieser Familie wird doch jeder so angenommen, wie er ist.!" versuchte Sabine Dich zu trösten. Und hatte damit unseren Stil im Umgang mit den Kindern und zwischen Dietmar und mir genau getroffen.

Wir haben Dich so angenommen, wie Du warst. Und wir haben Dir nach jeder Missetat immer wieder neu vertraut, haben Dir immer wieder neuen Chancen gegeben, ohne nachtragend zu sein, blind in dem Glauben, alle Schwierigkeiten würden sich „auswachsen".
Vor anderen haben wir Dich geschützt, wenn wir konnten.

In unserer Nachbarstadt konnten wir Dir ein Praktikum in einer Autowerkstatt vermitteln. Vierzehn Tage sollte es dauern, das hast Du auch gerne durchgehalten. Der Chef meinte es gut mit Dir und Du fühltest Dich dort wohl. Zum Schluss durftest Du die Autos, die zum Wiederverkauf anstanden, selbständig reinigen. Es ging aufwärts.

Mit Deiner schulischen Entwicklung waren wir zufrieden.
Du hattest in der Naos-Stiftung inzwischen sehr viel gelernt, worauf Du stolz sein konntest.
Trotzdem gab es auch dort im Laufe der Zeit mehr und mehr Unstimmigkeiten. Vieles, was Du uns berichtet hattest, konnten wir als unangebracht nachvollziehen und schoben es darauf, dass Du begannst, aus der Einrichtung, die für geistig Behinderte konzipiert war, heraus zu wachsen. Bis 1993 solltest Du dort noch zur Schule gehen. Dann stand etwas Neues für Dich an. Wir suchten schon nach Möglichkeiten für Deine Weiterentwicklung. Aber bis dahin solltest Du dort Deinen Schulabschluss machen. Das war unweigerlich verbunden mit einem Wohnen in der Kinderheimat.

Nicht nur Du beschwertest Dich über Vorfälle in der Stiftung bei uns, es wurden auch Auffälligkeiten und Beschwerden über Dich von Seiten der Einrichtung an uns herangetragen.

In meiner Erinnerung warst Du nie aggressiv gegen andere gewesen. Aber nun wurde mir berichtet, dass Du einmal einen Jungen, der Dir eine Tafel Schokolade geklaut hatte, so gewürgt hattest, dass von Seiten der Lehrer eingegriffen werden musste, da Dein Verhalten als höchst gefährlich eingestuft wurde.
Dann hast Du dort wohl erzählt, dass Deine Eltern sich scheiden lassen wollten. Deshalb ginge es Dir so schlecht. Alle hatten Mitleid mit Dir. Aber warum das? Wir dachten nicht daran, uns zu trennen. Alltagsstreitereien haben wir immer noch am gleichen Tag ausgetragen. Die sind normal, und die müssen auch Kinder aushalten können. Es gibt keine heile Welt, auch in der besten Familie nicht.

Solltest Du an Deine leiblichen Eltern gedacht haben? Standest Du zwischen denen und uns? Konntest Du uns nicht auseinander halten? Das waren Fragen, die mir durch den Kopf gingen.

Inzwischen hatten wir Silberhochzeit. Ein richtiges Dorffest wurde gefeiert. Neben vielen, vielen Verwandten kam die ganze Nachbarschaft, der Schützenverein, der Gesangverein und viele andere mehr, mit denen wir im Dorf näher Kontakt hatten. 110 Leute insgesamt. In unserem Garten wurden Versorgungszelte aufgebaut. Für Schlafzelte gab es genügend Platz bei Oma auf dem Rasen

Dir, Paul, und Deinen Freunden, die doch immer wieder kamen, hatten wir etwas besonderes aufgetragen. Ihr durftet die Theke bedienen. Und so weit ich das selbst beobachten konnte, hatte das auch sehr gut geklappt. Was ich allerdings nicht beobachten konnte, war, dass Dir Deine Freunde (oder soll ich sie anders benennen?) Schnaps in die Cola gekippt hatten.
Ich hatte nicht bemerkt, dass Du betrunken warst, dazu war ich viel zu sehr beschäftigt. Die Gäste, die mit Dir in einem Zelt schlafen mussten, zogen während der Nacht aus, weil sie es neben Dir nicht mehr aushalten konnten. Ob Du es selber gemerkt hast, dass die Cola nicht sauber war, weiß ich nicht. Wenn ja, dann war die Gelegenheit günstig, auszuprobieren, was passierte. Die „Freunde" haben sich über Dich lustig gemacht, denn am nächsten Tag fragten sie kichernd nach Deinem Wohlergehen.

Im Stillen war ich froh darüber, dass Du nicht mit einem schönen Vollrausch auf den Alkohol reagiert hattest, sondern mit Übelkeit. Die bleibt länger unangenehm im Gedächtnis!

Denkst Du noch manchmal an die Hochseeangeltour, die Du mit Karl Schulze in Dänemark mitmachen konntest? Es war ein Geburtstagsgeschenk von uns zum 18. Geburtstag. Als wir Dich anmeldeten, war die Fahrt zunächst in Deinen Herbstferien geplant, dann musste Herr Schulze sie verschieben. Damit Du doch daran teilnehmen konntest, mussten wir Dich für eine Woche beurlauben lassen. Dietmar schrieb damals an die Schule:
„Da Paul während dieser Reise nicht nur das Angeln und Handfertigkeiten, wie Fische zubereiten lernt, sondern auch auf engstem Raum mit seinen Mitreisenden leben und auskommen muss, glauben wir, dass er durch solch eine Begegnung wieder ein Stück selbständiger wird...."
Ich weiß nicht warum, aber irgendwie war Deine Lehrerin nach der Fahrt nicht gut auf Dich zu sprechen. Die Fahrt habe Dir nicht gut getan, nur mit alten Männern seist Du zusammen gewesen.
Wir hatten einen anderen Eindruck. Du kamst glücklich zurück und brachtest nicht nur einen ganzen Eimer Heringe mit, sondern auch einige Dorsche, die Du gefangen hattest. Hätte man Dir die Freude daran nicht lassen können? Wahrscheinlich waren es andere Ursachen, weswegen Du ein schwieriges Verhalten an den Tag legtest, die Reise kann es nicht gewesen sein.

Am 16. Oktober 1991 wurdest Du volljährig, Paul. Mit einem Essen im Restaurant in Leiterbach, zu dem auch Sabine kam, haben wir das gemeinsam gefeiert.

Von Seiten der Stiftung Naos war schon ein Prüfungsverfahren für das Vormundschaftsgericht vorbereitet. Ob Du von nun an wegen vorhandener Unzulänglichkeiten über Dein Geld, Deine Heilbehandlungen und Deinen Aufenthalt selbst entscheiden konntest oder nicht, das sollte geprüft werden. Wir haben das Verfahren erst einmal hinausgezögert, da wir in erster Linie Deine positive Entwicklung sahen und fest daran geglaubt haben, dass diese sich so weiter vollziehen würde.

Und dann bekamst Du einen Befreiungsbescheid vom Wehrdienst. Wie war das möglich, da Du doch gar nicht zur Musterung vorgeladen warst?
Die ärztliche Abteilung der Stiftung hatte schon vorsorglich gehandelt und einen Befreiungsantrag gestellt, schon bevor Du 18 warst und bevor Du zur Musterung eingeladen warst. Erst als dieser Befreiungsbescheid mit der Post kam, hat man Dich darüber informiert.

Wäre das nicht auch anders gegangen? Warum hat man Dich nicht zur Musterung gelassen? Dann wärst Du ein selbständiger junger Mann gewesen–

wie alle anderen jungen Leute auch. Bei der Musterung wärst Du aufgrund Deiner körperlichen Befindlichkeiten und Deiner Hirnleistungsschwäche mit Sicherheit als „nicht tauglich" eingestuft worden. Aber Du wärst wie alle jungen Männer bei der Musterung dabei gewesen und hättest später mitreden können. So warst Du schon vorher entmündigt.

Durch verschiedene Unfälle und dadurch entstandene Verletzungen warst Du in diesem Herbst viel krank und hast auch viele Schultage versäumen müssen.
Du warst des öfteren im Krankenhaus. Am schlimmsten waren die Knieverletzungen. Die Heilungen haben immer sehr lange gedauert.
Eines Tages rief mich Herr Ahlert, Dein Gruppenerzieher, an, er habe beobachtet, wie Du Dir die Verletzungen am Knie selber zugefügt hattest. Mit einem Stein hattest gegen Deine Kniescheibe gehauen.
Das konnte ich nicht verstehen. Warum hast Du das gemacht? War das Krankfeiern so schön? Wolltest Du nicht mehr in die Schule? Nachgedacht darüber, dass das auch dauerhafte Schäden an den Gelenken verursachen könnte, hast Du bestimmt nicht. Leider zählte für Dich meistens nur der Augenblick. Jetzt ging es Dir schlecht, jetzt musstest Du etwas machen, um irgend einen unangenehmen Zustand zu ändern. Dann warst Du von dem, was Du Dir in den Kopf gesetzt hattest nicht abzuhalten. Brauchtest Du das Bedauern der anderen? Brauchtest Du mehr Aufmerksamkeit? Wolltest Du mehr von anderen versorgt werden? Hattest Du heimliche Angst vor dem Selbständigwerden?
Du wurdest einige Tage im Rollstuhl gefahren. Herr Ahlert sagte mir, das sei Dir überhaupt nicht unangenehm gewesen, im Gegenteil, Du ließest Dich hineinfallen in Deine Behinderung, in Deine Krankheit, ließest Dich von allen bemitleiden und bedienen und schienst in dieser Leidensform glücklich zu sein.

Das konnte ich damals nicht so recht glauben. Aber heute kann ich es mir vorstellen. War es ein neuer Weg, Aufmerksamkeit für Dich zu bekommen?

Heute weiß ich, dass es Deine ersten Handlungen, resultierend aus einer beginnenden Borderline-Persönlichkeitsstörung/spaltung waren. Damals konnte ich Dein Verhalten weder verstehen noch irgendwie einordnen. Immer habe ich darüber nachgedacht, ob die Verwahrlosung und die Misshandlungen in Deinen ersten Lebensjahren dafür verantwortlich zu machen waren. Alles konnte man aber nicht auf die frühen Lebensjahre schieben. Sollte es nicht noch weitere Ursachen geben? Vielleicht die ambivalenten

Gefühle zu zwei so unterschiedlichen Familien, in denen Du aufgewachsen warst, die nichts gemeinsam hatten? Zu welcher solltest Du gehören?

In der Gruppe gehörtest Du langsam zu den älteren Kindern und bekamst auf dem Dachboden ein ausgebautes eigenes Zimmer.
Leider klappte es – genau wie zu Hause – noch nicht mit dem Ordnunghalten. Ich erhoffte mir von Deinen ausgebildeten Erziehern ein wenig Hilfe für Dich, z. B. eine Anleitung zum Aufräumen, wie man in kleinen Schritten Ordnung schafft und dann die Übersicht behält. Deine Erzieherin, Pamela Lichtmann, nahm kurzer Hand Deine Schublade und schüttete sie auf Dein Bett. Du warst zwar in anderen Dingen schon sehr weit gekommen, aber das war zu viel für Dich. Wie solltest Du solch einen Haufen sortieren, wenn Dir keiner einen Hinweis gab, wonach Du vorgehen solltest. Eine schriftliche Liste wäre vielleicht angebracht gewesen: einen Haufen für die Stifte, für die Radiergummis, für die unendlichen Zettel, Steine usw. und einen großen Haufen für das, was weg kann.....Und dann vielleicht kleine Kartons für alles in seiner Ordnung. Aber dafür hatte ich ja noch nicht einmal zu Hause Zeit. Das war eine zu hohe Erwartung.

Die Heimleitung und die Schulleitung hatten alle Eltern an den Elterntagen immer wieder aufgefordert, Veränderungswünsche vorzutragen, Kritik zu äußern, wenn wir nicht mit allem einverstanden seien. Sie seien bereit, Anregungen von außen aufzunehmen, diese seien sogar erwünscht, um nicht im eigenen Umfeld betriebsblind zu werden.

Ich weiß, dass sich bei mir einiges sammelte, was mir im Umgang mit Dir nicht gefiel, was Dir nicht half, selbständig zu werden.
Ich bat also um ein Gespräch mit der Heimleitung, um meine Anliegen vorzutragen.

Wie war ich erstaunt, dass nicht nur die Heimleitung, Herr Köchlin, und die Hausmutter, Frau Lehmann, anwesend waren. Eine große Runde war es geworden, die mir zuhören wollte. Da war die Psychologin dabei, Herr Uhrmacher, der Schulleiter und noch viele andere mehr, die gerade keinen Dienst an den Kindern hatten. Es war auch kein Gespräch, sondern es wurde ein Vortrag von mir. Ohne Gegenrede, ohne Einwände, ohne anschließende Diskussion.
Natürlich war ich aufgeregt, vor solch einer großen Runde zu sprechen. Gewohnt war ich es auch nicht, mich in aller Ruhe zu beschweren. Da schwebte schon einige innere Spannung in mir mit.

Und so sagte ich alles, was mir in den Jahren aufgefallen war, besonders natürlich in dem letzten Jahr, in dem wir den Eindruck hatten, dass Du der Einrichtung allmählich entwachsen würdest und uns die Unterstützung zu Deiner Verselbständigung fehlte. Im Gegenteil, ich hatte den Eindruck, dass man Verselbständigung allgemein verhindern wollte.

Für mich war es unheimlich, dass keine Reaktion von den Leuten kam. Als ich fertig war, gingen alle aus dem Raum. Im Vorbeigehen hörte ich als einzigen Kommentar von jemand: „Was muss sich da aufgestaut haben, bei der Erregung."

Nun war ich damals noch fest im Glauben, dass dann solch ein Vortrag – ich hatte mich nicht nur beschwert, sondern auch Anregungen zu Veränderungen gegeben – etwas hinterlässt, dass hinterher darüber weiter diskutiert würde, dass Kleinigkeiten geändert werden, die mir vielleicht sichtbar gemacht würden. Oder dass mir gesagt würde: „Das war alles schön und gut gemeint, aber das können wir hier nicht durchführen." Aber nichts geschah, gar nichts. Es war als ob ich gar nicht da gewesen wäre.

Wie war das doch mit den gewünschten Anregungen, mit der geforderten Kritik, Herr Uhrmacher? Alles nur Schöntuerei? Wollten Sie sich selber damit ins rechte Licht setzen?

Auf dem nächsten Elterntag waren wieder Wahlen für die Elternpflegschaft. Ich wurde gebeten, mich für die Elternvertretung zur Verfügung zu stellen. Das tat ich nicht, da ich neben meinem Abiturlehrgang, den ich inzwischen besuchte, keine Zeit mehr für anderes opfern wollte, wurde aber trotzdem noch einmal vorgeschlagen und sollte mich nach dem gemeinsamen Mittagessen im großen Saal vor allen Eltern vorstellen. Ich hatte wahrscheinlich meine Gründe für die Absage der Kandidatur nicht deutlich genug genannt und hatte nur meine große Familie erwähnt, die mich ausfüllte. Daraufhin betitelte mich Herr Uhrmacher vor allen als „Luxusweibchen." Sicher fand er das lustig, ich aber konnte darüber gar nicht lachen.

1992

Suche nach neuen Wegen, kein Vertrauen, immer wieder Weglaufen,
erster Förderlehrgang, Versteck im Oldtimer,
erste Anzeichen einer juvenilen Psychose, keine Betreuung und Belästigungen

Mit Deiner ärztlichen Betreuung in der Stiftung waren wir die ersten Jahre immer zufrieden gewesen. Es war dort ein Dr. Nipalesku für Dich zuständig, der sich aber im Jahre 1990 selbständig gemacht hatte. Nun war Frau Dr. Hinrichs Deine Ärztin. Sie kam gleich nach der Wende aus der ehemaligen DDR und übernahm alle Aufgaben, die früher Herr Dr. Nipalesku erledigt hatte. Als erstes hatte sie die Operation Deiner Haglund-Fersen veranlassen wollen, die wir nicht durchgeführt hatten.

Dann bekamst Du inzwischen ein Präparat gegen Bluthochdruck, und ich sprach sie auf einem der Elterntage an, wie gefährlich der Hochdruck bei Dir einzuschätzen sei. Sie gab mir eine sehr schroffe Antwort, so ungefähr, was mich das anginge, sie sei schließlich die Ärztin und habe das Fachwissen. Sie fühlte sich durch meine Frage angegriffen. Bei uns im Westen war es durchaus üblich, als Mutter die Medikation der Kinder zu hinterfragen. Musste ich mir große Sorgen machen?, oder waren die Werte nur geringfügig erhöht? Das fragte ich sie in freundlichem Ton.

Sie antwortete daraufhin in einer aggressiven, herrschenden Art, sie bestelle mich zu einem Termin zu Dr. Witt! Was war das? Hatte ich ihr etwas getan? War das Wort „im Westen" zu viel gewesen? Soll sie, dachte ich im Stillen, ich hatte ihr nichts getan und mir nichts vorzuwerfen.
Statt eines Termins bei Dr. Witt, dem leitenden Arzt der Stiftung, kam ein freundlicher Brief von ihr, in dem Sie Stellung zu den Blutdruckwerten nahm. Danke, da hatte der Dr. Witt, der übrigens auch aus der ehemaligen DDR gekommen war, sicher im Benimmunterricht ein wenig nachgeholfen.

Über die Gruppe in der Kinderheimat erfuhren wir, dass die Frau eine weitere Betreuung von Dir, Paul, abgelehnt hatte. Wir regelten alles Weitere hier mit unserem Hausarzt, Herrn Dr. Merz, und dort in Leiterbach wurde wieder Herr Dr. Nipalesku für Dich zuständig, zu dem Du privat in die Praxis gehen konntest, wenn es nötig werden sollte. Ich hatte den Arzt noch einmal gesprochen und er sagte mir, dass Du, Paul, ihm schon früher besonders ans Herz gewachsen warst, und er Dich fortan gut betreuen werde.

Dr. Merz forderte einen Bericht von der vergangenen ärztlichen Versorgung in der Stiftung Naos an und bekam ihn, von einer neuen Ärztin unterschrieben. Wir erhielten eine Kopie davon, so dass wir nun genauer Bescheid wussten über alle Vorgänge.

Zu Hause kümmerten wir uns bereits um weitere Fördermöglichkeiten für Dich. In Radeborn gab es eine Berufsberatung für Behinderte, an die hatte sich Dietmar gewandt. Wir bekamen einen Beratungstermin im März 1992. Dieser Berater machte uns Hoffnung, Deine Zeugnisse seien gut genug, um einen Förderlehrgang ins Auge zu fassen.
Über das Arbeitsamt unserer Kreisstadt ließen wir uns umfangreiches Material zuschicken. Eine erste Besichtigung fand im SOS-Berufbildungszentrum in Ebertal statt. Dort merkten wir jedoch bald, dass dieses Zentrum noch nicht das Richtige für Dich war.
Aber eine psychologische Testung solltest Du vorher noch durchstehen. Es ging also weiter und wir konnten dem Schulende 1993 in Ruhe entgegen sehen.

Du warst sehr viel in Husthausen. Mit Freude sahen wir Deiner geistigen Weiterentwicklung zu. Immer wieder entdeckten wir neue Fähigkeiten, die uns auffielen.
Aber Du stelltest auch immer mehr Fragen über Deine Behinderung und über Deine Vergangenheit mit Deinen leiblichen Eltern. Warum warst Du so geworden? Warum waren Deine leiblichen Eltern so? Es rumorte also in Dir, mehr als wir uns vorstellen konnten, denn Du sprachst immer wieder sporadisch davon.

Gemeinsam mit Deinen Husthausener „Freunden" passierten trotzdem immer wieder Dinge, die nicht sein durften.
Oma und Opa stellten einmal fest, dass einer von Euch durch ihr Klofenster im Dach eingestiegen sein muss. Auf der Brille war ein Fußabdruck von einem Schuh. War es Deine Schuhsohle gewesen?

Du hattest es also immer noch nötig, Dich vor diesen Jungen mit allerhand wagemutigen, sogar kriminellen Handlungen zu brüsten.
Ich versuchte mein Portemonaie nicht mehr liegen zu lassen. Aber wo sollte ich hin mit meinem dicken Geldbeutel, in dem immer so viel Kleingeld war. Wir schafften uns eine Kasse an, in die ich mein Geld einschloss. Kein gutes Gefühl hinterließ das bei mir, in der eigenen Familie alles einschließen zu müssen.

9. Januar 2011

Versorgungskampf nennt man das.

Jeden Tag denke ich, nun ist Ruhe. Alle notwendigen Wege sind geschoben, die Versorgung ist gesichert, nun kann ich machen, was ich möchte.

Aber nein, gestern fiel Regen, Tauwetter, nachts wieder Minusgrade. Spiegelglatt ist nicht nur der Weg zum Holzschuppen.
Die Holzeimer sind leer. Ich muss also zum Schuppen kommen. (Heike hat sich bereits den rechten Arm gebrochen, das reicht in der Familie.)

In der einen Hand einen Wanderstock, in der anderen die leeren Eimer, dann auf beiden Seiten meiner Gehrinne (innerhalb von immer noch 50 – 60 cm Schneehöhe) an der Innenkante in den Schnee treten. Entengang nennt man das, oder watscheln die Enten gar nicht so? Die Schuhsohlen griffen. (Neue Wanderschuhe mit guter Profilsohle!) So komme ich gut zum Holzschuppen. Sägespäne sind dort griffbereit. Den Weg also zurück und immer vor mir her gestreut. Das bringt man sich zwar alles ins Haus, aber lieber ein dreckiges Haus, als ein gebrochenes Bein.
Dann wieder zurück. Der Weg ist für heute rutschsicher geworden.

Jetzt erst fallen mir die Schneeberge auf. Es hat doch gar nicht neu geschneit? Nein, der ganze Schnee vom Dach der 30 m langen Scheune (Aluminiumdach) ist herunter gerutscht. Welch eine Wucht muss das gewesen sein. Ich habe nachts nichts gehört, muss offenbar gut geschlafen haben.
Der Weg zur Werkstatt, in dem auch die Gefriertruhe mit meinen Vorräten steht, ist versperrt.

Also ist wieder Schaufeln angesagt, nassen, teilweise harten Schnee, wenigstens einen schmalen Weg bis dahin und gleich hinter her die Sägespäne streuen. So geht es.

Und noch mehr entdecke ich: Ein Teil des Holzes, das ich unter dem Carport gestapelt habe, ist heruntergestürzt, liegt zum Teil schon in der Schubkarre, die direkt darunter stand, um woanders aufgestapelt zu werden. Es war wohl nicht gut genug gestapelt.
Das kann liegen bleiben bis morgen.

Aber der Weg zur Stromversorgung ist mit Schneemassen zugeschüttet, wie komme ich dahin?

Die Scheune hat zum Glück einen großen Dachüberstand. Darunter versuche ich durchzukommen. Ja, es geht, an der Scheunenwand kann man sich abstützen. Ich komme am Zählerkasten an. Ein wenig muss ich streuen, aber auch das lässt sich machen.

Alles weitere braucht heute am Sonntag nicht betreten zu werden.

Zwei Stunden sind rum. Es tut mir gut, an der frischen Luft gewesen zu sein. Ich merke, dass ich gesundheitlich ganz gut drauf bin.

Ja, das gegenseitige Vertrauen war es, das wohl auch in der Stiftung Naos fehlte.

Du, Paul, warst in Leiterbach beim CVJM, dem Christlichen Verein Junger Männer/Menschen und wurdest zu so manchen Abenden und Veranstaltungen eingeladen. Wolfgang Heimann war es, der sich zur Aufgabe gesetzt hatte, Dich ein wenig mehr zu betreuen und Dich dort zu integrieren. Nun sollte eine kleine Ferienfahrt unternommen werden. Um sicher zu gehen, dass Du solch eine Fahrt auch bewältigen konntest, nahm er mit Deiner Hausmutter Kontakt auf und fragte sie, ob etwas dagegen spräche, dass Du mitfahren könntest.

Das Vertrauen war es, was sie zu bedenken gab. In dem Bereich hättest Du noch an Dir zu arbeiten, Du seist eben nicht so ganz zuverlässig, und damit würdest Du immer wieder andere enttäuschen.

Herr Heimann nahm daraufhin Abstand von der Fahrt mit Dir. Auch die Teilnahme an den Veranstaltungen des CVJM ließen nach, und so wurde es leider nichts mit der Integration in eine Jugendgruppe. Schade, gerade darüber hätten wir uns so gefreut, das wäre ein weiterer Weg in die Verselbständigung und in gesellschaftliche Anerkennung gewesen.

Wie konnten wir Dir helfen? Lag das alles am mangelnden Urvertrauen, ein grundlegendes Vertrauen in Menschen, das in den ersten Lebensjahren gelegt wird? War das der Grund, warum Du nur auf Dich selber hörtest, Dich auf die Meinung anderer nicht einlassen konntest? Wenn es allein diese Ursache hatte, dann konnten wir nur zu Dir halten durch dick und dünn. Eines Tages würdest Du merken, dass wir für Dich da waren und heute noch sind, vielleicht würde bei Dir doch noch ein Pflänzchen Vertrauen wachsen, und dann hättest Du es nicht immer nötig, Deine sonderbaren eigenen Wege zu gehen und andere zu enttäuschen, sondern lerntest Dich irgendwann doch einzufügen in eine menschliche Gesellschaft. Wir gaben die Hoffnung nicht auf.

Im Juli warst Du das erst Mal beim psychologischen Dienst des Arbeitsamtes Radeborn, ein weiter Weg, aber machbar. Vier bis fünf Stunden sollte die Untersuchung dauern.
Leider hast Du die Tests nach einiger Zeit abgebrochen. Daher musstest Du für den Oktober noch einmal bestellt werden. Es gehörte inzwischen zu Dir, dass Du wenig durchhalten konntest.

Für die Sommerferien besorgten wir Dir wieder ein Praktikum, dieses Mal bei der Firma Baumüller in Holdenau. Schwerarbeit auf dem Bau war angesagt, ob Du die vierzehn Tage durchhalten würdest?
Zwölf Tage hast Du es geschafft, dann wurdest Du krank mit Halsschmerzen. Die Firma hatte Dich nicht als Praktikanten eingestellt, sondern als Hilfsbauarbeiter. Einen fürstlichen Lohn hast Du bekommen, über 1.000 DM hast Du in den Tagen verdient. Ein guter Grundstock eventuell mal für einen Führerschein.

Im August dieses schönen Sommers haben wir Deine Gruppe Buche/Fink zum Zelten zu uns eingeladen. Ein herrliches Wochenende habt Ihr bei uns verbracht und – was für jeden Besuch bei uns dazu gehörte – eine Mäusebergwanderung gemacht. Ihr hattet einen Jungen mit Down-Syndrom mit Euch, Thomas. Ich habe nie wieder einem so strahlend glücklichen jungen Mann beim Zeltaufbau zusehen können. Mit welcher Freude er an die Sache herangegangen war, das färbte auch auf die anderen ab, auch auf mich. Bei mir selbst löste er Hemmungen im Umgang mit behinderten Menschen und gab mir den Blick frei, für seine Fähigkeiten, seine Begabungen und seine selbstverständliche Berechtigung an all unserem gesellschaftlichen Leben teilzunehmen.

Ende des Monats fing die Schule wieder an. Wahrscheinlich hatten Dir mehrere Leute gesagt, dass es jetzt im letzten Schuljahr Ernst werden würde, dass man etwas mehr von Dir erwartete? Wir wussten jedoch nicht, ob überhaupt etwas gesagt oder vorgefallen war.
Eine Woche hast Du dort noch verbracht.

Du verschwandest einfach am 4. 9. 1992 aus der Einrichtung. Es war ein Freitag. Später hattest Du davon gesprochen, dass Du in den Tagen bei Thomas Bengt warst. Ob das stimmte? Natürlich hatten wir Kontakt mit der Kinderheimat und gaben uns gegenseitig Bescheid, wenn wir etwas von Dir hören sollten. Gerüchte gingen herum, dass auch eine Wirtschaftskraft von Euch beteiligt gewesen sei, eventuell hattest Du Dich sogar in ihrer Wohnung aufgehalten? Ob noch andere Jugendliche dabei waren, weiß ich nicht. Aus meiner Erinnerung heraus, bist Du nicht alleine abgehauen.
Von Herrn Köchlin, dem Heimleiter, bekamen wir die Botschaft. „Wenn Sie Paul bei sich zu Hause aufnehmen, dann entlassen wir ihn aus der Kinderheimat." Was sollte das? Natürlich würden wir Dich zu Hause aufnehmen. Du warst doch unser Sohn! Und wenn Du Dich melden solltest und sagen solltest: „Ich will nicht mehr in die Kinderheimat zurück!", dann wäre es doch

naheliegend, erst einmal anzubieten, „Komm erst einmal nach Hause, dann sehen wir weiter." Ein ruhiges Gespräch im Anschluss mit allen Beteiligten wäre danach sinnvoll gewesen. Vielleicht hättest Du zum Ausdruck bringen können, was Dich innerlich und äußerlich hinderte, dorthin zurück zu gehen. Aber nein, entweder wir ließen Dich im Stich, und Du könntest dort bleiben, oder wir übernähmen die volle Verantwortung für Deinen weiteren Lebensweg mit allen Konsequenzen.
Es kam so, wie es wohl kommen sollte. Am Montag, den 7. 9. meldetest Du Dich: „ Ich komme nur nach Hause, wenn ich nicht wieder nach Naos muss!" „ Komm nach Hause." hatte ich gesagt. „ Mama, ich komme nur, wenn ich dort nicht mehr zurück muss!" Was sollte ich sagen, wir durften Dich ja sogar nicht mehr zurückbringen. Also sagte ich: „Ja, wir bringen Dich nicht zurück." Du kamst am 8. 9. nachmittags nach Husthausen.

Mit Datum vom 10. 9. 1992 wurdest Du aus der Schule entlassen.

Wir haben nie erfahren, was Dich bewogen hatte, dort einfach abzuhauen. Du sagtest nur: „ In der Schule wäre ich ja noch geblieben, aber in der Kinderheimat nicht mehr."
Wir haben auch nie so richtig erfahren, wer Dich so lange beherbergt hatte. Du hattest geschwiegen und wolltest keinen mit in die Geschichte verwickeln.
Ein wenig Verständnis für den Abbruch hatten wir nach all den Schwierigkeiten der letzten Monate schon, aber das war kein vernünftiger Weg, den Du gegangen bist. So kann man keinen Lebensabschnitt beenden. Helfen hätten wir Dir auch nur können, wenn wir gewusst hätten, warum Du die Kinderheimat verlassen hattest und was in Deinem Kopf vor sich ging.

Auf die Stiftung Naos waren wir seit dem nicht mehr so gut zu sprechen. Auch das war kein Weg, Herr Köchlin, uns so unter Druck zu setzen! Auch hier wäre ein Gespräch, eine Erklärung über das eventuell dahinter stehende pädagogische Konzept notwendig gewesen. Oder hatte Paul sich in der letzten Zeit so unbeliebt gemacht, dass er dort nicht mehr gelitten war. Auch dann wäre ein Gespräch mit uns angebracht gewesen. Nichts geschah.

Wie war das doch? Auch bei psychischen Erkrankungen solltest Du dort gut aufgehoben sein, hatte Dr. Berger, der Psychiater gemeint oder? Es sollte dort Fachleute geben...
An eine mögliche ernsthafte psychische Erkrankung bei Dir, Paul, habe ich zu dem Zeitpunkt noch nicht gedacht.

Ich war einige Zeit so erbost, so dass ich sogar überlegte, die Presse einzuschalten. Aber wir wollten auch niemandem Schaden zufügen, der keine Schuld hatte.

Über unseren neuen Pfarrer, mit dem wir freundschaftlichen Kontakt hatten, erfuhr die oberste Leitung der Stiftung Naos von diesem eigenartigen Verhalten der Heimleitung.
Der Anstaltsleiter war schon in seinem letzten Amtsjahr, er wollte in wenigen Wochen in den Ruhestand gehen. Wissen lassen hat er uns noch, dass er unseren Unmut über den Hergang nachempfinden konnte. Aber er konnte nun nichts mehr für uns tun, denn wir standen hinter unserem Entschluss, Dich wieder zu Hause wohnen zu lassen und mit Dir gemeinsam nach neuen Wegen zu suchen.
Nach diesem Vorgang hätten wir Dich auch nicht wieder zurück gebracht. Ein Vertrauensverhältnis gegenüber der Stiftung war unsererseits nicht mehr vorhanden.
Schade, es hatte so gut angefangen.

10. Januar 2011

Unheimlich ist es heute Nacht. Der Wind tobt ums Haus. Wahrscheinlich rutscht Schnee vom Dach.
Es sind Geräusche, als wenn sich jemand am Haus zu schaffen macht.
Nein, das wäre lauter, es wird wirklich nur der Wind sein.

Und Plusgrade haben wir, jetzt noch + 2 Grad. Tauwetter, das darf sein, wenn es nur nicht wieder Nachts gefriert und sich Glatteis bildet.

Es hat heute Nacht nicht gefroren. Der Pappschnee wird gehsicherer.
Aber der ganze Weg bis oben an die Straße ist eine glatte Eisbahn. Es ist lebensgefährlich, nach oben an den Ohsvägen zu gehen. Mit meinen Wanderstöcken und einem Schritt immer im Pappschnee, den anderen auf dem Grasrand taste ich mich Schritt für Schritt vor.
350 m, kein Schritt darf fehl getan werden.

Warum begibst Du Dich in Gefahr würdet Ihr fragen?
Nach der Post muss gesehen werden. Auch ich habe Post zum Mitnehmen. Wenn man das weiße Fähnchen aus dem Briefkasten heraushängt, weiß der Postbote, dass im Briefkasten etwas darinnen ist, was er bitte mitnehmen möchte.

Und die Mülltonne muss oben an die Straße gestellt werden, dann wird sie auch geleert.

Tatsächlich, drei mal Post für mich, von Hille, Astrid und Frau Wencke. Das macht mich glücklich und froh!

> *Nicht aufhören,*
> *auch wenn Du immer wieder enttäuscht wirst,*
> *und dennoch nicht müde werden,*
> *immer wieder neu zu vertrauen.*
>
> (Verfasser unbekannt)

Nun begann wieder ein neuer Lebensabschnitt für Dich, Paul.

Dietmar versuchte so bald wie möglich Kontakt mit unserem zuständigen Arbeitsamt aufzunehmen, um einen Förderlehrgang für Dich zu bekommen. Einen Beratungstermin bekamen wir am 22. September am Vormittag. Wir fuhren folglich an diesem Tage in unsere Kreisstadt.
In einem Förderlehrgang zur Berufsfindung der NABI, einer Ausbildungs- und Beschäftigungsgesellschaft des Berufsförderungswerkes war noch ein Platz frei. Für diesen Lehrgang bekamen wir weiterhin für den 24. 9. eine Einladung zu einer Informationsveranstaltung.

Der Beratungstermin war am Vormittag gewesen. Am Nachmittag des 22. 9. mähtest Du bei uns den Rasen. Es war kein Wort des Unmutes von Dir gefallen. Ich sah aus dem Fenster. Der Rasenmäher stand auf dem halbgemähten Rasen, aber Du warst nicht da. Nirgendwo warst Du zu finden. Du hattest nichts gesagt, warst einfach vom Erdboden verschwunden.
Als Du gegen Abend immer noch nicht auftauchtest, meldete ich das bei der Polizei.
Die Beamten winkten zunächst ab und sagten, Du seist erwachsen, da können sie nichts unternehmen.

Auch über Nacht kamst Du nicht nach Hause. Was sollten wir machen?
Am Morgen kam dann doch ein sehr freundlicher Polizeibeamter zu uns nach Husthausen und fragte nach den näheren Umständen. Es müsse doch eine Auseinandersetzung mit Dir gegeben haben, meinte er. Nein, da war keine gewesen. Was natürlich in Deinem Kopf rum ging, Paul, das wusste ich nicht. Vielleicht hattest Du Dich im Stillen mit mir auseinander gesetzt? Als er sich verabschiedete, sagte er, man könne da nur abwarten, ob Du Dich wieder melden würdest, oder auf sonst ein Lebenszeichen von Dir achten. Er könne mich aber verstehen, denn er habe selbst einen Sohn, der solche Dinge gemacht habe.

Wenn wir irgend etwas von Dir hören sollten, möchten wir uns doch bei der Polizei melden.

Gegen 11.00 Uhr kamst Du nach Hause. Du wirktest völlig verstört.

In der alten Ziegelei hattest Du angeblich übernachtet. Warst Du alleine gewesen? Oder warst Du mit Deiner Freundin Bettina aus Leiterbach zusammen gewesen? Hattet Ihr zusammen Verkehr?

„Weiß er im entscheidenden Moment wirklich, was es bedeutet, in seiner Situation ein Kind zu zeugen?" war der Kommentar von Dietmar. – So weit habe ich damals noch nicht gedacht.
Wir erfuhren es nicht. Wir haben auch nie erfahren, warum Du so einfach – ohne ein Wort zu sagen – den Rasenmäher stehen ließest und verschwandest. Die ersten handys kamen erst auf, Du konntest also auch nicht mit jemand anderem telefoniert haben. Oder doch aus der Telefonzelle unseres Dorfes?
Hattest Du Eingebungen, die Dich so beeinflusst hatten?

Am nächsten Tag warst Du bereit, an der Informationsveranstaltung teilzunehmen.

Der Lehrgang sollte neun Monate dauern und am 1. 10. bei der NABI in Ebertal, beginnen. Wir setzten viel Hoffnung in diesen Neuanfang.
Es waren zwei Tage in der Woche Unterricht vorgesehen und drei Tage Praktikum in einem Betrieb. Einen Betrieb in der Holz- oder Metallbearbeitung mussten wir noch finden.

Gleichzeitig überlegten wir mit Dir zusammen, ob Du in Deiner Freizeit nicht den Angelschein machen möchtest. Die VHS Barker bot wieder einen Kurs an und Karl Schulze, der den Kurs leitete, wollte Dir bei der vielen Theorie, die zu lernen war, helfen. Ihr kanntet Euch ja schon, und die Chemie stimmte zwischen Euch beiden.

Das sollten die ersten Anfänge in ein normales, selbst bestimmtes Leben sein und so begann es auch, aber leider nur sehr kurze Zeit.

Du fuhrst nach Ebertal, wie ausgemacht und kamst die ersten Tage auch pünktlich mit dem Bus wieder nach Hause.

Am 15. 10., also nach zwei Wochen des Lehrganges berichtetest Du mir, dass da ein Neuer bei Euch sei, der nach Marihuana stinke und mit dem Zeug in der Werkstatt handele. Du fragtest mich, ob Du das dem Lehrer sagen solltest. Ich weiß nicht mehr, was ich geantwortet habe. Aber solche Antworten konntest Du gar nicht abwarten, Du hattest Deinen Verdacht schon verbreitet. Und ob es stimmte, konnten wir doch auch nicht wissen. Oder war es nur einer Deiner Einfälle gewesen, Aufmerksamkeit für Dich zu bekommen?

Außerdem waren da immer irgendwelche für uns undurchschaubare Liebesbeziehungen, die Dich aus der Bahn warfen.
Zunächst brach offenbar die Familie Deiner Freundin aus Leiterbach zu Dir den Kontakt ab. Du warst außer Dir und wolltest Dich an dem Stiefvater rächen. Zwei Tage später hattest Du Dich beruhigt und nun beschäftigte Dich eine Klassenkameradin aus dem Förderkurs, Petra Baucher.
Am Montag, den 19. 10. bliebst Du abends bei ihrer Familie, angeblich in Wonop, um eine Klassenfete vorzubereiten. Du wurdest aber noch mit dem Auto von Petra nach Hause gebracht. Ihr angeblicher Verlobter saß angetrunken mit im Wagen und soll Petra mit dem Kopf auf das Lenkrad geschlagen haben. Am nächsten Tag brachtest Du diese junge Frau wieder mit zu uns nach Hause und fragtest, ob sie bei uns schlafen könnte. Sie habe angeblich „Zoff" mit ihren Eltern. Ihr kamt mit ihrem Auto, verschwandet wieder, um dann gegen 22.30 doch wieder zu erscheinen. Reden konnte man kaum mit Euch, was Ihr sagtet, konnte ich nicht glauben.

Die Übernachtung erlaubten wir, aber in getrennten Räumen. Und ich fragte Petra nach ihren Eltern, um denen Bescheid zu geben, dass sie sich keine Sorgen machen sollten. Sie gab mir eine Adresse und eine Telefonnummer, die stimmte aber nicht.
Dann zeigte sie mir ihre zerbissenen Hände, voller Narben. Das hätte alles ihr Verlobter gemacht.
Seit Mittwoch, dem 21. 10. warst Du wieder verschwunden. Angeblich hast Du die erste Nacht bei Hans Förster übernachtet, in einem Oldtimer. Danach wusste keiner mehr etwas von Dir, noch von Petra.
Alle Leute, die eventuell über einen Unterschlupf Bescheid wussten, rief ich an. Alle versuchten mir zu helfen. Auch den Schulpsychologen, Herrn Malmann, der für die Förderlehrgänge in Anspruch genommen werden konnte, schaltete ich ein. Er suchte mit uns.
Harald, der in Ebertal bei der Stadt arbeitete, half uns ebenfalls. Selbstverständlich auch die Lehrer der NABI. Auch sie hatten Interesse daran, Euch zu finden und Euch zu helfen, den Lehrgang weiter zu besuchen. Mit Frau

Baucher hatten wir inzwischen Kontakt, auch sie machte sich sehr große Sorgen um ihre Tochter. Draußen war es kalt und nass. Der erste Schnee war schon gefallen. Wo solltet Ihr Euch aufhalten?

So ganz „nebenbei" machte ich in Enskirchen den Endspurt des Vorbereitungskurses fürs Abitur. Ich lebte in innerer Hochspannung. Wie sollte das Weitergehen? Dein Förderlehrgang war sicher „gestorben". Dich irgendwo im Untergrund leben zu lassen, konnte ich nicht. Ich musste etwas unternehmen.
Mein Lehrgang lief weiter. Trotz Hochspannung war er eine Ablenkung für mich. Zu Hause hätte ich nur gesessen und gegrübelt, was ich noch unternehmen könnte.
Während der Autofahrt abends durch den Wald nach Enskirchen entdeckte ich das Singen für mich. Ich sang mir meine Sorgen laut aus dem Halse. Choralmelodien waren es, denen ich meine Texte gab und Gott inbrünstig bat, uns zu helfen. Wie gut, dass mich niemand hören konnte, sonst hätte er mich für verrückt erklärt. Aber es half mir, ein wenig entladener in Enskirchen anzukommen, so dass ich dem Unterricht folgen konnte.

Obwohl ich diese Ablenkung hatte, waren es noch lange Tage und Nächte ohne ein Lebenszeichen von Dir.

Am darauffolgenden Montag, den 26. 10, bekamen wir einen Hinweis eines Mitarbeiters des Förderlehrganges. Petra sei von einem anderen Klassenkameraden gesehen worden und habe gesagt, sie sei mit Paul am Discolokal Honkey Donkey verabredet. Das erste Lebenszeichen! Dietmar, Harald, Herr Malmann und ich suchten Dich dort in der Nähe. Nichts, es existierte dort zwar ein leerstehendes Haus, eine halbe Ruine, wir fanden dort aber kein Schlaflager. Abends waren Dietmar und Harald mit Taschenlampen noch einmal da, fanden aber wieder keine Spuren von irgendwelchen Nachtlagern. Ich hatte Dietmar noch Butterbrote für Euch mitgegeben, die hinterlegte er bei dem leerstehenden Haus. – Was hat man doch für Anwandlungen als Mutter, als wenn entlaufene Kinder verhungern würden.....

Außerdem hatten Harald und Dietmar Zettel mit Nachrichten von uns für Dich und Petra hinterlassen, das war alles, was wir ausrichten konnten.

Einen Tag später, am Dienstag, fuhr ich mit Frau Baucher zur Polizei in Ebertal, um eine Vermisstenanzeige aufzugeben. Die Polizeibeamten haben sich alles aufgeschrieben. Nach einigen Überlegungen konnte ich genau beschreiben, was Du angehabt hattest, als wir uns am 21. 10. das letzte Mal gesehen hatten. Du trugst blaue Jeans, der Marke Emporio, eine schwarze Fliegerjacke mit Kapuze mit künstlichem Pelzbesatz. Auf den Ärmeln war ein Schneekristallmuster. Eine gefütterte blaue Jeansjacke, die hattest Du auch bei Dir, halbhohe Turnschuhe, weiß mit grünem Muster, der Marke Torque, die relativ neu waren, auf jeden Fall nicht abgelaufen.

Deine Haare waren vorne etwa 4 cm lang, wahrscheinlich nach hinten gekämmt und im Nacken 8 bis 10 cm lang, Farbe blond, Augen braun und zwei Ohrringe im linken Ohr. Das gehörte zu meiner Suchanzeige.
Frau Baucher gab eine Beschreibung von Petras Aussehen ab.
Eine Suche nach Euch wurde abgelehnt. Ihr ward beide volljährig und konntet Euren Aufenthalt selbst bestimmen. Aber wenn Ihr so nebenbei auffallen würdet, dann würde man uns Bescheid geben.

Am Freitag, den 30. 10, also nach 10 ungewissen Tagen meldetet Ihr Euch mittags bei der NABI in Ebertal. Wir wurden sofort angerufen. Ich fuhr dort hin, um Dich abzuholen. Verdreckt ward Ihr, schwarz von Rauch und anderem und gestunken habt Ihr, unvorstellbar. Die neuen Turnschuhe waren als solche nicht mehr zu erkennen.
Petra wollte mit zu uns nach Hause. Ich nahm sie mit.
Die Telefonnummer ihrer Eltern hatte ich inzwischen von ihrer Mutter und konnte denen Bescheid geben.

In Husthausen angekommen, bekamt Ihr beide erst einmal eine heißes Bad, einer in der unteren Etage, der andere in der oberen, und ein warmes Essen. Danach sollte die Welt eigentlich anders aussehen. Vielleicht konnte man mit Euch reden.
Auch die Kleidung kam sofort in die Waschmaschine. Wie gut, dass es einen Trockner gab, so konnte Petra ihre Sachen nach einer Weile sauber wieder anziehen. Ihre Eltern kamen abends nach Husthausen, um sie abzuholen.

Am Sonnabend suchten wir mit Petras Mutter das Auto von Petra. Wir hatten es schnell gefunden. Die Batterie war inzwischen leer gewesen. Mit Hilfe von Bauchers Auto wurde sie wieder aufgeladen. Petra setzte sich rein und fuhr damit nach Bexen, dort wohnte offenbar ihr Verlobter, und ihre Familie. Sie hatte gesagt, sie sei von ihm schwanger. Und Du, unser Paul, musstest uns klar machen, dass Du auf jeden Fall zu Petra halten würdest, auch wenn das Kind nicht von Dir war, abgetrieben würde nicht.

In der Zeit hattet Ihr offenbar mit Hans gemeinsam im Oldtimer gelebt, der die Verpflegungskosten getragen haben soll. Von Frau Baucher und von mir bekam er jedenfalls je 100, -DM als Erstattung.
Oder hattet Ihr Eure Lebensmittel in den Tagen bereits „organisiert"?
Wie man das machte, hast Du mir später einmal erzählt.

An diesem Nachmittag warst Du in Poster mit einem ehemaligen Mitarbeiter der Stiftung Naos verabredet. Von ihm hattest Du einen Zettel mit der Anschrift einer Drogenberatungsstelle bekommen. Offenbar musstest Du ihm erzählt haben, Du seist süchtig. Hattet Ihr in der gemeinsamen Zeit mit Petra und Hans vielleicht Marihuana geraucht?

Ein Wochenende bliebst Du zu Hause, denn nun, am Montag, den zweiten November, sollte Dein Betriebspraktikum bei der Firma Ackerdorn in Düker anfangen.
Aber schon am Sonntag hielt Dich nichts mehr. Zu zwei Klassenkameraden wolltest Du und kamst mit dem letzten Bus leider wieder nicht nach Hause.

Ich war so verzweifelt, dass ich die ganze Nacht geweint habe. Ich wusste nicht mehr, was ich machen sollte. Auf alle Deine Worte und Beteuerungen war kein Verlass gewesen.

Dass Du doch nach Hause gekommen warst, wussten wir nicht. Du kamst offenbar so spät in der Nacht, dass Du scheutest, uns zu wecken und hattest Dich in unseren Bulli zum Schlafen gelegt. Von dort aus fuhrst Du gleich morgens nach Düker und fingst mit Deinem Praktikum an.
Herr Ackerdorn berichtete uns später, das erste, was Du erzählt hättest, war, dass Du eine Verlobte hättest, mit der Du so schnell wie möglich zusammen ziehen wolltest.
Eine Woche fuhrst Du nun regelmäßig nach Düker zur Firma Ackerdorn.
Am Freitag, den 6. 11., kamst Du schon wieder nicht mehr nach Hause. Später hatten wir erfahren, dass Du Dir am Freitag bereits abends in der Disco eine Augenverletzung durch Spray zugezogen haben sollst und gemeinsam mit einem Lehrgangsfreund die Ambulanz des Krankenhauses aufgesucht haben sollst.
Am Sonnabend sollst Du nach Bexen gefahren sein. Dort in der Disco musstest Du einen Stoß in den Bauch bekommen haben, nach Aussagen eines Kumpels hattest Du Dich mit Blut übergeben.
Wir haben Dich in diesen Tagen nicht gesehen. Ob alles so stimmte konnten wir nicht mehr nachvollziehen.

11. Januar 2011

Die Küchenmaus

Es war einmal ein Mäuschen,
Das kam in unser Häuschen.
Lief in der Küche hin und her,
Fand wohl den Ausgang nimmermehr.

Die alte dicke Katze
Rührt sich nicht vom Platze,
Liegt ausgestreckt vorm Ofen,
Poofen, Poofen, Poofen.

Ach Mäuschen lauf doch, laufe doch,
Versteck Dich unterm Herd,
Da gibt's so manches noch von Wert.
Eh` Dich die alte Katze frisst.
Und wenn Du nicht gestorben bist,
dann lebst Du heute noch.

(Ela im Januar 2011)

Das war meine Beschäftigung heute Nacht um zwei Uhr. Ein Ablenkungsmanöver, um nachts nicht immer an diese schlimmen Tage denken zu müssen.

Das war vor wenigen Tagen, möchte ich noch sagen, (ach, überlassen wir das Dichten heute mal anderen Leuten) eine kleine Feldmaus mit fast schwarzem dickem Winterfell, daumengroß, ein Mäusekind, das in jede Ritze passte und vielleicht noch immer hinter unserem Herd lebt?

Am Montag, den 9. 11. warst Du nicht in der Schule. Deine „Freunde" Petra, Rico und Alexandra waren aber anwesend .

Rico gab Eurer Lehrkraft, Frau Beckmann, Auskunft über Euren Unterschlupf und über Deinen Zustand. Er machte sich große Sorgen um Dich. Außerdem sagte er, dass Du, Paul, in den Tagen, in denen er dabei gewesen war, keinerlei Rauschgift zu Dir genommen hättest.

Deine Lehrerin führte mit allen Einzelgespräche und teilte mir die Ergebnisse telefonisch mit.
So habe Petra ausgesagt, was mit Dir, Paul, los sei, wüsste sie nicht, und es interessierte sie auch nicht. Ihr Verlobter sei inzwischen auf ihren Wunsch wieder in ihre Wohnung in Bexen gezogen. Außerdem hatte die Lehrerin Petra mit ihrem Verlobten beobachten können, die Angaben könnten stimmen.
Petra sei aber dennoch zu einem anderen Zeitpunkt mit Hans Förster aus dem Oldtimer in die Schule gekommen, und sie habe sich vor allen mit ihm geknutscht - etwas verworrene Verhältnisse.

Ich rief Dietmar in seinem Büro an, um ihn über den neuen Stand der Dinge zu informieren und zu beraten, was wir unternehmen sollten. Er kam sofort und wir fuhren gemeinsam nach Ebertal zum sogenannten Oldtimer, einer ehemaligen Tankstelle, die nur noch eine Ruine war und sicher vor dem Abriss stand. Teilweise war das Gebäude ausgebrannt. Hans lebte dort. Hans Förster, ein erwachsener Mann, vielleicht Mitte dreißig, ehemals Pflegekind, wie er Paul erzählt haben soll, hauste dort seit einiger Zeit, offenbar seit dem er vor einigen Monaten arbeitslos geworden war. Von hinten konnte man nur über verrostete Container in einen Raum einsteigen, der ein mit Brettern vernageltes Fenster hatte. Es war dort ständig dunkel. Zwischen 13.30 und 14.00 Uhr erschienen wir beide dort.
Paul, Du hattest Dich vor uns verleugnet, Du hattest so getan, als wenn Du es nicht gewesen warst, der sich unter einer Decke versteckt hatte. Besonders von mir wolltest Du nichts wissen. Die anderen waren auch alle anwesend, Hans, Rico, Petra und Alexandra. Sie behaupteten zunächst auch, Du seist nicht da. Dann gaben sie es aber doch zu und rieten Dir, Du solltest zum Arzt gehen.

Außerdem wurde noch von Deinen „Freunden" vorgeschlagen, ein leer stehendes Haus zu besuchen, in das Ihr alle zusammen als Wohngemeinschaft einziehen wolltet. Um den Kontakt nicht zu verlieren, war Dietmar mitgefahren. Ihr erhieltet dort eine Absage und erschient wieder in Eurer Tankstellenhöhle.

Wenn ich geglaubt hatte, Dich mit nach Hause zu bekommen, hatte ich mich wohl geirrt. Du wolltest partout nicht mitkommen. Mit Engelszungen haben wir auf Dich eingeredet. Nach einer ganzen Weile gabst Du vor, in Begleitung von Petra und Hans mit uns nach Husthausen zu kommen, um dann einen Arzt aufzusuchen.
Unterwegs veränderte sich Dein Gesundheitszustand. Es ging Dir so gut, dass ein Arztbesuch nicht mehr nötig war.
In Husthausen konnten wir nicht mit Dir alleine sprechen. Erst beratschlagtet Ihr draußen etwas, um nach langem Bitten doch ins Haus zu kommen, verschwandet aber blitzschnell in Deinem Zimmer, später erst kamt Ihr ins Wohnzimmer.
Ich weiß heute noch, wie Ihr uns gegenüber saßet und die anderen beiden Dich stark machten.
„Mein Sparbuch möchte ich haben!" war Dein Verlangen.

Dann telefoniertet Ihr von der unteren Etage aus. Natürlich sollten wir nicht zuhören. Ihr hattet angeblich bei einer Drogenberatungsstelle in Ebertal einen Termin um 17.00 Uhr. So ganz glaubten wir das nicht, ich nahm an, Ihr wolltet wegen der angeblichen Schwangerschaft von Petra zu pro familia, weil das Wort gefallen war. Aber das wird vermutlich auch nicht gestimmt haben.

Paul, Du gabst an, Du wolltest erst einmal einige Wochen in Ebertal in der Tankstellenhöhle leben und packtest zwei Taschen mit Deinen Sachen. Was sollte Dietmar anderes machen, als Euch nach Ebertal zurück zu fahren. Zwischendurch wurde noch Dein Sparbuch bei der Bank geplündert. Alles, was darauf war, wurde abgehoben. Es war uns unheimlich, aber wir konnten Dich nicht an Deinen Vorhaben hindern. Du warst erwachsen.
Aber es ließ uns selbstverständlich keine Ruhe finden.

Ich musste wieder zu meinem eigenen Kurs, aber Dietmar fuhr abends noch einmal nach Ebertal, um zu erfahren, was denn das Problem von Dir sei, Paul, von dem alle sprachen. Du hattest ihm wieder keine Antwort gegeben. Petra flüsterte daraufhin beim Hinausgehen nur ein Wort: „Heroin."

Deine Klassenkameraden waren am nächsten Tag, Dienstag, den 10. 11. in der Schule. Frau Beckmann rief wieder bei uns an. Petra sei nachts unterwegs

gewesen, um Hilfe für Dich, Paul, zu holen. Du hättest nachts einen Selbstmordversuch unternommen. Viel später haben wir von Dir, Paul, erfahren, dass Du geschrien und geweint hättest, weil Petra und Hans Förster vor Deinen Augen Verkehr miteinander hatten.
Aber zunächst wusste ich nicht, was stimmen sollte. Ich telefonierte mit Herrn Malmann, dem Psychologen, mit dem ehemaligen Mitarbeiter von Naos und mit einem Psychiater. Es kam nichts dabei heraus, aber ich hatte wenigstens alles unternommen, was ich tun konnte.
Nachmittags kam dieser mitfühlende ehemalige Betreuer aus Naos zu Dir. Er ging mit Dir wegen einer Knieverletzung in die Ambulanz des Ebertaler Krankenhauses, wo Du versorgt wurdest.

Auch Euer Kursleiter, erschien an diesem Tag noch in Eurem Oldtimer. Ihr hattet angeblich von Hans Geld Medikamente gekauft, neben Asthmamittel, die Petra brauchte, auch anderes. Laut Auskunft des Kursleiters hattest Du, Paul, auf ihn nicht den Eindruck gemacht, dass Du Drogen genommen hättest. Bis auf Deine Knieverletzung seist Du gesund und munter gewesen.

Am 11. 11. rief uns Frau Beckmann, Eure Lehrerin, erneut an und sagte uns, sie habe erfahren, dass Du mit Medikamenten ruhig gestellt würdest, damit Du nicht schreist, wenn Du mit ansehen müsstest, wie Hans und Petra miteinander Verkehr hätten.

Wir hatten wieder Kontakt mit Petras Eltern. Es war inzwischen kalt geworden. Die Eltern hatten der Tochter zwei Schlafsäcke hingebracht, aber im Nachhinein festgestellt, dass die gar nicht benutzt wurden. Auch haben sie ausgesagt, sie hätten Petra mit Hans zusammen im Bett erlebt.
Noch am gleichen Tag, Paul, hattest Du Dich telefonisch gemeldet und wolltest einen Wecker von uns haben. Dietmar fuhr deshalb abends gemeinsam mit Christian, der gerne mitfahren wollte, nach Ebertal, um den Wecker zu bringen. Ich hatte einen Zettel in den Wecker verpackt mit den Worten. „Ich habe Dich lieb, Mama". Vielleicht war das eine Möglichkeit, an Dich heran zu kommen, Dir ins Bewusstsein zu rufen, dass es noch Menschen gab, die es gut mit Dir meinten.
Es war keiner in der Höhle, Dietmar und Christian konnten nur den Wecker dort hinterlassen.

Zur gleichen Zeit erschienen Herr und Frau Baucher bei mir in Husthausen und wollten über die Situation sprechen. Bei Petra ginge es hin und her.

Sie habe ihren Verlobten wieder in die Wohnung geholt, er sei aber wieder ausgezogen.

Eigentlich wollten sie fragen, ob Petra erst einmal bei uns wohnen könnte, dann haben sie aber selber gesehen, dass Petra mit Hans zusammen gewesen sei. Paul, Du seist bei ihrem Besuch in der Höhle anwesend gewesen, hättest benommen gewirkt, hättest Deinen Kopf nach unten gehalten und nicht aufgeguckt, als sie Dich angesprochen hatten.

Als die Eltern von Petra noch da waren, kamen Dietmar und Christian nach Hause. In Ruhe konnten wir noch über Möglichkeiten der Einflussnahme reden.

Wir hielten es für uns für richtig, beim Amtsgericht einen Antrag auf Dein Aufenthaltsbestimmungsrecht zu erwirken.

Familie Baucher wollte sich erst bei einem Anwalt sachkundig machen, was sie für Möglichkeiten der Hilfestellung noch hatten.

Am Donnerstag, den 12. 11. fuhr ich zunächst zu Dr. Merz und erwirkte ein ärztliches Attest für das Amtsgericht. Dann stellte ich beim Amtsgericht Heimberg einen Antrag auf das Aufenthaltsbestimmungsrecht.

Gegen 13.30 riefst Du an, Paul. „Mama, ich hab Dich lieb! Petra hat sich von mir getrennt. Aber nach Hause komme ich noch nicht." Das waren Deine Worte.

Ihr suchtet bereits auch nach irgendwelchen anderen Wegen, denn Ihr ward am Freitag, den 13. 11. in der Kreisverwaltung bei Herrn Malmann, dem Psychologen gewesen. Der war aber nicht anwesend. Ihr hattet dort eine Nachricht hinterlassen.

Am Samstag, den 14. 11. fuhren Dietmar und ich wieder nach Ebertal zum Oldtimer. Es war schwierig dort rein zu kommen. Dietmar musste immer über die verrosteten Container steigen, um Euch zu erreichen. Petra und Hans lagen zusammen unter einer Decke.

Paul, Du hattest gar nicht mehr lange gezögert, vielleicht warst Du auch erleichtert, dass Dietmar erschien. In Eile packtest Du fast alle Deine Sachen zusammen, auch die Maus „Benjamin", die Du Dir inzwischen angeschafft hattest und kamst mit nach Husthausen.

Draußen fand ich einige Spritzenverpackungen. Sollten die wirklich von Euch für Heroin benutzt worden sein?

Im Auto auf der Rückfahrt erzähltest Du uns, dass Petra während ihrer Regel mit Hans Verkehr gehabt haben soll. Frau Baucher habe Petra Tampons gebracht, das habest Du gesehen. War sie also doch nicht schwanger?

Jegliche dieser Aussagen habe ich mir damals notiert, da ich fest damit rechnete, dass Du, Paul, als Vater benannt werden würdest. Bei dieser Petra war mit allem zu rechnen, und Deine Naivität war unübertroffen.

Am Montag fuhr ich gleich morgens mit Dir zu Dr. Merz. Eine Blutabnahme sollte Klarheit darüber bringen, ob irgend welche Rauschgifte in Deinem Körper gewesen waren, ob ein Medikamentenmissbrauch nachzuweisen war oder ob Du gar AIDS hattest, was Du befürchtetest.

Gegen Mittag fuhr ich Dich wieder nach Ebertal, angeblich zur Drogenberatung.
Dann anschließend fuhren wir noch einmal in die Straße, in der dieser Oldtimer stand, die verlassene Tankstellenruine, um Deine restlichen Sachen zu holen. Von den anderen war keine Spur zu sehen.

Nachmittags erfolgte noch ein Telefongespräch mit dem zustänigen Berater vom Arbeitsamt Ebertal. Die Maßnahme, also der Förderlehrgang, wurde in gegenseitigem Einvernehmen abgebrochen. Herr Ackerdorn würde Dich weiter als Praktikant nehmen.
Das blieb Dir also.

Zu Hause merktest Du, dass Du Petras Schlüssel versehentlich mit eingepackt hattest. Per Post haben wir diese den Eltern zugestellt.

Auch mit der Schule hatte es noch ein Nachspiel. Dem Arbeitsamt war vermittelt worden, dass angeblich Drogen im Lehrgang gehandelt würden. Du hattest das behauptet. Nun erwartete die Schulleitung, dass Du diese Behauptung richtig stellen solltest. Denn wenn es wirklich wahr gewesen wäre, würde dieses dem Ansehen der Schule Schaden zufügen.

Bei all Deinen medizinischen Untersuchungen ist heraus gekommen, dass es keinerlei Anhaltspunkte gab, dass Du irgend ein Rauschgift zu Dir genommen hattest. Medikamentenmissbrauch konnte man auch nicht nachweisen und AIDS hattest Du auch nicht. Du warst folglich gesund und konntest auch nicht abhängig von irgend einem Stoff sein.

Es war wohl nicht nur der Beginn einer Psychose, sondern Du stecktest schon mitten drin. Aber wie sollten wir das als Laien erkennen, außer Fachleuten Deine Auffälligkeiten zu nennen, Fachleuten, die dann genau so ratlos waren wie wir.

Eine Zwangseinweisung in eine Klinik kam nur in Frage, wenn die Gefahr bestand, dass Du Dich selbst oder andere mit dem Leben gefährdetest. Das war nicht der Fall.

Ich habe später immer gesagt, Deine „Spinne" gehe mit Dir durch. Das reichte nicht aus für einen Zwangsaufenthalt in einer Psychiatrie. Da hättest Du Dich schon freiwillig melden müssen. Aber wusstest Du selber denn, was mit Dir geschah? War nicht allein Deine Sichtweise das Normale und wir anderen waren irgend welche Wesen, die Dich einfach nicht verstanden oder verstehen wollten. Du warst anders als wir, und das lebtest Du aus.

Psychische Erkrankungen hängen immer mit einem durcheinander geratenen Hirnstoffwechsel zusammen. Irgendwelche Botenstoffe, sogenannte Neurotransmitter waren entweder zu viel oder zu wenig vorhanden, oder sie dockten sich an Stellen im Gehirn an, an die sie nicht gehörten.
Sichtbar machen konnte man das nicht. Nur unter Langzeitbeobachtung in der Klinik wäre eine Einstellung auf Medikamente möglich gewesen. Aber das ist schon alles mein Wissen von heute.
Damals konnte ich solche Erklärungen überhaupt noch nicht für Dein Verhalten finden.

Wo das Geld geblieben war, wollte ich natürlich wissen. Du seist auf einer Parkbank eingeschlafen und danach sei Deine Geldbörse weg gewesen. Ob ich Dir das glauben sollte? Und wovon Ihr denn gelebt hättet, wollte ich auch wissen.
In der Nähe gab es einen großen Supermarkt. Dort hattet Ihr geklaut. Wie Ihr das gemacht hattet? Ich war neugierig. Ja, immer habe es nicht geklappt. Inzwischen hättet Ihr dort Hausverbot. Wie gut, dass Ihr wenigstens auch mal erwischt worden seid! Aber warum stellten die Ladenbesitzer nicht gleich Strafanzeigen bei der Polizei? Ihr ward doch keine Kinder mehr? Oder waren die Geschichten auch frei erfunden? Was sollten wir Dir glauben?

12. Januar 2011

Fünf Zentimeter Neuschnee, nass. Die Bäume tragen wieder ihr weißes Kleid. Jedes Ästchen ist neu bedeckt mit Schnee.

Wie ich damit umgehe, wollt Ihr wissen? Mit der Rückblende in diese belastende Zeit?

Das Schreiben macht mich frei und glücklich. Erzählen könnte ich das alles nicht, nur Bruchstücke kämen heraus und Gefühle vielleicht in Ausbrüchen.

Es braucht ja keiner von Euch weiter zu lesen, Du, Paul, auch nicht.
Wenn Du aber weiter an Dir arbeiten möchtest, Dich weiter verstehen lernen möchtest, dann solltest Du es, vielleicht in kleinen Abschnitten, so wie Du es verkraften kannst.

Ich glaube, Du bist heute schon so weit. Mehrmals hast Du schon Ansätze unternommen, mit uns darüber zu reden: „… was Du uns alles angetan hattest", wie Du es benannt hattest. Einzelheiten kamen noch nicht. Vielleicht war es noch zu früh? Oder es war noch nicht der richtige Zeitpunkt gekommen.

Wir haben Dich Dein ganzes Leben weiterhin so angenommen, wie Du warst. Aber es war manchmal bitter.

Heute gehst Du seit zwei Jahren einen neuen Weg. Hoffentlich hältst Du ihn weiter durch.

Dein Praktikum bei der Tischlerei Ackerdorn konntest Du fortsetzen. Richtig flott sahst Du in dem braunen Arbeitsoverall aus, den Dir Herr Ackerdorn zur Verfügung stellte.
Aber schon am ersten Tag hattest Du Dir den Fuß vertreten. Zum Arzt musstest Du abends, mit einem fachgerechten Verband solltest Du aber arbeiten können, meinte Dr. Merz. Es war ein Sehnenanriss, und jeden Tag solltest Du nach der Arbeit zum Verbandswechsel kommen.

Am Donnerstag, den 19. 11. rief Petra Baucher mittags schon wieder bei uns an. Sie wollte Dich sprechen. Abends riefst Du zurück und wir bekamen mit, dass Du Petra ordentlich beschimpft hattest. Kurz darauf waren Herr Baucher und Petra bei uns. Jegliche vorherige Freundlichkeit dieses Herrn war verflogen.
Er drohte Dir mit einem Rechtsanwalt, denn Du solltest Petra drogensüchtig gemacht haben.

Auch bei Petra schien die Psyche nicht richtig zu funktionieren, aber wer sollte das damals erkennen? Ihre verzweifelten schlichten Eltern?

Am Montag, den 23. 11. hatten wir einen Termin beim Amtsgericht wegen Deines Aufenthaltsbestimmungsrechts.
Zu Hause gabst Du Dir große Mühe, Dich wieder in die Familie zu integrieren. Briefe an uns schriebst Du, in denen Du immer wieder bekundetest, dass Du uns lieb hättest und dass Du nie wieder abhauen würdest. Oh, wie gerne hätten wir an den Inhalt geglaubt.

Du warst sauber, Deine Haare waren frisch geschnitten. Kein Mensch konnte sich vorstellen, wie Du noch vor wenigen Tagen ausgesehen hattest.
Eine Richterin war zum genannten Termin anwesend sowie ein eigens bestellter Arzt, ein Psychiater. Du wurdest zu Deinem Leben befragt.
Ja, arbeiten würdest Du nun, Du seist regelmäßig in der Ausbildung bei Firma Ackerdorn. Zu allem konntest Du klar und deutlich Stellung nehmen. Deine Sprache war inzwischen mit großem Wortschatz voll entwickelt, gut konntest Du Dich ausdrücken. Eigentlich hätte ich stolz auf Dich sein sollen, so wie Du vor Gericht auftreten konntest.
Auch zu Deiner Freizeit wurdest Du befragt. Dein Hobby sei Angeln, sagtest Du. Du würdest den Angelschein gerade machen.
(Zu keinem Lehrgangstermin warst Du mehr erschienen, wie solltest Du auch da hin kommen, von der ausgebrannten Tankstelle in Ebertal bis nach

Barker waren es 40 km, und der Prüfungstermin war bereits verstrichen.) Aber ich saß hinten in der Ecke und sollte mich nicht einmischen. Ich schluckte nur.

Und dann wurdest Du gefragt, was Du machen würdest, wenn Du Sorgen und Kummer hättest. Du würdest auf Dein Zimmer gehen und beten und Gott bitten, Dir zu helfen.....

Einen sehr guten Eindruck hattest Du hinterlassen. – Ach, wenn es doch immer so gewesen wäre!

Die Richterin beriet sich noch mit dem Arzt. Der konnte sich nicht verkneifen zu sagen, dass er die ganze Geschichte als eine Überbehütung der Mutter ansah. Wenn er selber nicht von zu Hause abgehauen wäre, säße er hier heute nicht als Psychiater, meinte er. Pubertäre Schwierigkeiten wären das. Der Antrag wurde also abgelehnt.

Als die Richterin sich von mir verabschiedete und mir die Hand gab, sagte sie leise zu mir. „Sie dürfen sich immer wieder an mich wenden." Wenigstens etwas, offenbar hatte ich mich mit meiner Mimik während der Befragung doch nicht ganz zurück gehalten, und sie hatte bemerkt, dass meine Antworten anders ausgefallen wären.
Oder hatte sie schon mehr Erfahrung mit solchen Anträgen?
Ansonsten kam ich mir ziemlich „beschissen" vor. Oder wie sollte man das benennen? Waren die Sorgen der letzten Wochen keine gewesen? Hätten wir das alles auf die leichte Schulter nehmen sollen? Pubertäre Schwierigkeiten? Konnten die so heftig ausfallen?
Von einer „Revolution im Gehirn" hat später ein Kinderpsychiater immer wieder gesprochen, das also war möglich.
Aber warst Du, Paul, von heute auf morgen reif für das Erwachsensein? Du warst vom Alter her volljährig, trotzdem hätte Dir eine Nachreifungszeit mit vorübergehender Einschränkung Deiner Rechte nichts geschadet.

Immer wieder hattest Du noch Termine angeblich bei der Drogenberatung in Ebertal. Warum, wusste ich damals nicht. Bei der Aufarbeitung meiner Unterlagen kam mir der Gedanke, ob es vielleicht wegen Deiner Spielsucht war. Die Stelle hieß ja nicht „Drogenberatung", sondern Beratungsstelle gegen Suchtgefahren. Aber da nehme ich schon viel vorweg.
Zu dem Zeitpunkt war mir völlig unklar, was Du dort machtest. Aber es konnte nichts schaden. Also fuhr ich Dich alle paar Tage dort hin.

Am 24. 11. war anschließend an die Suchtberatung ein Gespräch mit Deinem ehemaligen Kursleiter verabredet, wegen Deiner Äußerung, beim Lehrgang würde mit Drogen gehandelt.
Von einem Ingo hättest Du Marihuana bekommen. Nein, das sei nicht im Förderlehrgang gewesen, dass sei in einem Bistro gegenüber der Suchtberatungsstelle gewesen. Der Lehrgangsleiter war damit erst einmal zufrieden. Nur gegenüber dem Arbeitsamt müssten jetzt noch die Unterstellungen ausgeräumt werden.
Von ihm erfuhren wir, dass Petra inzwischen mit Hans nach Bexen gezogen war und der Oldtimer angeblich nicht mehr bewohnbar war.

Am 26. 11. erfolgte ein Gespräch beim Arbeitsamt. Dort konntest Du Dein verbreitetes Gerücht auch ausräumen. Für das Praktikum in der Tischlerei Ackerdorn bekamst Du auch einen neuen Vertrag für den Beginn 1. 12. und bei der AOK wurdest Du neu angemeldet und weiter versichert. Alles hatte nun seine Ordnung.

Hans Förster hast Du Anfang Dezember noch einmal auf der Adventsmesse in Ebertal getroffen, er berichtete Dir, er wäre mit Petra wieder auseinander, sie sei wieder mit ihrem Verlobten zusammen, und er selber wohne wieder im Oldtimer.

Am 8. Dezember gegen 22.30 stand Petra draußen vor unserer Tür mit zwei Männern. Sie brüllten draußen herum und riefen nach Dir. Zum Glück warst Du an dem Abend mit Dietmar im Theater in Barker und noch nicht wieder zu Hause. Ich bat sie, wieder nach Hause zu fahren, Du seist nicht da. Daraufhin wurde mir noch entgegen geschrien, Du, Paul, habest Petras Verlobungsbild zerstört und dafür wollten sie Ersatz.
Sie fuhren wieder ab, bevor Du mit Dietmar nach Hause kamst. Ein Glück, sonst wären wir die Leute nicht so schnell wieder los geworden.

Ansonsten hatten wir einen relativ ruhigen Dezember mit Dir, Paul. In meinem Weihnachtsbrief schrieb ich an unsere Freunde:

„ ...und so sind wir jetzt noch dabei, mit ihm gemeinsam die ersten Bohlen unter seinen Füßen zu befestigen. (In der Hoffnung, dass sie nicht morsch sind.)..."

Jedenfalls waren wir wieder voller Hoffnung, dass Du nun Deinen Weg gehen würdest.

In der Silvesternacht gab es noch einen Vorfall. Wir waren glücklicherweise nicht in Husthausen, sondern feierten den Jahresbeginn in Hohwacht in der Ferienwohnung von Oma und Opa.
Petra war gegen 2.45 mit zwei Männern wieder in Husthausen gewesen und hatte bei uns Krach gemacht.
Oma erzählte uns später, das Mädchen habe geschrien, Paul hätte sie drogensüchtig gemacht und dann noch ohne Kondom geschwängert. Alle Leute sollten es hören. Einer der Männer habe noch hinzugefügt, Paul habe seiner Verlobten ein Kind gemacht.
An Sabines Auto befand sich hinterher ein Pappschild mit einem Gruß an Dich, Paul.

Die Oma hatte versucht die Polizei anzurufen, weil die Leute von alleine nicht weggehen wollten. Auf der Amtsstelle war aber nur der Anrufbeantworter eingeschaltet und auf den hat sie nicht gesprochen.

Tante Erdmute und Onkel Udo waren bei ihnen in Husthausen zu Besuch.
Die Oma sprach mich später an, Tante Erdmute hatte gemeint, ob man Dich, Paul, nicht sterilisieren lassen könne, damit so etwas wie eine Schwangerschaft nicht passieren könne.
Ich war betroffen und konnte dazu nichts sagen. „In welcher Zeit lebt Ihr?" habe ich aber gedacht. „Wollt Ihr ihm seine Zukunft nehmen? Diese Zeiten sind, Gott sei Dank, vorbei!"

Das ganze letzte halbe Jahr hatten wir Aufregung bis hin zur Hochspannung in der Familie Deinetwegen, Paul. Aber andere Familienmitglieder waren auch noch da!

Christian sackte mit seinen Leistungen in der Schule ab. In Latein drohte ihm eine fünf. Dietmar lernte daraufhin intensiv mit ihm.
Christian war 13 Jahre alt und entsprechend traten auch hier und da kleine Lümmeleien auf. Aber gemessen an dem, was wir mit Dir, Paul erlebten, wo es um Lebensexistenz ging, haben wir die Dinge sehr schnell wieder vergessen können. Dietmar meinte, Christian trüge selbst die Verantwortung für sein Verhalten und müsste auch mit den Konsequenzen leben.

Zum Glück hatten beide, Christian und Markus immer Freunde, auf die man sich fest verlassen konnte. Sie hatten auch immer genügend Freunde, die selbstverständlich bei uns ein und aus gingen. Das war ein Segen!

Und Du, Sabine, Du gingest Deinen Weg. Deine Arbeit in Heppe machte Dir Freude. Deine Besuche zu Hause wurden weniger, das hieß für mich, dass Du Dir einen eigenen Bekanntenkreis aufgebaut hattest. Auch hattest Du mit einer Therapie angefangen bei einer Ärztin, zu der Du Vertrauen gefunden hattest. Deinen früheren Missbrauch wolltest Du anfangen, aufzuarbeiten. Was uns auffiel, war, dass Du als erstes anfingst, auf Deinen Körper zu achten. Deine Ernährung wurde Dir wichtig und Du bekamst eine schicke, schlanke Figur. Deine eigene Disziplin bewunderte ich damals.

Dietmar hat die schlimmsten Tage mit mir gemeinsam durchgestanden. Manchmal hatte er im Büro alles stehen und liegen lassen müssen, um wieder einmal nach Ebertal zu fahren. Gesundheitlich ging es ihm glücklicherweise gut, das war wenigstens eine Beruhigung.

Und bei mir musste während der ganzen Zeit der Vorbereitungskursus für meine Abiturprüfung in Enskirchen weiterlaufen.
Aber wahrscheinlich hat mir gerade dieser eigene Bereich, die Freude am Lernen und das dadurch mögliche Abschalten von den häuslichen Sorgen immer wieder Kraft gegeben, die Schwierigkeiten zu bewältigen.

Wie gingen andere Leute mit ihren Sorgen um? Vier Kinder hatte eine Frau adoptiert, die ich in Ebertal kennen lernte, und mit einem der Jungen ähnliche Sorgen wie wir.
Sie war eine offene resolute Frau, die auch überall laut sprach. Sie erzählte allen von ihren Kindern, auch denen, die es gar nicht hören wollten. Sollte das ein Weg sein? Wurde sie so ihren Kummer los? Oder hatte sie gar keinen mit den Kindern? Wie weit identifizierte sie sich mit ihnen, so wie wir es taten?
Und die Kinder, bekamen die nicht einen Stempel, ein Stigma? „Aha, Du bist der X. Schulze, von Dir habe ich schon so viel gehört?"

Für mich war das kein Weg, und so habe ich auch so viel geschluckt, was schwer verdaulich war.

14. Januar 2011

Jeden Tag haben wir hier in Barydet drei Minuten länger Tageslicht. Jeden Morgen geht die Sonne eine Minute früher auf, am Nachmittag geht sie täglich zwei Minuten später unter.

Das sind in einer Woche 21 Minuten. Das merke ich jetzt schon.

Es geht dem Frühjahr entgegen.

1993

Tischlerei Ackerdorn, Fahrschule, Geld, Spielsucht und Gaunereien,
ein weiterer Besuch bei Meißners in Berlin,
Wechselbäder der Gefühle und der Förderlehrgang in Stolpe

Ein neues Jahr begann. Und wie immer bei einem Neubeginn mit viel Hoffnung, dass alles, was nicht gut war, besser werden sollte.
Deinen Praktikumsplatz in der Tischlerei Ackerdorn nahmst Du immer noch wahr, Paul. Das war schon ein großer Fortschritt. Du hieltest durch. Du hattest in Herrn Ackerdorn einen wunderbaren Meister, der Dich zu allen Kundenfahrten mitnahm und der Dich sehr mochte. Von Deinen bisherigen Schwierigkeiten wusste er von uns, glaubte aber fest daran, dass in Dir ein anständiger Kerl steckte, der es im Laufe der Zeit auch „packen" würde. Man müsse Dir nur Zeit geben. Was sind wir heute Herrn Ackerdorn dankbar für diese Einstellung!

Wir wohnten in Husthausen in einem Dorf, das weit ab aller städtischen Einrichtungen lag. Lebensmittel einkaufen konnte man noch, aber der nächste Supermarkt oder das nächste Spezialgeschäft lag eben auch in der Stadt. Busverbindungen gab es, aber der Fahrplan war schon sehr ausgedünnt. Morgens und Abends zum Berufsverkehr konnte man das Dorf noch erreichen oder verlassen, aber in den Zwischenzeiten war es schon schwierig. Was lag also näher, als dass die heranwachsenden Kinder so bald wie möglich den Führerschein machten. Einen Fahrschullehrer, der in Düker seine Fahrschule hatte, gab es auch im Dorf.

Wir meldeten Dich also dort an, Paul.
Werner Koller, der Fahrschullehrer hatte uns Hoffnung gemacht, dass Du die theoretische Prüfung mit einer Ausnahmegenehmigung schaffen könntest. Es gab in besonderen Fällen die Möglichkeit, die Prüfung mündlich zu machen.
Die ersten Male warst Du auch beim Unterricht. Dann ließ das etwas nach. Werner Koller meinte, vielleicht sollte er mit Dir mit den praktischen Fahrstunden anfangen, damit Du wieder Lust bekämst. Aber auch das half nicht, Du warst noch nicht motiviert genug, Dir die ganzen Mühen, die damit verbunden waren, anzutun.
Vielleicht waren wir wieder mal zu forsch gewesen und hatten Dich zu der Sache halb überredet, und Du konntest nicht nein sagen, weil Du Dir noch

nicht vorstellen konntest, dass es auch Anstrengung kostete. Vielleicht hattest Du aber auch ein Gespür dafür, dass Autofahren eine hohe Konzentration erforderte und dass es Dir schwer fallen würde, diese zu bringen.
Heute bin ich froh darüber, dass Du den Kurs abgebrochen hast, denn wir haben Dich damals wirklich überschätzt.

Paul, wir waren sehr glücklich darüber, dass Du Dein Praktikum durchhieltest. Du kamst nicht immer pünktlich nach Hause, gabst dann an, hier und da noch gewesen zu sein. Kumpels hattest Du ja immer schnell. Du warst 19 Jahre alt, da erwarteten wir nichts anderes. Viel warst Du mit einem Christian zusammen.
Leider kam die negative Überraschung dann doch für uns. In Deiner freien Zeit trieb es Dich (vielleicht mit diesem Christian?) in die Spielothek in Düker. Und um dort Geld einzusetzen, hast Du geklaut.
Und nach und nach kam immer mehr heraus, woher Du das Geld dazu genommen hattest.

So fehlten bei der Oma aus ihrer Spargeldtasche 1000,- DM, die konnten wir ihr recht bald von einem noch vorhandenem Sparbuch, worauf das schwer verdiente Geld der Fa. Baumüller eingezahlt war, zurücküberweisen. Dann meldete eine Kundin der Fa. Ackerdorn, dass ihr ein goldenes Armband im Wert von 300,- DM fehlte. Sollten wir es auf eine Anzeige drauf ankommen lassen? Wir wussten ja, dass Du lange flinke Finger hattest. Sie wollte 200 DM zurück erstattet haben. Das haben wir in Deinem Namen getan.
Auch bei uns fehlte einiges, was wir nicht sofort bemerkt hatten. An unsere Kasse warst Du offenbar doch rangekommen. Es fehlten immer wieder Beträge, die sich aufsummierten auch zu mehreren hundert Mark.
Bei Deinen Geschwistern hast Du geklaut, nicht nur das wenige Bargeld, dass sie zu Hause aufbewahrten, von Christian fehlte die Goldmünze, die er von seiner Patentante Inge geschenkt bekommen hatte. Von mir fehlte ein Goldkettchen. Du wusstest also, was Geld bringen würde, hattest aber keine Ahnung, was die Sachen wirklich wert waren. Denn als wir über alles eine Rechnung aufmachten, sagtest Du, dass Du längst nicht so viel dafür bekommen hättest.
Auch unsere Münzsammlung war - dieses Mal restlos - geplündert. Alles was eintauschbar war in Münzen für die Spielautomaten, war verschwunden.
Ja, wir konnten diese Sachen nicht sicherer verschließen. Wir hatten Dir geglaubt, als Du uns nach dem ersten Mal versichert hattest, dass Du an die Wertsachen nie wieder herangehen würdest. Und wir fanden es zu

umständlich, eine ganze Münzsammlung zu verschließen. An den Wohnzimmerschränken schlossen alle Schlüssel gleich. Es hätte einen Umbau der Schränke erfordert.
Das alles war bitter und Sammlerstücke waren nicht wieder zu bekommen. Außerdem hatte seit dem keiner mehr Lust von uns, die Sammlung wieder zu erneuern. Wann würdest Du das nächste Mal daran gehen und Dich bedienen?

Wir hatten eine Aufstellung aller Werte gemacht. An Deine Geschwister, an die Oma und an die Kundin konntest Du alles zurück zahlen. Damit war Dein Angespartes aber auch restlos verbraucht. Wir erwarteten von Dir, dass Du bei uns und in Heiderode arbeitetest, um dann den Lohn zu verrechnen. Aber das Entwendete war mehr wert gewesen, als Du so bald verdienen konntest.
Manches, was Du an Dich genommen hattest, hatte auch keinen Wert, aber ich habe daran gehangen, z. B. an einem gefälschten Markstück:
Die DM wurde 1949 eingeführt. Anfang der fünfziger Jahre, also in meiner Kinderzeit, ging das spannende Gerücht um, dass Falschmünzen im Umlauf seien. 1 DM und 2 DM Stücke wären aus Blei hergestellt worden. Mit diesen Stücken konnte man schreiben, und so konnte man feststellen, ob die Markstücke echt waren oder nicht.

Irgendwann erhielt ich ein Markstück, mit dem man schreiben konnte. Natürlich habe ich das verbotenerweise aufbewahrt und in meine Sammlung getan. Aber das war nun auch weg. Der Spielautomat hat nicht danach gefragt, ob man mit dem Geldstück schreiben konnte.
Das goldene Kettchen war ein Erbstück meiner Großmutter, das mir deshalb so viel wert war. Ob Du dafür viel bekommen hattest? Ich glaube es nicht.

Wenn wir immer wieder feststellten, dass bei einem von uns erneut etwas fehlte, strittest Du zunächst ab, dass Du irgend etwas damit zu tun hättest. Dann kamen manchmal kleine Briefe von Dir, in denen Du es dann doch zugegeben hattest. Immer wolltest Du alles wieder gut machen. Aber, Paul, es konnte Dir keiner mehr trauen. Du tatest es immer wieder. Und das war schlimm für Dein Leben. Vertrauen ist die grundlegende Basis für ein Miteinander in jeder Beziehung.

Du ergaunertest Dir auch Geld. So hattest Du Dir für das Material Deiner Schreibtischplatte von Dietmar 50,- DM geben lassen, obwohl Du die Platte von Herrn Ackerdorn geschenkt bekommen hattest.

Trotz allem, Du warst unser Sohn, und wir suchten immer wieder nach Möglichkeiten, Dir festen Boden unter den Füßen zu geben.
So machte Dietmar mit Dir alleine im Anschluss an Dein Praktikum eine Radtour durch die Altmark und das Havelland. Freude gemacht hat es Euch beiden, aber blieb etwas hängen?

Dann drängeltest Du, dass Du Deine leiblichen Eltern in Berlin wieder besuchen wolltest.
Viele Fragen regten sich in Dir immer wieder. So auch Feststellungen Deinerseits, dass Du es nicht wert seist, bei uns zu sein. Du spürtest, dass Du anders warst und bekamst gleichzeitig Angst davor, uns zu verlieren. Einen anderen Halt gab es nicht für Dich oder doch in Deiner leiblichen Verwandtschaft?

Was blieb mir anderes übrig, als wieder einen Termin auszumachen. Dabei sein wollte ich schon. Vielleicht konnte ich doch noch Hilfestellung leisten. Zumindest konnten wir hinterher gemeinsam über alles sprechen. Mit wem sonst solltest Du das tun können?

Vom 16. – 18. Juli fuhren wir wieder nach Berlin. Bei Spurmanns in Pankow durften wir dieses Mal nächtigen, einem befreundetem älteren Ehepaar, die uns aufgenommen hatten.

Und wieder fuhren wir nach Berlin und suchten Deinen Vater auf, bei dem wir uns vorher gemeldet hatten. Eine schmuddelige Gegend fiel mir auf. Dreckige alte Mietshäuser, Beschädigungen hier und dort, Telefonzellen zerstört und viele, viele Kneipen. Eine andere Welt. Eine Welt der Mittellosen? Das alles hatte ich beim ersten Besuch vor lauter innerer Anspannung gar nicht bemerkt.
Wir fanden die Straße und das Haus in dem Werner wohnte.
Eine kleine aufgeräumte Wohnung. Nicht nur notdürftig eingerichtet, sondern sogar mit Schrank und Regal im Wohnzimmer, in dem Akten und Fotoalben sorgfältig aufbewahrt wurden. Marianne wohnte nicht mehr bei ihm, er bewohnte die kleine Wohnung alleine.
Gefreut hatte er sich, als wir kamen.
Marianne wohne bei Walter Billeke, hier in der gleichen Straße, nur 10 Häuser weiter, 1. Stock links, gleich vorne zur Straße, sogar mit Balkon. „Auf den Strich schickt er sie!" betonte er mit Nachdruck und ein wenig Ärger oder Eifersucht klang auch mit.

Nebenan sei eine Kneipe, dort sei sie meistens zu finden. Er mache in der Kneipe sauber und kenne dort alles.

Nach einer kurzen Unterhaltung wolltest Du, Paul, runter in die Kneipe gehen, um Deine Mutter dort zu begrüßen. „Wir gehen eben nur mal kurz rüber, um guten Tag zu sagen. Wenn Sie hier warten möchten, gerne. Wir sind bald wieder da." Warum sollte ich das Angebot nicht annehmen. Draußen regnete es etwas, hier drinnen war ich im Trocknen.

„Bald" war bald vorbei. Es kam lange keiner zurück. Es wurde mir langweilig. Was sollte ich machen. Wenn ich aus dem Haus ginge, käme ich nicht wieder hinein. Die Wohnungstür müsste ich ja zuziehen. Wo war aber die Kneipe? Mir war draußen direkt keine aufgefallen. Es gab sicher mehrere, sollte ich in jede hinein gucken und Euch suchen, um dann zu sagen, ich würde nicht mehr länger warten wollen, mir wäre langweilig? An sein Bücherregal traute ich mich auch nicht, da hätten mich die Fotoalben schon interessiert. Ich saß also weiter auf einem ungemütlichem Stuhl und wartete, in meiner Erinnerung unendlich lange.

Wir waren zwischen drei und vier Uhr dort angekommen. Jetzt war es nach sechs Uhr abends. Wo waren die beiden geblieben? Dann endlich kam jemand rauf. Werner war es. Hunger habe er, sagte er. Er nahm sich ein fertig gebratenes Kotelett aus dem Kühlschrank, biss einmal herein und schmiss es dann unter Ekelausdrücken in den Mülleimer. Es war ihm übel. Das Stück Fleisch war gerade nicht das Richtige für ihn.

Paul sei noch unten. Wir unterhielten uns eine Weile. Sein ganzer Stolz war sein Sohn Werner, von dem zeigte er mir einen Ausbildungsvertrag als Zimmerer. Der Sohn Werner war im Heim groß geworden und hatte immer Kontakt zu seinen Eltern gehalten. Oh, seine Video-Sammlung stand da. Die teile er sich mit seinem Sohn. Ich hätte mir doch ein Video reinstecken können, um die Zeit zu verkürzen.

Es schien mir so, als ob es alles Gewalt- oder Horrorvideos waren. Da wäre sicher nichts für mich dabei gewesen.

Und in Amerika sei er gewesen. Jetzt halte ihn nichts mehr hier. Er wandere aus nach Amerika. Seine Schwester sei dort verheiratet. Arbeit bekomme er auch. Er gab mir eine Adresse mit Telefonnummer, unter der er demnächst zu erreichen sei. Mrs. Rosi Kinger, Baltimore Maryland usw. Er sei schon dabei, seine Auswanderungspapiere zu beantragen. Englisch lerne er auch. Und ordentlich eingeklebte Fotos in Fotoalben zeigte er mir. Werner mit seiner Schwester in Amerika!

Ich hätte es ihm gegönnt, ein Neuanfang in einer neuen Welt.

Später hast Du, Paul, erfahren, dass er es nicht mehr bis dahin geschafft hat. Gestorben war er vorher an Leberkrebs. Ausgemergelt schien er mir damals schon, und der Ekel vor dem Essen kam sicher auch daher. Als wir bei ihm waren, war er 42 Jahre alt.

Aber nun gingen wir runter. „Ich sehe mal nach, wo Paul geblieben ist." Er ging in eine Kneipe, die tatsächlich an der nächsten Hausecke war. Ich blieb draußen. Jetzt wartete ich wieder eine Weile auf der Straße.
Endlich kamst Du heraus. Nein, Marianne sei nicht da, die wohne aber nicht weit, da wolltest Du jetzt hingehen. Was hattest Du dann so lange in der Kneipe gemacht. Verquatscht hattest Du Dich sicher und vergessen, dass Du nicht alleine warst. Reden konntest Du ja, alle hatten Dich sicher bewundert, was Du doch für ein toller junger Mann geworden warst. Wer weiß, was Du von Deinem jetzigen Leben erzählt hast.
Heute sage ich: „Gut, dass ich nicht alles gehört habe, sonst hätte ich mich sicher räuspern müssen."

Wir gingen zu Deiner Mutter. Sie kam uns entgegen. Sie wusste wohl von Werner, dass Du kommen wolltest, und freute sich, Dich zu sehen. Sie wollte eigentlich in die Kneipe, aber nun bat sie Dich noch einmal mitzukommen, in ihre Wohnung.
Wir gingen dort hin. Ich wartete wieder draußen.
Auch hier dauerte es wieder eine ganze Weile, bis ich Euch wieder sah. Ich ging draußen auf und ab und besah mir die Gegend. Nichts Erfreuliches, aber man konnte hin und her gehen, immer den Hauseingang so ungefähr im Blick, um mitzubekommen, wann Ihr das Haus wieder verlassen würdet. Ich hätte auch hineingehen können, aber ich wollte Euch nicht stören und mich nicht aufdrängen. Du solltest das Gefühl haben, dass ich Dir für diese Begegnung Zeit lasse.
Endlich kamt Ihr aus dem Haus. Zur Kneipe wolltet Ihr wieder gehen. Es war inzwischen 22.00 Uhr und dunkel geworden. Wir mussten zurück, nach Pankow war noch eine Weile zu fahren und unsere Gastgeber warteten schon auf uns. Das versuchte ich Dir klar zu machen, Paul.
Du wolltest nicht mit, Du wolltest zu Marianne in die Kneipe. Ich redete und redete. Werner kam raus. Ich erklärte ihm mein Problem. Wir müssen zurück. Er wusste nichts dazu zu sagen. Ja, Paul, Du warst 19 Jahre alt und konntest alleine bestimmen, wo Du Dich aufhältst. Das hatte ich inzwischen begriffen, dass ich kein Recht hatte, Dich wieder mit zu nehmen. Du wolltest dort bleiben. „Ich finde schon alleine zurück," sagtest Du. Ich konnte mir nicht vorstellen, dass Du den Weg bei Dunkelheit nach Pankow zurück gefunden

hättest. Und für den nächsten Morgen hatten wir bereits die Rückfahrkarten nach Düker. Die hatte ich auch nicht bei mir, ich hatte sie bei Spurmanns gelassen, was sollte ich sie auch mit mir herumtragen.
Auch hatte ich große Angst um Dich, Du könntest tatsächlich dort bleiben wollen. Mit Engelszungen redete ich auf der Straße auf Dich ein. In der Kneipe hätte ich wohl noch weniger Chancen gehabt, irgend einen Einfluss auf Dich einzuüben. Du wolltest immer wieder reingehen. Es war eine unangenehme Situation für mich. Laut werden und einen strengen Ton anlegen, konnte ich auch nicht, dann hätte ich mich lächerlich gemacht. Wer weiß, wer uns schon alles aus den umliegenden Häusern zuhörte und zusah.

Widerwillig kamst Du schließlich mit. Wir mussten noch ein paar mal umsteigen und mit dem Bus weiter fahren. An der Bushaltestelle bekundetest Du immer noch Deinen Unmut. „Natürlich hätte ich den Weg nach Pankow gefunden." musstest Du mir versichern.
Ich sah mich nach einer Telefonzelle um, in der Nähe war aber keine zu sehen und weit weg gehen wollte ich nicht, um nicht den Anschlussbus zu verpassen. Es war schon nach 23.00 Uhr und peinlich war mir das späte Nachhausekommen zu Spurmanns schon, zumal wir eine frühere Zeit verabredet hatten, und ich nicht angerufen hatte.

Fast um 24.00 Uhr waren wir dann in der Henkelstraße. „Na, endlich, da seid Ihr ja, wir haben uns schon solche Sorgen gemacht." wurden wir begrüßt. „Warum habt Ihr denn nicht angerufen?." Was sollte ich erzählen? Dass wir in einer so miesen Gegend waren, wo alle Telefonzellen zerstört waren? Dass Du nicht mit zurück kommen wolltest und ich Dich nur mit Engelszungen überredet hatte, mich überhaupt noch wieder zu begleiten? Dass Du Dich in der Kneipe verquatscht hattest und überhaupt vergessen hattest, dass ich mit Dir gefahren war? Ich konnte nur Andeutungen machen, dass es Schwierigkeiten gab, weil ich Dich nicht vor den beiden schlecht machen wollte.

Auf der Rückfahrt fragte ich Dich nach Marianne, was Ihr so lange in Ihrer Wohnung gemacht hättet usw. Sie habe Dir alles gezeigt und dann habe sie viele Tabletten geschluckt.
Deine Deutung war, sie sei tablettensüchtig. Aber konnte sie nicht auch krank gewesen sein? Auch sie starb einige Jahre später und war bei ihrem Tod erst 41 oder 42 Jahre alt.

Was hatte es Dir gebracht, habe ich mich gefragt. Von Deinem Vater hättest Du Ordnung lernen können, hatte ich Dir auch damals gesagt. Aber was rührte Dich das? Du hattest keinerlei Ähnlichkeit mit ihm. Karina, Deine Tochter, hat etwas von der Familie Meißner mitbekommen. Der Gesichtsschnitt lässt an Werner erinnern, ihren leiblichen Großvater.

Was wäre gewesen, wenn ich Dich tatsächlich dort gelassen hätte. Du warst 19 Jahre alt. Hättest Du darauf bestanden, hätte ich rechtlich nichts unternehmen können, Dich wieder zu uns zu holen. Warst Du dann verloren für immer? Diese Befürchtung hatte ich damals.

Sabine, Du warst altersgemäß erwachsen geworden. Dich konnten wir im gleichen Alter in die Selbständigkeit entlassen. Du hast Dein Leben in die Hand genommen und mit allen Schwierigkeiten gemeistert!
Paul, Dir fehlte es aber noch an Reife. Unsere Mission, Euch in der Entwicklung so weit zu bringen, dass Ihr ein selbstbestimmtes Leben führen können sollt, war noch nicht erfüllt.

Und der weitere Sommer?
Weißt Du noch, wie Du in Norwegen so viele Makrelen gefangen hast, Paul? Mit Christian und Markus und Dir haben wir dort einen schönen Urlaub verbracht. Sehr viele Fische habt Ihr gefangen, vor allen Dingen Makrelen. Und geräuchert haben wir die, lecker!

Und Du, Paul, warst wieder ganz Du selbst. Ein netter junger Mann, ohne Probleme, hilfsbereit und begeistert beim Angeln.
Es war meistens so, wenn keine Anforderungen an Dich gestellt wurden, warst Du der liebste und netteste Sohn der Welt. Leider war das Leben nicht immer nur Urlaub.

Zum 7. 8. 93 hatte Dir, Paul, das Arbeitsamt einen neuen Förderlehrgang bewilligt, dieses Mal in Stolpe im Sauerland. Internatsmäßig wurdest Du in Stolpe untergebracht, im CJD, einem Christlichen Jugenddorf Deutschlands. Alle vierzehn Tage konntest Du nach Hause fahren.

Gleich zu Beginn Deines Lehrgangs wurdest auf einer Bahnfahrt angeblich von einem anderen Jugendlichen angerempelt, und Deine Geldtasche wurde Dir geklaut mit Hin- und Rückfahrkarte. Wir haben damals viel Mitleid mit Dir gehabt, ausgerechnet Dir musste das passieren.

Heute zweifele ich an Deiner damaligen Schilderung, zu viel hattest Du Dir immer ausgedacht. Vielleicht brauchtest Du wieder Geld zum Spielen? Vielleicht waren diese Unterstellungen aber auch ungerecht? Du warst ein Mensch, dem auch viele Missgeschicke passierten; aber keiner wusste mehr, was Wirklichkeit war und was Deiner Phantasie entsprang.

Deine Ausbildung fing in Stolpe an, mein Psychologiestudium begann in Göttingen. Im Frühsommer 93 hatte ich alle Abiturprüfungen so gut abgelegt, das es für eine sofortige Zulassung zum Studium reichte. Zu meinem 50. Geburtstag bekam ich einen Studienplatz in Göttingen.
Ein Neuanfang für uns beide.
Zwei Stunden war ich für eine Fahrt unterwegs, aber ich konnte mich im Zug ausruhen oder etwas lesen, so war die Zeit genutzt.

Den ruhigen Herbst genossen wir. Auf Dein Kommen freuten wir uns jedes Mal, waren wir doch über jede Woche, die Du dort ausgehalten hattest, glücklich und stolz auf Dich. Vier Mal musstest Du umsteigen von Stolpe bis zu uns. Das war schon eine Leistung.
In dem Jugenddorf konntest Du mehrere Berufsfelder kennen lernen. Praktisch und theoretisch wurdet Ihr so an die Arbeitswelt herangeführt.
Und kurz vor Weihnachten hattest Du Dich entschieden, ein Praktikum in der Lagerwirtschaft, Einkauf und Verkauf zu machen. Bei Karstadt in Barker stelltest Du Dich vor, und die Verkaufsleitung sicherte Dir einen Praktikumplatz für das Frühjahr zu. Ganz schön selbständig von Dir! Du entwickeltest Dich also weiter!

1994

Karstadt, weitere Enttäuschungen, eine junge Frau wird schlank, Bernsberg, Krankheit und immer wieder Krankheit

Durch mein Studium, das mich von Anfang an faszinierte, konnte ich zu allem, was gewesen war, mehr und mehr Abstand gewinnen, d. h. auch der Leidensdruck wurde bei mir geringer.
Meinen neuen Weg konntest Du nicht so ganz verstehen, Paul. Natürlich musste ich mich des öfteren auch mal an Wochenenden, an denen Du zu Hause warst, zurückziehen und lernen, lernen für Klausuren, die von Anfang an zu meinem Studium dazu gehörten. Ich merkte wohl, dass Dir das nicht gefiel. Aber ich störte mich nicht daran, Du musstest lernen, mich nicht zu jeder Zeit, in der es Dir passte, in Anspruch nehmen zu können.

Zeitweise zogst Du Dich dann ganz vom Familienleben zurück und bliebst im Bett liegen. Dein gutes Recht, Dich zu Hause auszuschlafen. Oder war es auch ein sich fremd fühlen in einer Familie, der Du Dich nicht gewachsen fühltest?

Einmal im Winter ließt Du einen Brief offen liegen, nicht ganz zu Ende geschrieben, aber durchaus so auf Deinen Schreibtisch platziert, dass jeder, der in der Woche das Zimmer betreten sollte, es lesen konnte.
Ich zitiere daraus, damit Du nicht denkst, dass ich mir so etwas ausdenke:

> *Husthausen, den 13.02.94*
>
> *Hallo, mein Schatz Melanie*
> *Wie geht es Dir? Mir geht es ganz bescheuert weil meine Eltern wieder zu viel trinken und dann wieder schreien und mich prügeln.*
> *Das einzige, was mich glücklich macht, das bist Du......*

Waren das frühe Kindheitserinnerungen, die sich Raum in Bildern bei Dir verschafften, so wie Marianne bei unserem ersten Besuch fragte. „Schreit er noch so viel?" Oder wolltest Du nur auf Dich aufmerksam machen. Aufmerksamkeit suchen bei uns, die wir den offen hingelegten Brief lesen sollten? Hast Du wirklich solche Briefe an andere abgeschickt? Was sollte dieser Brief bei uns bewirken, bei mir, deiner Mutter, die gegenüber ihrem 19jährigen Sohn allmählich ihre eigenen Rechte einforderte?

Sollte das heißen, „Hallo, ich bin auch noch da, und wenn Du das nicht wahr haben willst, dann kann ich auch anders?" War es eine Drohung? „Wenn Du nicht das machst, was ich will, dann mache ich Dich überall schlecht"?

Deine Launen ließt Du gerne an mir aus. Dietmar bekam schon allein deshalb nicht so viel ab, weil er weniger zu Hause war. Und ich hatte die engste Beziehung zu Dir. Das musste ich wohl aushalten, aber es war hart.

Dietmar reagierte auf Deine Sonderlichkeiten mit den Worten: „ Leben wir in unserer Welt immer über dem, was Paul verstehen kann?" Auch das konnte gut möglich sein.

15. Jan. 2011

Nein, ich brauche meine Vorräte noch nicht zu rationieren!

Eigentlich war Regen angesagt. Aber es weiß nicht, was es werden will. Die ganze Nacht und den ganzen Tag hat es geschneit, geschneit in dicken nassen Flocken. 15 cm nasser Neuschnee.

Es reicht heute morgen schon, bis zum Holzschuppen zu räumen. Auch den Werkstatteingang habe ich noch frei gemacht. Ansonsten,... warten auf seichten Regen in großen Mengen, war meine Devise.

Nach dem Essen gehe ich noch einmal raus, um Gefriergut für morgen/Sonntag aus der Truhe, die in der Werkstatt untergebracht ist, zu holen.
Nanu, hast Du gar nichts gehört, Ela? Unser Waldweg zum Ohsvägen ist geräumt, selbst der Schubkarren- und Autowendeplatz vor dem Carport ist von den Schneemassen befreit!

Wieder ein lieber Mensch, der mich hier nicht eingeschneit verhungern lassen wollte! Ich danke Dir, Du Unbekannter! (Oder nicht?)

Trotz aller immer wieder auftretenden Schwierigkeiten, war das Jahr in Stolpe ein gutes Jahr für Dich, Paul. Du hattest ausgezeichnete Betreuer, die auf Deine großen Besonderheiten mit Dir selbst und mit anderen eingingen und versuchten, Dir zu helfen und Deinen Alltag zu bewältigen. Ein gutes Jahr war es deshalb, weil Du es durchgehalten hast. Das allein war für Dich eine Leistung.

Im April 1994 stand Dein Praktikum an, bei Karstadt in Barker. Das machtest Du offenbar sehr ordentlich, so gut wie Du es konntest. Und Du bekamst eine recht gute Beurteilung. Du glaubst gar nicht, wie wir uns darüber gefreut hatten.
Du durftest so gar einmal an der Kasse sitzen!
Sollte nun alles besser werden?

Leider kam die große Enttäuschung doch noch. Es stellte sich hinterher heraus, dass Du zwei Sparschweinchen der Mitarbeiter aufgebrochen und rund 300,- DM entwendet hattest. Warum musste das sein? Spieltest Du immer noch?

Du hattest doch so gute Chancen! Vertrauen konnte Dir keiner mehr. Man musste sich sogar hüten vor Deinen Diebstählen!
Dietmar hat das Geld den Mitarbeitern der Fa. Karstadt erst einmal zurück gegeben. Eine Anzeige bei der Polizei wäre ansonsten fällig gewesen. Wir wollten es mit Arbeit von Dir irgendwie wieder verrechnen.

Was sollte eigentlich ein Reden noch mit Dir, Du machtest doch weiter, sowie Du irgendwo eine Gelegenheit fandest, an Geld heran zu kommen, nutztest Du diese wie bisher.
Auch Deiner Schwester Sabine entwendetest Du wieder 50,-DM.
Dein Großvater Herrmann, von dem wir vorher gar nicht wussten, dass er existierte, schrieb, dass Du während der Hochzeit von Marianne und Walter Billeke 500,- DM entwendet hättest. Wir ahnten gar nicht, dass Du erneut in Berlin gewesen warst. Und jetzt rief auch noch Marianne bei uns mehrfach an und wollte das Geld zurück.
Das war nicht mehr unsere Sorge. Wir konnten weder auf Dich aufpassen, noch alles hinter Dir her zahlen.

Und ein längeres Telefonat mit Herrn Prasser, Deinem Betreuer in Stolpe, ergab ebenfalls, dass Du dort an die Klassenkasse gegangen warst, dass Du von anderen mit Drohungen Geld erpresstest und hinterher nur mit Lügen

und Phantasiegeschichten auf eine Stellungnahme reagiertest. Er nannte es schlicht und einfach „Kleptomanie". Dort in Stolpe würde sich jeder vor Dir schützen, d. h. alle anderen wussten, dass Du sie beklaust und versteckten deshalb ihre Wertsachen vor Dir.
Wie sollte das weiter gehen?
Du brauchtest dringend fachliche Hilfe, eine Therapie. Aber wie sollten wir das organisieren. Außerdem musstest Du erst einmal dazu bereit sein. Das warst Du noch lange nicht. Ab und zu hast Du Dich schon mal zu Deinen Problemen bekannt, aber nur, wenn Du überhaupt nichts mehr leugnen konntest und überführt warst. In der Regel konntest Du nicht zugeben, dass Du geklaut hattest. Sich ändern wollen, ist eine grundlegende Voraussetzung für eine Therapie.

Zweimal bist Du noch abgehauen. Einmal in den Osterferien bei uns, warst aber nach 24 Stunden wieder da, einmal in Stolpe. Auch da bist Du wieder zurück gekehrt.

In Deinem Zimmer stank es, und nach den letzten Vorfällen mussten wir dort hineingehen und nach weiteren Dingen sehen, die nicht Dein Eigentum waren.
Dietmar fand dort polnische und russische Geldscheine aus seiner Sammlung, die Du offenbar noch nicht umtauschen konntest. Ich fand einige Coladosen voll Urin, die den Gestank verursacht hatten. Wie tief unten warst Du eigentlich gesunken? Selbst Tiere besudeln ihre Behausung nicht.

Eine Klassenfahrt hattet Ihr von Stolpe aus noch gemacht, in die Nähe von Frankfurt/Oder. Irgendwelche dummen Sachen sind da wohl in der Gruppe vorgefallen.
Später hattest Du mir erzählt, dass Ihr gemeinsam an alten leerstehenden Schuppen die Fensterscheiben eingeworfen hattet. Die Polizei ist wohl gekommen und hatte gegen Euch ein Ermittlungsverfahren wegen Sachbeschädigung eingeleitet.
Im August kam ein Schreiben von der Staatsanwaltschaft Frankfurt/Oder, dass dieses Verfahren gegen Dich eingestellt worden war. Da hast Du Glück gehabt!

Trotz aller Auffälligkeiten legte man Dir von Stolpe aus keine Steine in den Weg, sondern förderte Dein Weiterkommen. Dein Zeugnis über das erste Berufsschuljahr enthielt befriedigende und ausreichende Noten. Dein Zeugnis von Karstadt war befriedigend und besser. Das waren Grundvor-

aussetzungen, dass Du vom Arbeitsamt mit Lehrgängen weiter gefördert werden konntest. Deshalb bekamst Du zum 1. 8. 94 einen Anschlusslehrgang in Bernsberg bewilligt.
Wieder viel Hoffnung bei uns.

Zwischendurch, in den Sommerferien unternahm Dietmar mit Dir, Paul, und mit Christian eine Fahrradtour durch Südschweden. Ich blieb mit Markus zu Hause und lernte für meine Klausuren. Außerdem war es auch einmal eine schöne Zeit, mit Markus alleine zu sein, der sonst so wenig von mir hatte.

Sabine, vielleicht hast Du es vergessen, Du machtest in diesem Jahr mit Deiner Gewichtsabnahme so große Fortschritte, einfach enorm. Dazu gehörte eine ungeheure Selbstdisziplin, das weiß ich erst heute! Selbst bei uns zu Hause machtest Du Dir noch Dein Extraessen zurecht, mit weniger Fett.
Du hattest Erfolg!

Richtig flott sahst Du in Deiner neuen Kleiderausstattung aus.

16. Januar 2011

Heute ist ein besonderer Tag.
Zum Sonntagsfrühstück zünde ich mir zwei Kerzen an.

Heute Nacht ist mir nämlich eingefallen, wie ich diese Adoptionsgeschichte zu Ende bringe, auch wenn ich jetzt noch nicht am Ende bin.
Zu viel ist noch zu erzählen.

Auch heute, die erste Nacht seit Oktober ohne Frost. Es regnet. Vom großen Scheunendach fällt der Schnee in kleinen und großen Fetzen herunter. Zusehen kann man dabei vom Schlafzimmerfenster aus. Darunter stehen möchte ich jetzt nicht. Auch vom Wohnhausdach poltert es herunter. Wie gut, dass es draußen hell ist, sonst wäre es mir doch etwas unheimlich.

Ich muss es mir von nahem ansehen gehen.

Direkt vor dem Werkstattseingang liegt ein großer nasser Haufen. Aber das ist noch nicht alles, was sich gelöst hat. Wie gut, dass ich gestern schon die Lebensmittel aus der Gefriertruhe geholt habe, denn allein durch die Erschütterung, die das Öffnen des Werkstatttores mit sich bringen würde, kann der Rest herunter kommen.

Ela sei vorsichtig! Du musst die Risiken nicht suchen.

Der Lehrgang in Bernsberg beim Kolping Bildungswerk stand unter keinem guten Stern. Dir ging es schlecht. Nichts Positives war zu berichten. Mit allen Mitteln legtest Du es darauf an, nicht am Unterricht teilnehmen zu müssen. Auch wenn wir diese Entwicklung geahnt hätten, wäre sie aufzuhalten gewesen?

Es begann wieder mit einem überschäumendem Gefühl von Dir, Paul: „Hier ist alles prima." Alles Neue nahmst Du immer so gerne positiv auf. „Hoffentlich hält die Freude an," waren Dietmars und meine Gedanken.

Ende August schon wurdest Du das erste mal krank und warst eine Woche zu Hause. Mitte September stürztest Du auf der Heimfahrt beim Umsteigen in Neuenhausen und zogst Dir eine Handverletzung zu, das Sehnenbett wurde im Krankenhaus Bernsberg operiert. Am Tage Deiner Entlassung kam eine Magenreizung hinzu. Man behielt Dich im Krankenhaus. Die OP-Wunde heilte nicht, die Vermutung wurde uns mitgeteilt, dass Du selber dafür sorgtest, dass sie sich immer wieder neu entzündete.
Völlig überraschend für Dich, Paul, hat Dich Dietmar am 1. 10. aus dem Krankenhaus abgeholt. Noch neun weitere Tage warst Du krank geschrieben.

Wie sollte das gehen, an einem Lehrgang teilnehmen, der erst 8 Wochen bestand und Du warst schon vier Wochen davon krank gewesen und hattest nicht am Unterricht teilgenommen? Da mussten Lücken entstehen. Auch in eine Klassengemeinschaft konnte man sich schwerer einfinden, wenn man nur wenige Zeit anwesend war. Folglich entstanden allein durch das viele Fehlen Probleme.
Ende Oktober warst Du wieder krank geschrieben. Kamst aber von Düker zu Fuß nach Hause (17 km). Das Fahrgeld für Hin- und Rückfahrt war bereits ausgegeben. Sollte es in Düker wieder in der Spielhölle gelandet sein?

Und immer warst Du nach einigem Leugnen und schließlich doch Zugeben der Unregelmäßigkeit zerknirscht und versuchtest unseren Unmut wieder umzustimmen durch Reue, die Du in Briefen niederschriebst. Jedes Mal war ich geneigt, Deine Botschaften anzunehmen. So wie für Dich alles immer sehr kurzlebig war, galten aber auch diese Reuebriefe nur für kurze Zeit. Dieses Mal sprachst Du Deine Hoffnung aus, die Probleme, mit dem „Geldzusammenhalten" noch zu lernen und nicht immer zu lügen. Du wolltest an Dir arbeiten. Und dann hast Du wohl die Bibel aufgeschlagen und irgend ein Zitat gefunden, das auf die Situation vielleicht passen sollte und dieses Zitat sauber ohne Fehler abgeschrieben:

> *Hebräer 11-12,*
>
> *Der Glaubensweg der Christen.*
> *Darum auch wir, weil wir eine solche Wolke von Zeugen um uns haben, lasst uns ablegen alles, was uns beschwert und die Sünde, die uns ständig umstrickt und lasst uns laufen mit Geduld in Gottes Gnade.*
>
> *Euer Sohn Paul.*

Interessieren würde mich schon, ob Dich an dem Wort etwas angesprochen hatte, was es war oder ob Du überhaupt etwas davon verstanden hattest. Ich weiß heute nicht mehr, ob wir darüber noch reden konnten oder ob der Zettel am Ende Deines Besuches zu Hause nur einfach da lag für uns. Verblüffend war er schon und brachte uns zum Nachdenken, was war wirklich mit Dir los?

Deine guten Vorsätze hielten zehn Tage an. Dann gab es angeblich einen Autounfall mit leichten Verletzungen, aber ohne Zeugen. Diese leichten Verletzungen hätten keiner Krankschreibung bedurft, aber Du warst doch wieder eine ganze Woche krank geschrieben.
Wieder Fehlzeiten. Machte der Lehrgang noch Sinn? Ein Gespräch mit dem Leiter, Herrn Schiller, ergab, dass Dein Aufenthalt gefährdet war. Man glaubte Dir nichts mehr, auch Deine Krankheiten nicht.
Herr Schiller schlug eine psychiatrische Einrichtung vor, um Dir grundlegend für Deinen weiteren Lebensweg zu helfen. Herdecke brachte er ins Gespräch und wollte sich dort für Dich einsetzen.
Nach dem angeblichen Autounfall hast Du offenbar zwei Wochen den Lehrgang besucht.
Dann, am 11. 12. hattest Du wieder einen Unfall. Verdacht auf eine Jochbeinfraktur links. Da sie in Bernsberg nichts feststellen konnten, wurdest Du nach zwei Tagen Krankenhausaufenthalt nach Dortmund in die HNO-Klinik verlegt. Dort wurde alles getan, was diagnostisch möglich war, einschließlich eines CTs. Kein eindeutiger Befund, keine Komplikationen. Du wurdest von Dortmund nach Hause geschickt, am 16. Dezember. Nachmittags gegen 16.00 Uhr solltest Du in Barker ankommen.

Es war auch am 16. Dezember, als uns eine Ärztin aus dem Marienkrankenhaus Seilingen anrief, dass Du etwas verwirrt bei ihnen in der Notaufnahme gelandet seist. Du hattest angegeben, ein Fremder hätte Dir durch den Anorak eine Spritze mit Rauschgift gesetzt und nun sei Dir schlecht. Die diensthabende Ärztin fragte uns, ob noch jemand kommen könne, um Dich abzuholen – es war schon 22.00 Uhr - ansonsten würde sie Dich von der Psychiatrie abholen lassen, in Seilingen könntest Du nicht über Nacht bleiben. Angeblich hattest Du Dich seit 18.00 Uhr in der Notaufnahme befunden. Man habe Dir ein Beruhigungsmittel geben müssen. Dietmar fuhr sofort los und holte Dich dort ab, über eine Stunde Autofahrt für uns. Der Gedanke an eine Aufnahme in einer Psychiatrie war uns trotz aller Vorfälle weiterhin fremd.

Dein Tagesablauf war nicht mehr nachvollziehbar. Ich selbst war an dem Tag in Göttingen zum Studium und kam erst gegen Abend zurück.

Vom Krankenhaus Dortmund berichtetest Du, dass man Dir gesagt habe, Du sollest Dich zu Hause so schnell wie möglich einem HNO-Arzt und einem Augenarzt vorstellen wegen Deines Jochbeinbruches. Einen Bericht für die Ärzte hattest Du aber nicht. Du meintest, es sei eventuell noch eine Operation notwendig. Du klagtest über Doppelbilder. Ich ging mit Dir in Barker noch einmal in die Ambulanz unseres Krankenhauses, auch dort kein krankhafter Befund. Auch unsere Ärzte wollten alles für Dich tun, berieten sich aber mit den Ärzten in Dortmund und warteten dann erst einmal ab, ob Du weitere Beschwerden hattest. Du hattest keine.

Am 20. Dezember 94 hatten wir einen Vorstellungstermin in Herdecke. Herr Schiller, Dein Lehrgangsleiter kam auch dazu, ebenso eine Sozialarbeiterin, die für Dich zuständig war. Die machten sich wirklich Sorgen um Dich, Paul. Für eine stationäre Therapie musste man dort mit einer langen Wartezeit rechnen, drei bis vier Monate sagten sie. Diese Zeit solltest Du nutzen, um Dir über die Ziele solch einer Therapie Gedanken zu machen. Alles solltest Du tagebuchmäßig aufschreiben und dann zur Aufnahme mitbringen.

Der gute Vorsatz war vorhanden. Noch am selben Tag schriebst Du uns erst einmal wieder einen Brief, in dem Du viel von Hoffung schriebst, Hoffnung auf Änderung Deines Verhaltens, aber auch Hoffnung darauf, dass wir Dir weiter Halt geben sollten, Dich nicht aufgeben sollten. Wir gaben Dich nicht auf, aber wir wussten auch nicht mehr, wie wir Dir tatsächlich helfen konnten.

Eine Krankschreibung hattest Du vom Krankenhaus Bernsberg noch bis zum 23. 12. 94, dem Weihnachtsferienbeginn. Nach Bernsberg brauchten wir Dich in diesem Jahr nicht mehr zu schicken. Erst am 2. 1. 1995 sollte Dein Lehrgang, Paul, weiter gehen.

1995

Tablettensucht?, Psychiatrie Waberstein und Radeborn, Christian fliegt nach Amerika und in Schweden wird ein Haus gekauft

Das neue Jahr fing genau so an, wie das alte aufgehört hatte. Immer mehr Hilferufe kamen von Dir,: „Befreit mich von dem Lehrgang, ich kann nicht mehr!" sollte es wohl heißen, aber so konntest Du es nicht sagen, sondern wir erfuhren immer nur von sonderbarem Verhalten von Dir.
Herr Schiller rief uns an, er habe Dich auf dem Dortmunder Bahnhof gesehen zu einer Zeit, zu der Du eigentlich in Bernsberg sein solltest
Am 12. 1. warst Du wieder im Bernsberger Krankenhaus, angeblich wegen einer Tablettenvergiftung. Dein Magen war nicht in Ordnung und Du hattest wieder einen Bluterguss am linken Knie.
Auch Dein Verhalten im Krankenhaus war eigenartig. Der Arzt rief uns an und bat uns, Dich abzuholen. Nebenbei machte er uns auf weitere anderweitige Verletzungen aufmerksam. Es war Dir gar nicht recht, dass wir Dich mit nach Hause nahmen, aber die Entlassung war mit dem Stationsarzt verabredet.
Zu Hause klagtest Du weiter über Magenbeschwerden, aber der Vertretungsarzt gab Dir nur ein Medikament und keine weitere Krankschreibung, die Du gerne haben wolltest. Daraufhin fielst Du wieder hin, wieder auf Dein linkes Knie, was Dir eine Krankschreibung bis zum 30. Januar einbrachte.
Kaum warst Du wieder in Bernsberg, musstest Du Dir etwas Neues einfallen lassen,
um auf Deine innere Not aufmerksam zu machen. Du gingst zu Deinem Schulleiter und sagtest, Dir ginge es nicht gut, Du seist tablettensüchtig und littest unter Entzugserscheinungen. Herr Schiller fuhr mit Dir prompt nach Waberstein in die Psychiatrie zu einer Entzugsbehandlung.

Du gabst dort an, Du hättest nicht nur wahllos Tabletten eingenommen, sondern auch kontinuierlich Haschisch geraucht und Amphetamine zu Dir genommen. Du erzähltest außerdem, dass Du seit Deinem 13. Lebensjahr Alkohol missbrauchtest. Auch Heroin habest Du geschnieft, Kox genommen und LSD und Ecstasy würdest Du Dir immer noch täglich reinziehen.

Zwei Wochen lang hattest Du dann eine Entzugsbehandlung mit Entgiftung in allen Variationen durchzustehen und tatsächlich durchlebt, sogar nach außen hin schwer gelitten mit Schweißausbrüchen und angeblichen Schmerzen.

Sofort nach Deiner Aufnahme hatte man bei Dir alle Laboruntersuchungen gemacht, die möglich waren und keinerlei Hinweise für irgend eine Sucht der von Dir genannten Stoffe noch für irgend einen weiteren Missbrauch feststellen können. Trotzdem bestandest Du weiterhin auf der Entgiftungsmaßnahme.

Deine Ärztin hatte mich angerufen und mir mitgeteilt, dass sie so etwas noch nicht erlebt hatte. Dich hatte sie natürlich auch darauf hingewiesen, dass Du keine Drogen jeglicher Art genommen haben könntest. Deine Wahrnehmungen deuteten auf ein anderes Krankheitsbild hin, das man auf einer anderen Station besser behandeln könnte. Dazu warst Du nur sehr zögerlich bereit und wolltest Dir die Station erst ansehen. Das hatte die Ärztin Dir gewährt. Aber nach der Besichtigung drängtest Du darauf, auf eignen Wunsch entlassen zu werden und fuhrst wieder nach Bernsberg.
.
Es dauerte gar nicht lange, dann wurde Dir wieder schlecht im Unterricht. Der Schulleiter brachte Dich kurzerhand wieder in die Klinik nach Waberstein, dieses Mal gleich auf die richtige Station, die für Deine Diagnose die geeignete war:
„Frühe schwere Persönlichkeitsentwicklungsstörung und Verdacht auf eine beginnende Psychose aus dem schizophrenen Formenkreis." wurde uns mitgeteilt.
Telefonisch wurden wir davon unterrichtet, dass Du nun dort aufgenommen seist. Und wir fuhren Dich besuchen.
Dich auf der Beobachtungsstation unter starken Medikamenten so benommen zu erleben, war fürchterlich. Aber offenbar stellte man die Leute damals in der Art erst einmal ruhig, um dann weiter zu sehen, welche Medikation die richtige für den Patienten war.

Allmählich nisteten sich bei mir die allergrößten Sorgen ein. Du warst also psychisch krank. Alle Hoffnung, die wir in eine einfache Berufsausbildung für Dich gesetzt hatten, Paul, gingen verloren. Wie sollte nun Dein Leben aussehen? Wie solltest Du jemals ohne uns leben können? Existenzsorgen waren das.

Sicher gab es Betriebe, die psychisch kranke Menschen einstellten. Davon hatte ich gehört, aber Du hattest ja noch nicht einmal eine Ausbildung, die Dich befähigen würde, zu arbeiten.
Es waren Panikgefühle, die sich bei mir breit machten. Sollten wir Dich Dein ganzes Leben weiterhin finanziell unterhalten? Das ginge nur in einem

gemeinsamen Haushalt, aber was solltest Du in Husthausen arbeiten können? Auf einem der Bauernhöfe? Das wäre noch am ehesten eine Möglichkeit gewesen.
Um überhaupt eine Vorstellung davon zu bekommen, ob es für psychisch kranke Menschen irgend eine finanzielle Unterstützung geben würde, fuhr ich zum Sozialamt nach Düker und fragte nach der rechtlichen Grundlage. Verschlossenheit und keine vernünftige Auskunft war das Ergebnis meiner Nachfrage. Als wenn die Leute das Geld, das sie verwalten, aus der eigenen Tasche bereit halten müssten.

Noch innerlich angeschlagen von der unfassbaren Diagnose, konnte ich mit solchen Auskünften, die keine waren, nicht umgehen. Ich weinte bitterlich. Wird man denn in unserem Staat mit allem allein gelassen?

Hatten wir nicht dem Staat schon enorme Kosten erspart, in dem wir ein Kind adoptiert hatten, das sonst nur in einem sonderpädagogischen Heim hätte aufwachsen können, mit enormen Unterbringungskosten? Sollten wir für diese „Tat" ein Leben lang bezahlen?

In Radeborn lief gerade ein Prozess von Eltern, die ihr Haus verkaufen sollten, um die Unterbringung ihres behinderten Kindes zu finanzieren. Sollte das auch unser Schicksal sein?
Verzweiflung machte sich wieder breit.

Aber neben diesen Existenzsorgen um Dich hatte Deine Erkrankung auch eine gute Seite.

Eine psychische Erkrankung war eine Krankheit. Man konnte sie benennen. Dein Hirnstoffwechsel war durcheinander. So wie bei anderen bei einer Zuckerkrankheit der Insulinstoffwechsel nicht mehr richtig funktionierte, funktionierte bei Dir der Hirnstoffwechsel nicht richtig. Deshalb bekamst Du Verfolgungsängste, deshalb konntest Du Dich in Krankheiten, die Du gar nicht hattest, so hineinsteigern, dass Du selber an diese Krankheit geglaubt hattest, deshalb warst Du nicht mehr in der Lage, an einem normalen Leben teilzunehmen, deshalb wolltest Du Dich nicht mehr an andere Menschen anpassen, deshalb erreichten wir Deine Gefühle nicht mehr, deshalb spürtest Du Deinen Körper nicht und fügtest Dir Schmerzen zu, deshalb brauchtest Du mehr Aufmerksamkeit, als andere und noch vieles mehr ließ sich psychiatrisch erklären. Wieso konntest Du Deine Impulse nicht steuern? Gehörte diese Störung auch in Dein Krankheitsbild?

Alles konnte anlagemäßig seit je her in Dir vorhanden sein und/oder durch frühe Kindheitserlebnisse, wie Verwahrlosung und Misshandlung gefördert worden sein. Beeinflussen konnte man das heute nur durch Medikamente, durch sogenannte Neuroleptika.

Dafür war ich als Adoptivmutter nicht mehr zuständig! Ich brauchte nicht mehr nach Ursachen zu suchen, die in meiner großen Familie oder bei mir lagen. Ich konnte mich entlasten und die Verantwortung in andere Hände legen, in die Hände von Fachleuten, die etwas von Hirnstoffwechselstörungen verstanden, in die Hände von Psychiatern.
Entsprechende Botenstoffe, sogenannte Neurotransmitter, waren zu viel oder zu wenig bei Dir vorhanden. Durch Beobachtung Tag und Nacht, stationär in der Klinik, konnte man feststellen, welchen Botenstoff Du brauchtest, um mit anderen Menschen zusammen leben zu können. Dafür brauchte es Zeit. Zeit in einer Klinik.

Deine Fähigkeit, ich sprach am Anfang von einer besonderen Gabe, die auch gefährlich sein könnte, nämlich Dich in die Gedanken anderer hinein versetzen zu können, fällt auch in diesen Bereich, sie kann krank machen. Sie wird auch zu Deiner Krankheit beigetragen haben.
Oder hattest Du vielleicht Angst davor, so wie Deine leiblichen Eltern süchtig zu werden? Vielleicht machte diese Angst Dich wahnsinnig?
Wir wissen es nicht, was letztendlich das psychotische Verhalten ausgelöst hatte.

Aber wir, alle Mitglieder unserer Familie, konnten sich jetzt sagen: Wir haben zwar alle Unzulänglichkeiten, so wie jeder Mensch Unzulänglichkeiten hat und mit sich herumträgt, aber Dietmar hat Dir alles gegeben, was er konnte, ich habe Dir alles gegeben, was ich konnte und Deine Geschwister haben Dir alles gegeben, was sie konnten. Auch die Omas haben Dich unterstützt innerhalb ihrer Kräfte. Mehr war nicht möglich gewesen. Gegen eine Hirnstoffwechselstörung konnten wir als medizinische Laien nicht ankämpfen, genau so, wie wir gegen eine Zuckerkrankheit nicht ohne fachliche Hilfe hätten ankämpfen können.

Das war die positive Seite Deiner psychischen Erkrankung. Es gab Erklärungen für Dein sonderbares Verhalten und neue Wege.
Das sollte nicht heißen, dass wir Dich jetzt fallen lassen wollten in der Familie. Im Gegenteil, wir standen wie früher zu Dir, um Dir Halt zu geben und da zu sein, wenn Du uns brauchtest.

Das Wissen um solch eine Krankheit bedeutet auch nicht, sich als Betroffener ganz der Krankheit hinzugeben, diese Hirnstoffwechselstörung erforderte genauso von Dir Mitwirkung und Mithilfe, um wieder gesund zu werden.

Jetzt würde man nach anderen Lösungen für Deine Probleme suchen müssen, Lösungen, die zwar noch nicht sichtbar waren, da zu diesem Zeitpunkt, dem Anfang Deines Psychiatrieaufenthaltes, das Ausmaß und die Besonderheiten Deiner Erkrankung noch nicht zu erkennen waren.

18. Januar 2011

An manchen Tagen kann ich es kaum erwarten, weiter zu schreiben. So auch heute, trübe ist es draußen und feucht. Obwohl wir ein Grad plus haben, liegt ein winziger Hauch von Neuschnee auf den Wegen.
Drinnen will der Ofen nicht richtig ziehen.

Holz muss geholt werden, sechs Eimer, das bedeutet drei Wege zum Holzschuppen. Dietmar braucht weniger, bei ihm reichen vier Eimer, aber die sind schwerer und voller gepackt als meine. Ich gehe dafür öfter meinen täglichen Weg.

Und möglichst soll kein Weg umsonst gegangen werden. Auf dem Weg zum Holzschuppen werden noch Zweige mitgenommen, die noch gesägt werden, für den nächsten Winter oder den übernächsten?

Auf jedem Schritt arbeitet es in mir, fallen mir Gedanken und Formulierungen ein. Bloß nicht vergessen....

Der Klinikaufenthalt bedeutete auch Ruhe, Ruhe für Dich Paul, aber auch Ruhe für uns. Die Gefühle der Verzweiflung sacken lassen und tief durchatmen, neue Kräfte schöpfen, das war unsere Devise.
Es gab Lösungen, wir haben sie nur nicht gleich gesehen.

Waberstein hatte verschiedene Werkstätten, in denen Du Dich ausprobieren können solltest. Außerdem gab es einen Bauernhof, auch das war eine vorübergehende Perspektive. Von einer Wohngruppe wurde gesprochen, betreutes Wohnen über zwei Jahre, um dann in die Selbständigkeit entlassen zu werden. Also doch Lösungen? Es klang sehr beruhigend für uns.

Aber was war jetzt mit Deiner Eigenverantwortung. Du warst auf dem Papier erwachsen, Du konntest reden, wie ein Erwachsener, aber Du konntest leider erst soweit logisch denken, wie ein Elfjähriger.
Das Leben ist in solch einem Alter noch nicht zu überblicken. Mit elf Jahren fühlt man sich stark, glaubt, die Welt gehöre einem selbst und ist noch nicht in der Lage, Dinge zu hinterfragen, die es notwendig wären.
Konntest Du Deine Gesundheitsprobleme überblicken? Konntest Du Deine Finanzen selbst in die Hand nehmen, Dein Geld zum Leben Dir selbst einteilen? Noch bekamst Du in der Klinik wöchentlich 20,- DM Taschengeld zugeteilt. Wir mussten es an die Verwaltung überweisen und Dein zuständiger Betreuer zahlte es Dir aus. Für Zigaretten und Kleinkram musste es reichen.
Wie war es mit der Aufenthaltsbestimmung? Würdest Du dort bleiben, wo man Dir auch helfen konnte, oder würdest Du Dir wieder eigene Wege suchen, die Deiner Genesung und Deiner Weiterentwicklung hinderlich sein könnten?
Das waren die Fragen, die uns bewegten. Wir besprachen diese Fragen mit Dir. Einer Betreuung in diesen Punkten stimmtest Du zu, wobei zunächst offen blieb, wer Deine Betreuung übernehmen sollte, wir als Eltern oder ein vom Gericht bestellter Sozialarbeiter.

Leider zogst Du Deine Einwilligung dazu bei unserem nächsten Besuch wieder zurück. Auch erhielten wir seit dem Zeitpunkt bis heute keinerlei Auskunft mehr über Deinen Krankheits- und Genesungsverlauf. Mit wem hattest Du gesprochen? Wer hatte Dir Misstrauen uns gegenüber geäußert? Das können keine Ärzte oder Sozialarbeiter gewesen sein, die wussten, wie lebensnotwendig solch eine Betreuung unter Umständen sein konnte. Das können nur Mitpatienten gewesen sein, die ebenfalls psychisch krank waren, die glaubten, alle Menschen, die nicht in einer Klinik lebten, seien schlecht, gemein, falsch, niemandem könne man trauen, nur den eigenen

Gedanken und Wahrnehmungen. Deshalb könne man sich nur auf sich selbst verlassen, war die Devise; schon gar nicht auf die Eltern, in deren Augen man nie erwachsen wurde! Was war es nicht noch alles, was Du nun aufnahmst durch andere Kranke, denen auch der Hirnstoffwechsel durcheinander geraten war.

„Alle Menschen sind psychisch krank, nur wir in der Klinik nicht," kam es einmal in dieser Zeit aus Deinem Mund zu uns herüber.

Du konntest in Waberstein nicht bleiben, vielleicht aus Kostengründen? Radeborn sei zuständig für Dich, hieß es und ohne uns vorher darüber zu informieren, wurdest Du in die psychiatrische Klinik nach Radeborn verlegt. Auch dort war von Langzeittherapie die Rede und wir waren froh, Dich dort gut aufgehoben zu wissen.

Dietmar teilte Deine psychische Erkrankung dem Versorgungsamt mit, die erbaten sich Berichte von den jeweiligen Krankenhäusern, und von der Zeit an hattest Du wegen Deiner Hirnleistungsschwäche und Deiner psychischen = seelischen Erkrankung eine Behinderung von 100 %. Das bedeutete aber auch, so lange die psychische Erkrankung anhielt, dass Du auf dem ersten Arbeitsmarkt nicht arbeiten konntest. Kein Chef würde Dich einstellen. Aber wir wussten inzwischen, dass es neben einem betreuten Wohnen auch beschützende Arbeitsplätze gab, in besonderen Werkstätten oder in der freien Wirtschaft. Das waren Aussichten für Dich.

Zu Hause in Husthausen, lief das Leben weiter. Christian bereitete sich inzwischen ganz intensiv auf seinen Amerikaaufenthalt vor. Er war vom AFS, einer Austauschorganisation mit sehr guten Erfahrungen und guter Betreuung vor Ort, für geeignet und tauglich befunden worden, solch ein Jahr zu bewältigen.

Und Dietmar war gefangen von dem Gedanken eines Häuschens in Schweden. In den Osterferien nahm er Christian mit in dieses schöne Land. Sie besahen sich 16 Häuser in Smaland, Südschweden, die ihnen Makler angeboten hatten, und die preislich noch im Rahmen unserer Möglichkeiten lagen.

Dieses hier, in dem ich heute sitze und schreibe, ist es geworden! Viel könnte man über den Beginn hier schreiben, aber das überschreitet den Rahmen meiner Erzählungen. Meine Zwischenberichte können nur einen kleinen Eindruck hinterlassen.

Ich musste zu Hause bleiben. „Scheine" machen für das Vordiplom, die im Studium gefordert wurden.
Im Mai kam eine Gallenoperation mit Komplikationen bei mir dazwischen. Auch eine Kur wurde mir noch bewilligt. Das Studium und die ersten Vordiplomprüfungen mussten jetzt auch zurückstehen.
Wie beruhigend war es, Paul nicht nur gut versorgt zu wissen, sondern auch in guten Händen, die einer Lösung seiner Wohn- und Arbeitssituation entgegen strebten.

Bald warst Du, Paul, in die Reha-Abteilung der Klinik in Radeborn aufgenommen. Werkstätten konntest Du dort besuchen und in der Weberei hast Du Dich besonders gut gemacht. Mit vielen Teppichen und Läufern hast Du uns bis Ende des Jahres versorgt. Zum größten Teil zieren sie hier unser Häuschen in Schweden noch immer, so gut waren sie verarbeitet. Aber auch in Gerstmar liegt heute noch einer und die Oma bekam auch einen handgewebten Teppich von Dir.

Alle 14 Tage konntest Du nach Hause kommen und dank Deiner Medikamente ging es Dir von Monat zu Monat besser.

Christian fuhr am 8. August für ein Jahr nach Amerika. Nun hatten wir für dieses Jahr nur noch ein Kind zu Hause, nämlich Markus. Markus war schon sehr selbständig, lernte nicht nur das vorbereitete Essen warm zu machen, sondern auch die ersten Anfänge des Kochens, weil ich nicht mehr regelmäßig zur Verfügung stand.

Am 14. August war hier in Barydet Hausübergabe. Ich hatte wegen meiner Erkrankung Haus und Grundstück vorher nicht gesehen. Sabine, Du warst noch einmal mitgefahren, um mit Dietmar vor Ort für die Übergabe alles vorzubereiten.
Mein erster Gedanke war hier im August: „Hier wirst Du wieder richtig gesund, Ela." So war es auch, trotz enormer Putz- und Aufräumarbeiten und Malerarbeiten, die sofort notwendig wurden. Die Ruhe und die Schönheit der Natur machten mich glücklich und zufrieden. Was hatten wir hier doch für Möglichkeiten, ein alternatives Leben zu führen, wenigstens im Urlaub. Denn das Anwesen aus dem Jahre 1680 bestand nicht nur aus einem Wohnhaus, sondern aus vielen kleinen „Nebengebäuden", verstreut auf einem damals noch 5.000 Quadratmeter großen Grundstück. Später erst haben wir das umliegende Gelände durch Ankauf von weiteren historischen Flächen auf 2 ha vergrößern können.

Gegen Ende des Jahres 95 wurden immer mehr Gespräche zum Einzug in eine betreute Wohngruppe für Dich, Paul, geführt. Unter diesem Gesichtspunkt sollte es möglich sein, Dich nicht nur zu Weihnachten zu Hause zu haben, sondern Dich über den Jahreswechsel mit nach Schweden nehmen zu können. Solch eine Beurlaubung war aber innerhalb des Klinikaufenthaltes nicht vorgesehen. Du musstest dazu vorher entlassen werden, und darauf drang Dietmar in Radeborn. Also konntest Du unser neues Feriendomizil im hohen Norden besichtigen. Ich glaube heute, es hatte Dir damals genau so gefallen, wie allen anderen Familienmitgliedern, die einmal hier gewesen waren. Die Ruhe und die Natur waren einfach überwältigend und ließen sicher auch bei Dir alle Sorgen, Nöte und die damit verbundenen Spannungen abfallen.

1996

Betreutes Wohnen, Mani, eine Eigentumswohnung und der Tod von unserem Opa

Obwohl Du nun erst einmal wieder bei uns in Husthausen lebtest, Paul, hieltest Du weiterhin Kontakt nach Radeborn, damit die Sozialarbeiter, die Dir eine Eingliederung über ein betreutes Wohnen versprochen hatten, Dich nicht vergessen sollten. Nebenbei halfst Du zeitweise beim Bauern Finke in Husthausen aus.
Mitte März war es dann so weit. Am 13. März konntest Du in ein Rehabilitationshaus in Radeborn einziehen.
Ein weiterer Schritt in die richtige Richtung.

In diesem Rehabilitationshaus lerntest Du Deine spätere Frau, Manuela, kennen. Jedenfalls fand ich in meinen Unterlagen ein kleines Briefchen von Dir und Mani, das Ihr bei Dietmar im Büro in Barker hinterlassen hattet und in dem Ihr um Rückruf batet. Ein Herzchen war auch schon darauf gemalt....
Das Briefchen war datiert vom 16. 4. 96.
Eigenartiger Weise erhielten wir mit Datum vom 17. 4. einen Brief von Dir, in dem Du uns mitteiltest, dass Du keinen Kontakt mehr mit uns möchtest. Ein Brief, den Du nur selber abgeschrieben hattest. Jemand, der ausgezeichnet in Rechtschreibung und Stil Briefe schreiben konnte, hatte ihn Dir vorgeschrieben. Das war eigenartig. Als dieser Brief in unseren Händen war, hatten wir von anderer Seite schon erfahren, dass Du wieder in der Klinik warst. Du hattest Dich auf eigenen Wunsch dort hin begeben, da es immer wieder Zeiten gegeben hatte, in denen es Dir sehr schlecht gegangen war. Manchmal war dann eine Kontaktunterbrechung zu den Eltern sinnvoll, manchmal auch nicht. Da zwischen uns kein benennbares Spannungsfeld lag, es keinen Ärger in der letzten Zeit gegeben hatte, und da wir glaubten, dass der Brief eine Beeinflussung von jemand war, der unser Verhältnis nicht kannte (vielleicht Mani?), meinten wir, Dich doch in der Klinik besuchen zu sollen.
Du standest wieder unter starken Beruhigungsmitteln, bzw. unter hoch dosierten Neuroleptika. Dementsprechend müde und schwerfällig wirktest Du in Deinen Bewegungen und Äußerungen. Die Ärzte hatten nichts gegen einen Besuch, und wir hatten von Dir den Eindruck, dass Du Dich freutest und es Dir half, die ersten schweren Tage und Wochen in der Klinik zu überstehen.

Was der Anlass gewesen war, für diesen Klinikaufenthalt, haben wir nicht direkt erfahren können, erinnerten uns aber auch daran, dass Du unter der Medikation zu Hause einmal einen Zettel geschrieben hattest, auf dem Du uns mitteiltest, dass Du keinen Lebenssinn mehr sehest und Du am liebsten sterben wolltest. Vielleicht hatte Dich die bisherige Medikation zu depressiv gemacht?
Sicher war es gut, die Medikamente zu überprüfen und Dich gegebenenfalls neu einzustellen.

Im August warst Du wieder im Rehabilitationshaus und von dort besuchtest Du uns, so wie es Dir und uns passte immer wieder in Husthausen. Frau Ulla Kaufmann hatte die freiwillige Betreuung für Dich übernommen und half Dir weiterhin, Dich im Leben zu Recht zu finden.
Eine große Sorge war von uns genommen. Du gingest Deinen Weg ohne uns, holtest Dir von Fachleuten Hilfe und wolltest das von nun an weiter tun. Du wurdest in diesem Jahr 23 Jahre alt. In dem Alter möchte man nicht mehr von den Eltern abhängig sein.

Sabine, Du vollzogst im Oktober 1996 einen sehr großen Schritt in die weitere Selbständigkeit. Du kauftest Dir in Heppe eine Eigentumswohnung, keine zehn Minuten vom Krankenhaus entfernt, in dem Du arbeitetest. Deine Wirtsleute in Sachthagen waren Dir unheimlich geworden, weil sie während Deiner Abwesenheit in Deine Wohnung gegangen waren. Wir halfen alle mit beim Umzug und freuten uns mit Dir über diese Errungenschaft.

Am 25. 10 feierten wir noch gemeinsam mit meinem Vater den 80. Geburtstag meiner Mutter in Timmendorfer Strand. Dort waren beide im Frühjahr in ein Wohnstift gezogen.
Das Nachbarhaus, in dem sie in Husthausen bisher gewohnt hatten, war inzwischen verkauft worden.

Am 14. 11. starb mein Vater nach einer Darmkrebsoperation im Krankenhaus in Neustadt an der Ostsee.
Das war ein prägender Einschnitt auch für mein Leben. Mit meinem Vater habe ich noch lange innerlich gehadert, konnte er doch meinen jetzt eingeschlagenen eigenen Lebensweg nicht akzeptieren. Psychologie studierten nur Verrückte. Er schämte sich dafür und wollte von meinem Studium nichts wissen.

Kurz vor seinem Tod schaffte ich die letzte und schwerste Vordiplomprüfung. Gerne hätte ich meine Freude und meinen Stolz darüber mit ihm geteilt.

Erst lange nach seinem Tod konnte ich ihm seine Einstellung dazu verzeihen, als ich akzeptieren und annehmen konnte, dass Ansichten – und seien es Vorurteile – auch in die jeweiligen Lebenszeiten der Menschen gehören, in denen sie aufgewachsen sind und ihr Leben gestaltet haben.

Paul, Deine Freundschaft mit Manuela hielt an. Ende des Jahres 1996 habt Ihr beschlossen, zusammen zu ziehen. Im August 1997 habt Ihr geheiratet.

Wir lernten Mani kennen, als eine intelligente Frau, die Dich sehr in ihr Herz geschlossen hatte. Auch sie hatte ein schweres Schicksal hinter sich, einen längeren Psychiatrieaufenthalt durchgestanden und vieles aus ihrer schweren Kindheit noch aufzuarbeiten. Du warst der unternehmungslustigere von Euch, sie konnte in ihrer teilweise bestehenden Kindlichkeit ganz auf Dich eingehen. Wir mochten Manuela von Anfang an und nahmen sie als erste Schwiegertochter, wie alle unsere Kinder, so an, wie sie war.

Glücklich waren wir mit Dir, dass Du eine Partnerin gefunden hattest, die zu Dir passte. Beide zusammen würdet Ihr Euer gemeinsames Leben meistern, davon ging ich aus. Mani konnte das ausgleichen, was bei Dir an schulischen Fähigkeiten fehlte. Du schienst der fröhlichere Mensch zu sein, der durch seine Lebhaftigkeit Manuela aus ihrer Trübsal herausholen konnte. Und dann wollten wir Euch zur Seite stehen, wann immer Ihr uns brauchen solltet.

Ein neues Leben in Eigenständigkeit konnte beginnen.

19. Januar 2011

Erika Sabine, Du hast heute Geburtstag. 40 Jahre bist Du geworden.
Ein halbes Leben, wenn man die ungefähre Durchschnittslebenserwartung der Frauen in Deutschland zugrunde legt.

Herzlichen Glückwunsch,
Du bist ein wunderbarer Mensch geworden! Bleibe so, wie Du bist, habe ich Dir heute morgen gesagt, und das meine ich auch so.

1997 bis heute

Erika Sabine

Erika Sabine, Dein Weg bis heute war nicht einfach. Früh konnte ich Dir zwar selbst die Verantwortung dafür überlassen. Du hattest eine abgeschlossene Berufsausbildung und Deine Wohnsituation völlig selbständig gestaltet. Auch wenn Du für Dich selber sorgen konntest, waren noch viele Fragen offen geblieben.
Zwei Fragen standen wohl sehr lange im Raum: „Wer bin ich?" und „Warum bin ich weggegeben worden?" Deine leibliche Mutter Barbara hattest Du noch des öfteren besucht. Konnte sie Dir Antwort geben?

Ich glaube, die Frage, warum sie Dich weggegeben hatte, konnte im großen und ganzen geklärt werden. Barbara konnte zu dem Zeitpunkt nicht für Dich sorgen und tat das beste, was sie damals tun konnte. Sie gab Dich frei. So ein Schritt ist der schwerste, den eine Mutter tun kann. Als wir Kontakt mit ihr aufgenommen hatten, da war das erste, was sie am Telefon sagte. „Auf den Moment habe ich immer gewartet." Sie war nicht herzlos, nein, nur hilflos gewesen.

Konnte sie Dir aber Antwort geben auf die Frage, wer Du warst? Das war schon schwieriger. Du warst wie alle Kinder von beiden, Mutter und Vater, ein Mischung. Beide Familien hatten Dir ihr Erbgut hinterlassen über Barbara Heilsberg und Fritz Wilke, Deinem Erzeuger. Auch wenn er nicht für Dich einstehen wollte, offenbar Angst davor hatte, Dich kennen zu lernen, Fritz hatte Dir ebenso viel Erbgut hinterlassen wie Barbara.

Hast Du Dich in Barbara wieder gefunden? Sicherlich in manchen Dingen, aber reichte das aus? Du warst auch wieder anders als sie. War das alles von Deinem Erzeuger gekommen? Welche Rolle spielten die Großmütter, die Urgroßmütter, die weiteren Verwandten, und dann die Adoptiveltern, die Adoptivgeschwister? Sie hatten alle in Deinem Leben eine Rolle gespielt. Welchen Einfluss hatten sie auf Dich genommen? Hatten sie Dich in eine Ecke gedrängt, in der Du gar nicht sein wolltest? Oder hatten sie Deine Persönlichkeit erkannt, Deine Fähigkeiten entdeckt und entsprechend gefördert? Oder hatten sie Dich überfordert, ja sogar gehemmt in Deiner Entwicklung?

Fragen, die Dir kein anderer beantworten konnte, als nur Du selbst. Aber Fragen, die Dich durcheinander gebracht haben müssen.

Und so wie Du alles, was Dich betraf, immer selbst in die Hand genommen hattest – ich denke an die Hausaufgaben, die Du mit allen Fehlern selbständig alleine erledigen wolltest – machtest Du selbständig einen Schnitt, einen Trennungsschnitt. Einen Trennungsschnitt zu uns, Deiner Adoptivfamilie und deren Verwandten, einen Trennungsschnitt zu Deiner Herkunftsfamilie, einen Trennungsschnitt zu Deinen Schulfreunden und Bekannten und vielleicht noch zu vielen mehr, von denen ich nichts wusste.

Du wolltest allein mit Deinen Schwierigkeiten fertig werden, sie alleine bearbeiten. Jeder von den Genannten zog Dich wieder in eine Richtung und beeinflusste Dein Denken. Diese Beeinflussung wolltest Du nicht mehr ertragen.
Selbstentscheidung und Selbstfindung war jetzt Dein Weg.

Weiterhin standen immer noch viele, andere Fragen im Raum: „Was war mit mir passiert?" verbunden mit: „Warum konnte ich keine Kontakte zu jungen Männern eingehen?" „Was war mit dem Verdacht, den meine Adoptivmutter geäußert hatte?" „Bin ich als kleines Kind missbraucht worden?" „ Was hat derjenige mit mir gemacht?" „ Wer war es?"
Diese Fragen wühlten in Dir und hemmten Dich, Beziehungen einzugehen.

Es konnte Dir keiner Deiner Dich bis dahin begleitenden Menschen dabei helfen. Woher sollten sie wissen, wie es in Dir aussah? Da musstest Du alleine ran, alleine mit Fachleuten, die vorsichtig genug waren, Dich in kleinen Schritten aus dieser Dunkelheit heraus zu führen, ohne dass Dich das Licht überwältigte, Dich blendete und Dich unfähig machte, für Dich weiter selbständig zu sorgen. Dein selbständiges Leben durfte nicht wieder durch zu überwältigende Antworten auf diese Fragen aus der Hand gegeben werden.

Vielleicht waren noch viel mehr Fragen offen, als ich sie mir vorstellen konnte. Auch wir beide haderten manchmal miteinander. Kleine Auseinandersetzungen wurden auch meinerseits häufig nicht wieder beglichen. Manchmal tat mir hinterher ein harsches Wort an Dich leid, aber Du warst schon wieder fort. Manchmal habe ich Dich auch überfordert mit meinen Sorgen, weil ich Dich inzwischen als erwachsene gleichberechtigte Partnerin ansah. Darüber habe ich noch lange nachdenken müssen.

Du unternahmst also diesen Trennungsschnitt. Du wünschtest keinen Kontakt mehr, bis Du ihn selber wieder aufnehmen wolltest.
Das tat weh.
Und es gab keine Möglichkeit mehr, eventuelle Missverständnisse aus dem Weg zu räumen, es gab keine Aussprachemöglichkeiten mehr, auch brieflich konnten wir Dich nicht mehr erreichen, die Post kam einfach zurück.
Das schmeckte bitter.

Und der Schnitt hinterließ eine tiefe Wunde. Es kamen Zeiten, an denen ich am Sinn der Adoption eines Kindes gezweifelt habe. Waren die Kraft und die Liebe, die wir in diese Aufgabe gesteckt hatten, sinnlos gewesen? Niemals hatten wir für dieses Unternehmen irgendwann Geld bekommen, wir hatten gedacht, wir hätten einfach Kraft und Liebe übrig, die wir weiter geben wollten, auch an Dich.

„Glaubtest Du, so wenig in unsere Familie zu passen?" war meine Frage an Dich. Das konnte sein, aber durch unsere gemeinsame Zeit waren wir doch miteinander verwachsen. Konnte man nicht auch eine Trennung vollziehen, und es bei einer jährlichen Weihnachtskarte belassen? Einer Karte, die aussagte, „Hallo, ich lebe noch, und es geht mir gut." Aber vielleicht ging es Dir gar nicht so gut?

Manchmal habe ich auch daran gezweifelt, ob es wirklich Dein eigener Wille war, ob Du es warst, die diese Trennung von heute auf morgen wollte.

Auch wenn Du diese Beziehung zu uns nicht mehr aufrecht erhieltst, zu jeder Beziehung gehören mindestens zwei. Und bei mir ließest Du Dich nicht einfach ausradieren. Du warst da, in meinem Herzen, und Du konntest mir nicht verbieten, an Dich zu denken.

Die Schnittwunde hörte eines Tages auf, weh zu tun, wenn mich andere nach Dir gefragt hatten. Ich hatte es akzeptiert. Aber sie hinterließ eine Narbe. Eine Narbe, die mich immer daran erinnerte, dass Du noch da warst. Auch immer daran erinnerte, dass Du Dich eines Tages wieder melden würdest. Daran hatte ich fest geglaubt, im Stillen gehofft, es noch selber zu erleben.

Du nahmst Deinen alten Namen wieder an, Erika Heilsberg, so wie Deine leibliche Großmutter genannt wurde. Verstehen konnte ich das, hatte es doch irgendwie mit Deiner Identität etwas zu tun. Aber als Deine jahrelange

Adoptivmutter tat es doch ein wenig weh. Es schien für mich, als wenn Du alles abschütteln würdest, was einmal gewesen war, die Zugehörigkeit zu uns, auch die Liebe und die Zuwendung, die wir Dir gegeben hatten.
Das waren meine ersten Gedanken dazu.
Doch Liebe und Zuwendung müssen sich nicht über Namen ausdrücken. Wenn Du geheiratet hättest, wäre der Name „Beater" sowieso abgelegt worden, dachte ich.
Und Erika war Dein erster Vorname. Sabine behieltest Du sogar, warum solltest Du Dich nicht so nennen dürfen? In unserer Familie war es schon gang und gäbe, dass innerhalb der Vornamen die Rufnamen geändert wurden.

Und noch etwas nahm mir mit der Zeit die Narbenbeschwerden. Die Weihnachtsbriefe kamen nicht zurück, die ich Dir geschickt hatte. Hattest Du sie gelesen, oder waren sie gleich in den Papierkorb gewandert? Egal, böse konntest Du mit uns nicht mehr sein, sonst wären sie unter Protest zurück gekommen.
Als wir Dich baten, den Hausschlüssel von Husthausen zurück zu schicken, lag auch eine freundliche Karte dabei.

„Bitte lasst mir noch ein wenig Zeit."

erinnere ich mich, schriebst Du damals. Das hieß, Du wirst Dich wieder melden! Auch den Schlüssel für unser Schwedenhäuschen hattest Du noch, war das noch eine Verbindung mit uns, die Du wieder aufgreifen konntest? Oder hattest Du ihn schlicht und einfach vergessen?
Und ein Sparbuch von Dir lag noch in unserem Safe.

Egal, meine Hoffnung brauchte ich nicht aufzugeben. Eines Tages habe ich angefangen für Dich zu beten. Nicht für mich und meinen Schmerz, sondern für Dich.
Und so konnte ich damit leben.

Als Du Dich dann vor gut drei Jahren wieder meldetest (es waren acht lange Jahre vergangen), waren alle Sorgen und Zweifel verschwunden. Was hast Du mich wieder glücklich gemacht!
Und ich erlebte Dich neu als eine eigenständige, durchsetzungsfähige Persönlichkeit, eine gestandene Frau, wie man so sagt. Du hattest inzwischen einen Partner, Martin, der Dich liebte und ergänzte, der da war, wenn Du ihn brauchtest und für den Du da sein konntest, wenn er Dich brauchte.

Wie schon früher, konntest Du nicht viel reden über die vergangene Zeit. Aber durch kleine Gesten habe ich erst Deine Ängste vor der ersten Begegnung, dann Deine Erleichterung und dann Deine Dankbarkeit uns gegenüber gespürt.

Und liebevoller konntest Du anlässlich unserer Geburtstage im Oktober letzten Jahres nicht um Verzeihung bitten, als mit der Frage: „Darf ich wieder Mama und Papa zu Euch sagen?"

Bleibe so, wie Du bist, habe ich heute zu Dir gesagt, tatkräftig, umsichtig und zuverlässig.
Du stehst mitten im Leben und strahlst Lebenstüchtigkeit aus, bist wirklich

zum Leben geboren!

20. Januar 2011

Wieder strahlender Sonnenschein bei einigen Minusgraden. Trotz allem wird es Zeit, dass ich fertig werde mit dem Schreiben.

Die Einsamkeit macht mir immer noch nichts aus, aber die ständig kalten Füße im Haus.
Das Haus hat keinen Keller, so dass der eisige Wind unter dem Holzfußboden entlang streichen kann. So wie es Minusgrade werden, spürt man es. Auch warme Socken reichen häufig nicht, und umherlaufen kann man auch nicht immer.

Wir sind das Wohnen in so einem einfachen Haus nicht mehr gewöhnt. Haben sich die Leute früher nicht erkältet? Waren sie abgehärteter als wir?

Nun, die nächsten Wochen werde ich wohl noch aushalten und abends immer heißen Tee trinken.

1997 bis heute

Paul

Paul, Dein Leben begann in Eigenständigkeit, schrieb ich. Ja, mit sehr viel guten Vorsätzen und mit etwas ganz besonderem, der Zweisamkeit mit Manuela. Mit einem gemeinsamen Urlaub nach Spanien begann Eure glückliche Zeit. Im April des gleichen Jahres erfolgte der Einzug in Eure erste gemeinsame Wohnung in Radeborn. Im Mai und Juni absolviertest Du ein Praktikum bei der Firma Nordsee. Du warst so voll guten Willens, dass alle hoffen konnten, dass nun alles weitere seinen geregelten Lauf nehmen würde.
Tigerchen kam zu Euch in die Dachwohnung, ja, die Katze, die heute mit ihren 13 ½ Jahren bei mir in Barydet weilt.

Und am 12. 8. 1997 habt Ihr beide standesamtlich geheiratet.

Freiwillige Betreuung habt Ihr beide noch in Anspruch genommen. Bei Dir war es noch Frau Ulla Kaufmann, die Dir bei allen Schwierigkeiten half.

Eine Suche nach Arbeit war schwer, aber Du versuchtest es immer wieder und gabst nicht auf.
Dann kriselte es wieder mit Eurer psychischen Gesundheit. Dieses mal bekam Mani einen schweren Rückfall ihrer Krankheit und musste zeitweise wieder in die Klinik. Bei psychischen Erkrankungen weiß man nie, wie lange stabile oder nicht stabile Phasen anhalten. Und dann in erneuten Krisen zueinander zu stehen, ist eine große Herausforderung für den Partner, so auch für Dich, Paul. Er hieltet zueinander.

Im Herbst 1998 musstet Ihr die Wohnung wieder verlassen. Ihr zogt in Radeborn in eine größere Behausung und hattet es dort ganz gut getroffen. Drei Räume bewohntet Ihr, neben Küche und Bad, außerdem gehörte zu der Wohnung ein kleiner Balkon. Und die vielen Treppen waren nicht mehr zu steigen, eine Erleichterung für Mani mit ihrem Asthma.
Die Katze konntet Ihr nicht mitnehmen, die nahmen wir mit nach Husthausen, in der Hoffnung, dass Ihr sie auch mal versorgen würdet, wenn wir unseren Urlaub machten. Sie nahm den Umzug mit Gelassenheit und fühlte sich in der freien Natur sehr wohl.

Nach einigen Misserfolgen in der freien Wirtschaft, konntest Du, Paul, am 1. Juni 1999 in den Schlosswerkstätten anfangen zu arbeiten. Eine Ausbildungsphase ging voran, danach durftest Du defekte Bildschirme einer bekannten Firma reparieren. Eine verantwortungsvolle Arbeit. Du hattest eine Liste mit ungefähr 20 Punkten bei jedem Gerät zu überprüfen. Es waren meistens Kontakte, die nicht mehr funktionierten. Bei Beschädigung hattest Du sie zu löten. Am Ende zeichnetest Du die erfolgte Reparatur mit Deinem Namen, so dass auch Du für Deine Arbeit die Verantwortung zu übernehmen hattest.
Mit Freude hast Du diese Tätigkeit ausgeführt.

Nach Eurem gemeinsamen Urlaub im Jahre 2000 in Schweden, hier in unserem Häuschen, wurde neun Monate später, am 23. 4. 2001, Eure Tochter Karina geboren und zu Eurer kirchlichen Hochzeit am 8. Juni 2001 getauft. Dieses Hochzeits- und das Tauffest, Traufe hat der Pfarrer es benannt, habt Ihr ganz alleine ausgestaltet. Das war schon eine Leistung, schön haben wir gefeiert. Der Pfarrer hatte Euch nur den Gemeindesaal zur Verfügung gestellt.

Das waren wohl die schönsten Jahre Eurer Ehe. Karina war Euer ganzer Stolz und wurde überall vorgezeigt.

Aber wie immer und überall im Leben, wechseln sich gute und schlechte Zeiten ab. Mit der Hausgemeinschaft in Eurem Mietswohnhaus klappte es nicht mehr so wie vorher. Mit einem der Bewohner gab es mehr Krach als mit den anderen. Er bedrohte Dich und Du bekamst Angst vor ihm.

Wir hatten schon unser Haus in Gerstmar in Angriff genommen zu renovieren, ja, wohnten schon dort, als Ihr uns batet, Euch doch in Gerstmar in zwei kleinen Bodenräumen aufzunehmen. Das Haus war groß genug, und so bauten wir nicht nur die Bodenräume aus, sondern für Euch als junge Familie, den zweiten Stock als abgeschlossene Wohnung. Sehr viel Arbeit war es und verlangte erhebliche Mehrkosten, aber es sollte schon eine richtige Wohnung sein, wo Ihr außerhalb unseres Wohnbereiches leben konntet.

Und während dieser Vorbereitungen meldete sich Euer Jens an. Jetzt wurde es Zeit, dass wir uns mit dem Ausbau ranhielten. Im Januar 2003 sollte Jens zur Welt kommen, bis Dezember sollte deshalb alles fertig sein, damit auch der Umzug noch in Ruhe durchgeführt werden konnte. Christian und Markus stellten sich wieder zur Verfügung, um bei Eurem Umzug zu helfen.

Ich blieb in Gerstmar, hatte ich doch dort schon eine sehr gute Arbeit als Kinderpsychologin gefunden.

Wieder kam es anders als gedacht.
Euer zweites Kind meldete sich eher, und Manuela musste sich noch in Radeborn ins Krankenhaus begeben. Am 10. 12. 2002 wurde Jens in Radeborn geboren. Folglich tätigte die übrige Familie den Umzug allein.
Mani sollte sich in Ruhe im Krankenhaus erholen können.

Für Dich war alles zu viel. Eine neue Krise zeichnete sich ab, war aber für Dich selbst nicht zu erkennen, sonst hättest Du Dir vielleicht eher Hilfe gesucht.
.
Weil Du in Radeborn schon in den Werkstätten integriert warst, konntest Du in den Gerstmarer Werkstätten weiterarbeiten. Das begann für Dich gleich Anfang Januar 2003. Aber es war alles ganz anders als früher. So eine verantwortungsvolle Arbeit, wie in Radeborn, hatten sie hier nicht für Dich. Werkstätten für behinderte Menschen haben nicht immer so interessante Arbeit, wie man es sich wünscht. Auch die Vielseitigkeit der Tätigkeit ist nicht immer vorhanden. Hier in Gerstmar war wenig Auswahl. Du musstest das nehmen, was man Dir anbot.
Auch die Menschen waren hier andere, viel mehr Leute mit gleichzeitigen Alkoholproblemen. Das war zu viel, das konntest Du nicht verkraften.

Auch Manuela kam im Januar nicht gesund ins neue Heim. Eine Gallenoperation hatte sie zu Beginn der Schwangerschaft verschieben müssen, jetzt wurde sie fällig. Jens musste in seinem zarten Alter von zwei Monaten ins Krankenhaus wegen Asthmaanfällen. Während des Krankenhausaufenthaltes wurde bei ihm außerdem eine leichte spastische Störung festgestellt. Nichts lief so, wie Ihr es Euch vorgestellt hattet, nur Karina hatte es gut, für sie stand ab 1. Januar 03 ein Krippenplatz zur Verfügung.

Eure Ehe war so belastet, dass Ihr es beide nicht mehr schafftet, zueinander zu finden. Vielleicht hatte es schon in Radeborn gekriselt, das könnt nur Ihr beantworten.

Beide littet Ihr unter Identitätsstörungen. Paul, Du suchtest Dir Hilfe in der psychiatrischen Tagesklinik in Gerstmar. Mani sollte aber nichts davon wissen und Du tatest so, als wenn Du weiterhin in die Werkstätten gingest.
So etwas konnte nicht gut gehen. Das Vertrauen zum Ehepartner muss schon vorhanden sein, auch bei einer psychischen Erkrankung.

Mani schleppte sich nur so durch den Alltag. Der Versorgung von Jens war sie nicht gewachsen. Auch für sie war die Umstellung auf ein neues Leben in Gerstmar zu groß. In Radeborn kannte sie die Stadt und viele Menschen. Hier war alles neu, nichts Bekanntes war ihr geblieben.

Und so kam es, wie es kommen sollte, wenn zwei psychisch kranke Menschen gleichzeitig krank werden. Sie konnten sich nicht gegenseitig stützen, im Gegenteil, einer zog den anderen hinab.
Eure Ehe ging in die Brüche.

Ihr schafftet es noch, den Jens mit einem kleinen Familienfest zu taufen, zu dem Ihr uns in ein feines Restaurant eingeladen hattet.
Aber dann war alles vorbei.

Du kamst zunächst in die psychiatrische Abteilung des Krankenhauses in Gerstmar, und da Mani Dich nicht mehr bei sich haben noch sehen wollte, wurdest Du nach Deinem stationären Aufenthalt in Hechmühlen auf der „Hallich" aufgenommen.

Mani blieb zunächst bei uns wohnen, da sie den Alltag mit den beiden Kindern nie alleine bewältigt hätte und Dietmar als Stütze brauchte.

Aber wie sollte das auf Dauer gut gehen? Du warst unser Sohn, sie die angeheiratete Schwiegertochter. Sie wusste genau, dass wir das Band zu Dir nicht abschneidern würden. Und das mitzuerleben, war sie nicht bereit. Um Kräfte zu gewinnen versuchte sie sich zunächst zu erholen mit einer psychosomatischen Kur. Obwohl sie Verlängerung bekam, reichte die Hilfe weder hinten noch vorne. Eure Kinder ließ sie während dieser Zeit bei uns. Jens lernte in den Wochen das Laufen.

2005 ging es Manuela so schlecht, dass ein geschlossener Klinikaufenthalt notwendig wurde. Borderline-Persönlichkeitsstörung hieß es, mit Suizidgefahr.
Viele Wochen in einer größeren Klinik folgten. Und mit der vorläufigen Genesung erfolgte auch ein Auszug aus unserem Haus. Sie glaubte noch immer, alleine mit den Kindern fertig zu werden.

Das gelang ihr aber nicht. Nach sehr kurzer Zeit brachte sie Karina und Jens erneut in den Kindernotdienst, von dort wurden sie in eine Pflegefamilie vermittelt, die Eure Kinder nur wenige Monate behielten. Die Unterbringung schien nicht gut zu sein, worauf beide dann in einer Wohngruppe eines größeren Heimträgerverbandes (meines Arbeitgebers) aufgenommen wurden. Dort leben sie heute (2011) noch.

Das waren Mani und Eure Kinder.

Und wie ging es Dir, Paul?
Auch du hattest schwer mit Deiner psychischen Erkrankung zu kämpfen. So viel Stress auf einmal, dem warst Du nicht gewachsen. Es ging auf und ab. Von der „Hallich" aus, einer Wohnstätte für psychisch Kranke in Hechtmühlen, zogst Du erst einmal in eigenen Wohnraum in die Mitte der Stadt. Als die Etage in unserem Haus wieder frei wurde, zogst Du zurück in die alte früher gemeinsame Wohnung von Euch. Schwer ist es Dir gefallen, weil so vieles Dich an Eure Ehe erinnerte.

Fünf Mal warst Du bis 2009 in Kliniken und Rehabilitationsmaßnahmen. Jedes Mal für mehrere Wochen oder Monate. Jedes Mal mit viel Hoffung entlassen, jedes Mal neu eingestellt auf Medikamente.
Aber auch jedes Mal hattest Du etwas dazu gelernt. Immer ging es ein Stückchen weiter in Deiner Entwicklung. Du konntest über Gruppentherapie etwas annehmen.
Das war das Positive an den ansonsten für uns betrüblichen Aufenthalten, denn die Zeiten waren nicht nur für Dich schwer. Auch Angehörige leiden, wenn sie ihre Menschen so krank sehen.
So litten auch wir.

Wir standen außen vor, konnten Dir nicht helfen. Grundsätzlich bekamen wir noch immer keine Auskunft über Dein Ergehen. Das warf wieder Fragen auf. Warum handeltest Du so und nicht anders. Wir konnten uns diese Ungereimtheiten nicht beantworten. Nur, dass bei Dir im Kopf der Stoffwechsel wieder schwer durcheinander geraten sein musste, das konnten wir uns sagen.

„Rausschmeißen würde ich den!" hat einmal eine Frau über Dich gesagt, die sich bei mir über Dich beschwerte und damit meinte, Du habest es nicht verdient, bei uns zu leben.
Wäre das ein Weg gewesen? Einfach für uns, ja, aber wer sollte Dir dann noch den allerletzten Halt geben? Wir taten es nicht, schon gar nicht ließen wir uns von Fremden in unseren Entscheidungen beeinflussen.

„Ausziehen kannst Du, wenn es Dir gut geht," habe ich Dir mitgegeben, „dann wirst Du den Wechsel verkraften."

Deine Kinder lebten in Gerstmar. Alle zwei Wochen waren sie über das Wochenende zu Gast bei uns und fragten immer nach Dir. Manchmal sahen sie nach, ob Deine Sachen noch in der Wohnung waren, wenn Du Dich gerade wieder in irgend einer Klinik aufhieltst.
Und Du warst und bist unser Sohn, egal wie krank Du warst oder bist.

Auch bei Dir wurde letztendlich eine Borderline-Persönlichkeitsstörung mit Persönlichkeitsspaltung festgestellt.
Ihr beide, Mani und Du, Paul, hattet ein ähnliches Krankheitsbild.

Jetzt im Nachhinein weiß ich, dass so etwas in einer Ehe nicht gut gehen kann.
Ein Therapeut, bei dem ich eines meiner psychologischen Praktika gemacht hatte, riet seinen Patienten, die sich innerhalb der Alkoholrehabilitation so nahe gekommen waren, dass sie heiraten wollten, immer davon ab.

Mit folgendem Beispiel versuchte er ihnen aufzuzeigen, dass eine Ehe unter zwei gleichartig kranken Menschen nicht gut gehen könne.

Stellt Euch vor, da stehen zwei Fichten, dicht nebeneinander. Diese Fichten seid Ihr. Schön sehen sie von weitem aus, sie umarmen sich und sie lieben sich, so sieht es der Betrachter aus weiter Ferne.

Aber vieles, was aus der Ferne gut aussieht, ist in Wirklichkeit nicht ganz so intakt. Wenn man näher heran geht und unter den Bäumen nach Pilzen sucht und nach oben blickt, sieht man, dass an der Seite, wo sie sich angeblich festhalten, gar nicht so viele Zweige gewachsen sind, wie an den anderen Seiten rund herum. Die Zweige zwischen ihnen sind verkümmert, und die wenigen verkümmerten, krank aussehenden berühren die andere Fichte nur flüchtig.

Nun sind Fichten Flachwurzler. Was bedeutet das? Fachwurzler bereiten ihre Wurzeln in der Breite aus, sie gehen weniger in die Tiefe. Um einen guten Stand für den Baum zu bekommen, benötigen sie viel Platz, Raum in dem sie sich ausbreiten können. Erst dann können sie alle Nährstoffe und den vielen Regen, den sie brauchen aus der Erde aufnehmen und zu ihrem Wachstum verarbeiten.

Stellt Euch eine alleinstehende Tanne vor, wie sie sich in ihren Zweigen von unten bis oben ausbreiten kann, ein Prachtbaum, wenn er so aufwachsen darf. Der hat auch im Wurzelraum Platz genug für seine vielen verzweigten Wurzelästchen.

Unsere beiden dicht beieinander stehenden Fichten, wie steht es bei ihnen um das Wurzelwerk? Sie haben sich auch ausgebreitet, jede Fichte in alle Richtungen, sonst könnten sie nicht aufrecht stehen. Und die Seite, an der sie so liebend aneinander geschmiegt erscheinen, da wachsen die Wurzeln über- und ineinander. Wie ein Netzwerk verstärken sie sich und halten sich. Sie haben aber für ihre Ernährung nicht ganz so viel Erde, wie alleinstehende Fichten. Sie müssen sich also die Erde für ihre Ernährung teilen, auch Wasser kann jede von ihnen weniger aufnehmen als eine Einzelfichte.

Eine lange Zeit geht das gut. Sie halten sich ja gegenseitig und teilen sich die Versorgung.

Aber eines Tages kommt ein riesiger Sturm auf, ja sogar ein Orkan. An allen Bäumen rüttelt und schüttelt er. Zerren tut der Sturm nicht nur an den Baumwipfeln, nein, mit aller Kraft und allen Teilen müssen sich die ganzen Bäume gegen den starken Wind stemmen, um nicht umgeworfen zu werden.

Viele schaffen es nicht und knicken einfach um.
Was passiert mit unseren Fichten, den beiden, die dicht bei einander stehen?

Denkt daran, sie sind ja schon ein wenig krank. Ihre Arme sind nicht in allen Richtungen entwickelt. Beide sind sie ein wenig angeknackst, labil.

Der Sturm kann auch nicht richtig an ihnen vorbei blasen, dadurch, dass sie so eng zusammenstehen, hat er eine größere Angriffsfläche.

Noch mehr Kräfte als andere Bäume müssen die beiden aufwenden, um sich zu wehren, ihren Stand zu halten, um nicht umzukippen. Aber der Sturm greift überall an, es ist ja ein Orkan, wie er nur alle paar Jahre einmal vorkommt. Der lässt nicht so schnell locker. Und so wanken und schwanken die beiden Fichten gefährlich hin und her.

Dabei passiert es, dass sich bei der ersten das Wurzelwerk lockert. Ihr wisst ja, sie sind Flachwurzler. Immer weiter, ja der Sturm hebt den Baum schon ein wenig auf die Seite. Die andere Fichte versucht noch dagegen zu halten, aber das ist ihr zu viel. Selbst dem Sturm standhalten und noch die andere Fichten stützen, das geht nicht. Sie hat keine Kräfte für zwei. Sie will sich nun selbst retten, aber auch das gelingt ihr nicht. Sie kommt nicht mehr von der anderen los. Wie soll das auch möglich sein, da ihre feinen Wurzeln miteinander verflochten sind?

.
Dann passiert es. Der erste Nadelbaum fällt um, gar nicht mal direkt auf den anderen, ganz schnell hat er sich noch ein wenig gedreht, weil er dem anderen nicht weh tun will.
Aber es kracht, ein Baum ist gefallen und kurze Zeit später kracht es wieder.
Die andere Fichte ist ebenso umgefallen.
Die gegenseitige Verwurzelung ist es gewesen, das Netzwerk, das sie gebildet haben, hat den anderen mit herunter gezogen. Sie haben zu nahe bei einander gestanden.
Nun liegen sie da, beide gefallen, beide haben sie sich gegenseitig nach unten gezogen.

Und die anderen Fichten? Viele sind umgestürzt und haben wiederum andere mit sich gezogen.
Aber die, die alleine stehen konnten, die genügend Abstand von den anderen Fichten hatten, die sind stehen geblieben, die haben dem Orkan stand gehalten.

Mit dieser Schilderung der beiden sich liebenden Fichten versuchte er seinen Patienten zu erklären, dass es nicht gut gehen kann, wenn zwei Menschen mit gleichen Schwächen, mit gleichen Krankheiten glauben, sich auf ewig – was eine Ehe eingehen bedeutet – gegenseitig stützen zu können.
Einer von beiden muss einigermaßen gesund sein, sich voll entwickelt haben können, damit er dem kranken Menschen in Notzeiten helfen kann. Oder es sollten wenigstens beide unterschiedliche Schwächen haben, Krankheiten, die unterschiedliche Angriffsstellen aufweisen, damit nicht der selbe Sturm beide gleichzeitig umwerfen kann.

In einer Ehe ist es wichtig, den anderen in dessen Notzeiten unterstützen zu können, dafür muss man zur rechten Zeit seine Stärke bereit halten.

Und Euer Sturm waren die Verhältnisse in der letzten Wohnung in Radeborn, die zweite Schwangerschaft bei Manuela, der Umzug, der Neuanfang in der Werkstatt, die neue Stadt, die neuen Menschen, kurz um, der gesamte Neuanfang.
Euch waren die wenigen Wurzeln, die ihr in Radeborn erst schlagen konntet, genommen, gestutzt. Eine neue Einbindung, eine neue Verwurzelung habt ihr beide mit Euren gleichartigen Krankheitsbildern nicht geschafft. Jeder alleine musste jetzt erst einmal für sich sorgen, sich so um sich selbst kümmern, dass er wieder gesund wurde. Eure Kinder konntet Ihr während dieser Genesungszeit nicht mit allem Notwendigen versorgen.
Das waren die letzten Jahre in Gerstmar.

Seit zwei Jahren geht es auch Dir wieder besser, Paul. Ich sagte schon, jede Therapie hat Dir etwas gebracht, Dich vorwärts gebracht. Aber es war so viel, was noch zu lernen war, deshalb mussten es so viele Therapien sein.

Du hast gelernt, Dir Hilfe zu suchen, Du bist dabei zwar nicht immer an die richtigen Leute geraten, hast aber stetig weiter gesucht.
Du hast gelernt, Hilfe anzunehmen. Auch das war schwer für Dich zu erkennen, dass manches anders im Leben läuft, als Du es Dir vorgestellt hattest. Neu lernen musstest Du vieles.
Du hast gelernt mit Dir selber umzugehen, z. B. wie Du Dir selber helfen kannst, wenn Du Dich nicht spürst.
Du hast in den letzten Monaten gelernt, Dich nicht immer in den Mittelpunkt zu stellen, besonders Deine Kinder bekommen jetzt viel mehr Aufmerksamkeit von Dir. Und es ist schön zu sehen, wie Du Dich besonders um Jens bemühst.
Du hast gelernt, Deine eigenen Finanzen zu verwalten, auch das ist eine Kunst, mit der viele Menschen Schwierigkeiten haben.
Du hast gelernt, Dich um Deine Gesundheit zu kümmern. Auch wenn es so aussieht, dass hier noch ein wenig Nachholbedarf notwendig ist, sind doch große Ansätze zu sehen, dass Du Dich nicht mehr selbst schädigst.
Du hast gelernt einem geregelten Tagesablauf nachzugehen. Du arbeitest wieder in der Werkstatt, auch wenn es nicht immer leicht für Dich ist, mit den anderen Menschen auszukommen.

Du bist einen schweren Weg gegangen. Deine Erfahrungen musstest Du selber machen. Immer wieder sind Sackgassen dabei gewesen, Wege, die nicht weiter führten, die ein Zurückgehen verlangten.

Da Dir das logische und abstrakte Denken schwer fällt, kannst Du Dir manches nicht ausmalen, wovor Dich andere warnen.

Du hast alles, aber wirklich auch alles selber ausprobiert. Negative Erfahrungen hast Du in großen Mengen kennengelernt. Erst nach solchen Erfahrungen warst Du bereit, neue Wege einzuschlagen. Gerne hätten wir Dir so manches Mal den Umweg oder den Irrweg erspart. Das konnten wir nicht, es stand nicht in unserer Macht.

Aber Du hast Deinen Weg gefunden. Du, Paul Beater, geborener Elvis Meißner, Du hast ihn mit Deinen Fähigkeiten und Anlagen gefunden, Du hast Dich damit selbst gefunden.

Du hast Deine Schwächen und Behinderungen angenommen und lebst mit ihnen. Du weißt, was Du kannst und auch schon manchmal, was Du nicht kannst.

Einmal hast Du zu mir gesagt. „Wenn man nicht auffällt, dann lebt man nicht."
Du fällst auf, ständig entdecken wir an Dir etwas neues.

Du fällst jetzt auf *durch Deine zunehmende Zuverlässigkeit.*

Du fällst jetzt auf, *weil Du mit Deinem Geld wirtschaften kannst.*

Du fällst jetzt auf, *weil Du zuhören kannst, immer mehr wartest Du ab, was der andere sagt.*

Du fällst jetzt auf *durch gepflegteres Auftreten.*

Du fällst jetzt auf, *weil Du Kritik aushalten kannst, auch wenn es Dir schwer fällt.*

Du fällst jetzt auf, *wenn Du nicht immer wegläufst, wenn man Dir etwas sagt.*

Du fällst jetzt auf, *weil Du Dir Mühe gibst, regelmäßig zur Arbeit zu gehen.*

Du fällst jetzt auf, *weil Du Dich viel mehr um Deine Kinder kümmerst, als früher.*

Du fällst jetzt auf, *weil Du Dir etwas überlegst, was Du mit Deinen Kindern machen kannst.*

Du fällst jetzt auf, *weil man Dich mit Aufgaben betreuen kann, die vor einigen Jahren noch eine Überforderung waren.*

Du fällst jetzt auf, *weil Du selber Vorschläge machst, wie Du uns Arbeit mit Deinen Kindern abnehmen kannst.*

Und so könnte ich noch viel aufzählen, Paul, Du fällst jetzt wirklich auf. Du bist kein Niemand, Du bist ein ebenbürtiger Mitbürger unserer Gesellschaft. Diese Auffälligkeiten sagen aus, dass Du lebst!

Eine Borderline-Störung bleibt nicht bis ins Alter bestehen. Sie wächst sich sozusagen aus. Die Rückfälle kommen in größeren Abständen, sie werden geringer, Du wirst nicht wieder so tief fallen, wenn es Dir wieder schlechter gehen sollte, Paul.

Was Dir erhalten bleibt, ist Deine Persönlichkeitsspaltung. Eine Erblast von Deiner Großmutter mütterlicherseits, wie uns Frau Patzke wissen ließ. Wegen dieser Erkrankung hast Du 100 % Schwerbehinderung anerkannt bekommen.

In wie weit Deine Mutter Marianne darunter gelitten hat, wissen wir nicht. Hat sie überhaupt fachärztliche Hilfe in Anspruch genommen?

Dein Leben inszenierst Du weiterhin mit innerer Unruhe, sie ist Dir geblieben, aber Du schädigst Deine Mitmenschen schon lange nicht mehr und Deine Selbstschädigungen haben sich gelegt. Du hast inzwischen gelernt, mit dieser Erblast der anderen Wahrnehmungen umzugehen. In Stresszeiten spürst Du die ersten Anzeichen einer aufkommenden psychotischen Phase. Dann suchst Du Dir Hilfe, Hilfe durch gezielte fachliche Beratung oder Schutz und Betreuung in der Psychiatrie. Die heutigen Medikamente geben Hoffnung auf ein normales, wenn auch besonderes Leben.

Du hast von den vielen Psychiatrieaufenthalten so viel für Dich annehmen können. Das hat uns immer wieder zum Staunen gebracht. Wir bewundern, wie Du Dein Leben – zwar anders als wir uns es vorstellen – immer wieder selbst in die Hände nimmst.

Vielleicht ist das wie mit dem harten, gefrorenen Schnee. Du, Paul, kannst schon viele Schritte darüber laufen, ohne einzubrechen. Und wenn es doch passiert, dann brichst Du nicht mehr so tief ein, kannst Deinen Fuß alleine wieder herausziehen und Deinen Weg fortsetzen, ohne fremde Hilfe und auch ohne ganz tief in den Schnee zu fallen.

„Borderliner" sind Menschen, die immer wieder gegen sich selbst kämpfen. Nicht nur, indem sie sich selbst verletzen, sondern auch indem sie immer wieder ihre Beziehungen kaputt machen, die sich beginnen zu festigen. Sie wollen sich selbst bestätigt wissen: „Ich bin schlecht, ich bin gemein, ich bin wertlos, usw."
Auch das Klauen kann solch eine negative Selbstbestätigung sein. Du hattest Deine engsten Bezugspersonen beklaut, damit sie Dir bestätigten, dass Du ein schlechter Mensch warst. Und durch das Lügen warst Du noch viel schlechter in ihren Augen. Es war eine Sucht, Dich selber zu bestätigen in Deiner angeblichen Wertlosigkeit.
Eine Wertlosigkeit und Schlechtheit, die erfahren wurde durch Missachtung, Missbrauch, Misshandlung und Verwahrlosung in den ersten Lebensjahren, aber auch durch Versäumnisse, wie einer angemessenen körperlichen Berührung, die ein Baby, ein Kleinkind braucht, um sich selber zu spüren. Versäumnisse wie einer ausgewogenen Ernährung, Versäumnisse von Gefühlen von Geborgenheit und Sicherheit, Versäumnisse in der Kommunikation mit einer Bezugsperson in Deiner frühen Kindheit.
Es war nicht mehr möglich, alles nachzuholen, alles was Du versäumt hast.

Aber irgend etwas Großartiges steckt in Dir, dass Du gerade selber entdeckst. Etwas, was so viele Jahre vergraben war, verborgen für andere, die es nicht sehen konnten und vor allen Dingen verborgen vor Dir selbst, Paul. Aber es wächst und wächst, und Du, wächst gerade selber über Dich und Deine Vergangenheit hinaus.

Du übernimmst mit Deinen Dir eigenen Fähigkeiten für Dein Leben und das Deiner Kinder Verantwortung.

Paul, Du lebst!

21. Januar 2011

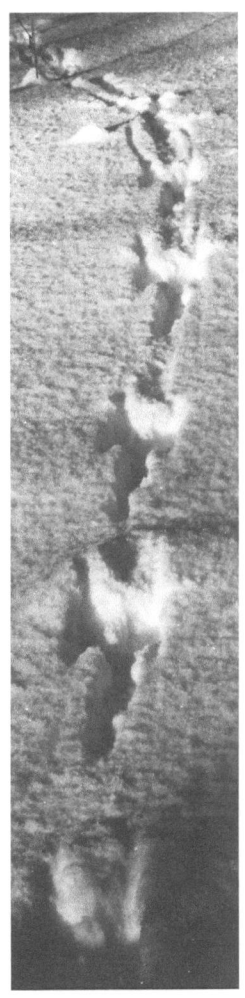

Und wieder herrliches Wetter, von 10.00 bis 15.00 Uhr Sonne, blauer Himmel und minus 6 Grad, eine wunderschöne Luft, es atmet sich wie Sekt, frisch und prickelnd.

Ich strolche durch das Gelände. Da wo Dietmar, Christian und Markus in den Weihnachtstagen Wege für mich frei gemacht haben, ist alles begehbar.
Und der übrige Schnee? Bis auf 20 bis 30 cm Höhe ist er zusammengeschrumpft. Zwei, drei Schritte trägt er mich schon, an manchen Stellen auch mehr, dann sacke ich bis an die Waden noch ein.

Ein schönes Gefühl ist es, über hohen Schnee zu gehen.

Auch ein Elch muss über das Gelände geschritten sein, die Spuren sind groß und breit.

Und dort unter den großen Fichten, ein Lagerplatz mit Losung von Rehen. Unter den untersten Zweigen eine kuschelige Höhle, mit weiteren Zweigen verdichtet. Eine Schlafhöhle für Rehcarda, Rehbekka und Rehnate?
Hier wird kein Knüppelholz gesucht, Ela.

Vielleicht kommen sie heute Nacht wieder?

Nachwort

Ein Nachwort an meine vier Kinder Erika Sabine, Paul, Christian und Markus

Überlebende sind Opfer. Opfer von Katastrophen, von Verbrechen, von Misshandlungen und Gewalt, von Missbrauch, von Verwahrlosung und Versäumnissen.
Opfer sein bedeutet leiden. Leiden ist passiv. Es passiert etwas mit einem, was man nicht beeinflussen kann. Es ist einfach da und man glaubt, machtlos dagegen zu sein.

Ihr beide, Du, Erika Sabine und Du, Paul, Ihr ward Überlebende. Überlebende und damit auch gleichzeitig Opfer, Opfer von Misshandlung, Missbrauch, Verwahrlosung und Versäumnissen. Man hat Euch großes Leid zugefügt, und Ihr habt gelitten.

Aber Ihr habt Euch nicht aufgegeben, nicht machtlos zugesehen, wie etwas mit Euch passierte. Ihr habt aktiv Euer Leben in die Hand genommen, jeder von Euch mit den Fähigkeiten und Fertigkeiten, die Euch mitgegeben waren und mit der Prägung durch unsere Familie, in die Ihr durch Zufall (?) gelandet ward. Und jeder von Euch hat sein Leben aktiv in die Hand genommen. Jeder mit der notwendigen Zeit, die er dafür gebraucht hat.

Ihr habt die Opferrolle abgelegt und Euer Leben selbst gestaltet und seid

zum Leben geboren!

Ich habe durch Euch gelernt. Gelernt, Menschen Zeit zu geben, die eigene Entwicklung selber in die Hände zu nehmen und in eigenen Wegen zu gehen. Gelernt, Menschen mit Andersartigkeiten zu schätzen, ihre besonderen Fähigkeiten anzunehmen, so, wie sie sich zeigen, auch wenn diese Fähigkeiten in unserer Gesellschaft absonderlich erscheinen. Gelernt, mit Rückschlägen umzugehen, gelernt, dass es immer wieder andere neue Wege für Euch gab und heute gibt, die ich nicht gesehen habe, weil auch mein Weltbild und meine Sichtweisen begrenzt sind. Ich habe gelernt, Euch und Gott zu vertrauen.

Christian und Markus, Ihr hattet das Glück, von Anfang an zum Leben geboren zu sein. Ein anderer Start war Euch gegönnt als Euren Adoptivgeschwistern. Mit anderen Voraussetzungen konntet Ihr Eure Fähigkeiten und Fertigkeiten entwickeln und zur Vollendung bringen.
Und mir habt Ihr etwas ganz besonderes gegeben:
Um die Begleitung von Erika Sabine und Paul durchzuhalten, brauchte ich Kraft. Seelische Kraft die z. B. aus Erfolgen wachsen konnte. Aber die Erfolge waren besonders bei Paul manchmal so schwer zu sehen.
„Du kannst es, Ela, halte durch Ela, sieh, wie Deine eigenen heranwachsen. Du behandelst sie nach den gleichen Prinzipien, nämlich Akzeptanz, Annahme und vor allen Dingen Liebe. Das funktioniert, es dauert bei den angenommenen Kindern nur länger, bis sie sich selber annehmen können. Habe Geduld mit Dir selbst und mit Deinen Kindern. Sie werden Dir ein Segen sein."
Das ward Ihr, Christian und Markus, die mich zu dieser Geduld fähig gemacht habt. Durch Euer Aufwachsen bekam ich Kraft aus Erfolgen, die sichtbar waren.

Würdest Du es wieder tun?", wurde ich immer wieder gefragt, gemeint waren damit die Adoptionen.
Das ist nicht mit ja oder nein zu beantworten. Wenn ich mir vorher hätte vorstellen können, was alles auf mich zukommen würde, dann hätte ich an meinen Fähigkeiten und an meinen Kräften gezweifelt. Wie gut, dass ich nichts von allem vorher wusste.

Manchmal habe ich schon gezweifelt, gezweifelt daran, ob es richtig war, überhaupt Kinder zu adoptieren. Immer dann waren die Zweifel am größten, wenn Eure Identitätsprobleme so überwältigend waren, dass sie unüberwindbar schienen. „Welchen Sinn macht es, wenn Deine Kinder leiden, leiden unter einer fremden Familie, die sie nicht annehmen können?" habe ich mich gefragt.
Aber was wäre dann gewesen? Eine jahrelange Heimunterbringung als Alternative?

Erika Sabine Du warst in einem schlechten Heim untergebracht. Sie beherbergten dort Kinder bis zum sechsten Lebensjahr. Ein Wechsel in ein anderes Haus wäre notwendig geworden. Es ist schwer zu sagen, ob Du Deine Fähigkeiten hättest entfalten können? Die Kontakte zu Deinem Onkel Konrad wären zunächst geblieben. Hättest Du geredet? Es bleibt offen, was geworden wäre.....

Paul, Du warst in einem guten Heim untergebracht, in einer Familiengruppe in einem Kinderdorf. Deine allerfrühsten Verletzungen und Verwahrlosungen, hätte man die dort aufarbeiten können? Sicherlich wären Aufarbeitungsversuche unternommen worden. Hättest Du sie anders, d. h. auch besser annehmen können? Auch hier lassen sich die Fragen nicht beantworten.

Was wäre mit uns gewesen, mit Dietmar und mir? Hätten wir noch eigene Kinder bekommen? Ward Ihr beide nicht die Voraussetzung dafür, dass wir mit neuer Gelassenheit an einen weiteren Kinderwunsch herangehen konnten?
Wäret Ihr, Christian und Markus, heute da, wenn Ihr, Erika Sabine und Paul, nicht gewesen wäret?
Auch das ist nicht zu beantworten.
Und meine eigene Weiterentwicklung? Wie wäre sie ausgefallen? Hätte ich so viel Verständnis und Akzeptanz für andersartige Menschen entwickeln können, Verständnis für Hirnleistungsschwächen und Hirnstoffwechselstörungen, Verständnis, das ich für meinen späteren Beruf als Kinderpsychologin in Kinderheimen gebraucht habe?

Ich spreche hier von „wenn, wäre, was gewesen, hätte, würde usw." Das ist weder meine Sprache, noch mein Denken. Dennoch fragt man sich manchmal solche Dinge.

Ich stehe zu meinen Lebensentschlüssen, zu meinen Lebenswegen, zu allem, was dazu gehörte und noch dazu gehören wird, und lebe nach der Devise: „Mache aus allem das Beste."
Fehler unterlaufen mir ebenso wie anderen Menschen, auch zu denen stehe ich.

Dietmar hat zu mir gestanden, wenn er konnte, ich habe zu ihm gestanden, wenn er mich brauchte. Gemeinsame Freude ist doppelt große Freude, geteiltes Leid, ist halbes Leid. Ich bereue meine Schritte nicht.

Wir waren und sind heute noch reich mit und an Euch Vieren, reich an Freude, reich an Liebe, und reich an vielen schönen Dingen mehr; aber auch an Leid bleiben wir vielleicht reich. Wir waren und sind reich an Leben!

Ohne Euch wären wir arm geblieben.

22. Januar 2011

„Hat es sich gelohnt?" Fragte neulich wieder jemand.
Es hat sich gelohnt!
Es hat sich gelohnt, wenn Erika Sabine anruft und sagt, „Ich wollte nur mal hören, wie es Euch geht."
Es hat sich gelohnt, wenn Paul zuhört und aufzunehmen versucht, was andere von einer Sache halten.
Es hat sich gelohnt, wenn Karina das zwanzigste ausgeschnittene Deckchen aus Altpapier liebevoll verpackt und „Für meine Oma" darauf schreibt.
Es hat sich gelohnt, wenn Jens von draußen herein kommt und nach der dritten Mohrrübe für den dritten Schneemann fragt, für den er eine Nase braucht.
Es hat sich gelohnt, wenn beide Kinder Trollgeschichten lauschen, die der Opa ihnen vorliest.

„Warst Du ganz offen und hast alles benannt, alles was Dich während der damaligen Zeit belastet und bedrückt hat?" fragt mich mein Gewissen.
Nein ich habe nicht alles benannt.

Es gibt Dinge, die einer Genesung und Weiterentwicklung im Wege stehen, wenn sie veröffentlicht werden. Ein Reden darüber könnte das neu aufgebaute Vertrauen innerhalb der Familie zerstören, weil die Nöte und Verwirrungen, aus denen die bedrückenden Handlungen entstanden, nicht verstanden würden.

„Würdest Du wieder für so lange Zeit im Winter alleine in Schweden bleiben?"

Die Natur ist und war einmalig. Viele wunderschöne Sonnentage habe ich gehabt.
Die nächste Woche soll noch so bleiben. Die Ruhe, die Stille, die Einsamkeit haben ihren besonderen Reiz.

Wenn man eine Aufgabe hat, wie diese, dann ist dieses die beste Umgebung. Keine Ablenkung, nur durch einen gelegentlichen Einkauf, der einen mit der Wirklichkeit, dem Treiben von heute konfrontiert.

Heute sah ich die erste fremde Menschenspur auf unserem Gelände. Ein Skiläufer hat Barydet überquert. Ansonsten war ich hier alleine, wenn nicht gerade Dietmar oder der Weihnachtsbesuch hier waren.
Ich habe es genossen.

„Sollte man wirklich in der Vergangenheit wühlen?" fragte mich eine weitere Bekannte.
Für eine begrenzte Zeit kann ich das, nicht für immer.

Vieles hat mich in der Zeit aufgewühlt, nachts nicht schlafen lassen. Dann aber, wenn ich es nieder geschrieben hatte und die Vorgänge mir anders erklären konnte, als früher, hat es mich befreit und glücklich gemacht. Dann konnte ich frohen Herzens zum nächsten Kapitel übergehen, denn es war vollbracht.

„Und ist Dir nichts passiert?"
Bisher nicht, drei mal bin ich auf dem Glatteis ausgerutscht, hingefallen und wieder aufgestanden.
Einen Schutzengel hatte ich vor dem Aufenthalt von Erika Sabine geschenkt bekommen, der hat mich abends immer liebevoll angesehen.

Die kalten Füße, die bin ich wirklich langsam leid. Da wird sich schlecht Abhilfe schaffen lassen, denn die Kälte kommt vom Fußboden und von den Außenwänden. Eine neue Isolierung bedeutet viel Aufwand. Lohnt sich das? Wann sind wir schon bei Minusgraden so lange Zeit wieder hier?

„Und Deine kleinen Sünden? Hast Du Deine Tagesstruktur einhalten können?".

Das war nicht so schwierig, Aufgaben und Pläne hatte ich und ein Ziel. So etwas ist notwendig, solch eine Zeit durchzustehen. Aber aufgestanden bin ich morgens immer erst mit dem Tageslicht. Leider war der Tag dann immer sehr kurz.

Da der Tag jeden Morgen ein bis zwei Minuten eher beginnt, ist die Wahrscheinlichkeit groß, dass ich irgend wann in meinen alten Rhythmus zurück finde,

zum Leben!

Danksagung

Bedanken möchte ich mich bei meinem Mann, bei meiner ganzen Familie, den Paten der Kinder, meinen Verwandten, meinen Freunden und Bekannten, die uns das ganze Leben begleitet haben und an unseren Sorgen, Nöten und unseren Freuden teilgenommen haben.

Besonders den Großmüttern der Kinder danke ich, die immer zur Verfügung standen, wenn sie gebraucht wurden – und das war sehr oft. Ich brauchte nie vier Kinder mitzunehmen, wenn ich für eines etwas zu erledigen hatte, wie z. B. einen Arztbesuch oder etwas anderes.

Mein Mann stand und steht mir heute noch zur Seite. In den aller schwersten Zeiten konnten wir uns auf uns verlassen und uns gegenseitig stützen. Ansonsten gab es Arbeitsteilung. Dietmar musste für den Lebensunterhalt sorgen, und ich war für die Kinder und den Haushalt zuständig. Gemeinsam haben wir uns für Euch entschieden.

Ganz besonderer Dank gebührt Euch, meinen vier Kindern, weil Ihr Euch gegenseitig beigestanden habt, wann immer es notwendig wurde.

Und ich danke Dir, Gott, der Du uns bis heute tausend Schutzengel gesandt hast, die immer und überall auf uns aufgepasst haben.

Nachwort der Autorin im Jahre 2014

Paul und Sabine stehen stellvertretend für viele Kinder. Adoptivkinder sind immer Kinder, die mindestens einmal in ihrem Leben abgelehnt wurden, alle haben sie Lebensbrüche erfahren, viele Kinder mehrfach. Und je nach ihren Erfahrungen haben sich diese Ablehnungen und Brüche tief in ihre Seelen eingegraben.

In unserer Gesellschaft werden diese Kinder weiterhin als Besonderheiten angesehen. Als Besonderheiten, weil sie nicht in ihren eigenen leiblichen Familien aufwachsen können. Man sieht sie mit beobachtenden, häufig auch abwertenden Augen an. So stehen sie in der Öffentlichkeit. Und die Öffentlichkeit möchte kritisch mitreden. Ist die Familie geeignet? Geht es dem Kind dort gut? Warum nehmen die Leute solch ein Kind an? Was hat das Kind für Erbanlagen? Diese und andere Fragen werden heute noch immer in den Raum gestellt, häufig jedoch nicht ausgesprochen. Es sind Zweifel an der Gleichwertigkeit der Kinder, an den angegebenen Beweggründen der annehmenden Eltern und an ihren Fähigkeiten.

Aus vielen Gesprächen mit Adoptiveltern weiß ich um solche Sorgen. Es waren Mütter und Väter, die für ihre angenommenen Kinder 20 und mehr Jahre ihres Lebens gegeben haben. Sie haben für diese Kinder gekämpft, gekämpft um Anerkennung und Akzeptanz des Andersartigseins, gekämpft um einen Platz des Kindes in unserer Gesellschaft. Nicht immer ist es ihnen gelungen.
Sie haben versucht diesen Kindern Heimat zu geben. Heimat bedeutet Geborgenheit. Äußerliche und innerliche Geborgenheit ist wiederum die Voraussetzung für eine innere Ruhe, einer Ruhe aus sich selbst heraus, aus der Kinder ihr Leben mit ihren ihnen angeborenen Fähigkeiten und Fertigkeiten gestalten können.

Fachleute, die Hilfe anbieten, gibt es heute mehr als früher. Auch sind die wissenschaftlichen Erkenntnisse über die Folgen von Brüchen, Misshandlungen, Missbrauch und Verwahrlosung in der Entwicklung eines Menschen weiter fortgeschritten. Trotzdem sehen diese Folgen für jedes Kind anders aus, weil jedes Kind seine eigenen Fähigkeiten in seine Entwicklung mit einbringt. Und jede Familie braucht wieder unterschiedliche Hilfen, weil auch diese Familien differenzierte eigene Ressourcen in die Gemeinschaft einbringen.

Der Schritt zu einer Adoption braucht mehr als nur Akzeptanz in unserer Gesellschaft. Er braucht Anerkennung und Unterstützung. Unterstützung von der Schule und aus der Pädagogik, Unterstützung in der Beratung und von der Psychologie, Unterstützung aus allen Bereichen der Medizin und vor allen Dingen Unterstützung von allen Ämtern, die für eine reibungslose Abwicklung verantwortlich sind. Adoptiveltern nehmen dem Staat nicht nur Aufgaben sondern auch enorme Kosten ab!

Ich wünsche allen heutigen Adoptiveltern, dass sie diese Anerkennung und Unterstützung finden, dass sie diese Unterstützung als bereichernde Ergänzung ihres Familienlebens empfinden können, damit sie eines Tages sagen können: „Wir haben zwar nicht genau das erreicht, was wir uns vorgestellt haben, weil wir nicht geahnt haben, welch eine selbstbestimmende eigene Persönlichkeit in dem kleinen Wesen steckt, das uns beglückt hat. Aber für das, was wir erreicht haben, hat sich das gemeinsame Leben gelohnt. Gelohnt für die Kinder, gelohnt für uns Eltern und gelohnt für unsere ganze Familie!"

Ela Beater 2014